Diolchiadau / *Thanks*

Diolch i'r Lolfa am ymgymryd â'r cyhoeddi ac am eu gofal.

Diolch am awgrymiadau gan Helen Prosser a Dr Elin Meek wrth i mi baratoi'r cwrs ac yn arbennig i Alun Jones am gyngor a llu o awgrymiadau. Mae fy nyled yn fawr i Huw Meirion Edwards am ofal manwl iawn, ond fi biau unrhyw ddiffygion.

Diolch arbennig i Richard Huw Pritchard am ddylunio.

Diolch hefyd i'r teulu a chyfeillion am fod yn fodlon i mi dynnu eu lluniau a'u defnyddio yma.

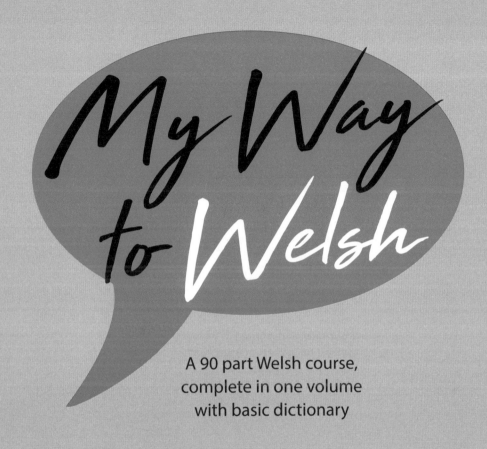

My Way to Welsh

A 90 part Welsh course,
complete in one volume
with basic dictionary

HEINI GRUFFUDD

First edition: 2022

Book & cover design: Richard Huw Pritchard

ISBN: 978-1-80099-288-7

Published and printed in Wales
by Y Lolfa Cyf., Talybont, Ceredigion SY24 5HE
tel. 01970 832 304
e-mail ylolfa@ylolfa.com
website www.ylolfa.com

Available in 2023:
MP3 files of all the conversations
(marked "sgwrs")
in CD format or as a download from
www.ylolfa.com
For more information contact
ylolfa@ylolfa.com

Introduction

Welcome to the Welsh world. We hope this book will help you enjoy learning Welsh. It gives an introduction to spoken Welsh

This course is intended for people learning Welsh on their own, but it is also useful for anyone attending classes, as an 'exerciser' and for practice in reading and understanding Welsh.

The work in the book would take a year or two at classes – so DON'T RUSH. Try to work thoroughly through each exercise, and master these well before going on. Do a little every day. You can revise by going over what you've already studied. The book is divided into 90 Parts. You can follow these in their order in the book, or you can also dip into parts if you wish to learn a particular sentence pattern or polish up your knowledge of how to say something.

This gives you freedom to learn according to your own speed, and according to what you wish to learn.

The book includes the following:

- Words you already know.

- The first 14 parts give you basic knowledge: greetings, introductions, weather, sentences and questions.

- The next 76 parts develop the basics and you will use sentence patterns, verb forms in the present, past and future, and develop your vocabulary.

- The 90 parts present new knowledge within 90 situations, allowing you to expand your mastery of Welsh in many contexts.

- There are hundreds of sentences with English translations for you to test yourself.

- There are scores of tables of words and phrases which will help you form your own sentences.

- Dozens of reality pictures require you to say what's happening.

- There are scores of conversations, with English translation, for you to test yourself.

- Suggestions for making up conversations.

- A grammar summary is given at the end, as well as a mutations guide, although the book does not put emphasis on mutations.

- A 3000 word English-Welsh and Welsh-English vocabulary is included at the end of the book.

How to use the book

i. **Test yourself at each stage – particularly the sections where Welsh and English sentences are side by side. Cover the English and read the Welsh sentences to test your understanding. Then check the English to confirm your understanding. Cover the Welsh and try to say the English sentence in Welsh.**

Then check the Welsh to ensure you have mastered the sentence.

ii. **Use the exercise tables throughout the book to make up sentences of your own. Every sentence you make will be correct if you follow these tables, column by column. Simply pick words from each column in these exercises**.

iii. **Make up sentences using the reality picture exercises and conversation exercises which allow you to practise your Welsh in various situations.**

iv. **Read the conversations – there are scores of these – checking the meaning with the English as you read. After reading a conversation, cover the English and read the Welsh again, to test your understanding. Lastly, cover the Welsh and see if you can say everything in Welsh.**

At the end of this book there is a 6000 word dictionary: 3000 in both Welsh-English and English-Welsh sections. You can use this book with other useful books, also published by Y Lolfa:

The Welsh Learner's Dictionary
a useful dictionary for learners, which shows how words work

Welsh Rules
a clear Welsh grammar, written especially for learners.

To make further use of your Welsh, go to a Welsh class: check the National Centre for Learning Welsh for details: https://dysgucymraeg.cymru/. If there is a Canolfan Gymraeg (Welsh Language Centre) in your area, go there to practise. Watch S4C, the Welsh-language television service, which provides subtitles, and listen to Radio Cymru. Find S4C programmes on BBC iPlayer, YouTube etc. There are books specially written for learners – check your local Welsh bookshop or look up the Welsh Books Council website: http://www.gwales.com.

There are online courses for learning Welsh, but best of all is getting in contact with other learners and Welsh speakers. If you have young children, by all means send them to a Welsh medium school. They accept children of all home language backgrounds.

They will have the language for life.

Pob hwyl gyda'r dysgu!
All the best with the learning!

HEINI GRUFFUDD

Contents

Pronunciation

Welsh is much easier to pronounce than English.

Every letter has its own sound. There are no silent letters.

Most letters have only one basic sound. The accent is almost always on the last but one syllable, e.g.

    radio   **rah**dyo   radio

In Welsh, the following are vowels:

  a   e   i   o   u   w   y

The vowels can be long or short, but this is a rough guide:

Vowel		Rough guide
a	ah	as in 'hard' or 'ham'
e	eh	as in 'sane' or 'self'
i	ee	as in 'see' or 'sin'
o	oh	as in 'ore' or 'pond'
u	ee	as in 'tea' or 'tin'. In north Wales it is more similar to the French 'u'
w	oo	as in 'low'
y	ee / i /uh	as in 'tea' or 'tin' or 'run'

Two vowels together:

ae	aye	as in 'aye, aye *sir*'
wy	ooye	as in 'de Bruine'
oe	oy	as in 'boy'
yw	u	as in 'tune'

Most consonants are as in English, e.g.

B	b	as in 'bag'
D	d	as in 'dog'
Ff	ff	as in 'off'
H	h	as in 'hat'
J	j	as in 'jam'
L	l	as in 'lamp'
M	m	as in 'mum'
N	n	as in 'night'
P	p	as in 'pen'
T	t	as in 'tent'

These consonants can be different to those in English:

c	k	
ch	ch as in 'loch'	
dd	voiced as in 'this'	
f	v as in 'of'	
g		as in 'got'
ng	ng as in 'king' or 'n-g' as in 'Bangor'	
ll	put your tongue ready for 'l', but blow as in 'Llanelli'	
ph	ph as in 'philosophy'	
r	always rolled, as in 'rag' (not 'wag')	
rh	rh as in 'Rhondda'	
s	always voiceless as in 'song'	
th	always voiceless as in 'thing'	

The Welsh Alphabet

When looking up words in a Welsh dictionary, it's worth noting that the Welsh alphabet is a little different to the English alphabet:

A B C **CH** D **D** E F **FF** G **NG** H I J L **LL** M N O P **PH** R **RH** S T **TH** U W Y

You can see that Welsh has some 'double letters' which have a single sound, and which are recognized as a single letter:

	sound			sound
CH	ch (as in 'loch')		**PH**	ff (as in 'graph')
DD	th (as in 'gather')		**RH**	rh (as in 'Rhein')
FF	ff (as in 'off')		**SI**	often said as 'sh' (as in 'shop')
NG	ng (as in 'bang')		**TH**	th (as in 'tooth')
LL	ll (as in 'Llanelli')			

150 *Welsh Words*
YOU ALREADY KNOW

You know lots of Welsh already, because over time Welsh, like so many other European languages, uses many international words. These come from Latin, Greek, English, or other languages.

Hide the English column, and see how many Welsh words you already know.
Then practise pronouncing these (remember that the accent is almost always on the last but one syllable).

Browse through these in your own time, now or as you go through the book.

IN AND AROUND THE HOME

beiro	*beheero*	biro
bin	*bin*	bin
bocs	*box*	box
bylb	*buhlb*	bulb
carped	*karpehd*	carpet
CD	*see-dee*	CD
cloc	*klok*	clock
cwpan	*koopan*	cup
fflat	*phlat*	flat
ffôn	*phohn*	telephone
fforc	*phork*	fork
ffotograff	*photohgraph*	photograph
gât	*gaht*	gate
jar	*jar*	jar
lamp	*lahmp*	lamp
mam	*mam*	mother
mat	*mat*	mat
parti	*pahrtee*	party
plât	*plaht*	plate
potel	*pohtehl*	bottle
pwrs	*poors*	purse
radio	*rahdyo*	radio
record	*rehkord*	record
siampŵ	*shampoo*	shampoo
sigarét	*sigareht*	cigarette
simne	*shimneh*	chimney
sinc	*sink*	sink
soser	*sohsehr*	saucer
sbectol	*sbehktol*	spectacles
teils	*teheels*	tiles
tywel	*tuhooehl*	towel
wal	*wahl*	wall
waled	*wahlehd*	wallet

FOOD AND DRINK

alcohol	*alkohol*	alcohol
banana	*banana*	banana
bwced	*bookehd*	bucket
byrgyrs	*buhrguhrs*	burgers
coffi	*kophy*	coffee
ham	*ham*	ham
jam	*jam*	jam
lager	*lahger*	lager
lemwn	*lehmoon*	lemon

oren	*ohrehn*	orange
pasta	*pastah*	pasta
porc	*pork*	pork
rym	*ruhm*	rum
siwgr	*shoogoor*	sugar
te	*teh*	tea

AROUND TOWN

banc	*bank*	bank
capel	*kapehl*	chapel
clinic	*klinik*	clinic
coleg	*kolehg*	college
concrit	*konkreet*	conrete
hostel	*hostehl*	hostel
parc	*pahrk*	park
plismon	*plihsmon*	policeman
sinema	*sinehmah*	cinema
siop	*shop*	shop
stryd	*streed*	street
theatr	*theahtr*	theatre

IN THE COUNTRY

fforest	*phorehst*	forest
ffens	*phence*	fence
fferm	*phehrm*	farm

TRANSPORT

beic	*beheek*	bike
bws	*boos*	bus
car	*kar*	car
galwyn	*galooeen*	gallon
tacsi	*tahksy*	taxi
teiar	*teheear*	tyre
tram	*trahm*	tram

trên	*trehn*	train
twnnel	*toonehl*	tunnel

CLOTHES
blows	*blohoos*	blouse
cardigan	*kardigan*	cardigan
ffrog	*phrog*	frock
het	*heht*	hat
poced	*pohkehd*	pocket
pyjamas	*puhjamas*	pyjamas
sgarff	*sgahrph*	scarf
siwt	*sioot*	suit
tei	*tehee*	tie
trowsus	*trohoosis*	trousers

SPORT
cic	*kik*	cick
cicio	*kikyo*	to cick
criced	*krikehd*	cricket
gêm	*gehm*	game
gôl	*gohl*	goal
hoci	*hocky*	hockey
rygbi	*ruhgby*	rugby
tennis	*tehnis*	tennis

AT WORK
awtomatig	*ahootomatig*	automatic
banc	*bank*	bank
clip	*klip*	clip
copi	*kopee*	copy
colofn	*kolovn*	column
criw	*krihoo*	crew
cwrs	*koors*	course
cwsmer	*koosmer*	customer
e-bost	*ehbost*	email
fersiwn	*vehrshoon*	version
ffatri	*ffatry*	factory

ffeil	*ffeheel*	file
fformiwla	*fformiooolah*	formiwla
inc	*ink*	ink
lwc	*look*	luck
map	*map*	map
marc	*mark*	mark
munud	*mihnihd*	minute
papur	*pahpir*	paper
plastig	*plastihg*	plastic
preifat	*preheevat*	private
protest	*prohtehst*	protest
pris	*prees*	price
sector	*sektor*	sector
sgandal	*sgandal*	scandal
siec	*shehk*	cheque
symbol	*simbol*	symbol
tasg	*tasg*	task

COLOURS
brown	*brohoown*	brown
oren	*ohrehn*	orange
pinc	*pink*	pink

HEALTH/ILLNESS
canser	*kansehr*	cancer
ffit	*phit*	fit
ffliw	*phlioo*	flu
organ	*organ*	organ
pyls	*puhls*	pulse

ANIMALS
camel	*kahmehl*	camel
cath	*kahth*	cat
eliffant	*eliffant*	elephant

COUNTRIES
America	*ahmehrika*	America
Awstralia	*aoostrahlya*	Australia
Awstria	*aoostrya*	Austria
Brasil	*brazil*	Brazil
Canada	*Kanada*	Canada
Ewrop	*Ehoorop*	Europe
Rwsia	*roosha*	Russia

LITERATURE
act	*akt*	act
Beibl	*beheebl*	Bible
drama	*dramah*	drama
nofel	*novehl*	novel
stori	*story*	story

PEOPLE
banciwr	*bankyoor*	banker
criw	*krihoo*	crew
ffŵl	*phool*	fool
postmon	*pohstmohn*	postman
plismon	*plihsmohn*	policeman

NEWS
bom	*bom*	bomb
protest	*prohtehst*	protest
sgandal	*sgandal*	scandal
streic	*streheek*	strike

NUMBERS AND MEASUREMENT
biliwn	*bilioon*	billion
cilo	*keeloh*	kilo
metr	*mehtr*	metre
miliwn	*milioon*	million
owns	*ohoons*	ounce
tri	*tree*	three

Helô!   Hello
Hehloh

In south Wales:
Shwmae   Hi
Shoomahee

In northern Wales:
S'mae   Hi
Smahee

In formal Welsh:
Sut mae   Hello
Sit mahee

Say good morning etc.:

Bore da   Good morning
Boreh dah

Pnawn da   Good afternoon
Pnahoon dah

Nos da   Good night
Nohs da

Practise by using a word from each column

Bore	da
Pnawn	
Nos	

Noswaith dda   Good evening
Nohsoowaheeth dda

Make up a greeting by using words from each column

Helô,	bore da
Shwmae,	pnawn da
	noswaith dda

Now ask how are you

Chi   you
Chee
(used with someone you don't know well)

Ti   you
Tee

HELÔ
Hello

(used with someone you know well)
In south Wales:
Shwd dych chi   How are you?
Shood deech chee?

In most parts of Wales:
Sut dych chi?   How are you?
Sit deech chee?

In northern Wales:
Sut dach chi   How are you?
Sit dach chee?

With someone you know well:
Sut wyt ti?   *How are you?*
Sit ooeet ti?

Shwd wyt ti?   How are you *(for*
Shood ooeet tee?   *south Wales)*

Now make up greetings by using a phrase from each column. All your attempts will be correct. This type of exercise is repeated throughout the book, so that you'll be correct every time: use words from each column:

Bore da,	sut dych chi?
Pnawn da,	sut dach chi?
Noswaith dda,	shwd dych chi?
	sut wyt ti?
	shwd wyt ti?

Example of correct greeting question:
Bore da, sut dych chi?

Now answer:

Da iawn   Very well, very good
Dah eeahoon

Da iawn, diolch   Very well, thanks
Da eeahoon deeohlch

Grêt   Great
Greht

A chi?   And you?
Ah chee?

A ti?   And you? *(used with someone you know well)*

In south Wales:
Shwd dych chi?   How are you?
Shood eech chee

In most parts of Wales:
Sut dych chi?   How are you?
Sit deech chee

In northern Wales:
Sut dach chi?   How are you?
Sit dach chee

With someone you know well:
Sut wyt ti?   How are you?
Sit ooeet tee
Shwd wyt ti?   How are you?
          (for south Wales)
Shood ooeet tee

Try these answers, by using a phrase from each column. All your attempts again will be correct.

Da iawn	diolch,	a chi?
Grêt		a ti?
Iawn		

Correct answer, e.g:
Da iawn, diolch, a chi?

Try these out:

Bore da
　　　　Bore da
Sut dych chi?
　　　　Da iawn, diolch. A chi?
Da iawn, diolch.

Pnawn da
　　　　Pnawn da
Shwd dych chi?
　　　　Grêt, diolch. A chi?
Da iawn, diolch.

Noswaith dda.
　　　　Noswaith dda. Sut dach chi?
Da iawn, diolch. A chi?
　　　　Grêt, diolch.

Some more phrases:

Iawn, diolch　　　　OK, thanks
Eeahoon deeohlch

Gweddol, diolch　　　　Fair, thanks
Gooehthohl deeohlch

Make up short conversations:
the first letters are a guide; use these words:
pnawn da sut dych chi da iawn diolch

P..... d..
　　　　P.... d..
S.... d.... ch.. ?
　　　　D... i... d...... S.. d... ch... ?
D.. i... d ...

Use these words:
Noswaith dda sut dych chi grêt diolch da iawn

N.... dd...
　　　　N... dd...
S... d... ch ... ?
　　　　Gr ...., d... A ch.. ?
D.. i... d..

Use these words:
Helô, sut, dych, chi, da, iawn, diolch

H... !
　　　　H... ! S... d... ch... ?
D... i..... A ch.. ?
　　　　D... i... d....

Make up answers by choosing a phrase from each column:

Da iawn,	diolch,	a chi?
Gweddol		a ti?
Grêt		
Iawn		

Try out these conversations:

Bore da.
　　　　Bore da.
Shwd dych chi?
　　　　Gweddol, diolch.
　　　　Shwd dych chi?
Iawn, diolch.

S'mae!
　　　　Shwmae!
Sut dach chi?
　　　　Gweddol, diolch. A chi?
Da iawn, diolch.

Helô!
　　　　Helô!
Sut dych chi?
　　　　Grêt, diolch. Sut dach chi?
Iawn, diolch.

The oldest living language in the UK

Welsh is the oldest living language in the UK, and is one of the oldest living languages in Europe. Over the years it has absorbed words from Latin – during the Roman occupation of Britain – and from English, due to the proximity and influence of our nearest neighbour. So you will find many words that you already know their meaning.

Diolch - galwch eto
Thank you - see you again

Try saying the words on this sign:
diolch　　　*deeohlch*　　　thanks
galwch eto　　*gahlooch etoh*　　call again

Hwyl! *Hooeel*	Good-bye!
Hwyl fawr! *Hooeel vahoor*	Good-bye!
Pob hwyl! *pohb hooeel*	Good-bye!
Da boch chi! *Dah boch chee!*	Good-bye!
Nos da! *Nohs dah*	Good night

To say you'll see someone soon:-

Gwela i chi *Gooehla ee chee*	(I'll) see you
Gwela i ti *Gooehla ee tee*	(I'll) see you (used with someone you know well)
cyn hir	soon, before long

On the shop sign:

Diolch, gweld chi cyn hir

Diolch, gweld chi cyn hir.	Thanks, see you before long.

'**gweld chi**' is colloquial for 'see you'

HWYL FAWR
Good-bye

Make up phrases to say good-bye by choosing one phrase from each column:

Hwyl fawr,	gwela i ti	
Nos da,	gwela i chi	cyn hir
Da bo,		

Complete this conversation by using these words:

Nos, da, gwela, ti, hwyl, fawr

N... d... !	
G.... i t..	N.... d... !
	G..... i t..
H... !	
	H.... f... !

Diolch am alw

Diolch am alw	Thanks for calling

SOME OTHER BASIC USEFUL GREETINGS

Dewch i mewn *dehooch ee mehoon*	Come in
Croeso *kroheeso*	Welcome
Pen blwydd hapus *pehn blooeedd hapis*	Happy birthday
i chi *ee chee*	to you
i ti *ee tee*	to you
	(used with a person you know well)
Pen blwydd hapus i chi *Pehn blooeedd hapis ee chee*	Happy birthday to you
Nadolig Llawen *nadolig llahooehn*	Merry Christmas
Blwyddyn Newydd Dda *blooeeddin nehooith tha*	Happy New Year
i chi hefyd *ee chee hehvihd*	to you as well
Iechyd da! *eehehchid da*	Good health!

Make up sentences by choosing a phrase from each column:

Pen blwydd hapus	i chi!
Nadolig llawen	i ti!
Iechyd da	

Os gwelwch yn dda   Please
os gooehlooch uhn dda

Plis   Please
pleez

Diolch yn fawr   Thank you very much
deeohlch uhn vahoor

Croeso
Croeso – welcome – *is used for 'welcome'. But it's also used for acknowledging someone who thanks you for something, a bit like 'you're welcome':*

Diolch yn fawr!
- **Croeso!**

SGWRS 1   Conversation

Bore Nadolig   *Christmas morning*

Mari:	**Bore da!**	Good morning!
Alun:	**Bore da!**	Good morning!
Mari:	**Nadolig llawen!**	Merry Christmas!
Alun:	**Nadolig llawen i chi hefyd!**	A merry Christmas to you as well!
Mari:	**Croeso – dewch i mewn.**	Welcome – come in.
Alun:	**Diolch yn fawr!**	Thank you very much!
Mari:	**Sut dych chi?**	How are you?
Alun:	**Da iawn, diolch. A chi?**	Very well, thanks. And you?
Mari:	**Da iawn, diolch.**	Very well, thanks.

John dw i.   I'm John
John oo ee

Ann dw i.   I'm Ann.
An doo ee

Greta dw i.   I'm Greta.
Grehtah doo ee

*You will have noticed that we start with a person's name.
You put this at the end in English.*

You will also hear in south Wales:
John w i   I'm John
John oo vee

Say who you are by using a phrase from each column:
Try out these conversations:

John	dw i.
Siân	
Alun	

Bore da!

     Bore da!

Sut dych chi?

     Da iawn, diolch.

Sut dych chi?

     Grêt, diolch. Huw dw i.

Derec dw i.

Helô!

     Helô!

Sut dach chi?

     Da iawn, diolch. A chi?

Iawn, diolch. Siân dw i.

     Ann dw i.

Make up short conversations:
Use these words:
Helô, sut, dych, chi, da, iawn, diolch, dw

PWY DYCH CHI?
Who are you?

H..... !

S... d... ch...?

I..., d... Siân d.... i.

     H.... !

     D... i.., d.... A chi?

     Huw d... i.

Use these words:
Bore, da, dw, sut, dych, da, iawn, diolch

B.... d...

Mari d.... i.

D... i... d... . A chi?

     B.... d...

     Ann d.... i. S.... d..... chi?

     D.... i... d...

Test yourself, by hiding one side:

SGWRS 2

Noswaith dda.	Good evening.
Alun dw i.	I'm Alun.
Gareth dw i.	I'm Gareth.
Shwd dych chi?	How are you?
Iawn, diolch. A chi?	Very well, thanks. And you?
Da iawn, diolch.	Very well, thanks.

NOW ASK WHO SOMEONE IS:

Pwy   Who
Pooee

Pwy dach chi?   You are…? (or Who are you?) (more
pooee dahch chee   commonly used in northern Wales)

Pwy dych chi?   You are…? (or Who are you?) (more
pooee deech chee   commonly used in south Wales)

Pwy wyt ti?   Your are...? (or Who are you?) (used with a child or someone who could be close to you)

Useful word:

a   and
ah

a chi?   and you?
ah chee

Make up sentences using a phrase from each column:

Pnawn da,	John	dw i.	Pwy ych chi?
Noswaith dda,	Ann	w i.	Pwy dych chi?
Pnawn da,			

Now try these:

Bore da!	
Pwy ych chi?	Bore da!
Ann dw i.	Huw dw i. Pwy dych chi?
Da iawn, diolch. A chi?	Shwd dych chi?
	Grêt, diolch.

Test youself by hiding one side:

SGWRS 3

Pnawn da!	Good afternoon!
Pnawn da! Pwy dych chi?	Good afternoon! Who are you?
Sharon w i. A chi?	I'm Sharon. And you?
Janet dw i. Sut dach chi?	I'm Janet. How are you?
Da iawn, diolch. A chi?	Very well, thanks. And you?
Da iawn, diolch.	Very well, thanks.
Hwyl!	Good-bye!

Make up answers, using one phrase from each column:

Huw	dw i.
Siân	
Mrs Evans	
Llinos	

Make up short conversations:
Ask who the other person is, and answer.
Use these words: **Bore, da, dych, chi, dw**

B.... d.. . Dafydd ..... . Pwy d.. ch....?

B... d.. . Marged Jones d.. i.

Use these words:
Pnawn, da, pwy, dych, dw, chi

P... d.. . P... d.... chi?

P.. d.. . Magdalen d... i. A ....?

Ahmed d... i.

Noswaith dda.	Good evening.
Noswaith dda.	Good evening.
Rhydian dw i. Pwy dych chi?	I'm Rhydian. Who are you?
Gwilym dw i.	I'm Gwilym.
Sut dych chi?	How are you?
Da iawn, diolch. A chi?	Very well, thanks. And you?
Da iawn, diolch.	Very well, thanks.

⁉️ **'Chi'** and **'Ti'**: *a reminder:*

- **Ti** (you/thou) *is used with friends, relatives, children and animals.*
- **Chi** (you) *is used with all others.*
- **Chi** (you) *is always used when speaking to more than one person.*

Test yourself, by hiding one column:

SGWRS 4

Bore da!	Good morning!
Pwy wyt ti?	Who are you?
Huw dw i. Pwy wyt ti?	I'm Huw. Who are you?
Ann dw i.	I'm Ann.
Shwd wyt ti?	How are you?
Da iawn, diolch. A ti?	Very well, thanks. And you?
Grêt, diolch.	Great, thanks

Ychydig mwy   *A little extra*

What's your name?

Beth?	What?
enw	name
Beth yw'ch enw chi?	What's your name?

dysgu *duhsgee*	to learn
siarad *sharad*	to talk
Cymraeg *Kuhmraheeg* *Kuhmrahg*	Welsh *in south Wales*
hefyd *hehvid*	also, as well

Dw i'n dysgu Cymraeg. *Doo een duhsgee kumhraheeg*	I'm learning Welsh.
Dw i'n siarad Cymraeg. *Doo een sharad kuhmraheeg*	I speak Welsh.

You will also hear these, mainly in south Wales:

Wi'n *Ooeen*	I'm
Fi'n *Veen*	I'm

Wi'n dysgu Cymraeg. *Ooeen duhsgee kuhmraheeg*	I'm learning Welsh.
Fi'n dysgu Cymraeg. *Veen duhsgee kuhmraheeg*	I'm learning Welsh. (This is slightly more informal, but widely used.)
Fi'n siarad Cymraeg. *Veen sharad kuhmraheeg*	I speak Welsh.

Make up sentences to say you're learning or speaking Welsh, by choosing a phrase from each column:

Dw i'n	dysgu	Cymraeg
Wi'n	siarad	
Fi'n		

Now ask someone if they're learning Welsh:

Dych chi'n dysgu Cymraeg? *Deech cheen duhsgee kuhmraheeg*	Are you learning Welsh?
Wyt ti'n dysgu Cymraeg? *Ooeet teen duhsgee kuhmraheeg*	Are you learning Welsh? *(use with someone you know well)*

> DW I'N DYSGU CYMRAEG
> I'm Learning Welsh

Answer 'yes':	**Ydw** *Uhdoo*			
Answer 'no':	**Na** *Nah*	or	**Na 'dw** *Nah doo*	

SGWRS 5	*Conversation*
Shwmae!	Hello!
Shwd dych chi?	How are you?
Gweddol, diolch. A chi?	Alright, thanks. And you?
Pwy dych chi?	You are?
Ann dw i, a chi?	I'm Ann, and you?
Dafydd dw i. Dw i'n dysgu Cymraeg.	I'm Dafydd. I'm learning Welsh.
A fi.	And me.

Try out these conversations:

Bore da!	
	Bore da! Sut dych chi?
Da iawn, diolch, a chi?	
	Da iawn, diolch.
Dych chi'n dysgu Cymraeg?	
	Na, dw i'n siarad Cymraeg.

Bore da.	
	Bore da.
Sut wyt ti?	
	Gweddol, diolch. Sut wyt ti?
Iawn, diolch. Wyt ti'n dysgu Cymraeg?	
	Ydw, dw i'n dysgu Cymraeg.
Da iawn. Dw i'n siarad Cymraeg hefyd.	

You can add other languages:

Saesneg   English
Suhsnehg

Ffrangeg   French
Phrahngeg

Almaeneg   German
Ahlmaheenehg

Sbaeneg   Spanish
Sbaheenehg

Now you can say that you speak or are learning various languages, by choosing a phrase from each column:

Dw i'n	dysgu	Cymraeg.
W i'n	siarad	Saesneg.
Fi'n		Ffrangeg.
		Almaeneg.
		Sbaeneg.

Make up a short conversation.
Use the following words:

bore, da, dych, grêt, diolch, chi, iawn, dysgu, Cymraeg

B.... d... .

Sut .... chi ?

I... d..... .

B... d... .

Gr...., d..... . A ... ?

Dw i'n d..... C......... .

A fi.

Shwmae   hello   (a spoken form of 'sut mae')

SHWMAE!

Use the following words:

shwmae, pwy, dych, chi, dw, dysgu, Cymraeg

Sh....... !

P.... d... ch... ?

Alun .... i. Dw i'n d..... C........... .

Sh ....!

Dafydd d..... i.

A fi.

Test yourself by hiding one column:

Sut dych chi?	How are you?
Da iawn, diolch. Sut dych chi?	Very well, thanks. How are you?
Gwen dw i. Pwy dych chi?	I'm Gwen. Who are you?
Siân dw i. Dw i'n dysgu Cymraeg.	I'm Siân. I'm learning Welsh.
Da iawn. Dw i'n siarad Cymraeg.	Very good. I speak Welsh.

!! *You will have noticed that* **'Dw i'n siarad'** *can mean either 'I'm talking', 'I'm speaking', 'I talk' or 'I speak'.*

A few useful expressions:

Esgusodwch fi   Excuse me
Ehsgisohdooch vee

Sorri   Sorry
Sohree

Mae'n flin 'da fi   I'm sorry *(in south Wales)*
Maheen vleen dah vee

Mae'n ddrwg gen i   I'm sorry *(in north Wales)*
Maheen ddroog gehn ee

Croeso   Welcome, you're welcome
Croheesoh

Dyma   This is *(to introduce someone)*
duhma

Dyma Mrs Jones.   Here is / This is Mrs Jones.

Beth yw .... yn Gymraeg?   What is … in Welsh?

Beth yw *book* **yn Gymraeg?**   What is book in Welsh?

o ble	from where
oh bleh	
dod	to come
dohd	

O ble dych chi'n dod?	From where do you come? / Where do you come from?
O ble wyt ti'n dod?	From where do you come?
O ble dach chi'n dŵad?	From where do you come? *(used in north Wales)*
Oh bleh dach cheen dooahd	

You can answer by simply saying the town or village:

> O ble dych chi'n dod?
> - Hwlffordd (Haverfordwest)
> - Wrecsam (Wrexham)
> - Aberaeron
> - Ystradgynlais
> - Abertawe (Swansea)

To answer in full, use
Dw i'n dod o   I come from

Or in south Wales you'll answer using these variants:
Fi'n dod o ...   I come from ...
Wi'n dod o ...   I come from ...

Or in north Wales you'll answer using 'dŵad':
Dw i'n dŵad o ...   I come from ...

Answer by making up sentences using the following places:

> O ble dych chi'n dod?
>
> | | | |
> |---|---|---|
> | Dw i'n | dod o | Abertawe |
> | Fi'n | dŵad o | Fflint |
> | Wi'n | | Hwlffordd |
> | | | Aberystwyth |

> O BLE DYCH CHI'N DOD?
> From where do you come?

We must now encounter what is called by a curious name, as if it were a virus: SOFT MUTATION.

With 'soft mutation', the first letter of words can change. This happens only to these consonants:
c, p, t, g, b, d, ll, m, rh:

Here are the changes (you can learn these later):

c > g	b > f	rh > r
p > b	d > dd	
t > d	ll > l	
g > drops off	m > f	

*This change occurs after '**o**', meaning 'from' or 'of':*

If the place begins with 'C', we change it to 'G':
Caerdydd (Cardiff)
Dw i'n dod o Gaerdydd.   I come from Cardiff.
Casnewydd (Newport)
Dw i'n dod o Gasnewydd.   I come from Newport.

If the place begins with 'T', we change it to 'D':
Treforys (Morriston)
Dw i'n dod o Dreforys.   I come from Morriston.
Trefforest
Dw i'n dod o Drefforest.   I come from Trefforest.

There is a list of changes after Part 90. For the moment just use them as you see them here. If you don't change the letter, it doesn't matter.

Make up answers using these towns:

Dw i'n	dod o	Gasnewydd
Fi'n	dŵad o	Fangor
Wi'n		Lanelli
		Ben-y-bont *(Bridgend)*
		Gaerdydd
		Wrecsam

Some Welsh towns and counties:

Abertawe	*Swansea*
Aberteifi	*Cardigan*
Caerdydd	*Cardiff*
Casnewydd	*Newport*
Hwlffordd	*Haverfordwest*
Pen-y-bont	*Bridgend*
Wrecsam	*Wrexham*

Say that you come from these places: **Porthcawl, Caerdydd, Pontypridd, Llundain**. *Change the first letter after* **Dw i'n dod o ...**

Porthcawl: ....

Caerdydd: ....

Pontypridd: ....

Llundain: ....

There is no need to use 'soft mutation' with names of foreign countries and places.

Say that you come from these places or countries:

Paris, Pacistán, Twrci, America, Portwgal, Gambia, Bangladesh

Dw i'n dod o ....

Make up short conversations:

Use these words: **bore, da, dych, chi'n, dod, i'n**

B... d.. O ble d... ch.... d...?

  B... d.. Dw i.. d... o Abertawe.

Dw i'n d... o Ghana.

Use these words: **helô, dw, dych, chi'n, dod, i'n**

H... !

Ann d... i.

  H... !

Dw i... d.... o Gaerdydd. A chi?

  Siân d... i O ble d.... ch... d...?

  Dw i... d... o Pacistán.

SGWRS 7	*Conversation*
Pnawn da.	Good afternoon.
Gwilym dw i. A chi?	I'm Gwilym. And you?
Mustafa dw i.	I'm Mustafa.
O ble dych chi'n dod?	From where do you come?
Dw i'n dod o Twrci. A chi?	I come from Turkey. And you?
Dw i'n dod o Ben-y-bont.	I come from Bridgend.
Dw i'n dysgu Cymraeg.	I'm learning Welsh.
Da iawn. A fi.	Very good. And me.

Ask where

Ble?   *Where?*
Bleh

In north Wales you will hear these:
Lle?   *Instead of*   Ble?

byw   to live
bihoo
gweithio   to work
gooeheethyo
yn   in
uhn

Ask where someone lives:

Ble dych chi'n byw?   Where do you live?
Bleh deech cheen bihoo

Ble wyt ti'n byw?   Where do you live?
Bleh ooeet teen bihoo

Lle dach chi'n byw?   Where do you live? *(used in north Wales)*
Lleh dach cheen bihoo

Ask where someone works:

Ble dych chi'n gweithio?   Where do you work?
Bleh deech cheen gooeheethyo

Lle dach chi'n gweithio?   Where do you work? *(used in north Wales)*
Lleh dach cheen gooeheethyo

Ble wyt ti'n gweithio?   Where do you work?
Bleh ooet teen gooeheethyo

Ask questions, using one phrase from each column:

Ble	dych chi'n	byw?
Lle	dach chi'n	gweithio?
	wyt ti'n	

To answer, you can just say where:
- **Caerdydd**.
- **Abertawe**.
- **Wrecsam**.

BLE DYCH CHI'N BYW?
Where do you live?

Or you can say this in a sentence:

Dw i'n byw yn ...   I live in ...
Doo een bihoo uhn

Dw i'n gweithio yn ...   I work in ...
Doo een gooeheethyo uhn...

Say where you live or work by making up sentences, using words from each column:

Dw i'n	byw yn		Abertawe.
Fi'n	gweithio	yn	Llandeilo.
			Radur.
			Aberystwyth.
			Llandudno.
			Fflint.
			Wrecsam.

You can say in which county you live. Here are some:

Sir Benfro	Pembrokeshire
Sir Ddinbych	Denbighshire
Sir Fynwy	Monmouthshire
Sir Gaerfyrddin	Carmarthenshire
Sir Gâr	Carmarthenshire
Ynys Môn	Anglesey
Sir Forgannwg	Glamorganshire

Make up sentences to say where you live or work:

Dw i'n	byw		Sir Benfro.
Fi'n	gweithio	yn	Sir Fynwy.
Wi'n			Sir Gâr.
			Ynys Môn.

Mae up sentences beginnig with
Dw i'n byw yn … / Dw i'n gweithio yn …

Abertawe: ………………………………… .

Hamburg: ………………………………… .

Llundain (*London*) ………………………………… .

Lerpwl (*Liverpool*) ………………………………… .

Llantrisant: ………………………………… .

Belfast: ………………………………… .

Rhuthun: ………………………………… .

Say you live in a part of the country:

yn y gogledd	in the north
yn y de	in the south
yn y gorllewin	in the west
yn y dwyrain	in the east

Gogledd

Gorllewin — **Dwyrain**

De

Say in which part of Wales, or of your country, you live:

Dw i'n byw	yn	y gogledd.
Fi'n byw		y de.
Wi'n byw		y gorllewin.
		y dwyrain.

Some more Welsh place names: note how these use 'y' or 'yr' (the).
(You will see in Part 29 some countries using 'y' or 'yr' before the name.)

Y Barri	Barry
Y Bala	Bala
Yr Wyddgrug	Mold
Y Drenewydd	Newtown

Make up sentences using these place names:

Dw i'n	byw	yn	yr Wyddgrug.
Fi'n	gweithio		y Bala.
Wi'n			y Barri.
			y Drenewydd.

Try out this conversation:

Ble dych hi'n byw?	Where do you live?
Dw i'n byw yn Abertawe.	I live in Swansea.
Dych chi'n byw yn y gogledd?	Do you live in the north?
Na, dw i'n byw yn y de.	No, I live in the south.
A fi, dw i'n byw yn Llantrisant.	And me, I live in Llantrisant.
Ble wyt ti'n gweithio?	Where do you work?
Dw i'n gweithio yn Llantrisant.	I work in Llantrisant?

23

SGWRS 8 *Conversation*

Nabod rhywun yn y gwaith *Knowing someone at work*

ffatri	factory
fanna	there
adran	department
gwerthu	to sell
cantîn	canteen

Dai:	**Helô! Pwy dych chi?**	Hello, who are you?
Siân:	**Helô! Siân dw i.**	Hello, I'm Siân.
Dai:	**Ble dych chi'n gweithio?**	Where do you work?
Siân:	**Dw i'n gweithio yn y ffatri.**	I work in the factory.
Dai:	**Yn y ffatri?**	In the factory?
Siân:	**Ie, yn ffatri Electrotabs.**	Yes, in the Electrotabs factory.
Dai:	**Wel, wel, dw i'n gweithio yn Electrotabs.**	Well, well, I work in Electrotabs.
Siân:	**Beth dych chi'n gwneud fanna?**	What do you do there?
Dai:	**Dw i'n gweithio yn yr adran werthu.**	I work in the sales department.
Siân:	**Dw i'n gweithio yn y cantîn.**	I work in the canteen.
Dai:	**Wel wrth gwrs!**	Well of course!
Siân:	**Dych chi ddim yn dod i'r cantîn yn aml?**	You don't come to the canteen often?
Dai:	**Dw i'n dod i'r cantîn yfory!**	I'm coming to the canteen tomorrow.
Siân:	**Gwela i chi fory!**	See you tomorrow!
Dai:	**Pob hwyl!**	So long!

Welsh place names

Welsh place names are often easily understood if you know a few of the elements that make up the names. Here are a few:

Llan *A church, or church enclosure, often followed by the name of an early Welsh saint*

Aber *The mouth of a river, or estuary, often followed by the name of the river*

Caer *Fort, often followed by where it's located*

Other words often seen in place names:

Afon	*river*
Bryn	*hill*
Cae	*field*
Mynydd	*mountain*
Nant	*stream*
Pont	*bridge*
Rhyd	*ford*

Make a list of examples of Welsh place names, and try to find out their meaning.

Say where you're learning

ble *bleh*	where
dysgu *duhsgee*	to learn
yn *uhn*	in
y *uh*	the
yr *uhr*	the *(used in front of a vowel)*
ar *ahr*	on

These mean the same:

Ble wyt ti'n dysgu Cymraeg?	Where are you learning Welsh?
Ble dych chi'n dysgu Cymraeg?	Where are you learning Welsh?
Lle dach chi'n dysgu Cymraeg?	Where are you learning Welsh? *(used in north Wales)*

Eidaleg *eheedalehg*	Italian
Sbaeneg *sbaheenehg*	Spanish
Almaeneg *almaheenehg*	German

Ask where you're learning these languages:

Ble dych chi'n Ble wyt ti'n Lle dach chi'n	dysgu	Cymraeg? Sbaeneg? Almaeneg? Eidaleg?

Answers:

1. *Just say where:*
   - **Abertawe**
   - **Caerdydd**
2. *Say it in a sentence:*

Dw i'n dysgu Cymraeg yn Abertawe.

BLE DYCH CHI'N DYSGU CYMRAEG?
Where are you learning Welsh?

Make up answers by choosing a phrase from each column:

Dw i'n dysgu	Cymraeg Sbaeneg	yn	Abertawe Fflint Llandeilo Wrecsam

Venues where you might be learning Welsh:

yn yr ysgol	in school / in (the) school
yn y coleg	in/at (the) college
yn y brifysgol	in/at (the) university
yn y dafarn	in the pub
yn y ganolfan Gymraeg	at the Welsh centre
gartre	at home
ar y we	on the web (internet)

*Note how we also put '**y**' in these phrases, where we don't use 'the' in English:*

yn y dref	in town
yn y capel	in chapel
yn y carchar	in prison
yn y gwely	in bed

Dw i'n dysgu Cymraeg yn yr ysgol.	I'm learning Welsh at school.
Dw i'n dysgu Cymraeg gartre.	I'm learning Welsh at home.

Make up sentences by choosing a phrase from each column:

Dw i'n dysgu	Cymraeg	yn yr ysgol.
	Sbaeneg	yn y coleg.
		yn y ganolfan Gymraeg.
		gartre.
		yn y dafarn.
		ar y we.

Say where you're learning Welsh:

Begin with: **Dw i'n dysgu Cymraeg** ....

at the Welsh centre ....

at school ....

in the pub ....

in the college ....

on the internet . ...

Test yourself

Ble dych chi'n byw?	Where do you live?
Ble dych chi'n dysgu Cymraeg?	Where are you learning Welsh?
O ble dach chi'n dod?	From where do you come?
Ble wyt ti'n byw?	Where do you live?
Dw i'n dysgu Cymraeg.	I'm learning Welsh.
Dw i'n siarad Cymraeg.	I speak Welsh.
Dw i'n byw yn Abertawe.	I live in Swansea.
Dw i'n byw ym Mangor.	I live in Bangor.
Dw i'n gweithio yn Llanelli.	I work in Llanelli.
Dw i'n dysgu Cymraeg ar y we.	I'm learning Welsh on the web.
Dw i'n dysgu Cymraeg yn y coleg.	I'm learning Welsh at college.

We can ask where someone is learning:

Ble dych chi'n dysgu Cymraeg?   Where are you learning Welsh?

But if we want to put emphasis on where we think the person is learning, we begin with where he or she is:

Yn y coleg dych chi'n dysgu?   Is it in the college you're learning?
Ie / Nage   Yes / No

Yn yr ysgol mae e'n dysgu?   Is it in   the school he's learning?
Ie / Nage   Yes / No

Ask questions, using one phrase from each column:

ar y we   on the internet

Yn yr ysgol	mae	Huw	yn dysgu?	Ie.
Yn y coleg		Siân		Nage.
Ar y we		Mrs Jones		
Yn Abertawe				

Ask what someone is:

Beth   *What*
Behth

Beth dych chi'n 'neud?   What do you do?
Beth wyt ti'n 'neud?   What do you do? *(used with someone you know well)*

A similar question, for the same answer:

gwaith   work
Beth yw'ch gwaith chi?   What's your work?
Beth yw dy waith di?   What's your work? *(used with someone you know well)*

Look up Part 76 and 77 for the word pattern:
eich ... chi / dy ... di = your.

gweithio   to work
gooeheethyo

You can answer by saying what you are, e.g.:

actor	actor
athrawes	teacher (female)
athro	teacher (male)
darlithydd	lecturer
ffermwr	farmer
gweithiwr	worker
gweithiwr swyddfa	office worker
gyrrwr tacsi	taxi driver
nyrs	nurse
plismon	policeman
postmon	postman
rheolwr	manager
siopwr	shopkeeper
swyddog	officer
trydanwr	electrician

Make up answers, by using one phrase from each column:

Actor	dw i.
Plismon	
Gyrrwr tacsi	
Gweithiwr swyddfa	
Trydanwr	
Athro	

If you're asking about someone else, you can ask:

Beth yw e?   What is he?
Beth yw hi?   What is she?
(More common in south Wales)
Beth ydy o?   What is he?
Beth ydy hi?   What is she?
*(More common in north Wales. '**o**' is used in north Wales for 'he'. **e** or **fe** is used in south Wales for 'he'.)*

*Note: '**ydy**' and '**yw**' are forms of '**ydyw**' = is.*

To answer you start with saying what someone is:

Athro yw e.   He's a teacher.
Plismones yw hi.   She's a policeman .
Nyrs ydy e.   He's a nurse.
Actor ydy hi.   She's an actor.

!!   *You will have noticed that the word order is the opposite of the English order: start with what a person is, then say 'he/she is'.*

!!   *You will also have noticed that there is no word in Welsh for 'a' or 'an':*
actor = actor, *or an actor*
nyrs = nurse, *or a nurse*

BETH YW'CH GWAITH CHI?
What's your job?

Make up sentences using one phrase from each column:

Nyrs	yw	e
Athro	ydy	hi
Plismon		o
Postmon		

Say what you think these people are:

To answer choose from these:
darlithydd (lecturer), **gweinydd** (waiter), **adeiladwr** (builder), **actores** (actress)

Use this sentence pattern:

.... yw e   *or*   **.... yw hi**

We can begin a question with a noun or phrase.
This type of question is often used to emphasize the noun or phrase, e.g.

Athro yw e?   Is he a teacher? / He's a teacher?

Myfyriwr yw e?	Is he a student?
Athrawes wyt ti?	Are you a teacher?
John Evans yw e?	Is he John Evans?
Plismones yw hi?	Is she a policeman?
Nyrs dych chi?	Are you a nurse?
John Evans dych chi?	Are you John Evans?
Ann Thomas dych chi?	Are you Ann Thomas?

To answer yes: **Ie**
To answer no: **Nage,** *or* **Na**

Ie	Yes
Nage	No

Another way of asking what job people do

Beth dych chi'n gwneud?	What do you do?
Beth wyt ti'n 'neud?	What do you do?

mewn = *in a*

siop shop	shop	**mewn siop**
banc bahnk	bank	**mewn banc**
ysgol uhsgol	school	**mewn ysgol**
swyddfa sooeeddvah	office	**mewn swyddfa**
ffatri phahtree	factory	**mewn ffatri**
coleg kohlehg	college	**mewn coleg**
tafarn tahvahrn	pub	**mewn tafarn**

Answer by saying where you work, e.g.
Dw i'n gweithio mewn siop.

Beth wyt ti'n 'neud?	What do you do?

Dw i'n gweithio mewn siop.	I'm working in a shop.
Dw i'n gweithio mewn coleg.	I'm working in a college.
Dw i'n gweithio mewn ysgol.	I'm working in a school.
Fi'n gweithio mewn swyddfa.	I work in an office.
Fi'n gweithio mewn ffatri.	I work in a factory.

Make up sentences by choosing a phrase from each column:

Dw i'n gweithio	mewn	banc
		tafarn
Fi'n gweithio		siop
		ffatri
		swyddfa
		coleg

Say you're working in various places by using these words:
banc, siop, swyddfa, tafarn

e.g. **Dw i'n gweithio mewn siop.**

Dw i'n ....

Dw i'n ....

Dw i'n ....

Dw i'n ....

To say you're not doing something, use **'ddim yn'** *after* **'dw i',** *e.g.*

Dw i ddim yn gweithio mewn siop.	I'm not working in a shop. *Or:* I don't work in a shop.

Dw i ddim yn gweithio.	I'm not working.
Dw i ddim yn gweithio mewn siop.	I don't work in a shop.
Dw i ddim yn gweithio mewn swyddfa.	I'm not working in an office.
Dw i ddim yn gweithio mewn banc.	I'm not working in a bank.

Make up sentences to say where you are not working:

Dw i	ddim yn gweithio	mewn	siop
			banc
			swyddfa
			tafarn

Note: **mewn** *means 'in a';* **yn y** *means 'in the':*

Dw i	ddim yn gweithio	yn y	siop
			banc
			swyddfa
			dafarn

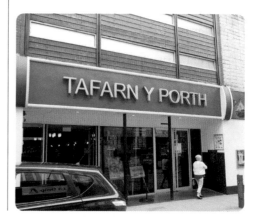

Mae hi'n ...　　　　　　It is / It's ...
Mahee heen

Mae hi'n braf.　　　　　　It's fine.
Mahee heen brahv

Note: **Mae hi'n** *is often shortened to* **Mae'n**:

Mae'n braf.　　　　　　It's fine.
Maheen brahv

braf　　　　　　fine
brahv

oer　　　　　　cold
oheer

heulog　　　　　　sunny
heheelog

bwrw glaw　　　　　　raining, to rain
booroo glahoo

bwrw eira　　　　　　snowing, to snow
booroo eheerah

Say it is:

Ydy　　　　　　Yes
Ydy, mae.　　　　　　Yes, it is.
uhdee, mahee.

Mae hi'n oer.　　　　　　It's cold.
Mahee heen oheer

Mae hi'n bwrw glaw.　　　　　　It's raining.
Mahee heen booroo glahoo

Mae hi'n bwrw eira.　　　　　　It's snowing.
Mahee heen booroo eheerah

Mae hi'n heulog.　　　　　　It's sunny.
Mahee heen heeheelog

Mae hi'n glawio.　　　　　　It's raining.
Mahee heen glahooyo

Make up sentences describing the weather:

Mae hi'n	braf
Mae'n	bwrw glaw
	oer
	heulog

Say when:

bore 'ma　　　　this morning
boreh ma

pnawn 'ma　　　　this afternoon
pnaoon ma

heddiw　　　　today
hehddioo

heno　　　　tonight
hehnoh

Mae hi'n braf heddiw.　　　　It's fine today.
Mae hi'n bwrw glaw pnawn 'ma.　　　　It's raining this afternoon.

Say what the weather is like today:

e.g. **Mae hi'n braf heddiw.**

Mae hi'n	braf	bore 'ma.
Mae'n	heulog	heddiw.
	oer	pnawn 'ma.
	bwrw eira	heno.
	bwrw glaw	

You will have noticed that the phrase for 'raining' and 'snowing' uses two words. **'bwrw'** *usually means 'to hit' or 'to throw', so raining = to throw rain; snowing = to throw snow .* '**glawio**' *is another word for 'to rain/raining'.*

Note: **mae** *on its own means 'is' or 'it is'.*
Another note: When we put anything after **mae** *or* **mae hi** *we put* **n** *between them:* **mae'n braf**; **mae hi'n braf**. '**n**' (*in full* '**yn**') *has no meaning on its own. Think of it as introducing what comes next.*

*(Note again: this **yn** is not the same as the **yn** that means 'in'.)*

*Adjectives can undergo soft mutation after "**n**' and '**yn**':*

t > d	**dwym > yn dwym**	warm *(in south Wales)*
	uhn dooeem	
c > g	**cynnes > yn gynnes**	warm *(in north Wales)*
	uhn guhnehs	
g > *drops off*	**gwyntog > yn wyntog**	windy
	uhn ooihntog	

*Verbs do not undergo soft mutation after "**n**' and '**yn**':*

bwrw glaw	to rain	>	**Mae'n bwrw glaw**

Mae hi'n dwym.   It's warm.
mahee heen dooeem

Mae hi'n wyntog.   It's windy.
mahee heen ooihntog

Mae hi'n gynnes.   It's warm.
mahee heen guhnehs

Say when it's warm or windy:

Mae hi'n	dwym	bore 'ma
Mae'n	gynnes	heno
	wyntog	heddiw

Ask what the weather's like:

Ydy hi'n ... ?   Is it ... ?
Uhdee heen

Ydy hi'n braf?   Is it fine?
Ydy hi'n bwrw glaw?   Is it raining?
Ydy hi'n oer?   Is it cold?

Ask questions about the weather today by choosing a phrase from each column:

Ydy hi'n	braf	bore 'ma?
	heulog	heddiw?
	dwym	
	oer	
	bwrw glaw	

Answer 'yes':   **Ydy**
           Uhdee

Answer 'no':   **Na**
           nah

Ask what the weather is like in these pictures, and answer:
Use these words: **bwrw glaw, heddiw, braf, eira, pnawn 'ma, heulog, oer**

Ydy hi'n b... g... h...?
Na, mae'n b....

Ydy hi'n b.... e.... p... m...?
Na, mae'n h....

Ydy hi'n h..... h...?
Ydy, mae'n b.....

Ydy hi'n braf b... m...?
Na, mae'n b... g....

Ydy hi'n h... p... m...?
Na, mae hi'n o....

Ydy hi'n b..... e..... h...?
Na, mae hi'n b.... g.....

*To say 'very', we use '**iawn**':*

iawn   very
yahoon

*In English, we put 'very' before the adjective. In Welsh we put '**iawn**' after the adjective:*

oer iawn   very cold
oheer yahoon

braf iawn   very fine
brahv yahoon

twym iawn   very warm
dooeem yahoon

gwlyb iawn   very wet
wleeb yahoon

Make up sentences, using one phrase from each column:

Mae hi'n	braf	iawn	heddiw.
Mae'n	dwym		pnawn 'ma.
	oer		heno.
	heulog		
	wyntog		
	wlyb		

Use these words to describe these pictures:
Oer, iawn, pnawn 'ma, heddiw, dwym, heulog

Say it's very cold this afternoon:

Mae hi'n o.................... .

Say it's very cold today:

Mae hi'n o...................... .

Say it's very warm this afternoon:

Mae'n d................. .

Say it's very sunny this afternoon:

Mae hi'n h............. .

Say it's very fine this afternoon:

Mae'n b.............. .

Test yourself:

Bore da! Mae hi'n braf.	Good morning! It's fine.
Ydy, mae hi'n braf iawn.	Yes, it's very fine.
Mae hi'n oer bore 'ma.	It's cold this morning.
Ydy, mae'n oer iawn.	Yes, it's very cold.

Ydy hi'n braf heddiw?	Is it fine today?
Ydy, mae hi'n braf iawn.	Yes, it's very fine.
Ydy hi'n oer heddiw?	Is it cold today?
Na, mae'n dwym.	No, it's warm.
Ydy hi'n bwrw glaw?	Is it raining?
Na, mae'n bwrw eira.	No, it's snowing.

Say what the weather's not like:
*Begin with '**dydy hi ddim**'... – it isn't...*
*In south Wales '**dyw hi ddim**' is more common.*

Test yourself:

Dydy hi ddim yn braf.	It isn't fine.
Dyw hi ddim yn oer.	It isn't cold.
Dydy hi ddim yn bwrw glaw.	It isn't raining.
Dyw hi ddim yn oer iawn.	It isn't very cold.
Dydy hi ddim yn dwym iawn.	It isn't very warm.

Make up answers using a phrase from each column:

Dydy hi ddim	yn braf	iawn	heddiw.
	yn oer		bore 'ma.
Dyw hi ddim	yn dwym		pnawn 'ma.
			heno.

rhy   too
*We put **rhy** in front of an adjective to say 'too':*

rhy oer	too cold
rhy braf	too fine
rhy dwym	too warm
rhy wlyb	too wet

Mae hi'n rhy wlyb heddiw. It's too wet today.

Make up sentences:

Mae hi'n	rhy	dwym	heddiw.
Dydy hi ddim yn		oer	bore 'ma.
		wlyb	pnawn 'ma.
			heno.

MAE PLANT GYDA FI
I have children

Get used gradually to the words that apply to you.

Notice how the first letter of feminine nouns (mam, merch) can change after 'y' (the). (There is a summary of rules under 'Mutations' towards the end of the book.)

fi	me
i	me
chi	you

dyn *deen*	man	**merch** *mehrch*	girl, daughter
menyw *mehnioo*	woman	**tad** *tahd*	father
gŵr *goor*	husband	**mam** *mahm*	mother
gwraig *gooraheeg*	wife	**brawd** *brahood*	brother
plant *plahnt*	children	**chwaer** *chooaheer*	sister
mab *mahb*	son	**teulu** *teheelee*	family

*To say what family members you have we can start with **'mae'**, and then use **'gyda'** (with) which equates to 'have' or 'got':*

Mae …… gyda fi.   I have a ………… .
In south Wales we can use this:
Mae …… 'da fi.
In north Wales we can use these:
Mae …… gen i.
Mae …… gynno i.

Mae gŵr gyda fi	I have a husband / I've got a husband
Mae gwraig gyda fi	I have a wife
Mae plant gyda fi	I have children
Mae plant gen i	I have children
Mae gwraig 'da fi	I have a wife

Use a phrase from each column to make up sentences:

Mae	plant	gyda fi
	gŵr	gen i
	gwraig	'da fi
	merch	gynno i

Imagine you're one of these, and say what you have, e.g. **Mae gŵr 'da fi.**

gŵr / gwraig	…………………………………… .
merch	…………………………………… .
tad	…………………………………… .
plant	…………………………………… .
chwaer	…………………………………… .
brawd	…………………………………… .

Say that you have a relative:

Mae mab gyda chi.	You have a son.
Mae merch 'da chi.	You have a daughter.

Ask if someone has a relative:
We put **'oes'** *instead of* **'mae'**:

Oes plant gyda chi?	Do you have children?
Oes chwaer gyda chi?	Do you have a sister?
Oes chwaer gyda ti?	Do you have a sister? *(used with a friend)*
Oes brawd gyda ti?	Do you have a brother? / Have you got a brother?

Make up questions using a phrase from each column:

Oes	brawd chwaer plant gŵr gwraig	gyda 'da	chi? ti?

To answer yes:
*Just repeat '**oes**':*
Oes plant gyda chi?
Oes.

You can then say what you have:
Oes plant gyda chi?
Oes, mae merch gyda fi.

Test yourself:

Oes brawd gyda chi?	Do you have a brother?
Oes, mae brawd gyda fi.	Yes, I have a brother.
Oes gwraig gyda chi?	Have you got a wife?
Oes, athrawes yw hi.	Yes, she's a teacher.
Oes plant gyda chi?	Have you got children?
Oes, mae mab gyda fi.	Yes, I have a son.
Mae merch gyda fi.	I've got a daughter.
Mae mab gyda fi.	I've got a son.

*Answering 'no' to a question beginning with '**oes**':*
Na   no
Or you can say:
Nag oes   no

*To say you haven't got something, we use '**Does dim**' to replace '**Mae**':*
Mae plant gyda fi.   I have children > **Does dim plant gyda fi.**
                                 I haven't got children.

Test yourself:

Does dim gŵr gyda fi.	I haven't got a husband.
Does dim gwraig gyda fi.	I haven't got a wife.
Does dim brawd gyda chi.	You haven't got a brother.
Does dim plant gyda chi.	You haven't got children.

Make up sentences, using a phrase from each column:

Does dim	gŵr gwraig plant mab merch brawd chwaer	gyda 'da	fi chi

Test yourself:
dim ond   only

Oes plant gyda chi?	Do you have children?
Oes, mae mab gyda fi.	Yes, I have a son.
Oes brawd gyda chi?	Do you have a brother?
Na, does dim brawd gyda fi.	No, I haven't got a brother.
Oes chwaer gyda ti?	Have you got a sister?
Nag oes, dim ond brawd.	No, only a brother.
Does dim chwaer gyda chi.	You haven't got a sister.
Does dim plant gyda fi.	I haven't got children.
Does dim gwraig gyda chi.	You haven't got a wife.

Change these sentences to say what people haven't got, e.g.

Mae plant gyda fi.	**Does dim plant gyda fi.**
Mae brawd 'da fi.	....
Mae chwaer gyda fi.	....
Mae plant gyda chi.	....
Mae plant 'da ti.	....
Mae gŵr 'da fi.	....

Other family members:

modryb *modrib*	aunt	**cyfnither** *kuhvneethehr*	cousin (*female*)
ewythr *eooithr*	uncle	**cefnder** *kehvndehr*	cousin (*male*)
wncwl *oonkool*	uncle		

From what we already know, it's a small step to make sentences.

car *kahr*	car
bws *boos*	bus
tacsi *taxi*	taxi
fan *van*	van
'r *r*	the
dod *dohd*	to come, coming
mynd *mihnd*	to go, going
cyrraedd *kuhraheedd*	to arrive
gadael *gahdaheel*	to leave

When we want to say what things, or people, are doing, we use '**mae**' for 'is' or 'are' and we put '**yn**' after what we're talking about, linking it to what comes next:

Mae'r car yn ...	the car is ...
Mae'r bws yn ...	the bus is ...

We can put any verb (doing word) after these, e.g.

Mae'r bws yn cyrraedd.	The bus is arriving.
Mae'r fan yn mynd.	The van is going.
Mae'r tacsi'n gadael.	The taxi's leaving.
Mae bws yn dod.	A bus is comig.

In English, 'go' changes to 'going', but in Welsh, '**mynd**' *just stays as* '**mynd**'*. This makes it easy to make up sentences in Welsh.*

Mae car yn dod.	A car is coming.

Say what's happening in these pictures, using these words:

fan, car, bws, mynd, dod, cyrraedd, gadael

Mae'r _____

Mae'r _____

Mae'r _____

Mae'r _____

Asking if something is going or coming:

*Start with '**ydy** .... ?' 'is ..... ?'*

Ydy'r bws yn cyrraedd?	Is the bus arriving?
Ydy'r car yn dod?	Is the car coming?
Ydy'r car yn mynd?	Is the car going?
Ydy'r tacsi'n gadael?	Is the taxi leaving?

*!! Note how '**yn**' has changed to '**n**' after '**tacsi**'. It changes to '**n**' after a vowel (a, e, i, o, u, w, y).*

Make up questions using one phrase from each column:

Ydy'r	car	yn	mynd?
	bws		dod?
	fan		gadael?
	tacsi	'n	cyrraedd?

To answer yes:

Ydy   yes
Uhdee

To answer no:

Na   no
Nah

Or we can say:

Nag yw   no (it isn't)
Nahg ihoo

ddim   not

To say that something is not going, we use this pattern:

Dydy'r .... ddim yn ....

*We put who or what's not doing something between '**dydy'r**' and '**ddim**':*

Dydy'r car ddim yn mynd.	The car is not going.
Dydy'r bws ddim yn dod.	The bus is not coming.

Make up sentences saying things are not coming or going, using a phrase from each column:

Dydy'r	car	ddim yn	mynd
	bws		dod
Dyw'r	fan		cyrraedd
	tacsi		gadael

Test yourself:

Ydy'r bws yn dod?	Is the bus coming?
Dydy'r bws ddim yn cyrraedd.	The bus isn't arriving.
Dyw'r car ddim yn mynd.	The car isn't going.
Dydy'r fan ddim yn gadael.	The van isn't leaving.
Mae'r car yn dod.	The car is coming.
Ydy'r tacsi'n cyrraedd?	Is the taxi arriving?
Dyw'r tacsi ddim yn dod.	The taxi isn't coming.

Change these sentences to say that something is not coming or going, e.g.

Mae'r bws yn dod.	**Dydy'r bws ddim yn dod. /**
	Dyw'r bws ddim yn dod.
Mae'r car yn cyrraedd.	....
Mae'r car yn mynd.	....
Mae'r tacsi'n dod.	....
Mae'r bws yn gadael.	....

> **BETH WYT TI'N BWYTA?**
> What are you eating?

Say who's doing what

Here are some more people:

plant   children
plahnt

dynion   men
duhnyon

y bobl   the people
uh bohbl

menywod   women
mehnuhoo-od

And here's what they could be doing:

yfed   to drink, drinking
uhved

bwyta   to eat, eating
booeetah

mwynhau   enjoy, enjoying
mooeenhahee

Once again we put '**yn**' after the word after '**mae**' or '**mae'r**':

Mae'r plant yn ...   The children are ...
Mae plant yn ...   Children are ...
Mae'r dynion yn ...   The men are ...

Test yourself:

Mae'r dynion yn yfed.   The men are drinking.
Mae Siân yn bwyta.   Siân is eating.
Mae'r bobl yn bwyta.   The people are eating.
Mae Mrs Hughes yn mynd.   Mrs Hughes is going.

Make up sentences by using a phrase from each column:

Mae'r	bobl	yn	mynd
	menywod		dod
	dynion		bwyta
	plant		yfed

Say what these people are doing:

Mae'r bobl yn ....

yfed: _____

bwyta: _____

mwynhau: _____

Now ask questions on what people are doing, e.g.

Ydy'r dyn yn bwyta?

Choose a phrase from each column:

Ydy'r	dyn yn	bwyta?
	fenyw yn	yfed?
	bobl yn	mwynhau?
		dod?
		mynd?

To say a person is not enjoying or eating:

We start with '**dydy**' and then, we put '**ddim**' after the person, e.g.
Dydy'r dyn ddim yn mwynhau.

Say:

The man isn't eating.	**Dydy'r** ....
The woman isn't drinking.	**Dyw'r** ....
The people aren't enjoying.	**Dydy'r** ....
The woman isn't eating.	**Dyw'r** ....

Change these sentences to say that these things are not happening:

Mae'r bobl yn mwynhau.	....
Mae'r dyn yn yfed Diet Coke.	....
Mae'r fenyw yn yfed jin.	....
Mae'r plant yn bwyta pizza.	....
Mae'r menywod yn yfed fodca.	....

We can add what people are eating and drinking:

brecwast	breakfast
cinio	lunch
te	tea
swper	supper, dinner
cael	to have

Simply put what you're eating or drinking after the verb:

Dw i'n cael...	I'm having...
Dw i'n cael brecwast.	I'm having breakfast.
Mae'r plant yn cael cinio.	The children are having lunch.
Mae'r dyn yn cael te.	The man is having tea.

Make up sentences by choosing a phrase from each column:

Dw i'n	cael	brecwast
Mae'r plant yn	bwyta	cinio
Mae'r fenyw yn		te
Mae'r dyn yn		swper
Dydy'r dyn ddim yn		
Dyw'r plant ddim yn		

gwneud *to do*

*By using '**gwneud**' you can say what you're doing and ask what someone's doing.*
*Note: '**gwneud**' is often shortened to "**wneud**' or "**neud**':*

Beth dych chi'n 'wneud?	What are you doing?
Beth wyt ti'n 'neud heddiw?	What are you doing today?
Beth mae'r plant yn 'neud?	What are the children doing?
Beth mae'r dyn yn 'neud bore 'ma?	What is the man doing this morning?

> **BETH DYCH CHI'N 'WNEUD?**
> What are you doing?

Make up sentences by choosing a phrase from each column:

Beth			
	wyt ti'n	'neud	heddiw?
	mae'r dyn yn	'wneud	bore 'ma?
	mae'r plant yn		heno?
	dych chi'n		

You can ask other things in the same way:

Beth dych chi'n yfed?
What are you drinking?
Beth wyt ti'n bwyta?
What are you eating?
Beth mae'r fenyw'n yfed?
What is the woman drinking?

You can use a person's name in the same way:

Beth mae Ann yn 'neud?	What is Ann doing?
Beth mae Marc yn yfed?	What is Marc drinking?

Make up sentences by choosing a phrase from each column:

Beth			
	dych chi'n	yfed	nawr?
	mae'r dyn yn	'neud	heno?
	mae'r plant yn	bwyta	pnawn 'ma?
	mae'r menywod yn		

You can answer by saying what you're doing:

Dw i'n gwneud cinio.	I'm making lunch.
Dw i'n gwneud swper.	I'm making supper.
Mae'r dyn yn cael cinio.	The man is having lunch.
Mae'r plant yn cael te.	The children are having tea.
Beth dych chi'n 'neud?	What are you doing?

Dw i'n cael cinio.	I'm having dinner.
Mae'r plant yn cael swper.	The children are having supper.
Mae'r menywod yn gwneud brecwast.	The women are making breakfast.
Beth mae Huw yn yfed?	What is Huw drinking?
Mae Huw yn yfed pop.	Huw is drinking pop.
Mae'r dyn yn gwneud cinio.	The man is making lunch.

You can now say what people are not doing:

Dydy Huw ddim yn yfed pop.	Huw is not drinking pop.
Dydy'r menywod ddim yn gwneud cinio.	The women are not making lunch.
Dydy'r plant ddim yn cael brecwast.	The children are not having breakfast.
Dyw'r dyn ddim yn bwyta swper.	The man isn't eating supper.

Make up sentences using a phrase from each column:

Dydy'r Dyw'r	plant dynion menywod bobl	ddim yn	cael gwneud 'neud	te cinio brecwast swper

Useful phrases:

amser brecwast	breakfast time
amser te	tea time
amser cinio	lunch time
amser swper	supper time
Mae hi'n amser te.	It's tea time.
Mae hi'n amser cinio.	It's lunch time.

Welsh for food

In his journey through Wales in 1188, Gerallt Gymro – Gerald the Welshman – noted how the Welsh depended on milk, cheese, and butter. Oats were also much used. Pigs were important in the early Welsh economy, so you will see place names today names after 'moch' (pigs), e.g. Mochdre. In the 19th century, salted and dried meat was common. In industrial areas it was common for workes to keep a vegetable garden and to keep a pig which could keep them in meat for a year. Fruit and berries are plentiful, and also sea food.

bwyd	food	**cocos**	cockles
bara brith	currant loaf	**crempog**	pancakes
bara ceirch	oat bread	**lobsgows**	soup with vegetables and meat
bara lawr	laver bread	**llus**	winberries
cawl	soup made with lamb and vegetables	**paste fale**	apple tart
cig eidion	beef	**pice ar y mân**	Welsh cakes
cig moch	bacon	**uwd**	porridge
cig oen	lamb meat		

Dishes and cutlery

cwpan/-au	cup/-s
cyllell/cyllyll	knife/knives
fforc/ffyrc	fork/-s
jwg	jug
llestri	dishes
llwy/-au	spoon/-s
plât/platiau	plate/-s
soser/-i	saucer/-s
tebot	teapot

Mae	There is, there are
Mae bwyd ar y bwrdd.	There's food on the table.
Mae llestri yn y sinc.	There are dishes in the sink.
Mae platiau yn y cwpwrdd.	There are plates in the cupboard.
Mae soseri gyda ni.	We have saucers. (literally: there are saucers with us)

Make up sentences using a phrase from each column:

Mae	platiau llestri cwpanau	yn y	cwpwrdd sinc gegin

Make up sentences using one phrase from each column:

Does dim Does 'na ddim	llaeth bara te coffi bwyd	yn y ffrij ar y bwrdd yn y jwg yn y tebot yn y gegin

Does dim ...	There isn't any ... / There aren't any ... There's no ...

Some more kitchen words:

ffrij	fridge *(used colloquially)*
ffwrn	oven
llawr	floor
meicrodon	microwave
oergell	fridge
padell ffrio	frying pan
peiriant golchi	washing machine
potel/-i	bottle/-s
powlen/-ni	bowl/-s
sosban/-nau/sosbenni	saucepan/-s
tegell	kettle

*In north Wales we often put "**na**' after '**Does**':*

Does 'na ddim ...	There isn't / aren't ...

Does 'na ddim bwyd ar y bwrdd.	There's no food on the table.
Does dim llwyau yma.	There aren't any spoons here.
Does dim plât ar y bwrdd!	There's no plate on the table!
Does dim cwpanau ar y bwrdd.	There are no cups on the table.

And always remember:

Does dim tafarn yn y nefoedd.	There's no pub in heaven.

Oes ...?   Is there? / Are there?

Simply put 'oes' instead of 'mae':

Oes llestri yn y cwpwrdd?	Are there dishes in the cupboard?
Oes cwpanau ar y bwrdd?	Are there cups on the table?
Oes llwyau, cyllyll a ffyrc yma?	Are there spoons, knives and forks here?
Oes llaeth yn y ffrij?	Is there milk in the fridge?
Oes cwrw yn yr oergell?	Is there beer in the fridge?

Make up questions, using a phrase from each column:

Oes	peiriant golchi	yn y gegin?
	llestri	ar y bwrdd?
	powlenni	yn y cwpwrdd?
	llestri	ar y llawr ?
	bwyd	

To answer 'yes' just say 'oes':

Oes   Yes

And then say whatever you want:

ac   and
ond   but

Oes bara yn y bin bara?	Is there bread in the bread bin?
Oes, ac mae cyllell yma.	Yes, and there's a knife here.
Oes platiau yma?	Are there plates here?
Oes, ond does dim soseri yma.	Yes, but there are no saucers here.

To answer 'no':

Na   No

Another way of saying no, with just a little more emphasis:
Nag oes No

Or you can answer more fully:
yn anffodus
unfortunately

Oes meicrodon yn y fflat?	Is there a microwave in the flat?
Na, does dim. Ond mae bwyd yma.	No, there isn't. But there is food here.
Oes padell ffrio yma?	Is there a frying pan here?
Nag oes, does dim, yn anffodus.	No, there isn't, unfortunately.
Oes peiriant golchi yn y gegin?	Is there a washing machine in the kitchen?
Na, ond mae ffwrn yma.	No, but there's an oven here.

Does dim byd...	There's nothing...
Does dim byd ar y bwrdd.	There's nothing on the table.
Does dim byd yn yr oergell.	There's nothing in the fridge.

Make up sentences using one phrase from each column:

Does dim byd	ar y bwrdd
Does 'na ddim byd	yn yr oergell
	yn y cwpwrdd
	ar y plât

SGWRS 9   *Conversation*

Yn y fflat   *In the flat*

ond	but	**rhywun**	someone, anyone
does neb	no-one (is), there's no-one	**gallu**	to be able to
syniad	idea	**ble**	where

Mair:	**Diolch byth, mae'r fflat yn braf!**	Thank goodness, the flat is fine.
Huw:	**Daro, does dim llestri yma!**	Dear, there are no dishes here!
Mair:	**A does dim cwpanau...**	And there are no cups...
Huw:	**Wyt ti'n gallu gweld meicrodon?**	Can you see a microwave?
Mair:	**Ydw, ond oes peiriant golchi yma?**	Yes, but is there a washing machine here?
Huw:	**Oes, diolch byth.**	Yes, thank goodness.
Mair:	**Ond does dim byd yn y cwpwrdd!**	But there's nothing in the cupboard!
Huw:	**Oes rhywun yn gwybod ble mae'r ffwrn?**	Does anyone know where the oven is?
Mair:	**Na, does 'na dim ffwrn yma!**	No, there's no oven here!
Huw:	**Does neb yn gwybod ble mae'r ffwrn!**	No-one knows where the oven is!
Mair:	**Mae syniad gyda fi. Dw i'n mynd i'r dafarn i gael bwyd.**	I have an idea. I'm going to the pub to have food.

Mae yna / Mae 'na   There is *or* There are

'**yna**' *or* ''**na**' *corresponds to the English* 'there' *and is often used after* '**mae**'. *When we use* ''**na**', *the first letter of the word that follows it can change, e.g.* c > g: car > gar.

Mae 'na feicrodon yn y gegin.	There's a microwave in the kitchen.
Oes 'na gwpwrdd yn y gegin?	Is there a cupboard in the kitchen.
Does 'na ddim ffwrn yma.	There's no oven here.
Mae 'na lestri yma, diolch byth.	There are dishes here, thank goodness.

a	and
ac	and, *used before vowels*

tad a mam	mother and father
bachgen a merch	a boy and a girl
oren ac afal	an orange and an apple
John ac Alun	John and Alun

Oven

Fruit and veg

Meat and fish

Beer and wine

> **DYDD SUL DW I'N MYND I'R CAPEL**
> On Sunday I go to chapel

Dydd Sul — Sunday
Deedd seel

Dydd Llun — Monday
Deedd lleen

Dydd Mawrth — Tuesday
Deedd mahoorth

Dydd Mercher — Wednesday
Deedd mehrchehr

Dydd Iau — Thursday
Deedd eeahee

Dydd Gwener — Friday
Deedd gwehnehr

Dydd Sadwrn — Saturday
Deedd sahdoorn

i'r — to the
eer

i'r tŷ — to the house
eer tee

i'r dref — to town
eer drehv

i'r gwely — to bed
eer goowehlee

We can use these to say we're going somewhere, e.g.

mynd i'r capel — going to chapel
mynd i'r traeth — going to the beach
mynd i'r dre — going to town
mynd i'r dafarn — going to the pub
mynd i'r sinema — going to the cinema
mynd i'r gwaith — going to work

mynd i'r caffi — going to the café
mynd i'r gêm — going to the game

We can put these together in sentences, so say what we're doing when, e.g.:

Dydd Sul dw i'n mynd i'r capel. On Sunday I go to chapel.

Dydd Sadwrn dw i'n mynd i'r gêm. On Saturday I'm going to the game.

*Note: You will have noticed that '**i'r**' – to the – is often used in Welsh when we just say 'to' in English, e.g. **i'r gwaith** = to work.*
Another note: You will also have noticed that it's not necessary to use 'on' before days of the week.

Make up sentences to say when you're doing various things:

Dydd Sul	dw i'n mynd i'r	capel
Dydd Mawrth		gwaith
Dydd Iau		gêm
Dydd Sadwrn		sinema
Dydd Gwener		caffi

You can also make up sentences to say what you're not doing:

Dydd Llun	dw i ddim yn mynd i'r	capel
Dydd Mercher		gwaith
Dydd Sul		sinema
Dydd Sadwrn		gêm

You can ask questions to ask when someone is doing something:

Pryd? — When?

Pryd dych chi'n mynd i'r gêm? When are you going to the game?

Pryd wyt ti'n mynd i'r sinema? When are you going to the cinema?

Ask questions by using a phrase from each column:

Pryd	wyt ti'n dych chi'n dach chi'n	mynd i'r	sinema? gêm? gwaith? capel?

Test yourself:

Pryd wyt ti'n mynd i'r sinema? — When are you going to the cinema?

Dydd Sul dw i'n mynd i'r sinema. — On Sunday I'm going to the cinema.

Pryd dych chi'n mynd i'r gêm? — When are you going to the game?

Dydd Sadwrn dw i'n mynd i'r gêm. — On Saturday I'm going to the game.

Dydd Gwener dw i'n mynd i'r caffi. — On Friday I'm going to the café.

Pryd dych chi'n mynd i'r gwaith? — When are you going to work?

Dydd Llun dw i'n mynd i'r dre. — On Monday I'm going to town.

Dydd Mawrth dw i'n mynd i'r traeth. — On Tuesday I'm going to the beach.

Answer questions on the family

Beth mae'r teulu'n 'neud? — What is the family doing?

Ask questions about what the family's doing on different days, e.g.

Beth mae'r teulu'n 'wneud dydd Sul?

Ask questions for different days, e.g.

dydd Sadwrn, dydd Gwener, dydd Llun, dydd Sul.

Think of answers, using these words:
I'r capel, i'r traeth, i'r dafarn, i'r dre

There is more on days and nights of the week in Part 30.

By now you've learnt the basics! If you're not sure of something, it isn't a bad idea for you to look over the first 14 parts again, before going on. You're doing well!

Dydd Llun

Dydd Sul

Dydd Mercher

Dydd Sadwrn

Dydd Iau

Dydd Mawrth

Dydd Gwener

Mae e — He is
Mahee eh

Rwyt ti — You are
Rooeet tee

Mae'r plant — The children are
Maheer plant

Dy'n ni — We are
Deen nee

Maen nhw — They are
Maheen noo

Note: Welsh sentences start with a verb, then the pronoun or noun comes second, and then we can add what's happening:

'n cerdded — walking
n kehrdded

'n rhedeg — running
n rhehdehg

'n darllen — reading
n dahrllehn

'n siopa — shopping
n shopah

'n mwynhau — enjoying
n mooeenhahee

'n glanhau — cleaning
n glanhahee

'n cysgu — sleeping
n kuhsgee

'n siarad — talking, speaking
'n sharahd

Dy'n ni'n glanhau bore 'ma. — We're cleaning this morning.
Maen nhw'n siopa heddiw. — They're shopping today.
Mae e'n rhedeg pnawn 'ma. — He's running this afternoon.

Make up sentences to say what's happening:

Rwyt ti'n	cysgu	bore 'ma
Mae e'n	darllen	heddiw
Maen nhw'n	glanhau	pnawn 'ma
Dy'n ni'n		

Note: Words ending in a consonant (e.g. r, n, t) will be followed by **'yn'**, *not* **"n"**:

Mae Siân yn darllen. — Siân is reading.
Mae'r dyn yn cerdded. — The man is walking.
Mae'r plant yn cysgu. — The children are sleeping.

Note: The Welsh for 'it'
e — he, it
hi — she, it

All Welsh nouns (words for things) are either masculine or feminine. We use **'e'** *for masculine nouns and* **'hi'** *for feminine nouns.*
Mae hi
Mae hi'n mynd

This can mean either 'she goes' *or* 'she is going'. *It can also mean* 'it goes', *or* 'it is going'.
Mae e
Mae e'n mynd

This can mean 'he goes' *or* 'he is going'. *It can also mean* 'it goes' *or* 'it is going'.

Say what we do on various days of the week, e.g.
Dydd Llun dy'n ni'n glanhau. — On Monday we're cleaning.
Dydd Sul dy'n ni'n siopa. — On Sunday we're shopping.

You can use these:
siopa, gweithio, cerdded, darllen, glanhau, mwynhau
e.g. **Dydd Llun dy'n ni'n siopa.**

Dydd Sul	....
Dydd Llun	....
Dydd Mawrth	....
Dydd Mercher	....
Dydd Iau	....
Dydd Gwener	....
Dydd Sadwrn	....

Say what people are doing. You can use these phrases:

sgwrsio	to chat
yfed	to drink
bwyta	to eat
siarad	to talk

Maen nhw'n ....

*To say people are not doing something use '**ddim**':*

Dw i ddim yn ...	I'm not ...
Doo ee ddihm uhn	
Dwyt ti ddim ...	You're not ...
Dooeet tee ddihm	
Dydy e ddim ...	He isn't ...
Duhdee eh ddihm	
Dydy Siân ddim ...	Siân isn't ...
Duhdee shahn ddihm	
Dydy'r plant ddim ...	The children aren't ...
Duhdeer plahnt ddihm	
Dy'n ni ddim ...	We aren't ...
Deen nee ddihm	
Dy'n nhw ddim ...	They aren't ...
Deen noo ddihm	

You will also hear, perhaps more often in south Wales:

Dyw e ddim ...	He isn't ...
Dihoo eh ddihm	
Dyw Siân ddim ...	Siân isn't ...
Dihoo shahn ddihm	
Dyw'r plant ddim ...	The children aren't ...
Dihoor plahnt ddihm	

Now make up sentences with these using one phrase from each column:

Dwyt ti		yn siopa	heddiw
Dydy e		yn gweithio	pnawn 'ma
Dyw Huw	ddim	yn glanhau	bore 'ma
Dy'n ni			yn cysgu
Dy'n nhw			

SGWRS 10	*Conversation*	
Heddiw	*today*	
Mair:	**Mae hi'n braf heddiw.**	It's fine today.
Huw:	**Ydy, diolch byth.**	Yes, thank goodness.
Mair:	**Mae hi'n braf iawn.**	It's very fine.
Huw:	**Beth dy'n ni'n 'neud heddiw, cariad?**	What are we doing today, love?
Mair:	**Dy'n ni'n siopa bore 'ma.**	We're shopping this morning.
Huw:	**Dy'n ni ddim yn siopa, dw i'n darllen!**	We're not shopping, I'm reading!
Mair:	**Ond mae'r plant yn dod pnawn 'ma!**	But the children are coming this afternoon!
Huw:	**O na, dy'n nhw ddim yn dod heddiw?**	Oh no, they're not coming today?
Mair:	**Maen nhw'n dod, wrth gwrs.**	They're coming, of course.
Huw:	**Wel, dy'n ni'n glanhau bore 'ma.**	Well, we're cleaning this morning.
Mair:	**A wedyn dy'n ni'n siopa!**	And then we're shopping!

Ble mae?	Where is? Where are?
Ble mae'r llaeth?	Where's the milk?
Ble mae hi?	Where is she?
Ble maen nhw?	Where are they?
Ble dy'n ni?	Where are we?

Make up questions:

Ble	dy'n ni	heddiw?
	maen nhw	bore 'ma?
	mae e	heno?

MAE'R PLANT YN YR ARDD
The children are in the garden

yn	in
uhn	
yn y tŷ	in the house
uhn uh tee	
yn yr ardd	in the garden
uhn uhr ardd	
yn y ffrij	in the fridge
uhn uh ffrij	
yn yr oergell	in the fridge
uhn uhr oeergehll	
yn y gegin	in the kitchen
uhn uh gehgihn	
yn y cwpwrdd	in the cupboard
uhn uh koopoordd	

Test yourself by hiding the Welsh or the English column:

Mae'r plant yn yr ardd.	The children are in the garden.
Dw i yn y gegin.	I'm in the kitchen.
Dy'n ni ddim yn y tŷ.	We're not in the house.
Mae hi yn y gwely.	She's in bed.
Mae e yn yr oergell.	It's in the fridge.
Dydy e ddim yn y cwpwrdd.	It's not in the cupboard.

ar	on
ahr	
ar y gadair	on the chair
ahr uh gahdaheer	
ar y ffôn	on the phone
ahr uh ffohn	
ar y gwely	on the bed
ahr uh gooehlee	
ar y llawr	on the floor
ahr uh llahoor	

Test yourself:

Mae'r ferch ar y gadair.	The girl is on the chair.
Mae'r wraig ar y ffôn.	The wife is on the phone.
Dy'n ni ar y gwely.	We're on the bed.
Mae hi ar y llawr.	It's on the floor.

wrth	by, near
oorth	
wrth y drws	by the door
oorth uh droos	
wrth y bwrdd	by the table
oorth uh boordd	

Maen nhw wrth y drws.	They are by the door.
Dyw hi ddim wrth y tŷ.	She's not near the house.

Mae Siân wrth y bwrdd.	Siân is by the table.
Mae'r doctor wrth y gwely.	The doctor is by the bed.

Make up sentences by using a phrase from each column:

Mae Dafydd	wrth	y gwely
Maen nhw	yn	y tŷ
Mae e		y garej
Dy'n ni		y gegin
Dy'n ni ddim		

o dan	under
oh dahn	
o dan y grisiau	under the stairs
o dan uh grisyeh	
o dan y bwrdd	under the table
o dan uh boordd	

Maen nhw o dan y gwely.	They are under the bed.
Mae Ann o dan y bwrdd.	Ann is under the table.
Dyw hi ddim o dan y gwely.	It's not under the bed.
Mae e o dan y gwely.	It's under the bed.

Say where these people are, using some of these phrases:

yn yr ardd, wrth y bwrdd, ar y gadair

Maen nhw ....

Dy'n nhw ddim ....

Maen nhw ....

Mae e ....

Mae hi ....

Dyw hi ddim ....

Yn y tŷ	*in the house*
bwrdd/byrddau	table/-s
cadair/cadeiriau	chair/-s
carped	carpet
cartre	home
cegin	kitchen
cwpwrdd/cypyrddau	cupboard/-s
drws blaen	front door
drws cefn	back door
ffenest	window
gardd	garden
garej	garage
gartre	at home
grisiau	stairs
lolfa	lounge
oergell	fridge
rhewgell	freezer

SGWRS 11	*Conversation*	
Codi yn y bore	***Getting up in the morning***	
cysgu	to sleep	

Siân:	**Bore da, Huw!**	Good morning, Huw!
Huw:	**Bore da, Siân. Shwd wyt ti heddiw?**	Good morning, Siân. How are you? today
Siân:	**Da iawn, diolch. Sut wyt ti?**	Very well, thank you. How are you?
Huw:	**Grêt. Ble mae'r coffi? Dyw e ddim ar y bwrdd**	Great. Where's the coffee? It's not on the table.
Siân:	**Mae e yn y gegin.**	It's in the kitchen.
Huw:	**Ble yn y gegin?**	Where in the kitchen?
Siân:	**Mae e wrth y sinc.**	It's by the sink.
Huw:	**Ble mae Dafydd?** **Dyw e ddim yn y gegin.**	Where's Dafydd? He's not in the kitchen.
Siân:	**Mae e yn y gwely.**	He's in bed.
Huw:	**Beth mae e'n 'neud yn y gwely?**	What is he doing in bed?
Siân:	**Mae e'n cysgu.**	He's sleeping.
Huw:	**Dw i'n codi, dw i'n yfed coffi, a dw i'n gweithio bore 'ma.**	I'm getting up, I'm drinking coffee, and I'm working this morning.
Siân:	**Ha ha! Wel, dw i'n aros yn y gwely, dw i'n darllen ... a dw i'n yfed te.**	Ha ha! Well, I'm staying in bed, I'm reading ... and I'm drinking tea.

sinc	sink
staer	stairs (*south Wales*)
stafell	room
stafell fyw	living room
stafell wely	bedroom
stafell ymolchi	bathroom
tŷ bach	toilet

you will also see:

ystafell	room

Make up a conversation on waking up in the morning, possibly using these:

> *Say good morning.*
> *Ask how are you.*
> *Ask where's the coffee and say it's in the kitchen.*
> *Ask where Dafydd is.*
> *Say he's in bed.*
> *Say you're in bed and reading.*

> MAEN NHW'N YFED AC YN BWYTA
> They're drinking and eating

Saying where people are doing things

parc
pahrk
park

y dre
uh dreh
the town

caffi
kaffee
café

y farchnad
uh vahrchnad
the market

sinema
sihnemah
cinema

y stryd
uh streed
the street

Test yourself:

Mae'r dyn yn gweithio yn yr ardd.	The man is working in the garden.
Mae e'n chwarae gêm yn y gwely.	He's playing a game in bed.
Maen nhw'n mwynhau yn y caffi.	They're enjoying in the café.
Mae'r menywod yn sgwrsio yn y caffi.	The women are chatting in the café.
Maen nhw'n yfed ac yn bwyta.	They're drinking and eating.

Say what these people are doing and where, and then say they're enjoying. You can use these words:

darllen, chwarae gêm, gwely, gweithio, gardd, bwyta, yfed, siarad, mwynhau, caffi, bwrdd.

e.g. **Mae'r dyn yn gweithio yn yr ardd.**
   Mae'r menywod yn siarad wrth y bwrdd.

Make up more than one sentence for each picture, using different verbs.

at
aht
towards, to

at y dre   towards the town
at y caffi   towards the café

Mae hi'n cerdded at y dre.	She's walking towards the town.
Dw i'n dod at y caffi.	I'm coming to the café.
Mae e'n cerdded at y tŷ.	He's walking to the house.
Dy'n ni ddim yn mynd at Siân.	We're not going to Siân. *(to Siân's home)*

THE:
- *'The' can be either:* **y**, **yr**, *or* **'r**
- **Y** *becomes* **yr** *before vowels (a, e, i, o, u, w, y) and before* **'h'**, *e.g.* **yr athro** the teacher; **yr haf** summer.
- *After a vowel* **y** *always changes to* **'r**, **mae'r dyn yn...** the man is ...

i   to

*For 'to the' we say '**i'r**' (not '**i y**')*
*Note again how, when referring to establishments, we use '**i'r**' (to the) when we just use 'to' in English:*

i'r capel	to chapel
i'r carchar	to prison
i'r coleg	to college
i'r dre	to town
i'r gwaith	to work
i'r ysgol	to school

Maen nhw'n mynd i'r dre.	They're going to town.
Dyw e ddim yn cerdded i'r gwaith.	He's not walking to work.
Ydy hi'n mynd i'r dre i siopa?	Is she going to town to shop?
Dych chi'n cerdded i'r siop?	Are you walking to the shop?

Make up sentences by choosing a phrase from each column:

Mae e'n	mynd	i'r coleg	yn	Wrecsam
Mae hi'n	cerdded	i'r gwaith		Aberystwyth
Maen nhw'n	i'r siop			Llanelli

SGWRS 12   *Conversation*

Mynd i siopa   ***Going shopping***

prynu	to buy
dillad	clothes
sgert	skirt
ffrog	frock
moyn	to want

Huw:	**Bore da, Siân!**	Good morning, Siân!
Siân:	**Bore da, Huw. Sut wyt ti bore 'ma?**	Good morning, Huw. How are you this morning?
Huw:	**Da iawn. A ti?**	Very well. And you?
Siân:	**Da iawn, diolch. Dw i'n mynd i'r dre heddiw.**	Very well, thanks. I'm going to town today.
Huw:	**O na! Mynd i'r dre?**	Oh no! Going to town?
Siân:	**Ydw. Dw i'n mynd i siopa.**	Yes. I'm going shopping.
Huw:	**O na! Mynd i siopa?**	Oh no! Going shopping?
Siân:	**Ydw, dw i'n mynd i'r farchnad, a dw i'n mynd i Marcs.**	Yes, I'm going to the market, and I'm going to Marcs.
Huw:	**O diar, beth wyt ti'n 'neud yn Marcs?**	Oh dear, what are you doing in Marcs?
Siân:	**Dw i'n prynu dillad.**	I'm buying clothes.
Huw:	**Ond mae dillad 'da ti!**	But you've got clothes!
Siân:	**Dw i'n moyn prynu ffrog a sgert.**	I want to buy a frock and a skirt.
Huw:	**Ond mae ffrog 'da ti, ac mae sgert 'da ti!**	But you have a frock, and you have a skirt!
Siân:	**Ha ha! Dyn wyt ti, a menyw ydw i! A wedyn dw i'n cael coffi yn y caffi!**	Ha ha! You're a man, and I'm a woman! And then I'm having coffee in the café!

Make up a conversation:

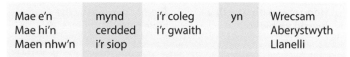

Say you're going shopping.
Say you want to buy new clothes.
Say you want to go to town and have coffee in the café.

Saying when and how you do something

Now we can add a phrase to say when we do something.

These can be times of day, or adverbs:

nawr	now
nahoor	
rŵan	now *(used in north Wales)*
rooahn	
yn gyflym	quickly
uhn guhvlim	
yn araf	slow, slowly
uhn arav	
yn gynnar	early
uhn guhnar	
yn hwyr	late
uhn hooeer	

When using verbs ending in a vowel, e.g. **bwyta**, **gweithio**, *'yn' changes to "n":*

Dw i'n yfed yn gyflym.	I drink quickly.
Mae e'n bwyta'n araf.	He's eating slowly.

Test yourself:

Maen nhw'n yfed yn gyflym.	They're drinking quickly.
Dy'n ni ddim yn gweithio heddiw.	We're not working today.
Mae hi'n cerdded yn araf.	She's walking slowly.
Dw i'n bwyta'n gyflym.	I'm eating quickly.
Dydy John ddim yn mynd heno.	John isn't going tonight.

Make up sentences using a phrase from each column.

Dw i'n	bwyta	yn y tŷ	heddiw
Dy'n ni ddim yn	yfed	yn y dre	nawr
Dydy hi ddim yn		yn y caffi	pnawn 'ma
Dych chi'n		yn y dafarn	heno
Mae'r gŵr yn			rŵan

Test yourself:

Rwyt ti'n yfed yn y dafarn nawr.	You're drinking in the pub now.

Mae hi'n cyrraedd y dafarn yn gynnar.	She's arriving at the pub early.
Dy'n nhw ddim yn bwyta yn y dafarn heddiw.	They're not eating in the pub today.
Dy'n ni wrth y dafarn nawr.	We're by the pub now.

mynd i'r dafarn	to go to the pub
yfed cwrw	to drink beer
canu emynau	to sing hymns
dweud jôcs	to tell jokes
gweld gêm	to see a game
chwarae darts	to play darts
yn y dafarn	in the pub
sgwrsio	to chat

Dw i'n gweld gêm yn y dafarn heno.	I'm seeing a game in the pub tonight.
Mae e'n chwarae darts yn y dafarn pnawn 'ma.	He's playing darts in the pub this afternoon.
Dy'n ni ddim yn canu emynau yn y dafarn nawr.	We're not singing hymns in the pub now.
Maen nhw'n yfed cwrw'n araf.	They're drinking beer slowly.

Make up sentences, using one phrase from each column:

Dw i'n	sgwrsio	yn y dafarn	heddiw
Mae hi'n	yfed cwrw	yn y caffi	bore 'ma
Dy'n ni ddim yn	canu emynau		pnawn 'ma
Dych chi'n	dweud jôcs		
Maen nhw'n	gweld gêm		
Dych chi'n			
Dydy e ddim yn			
Mae Siân yn			
Dyw'r wraig ddim yn			

Note how we can change the word order:

Heno maen nhw wrth y bwrdd yn bwyta.	Tonight they are by the table eating.

Choose a phrase from each column to say what time of day it is, then say where these people are and what they are doing.

Bore 'ma	maen nhw	wrth y bwrdd	yn bwyta
Pnawn 'ma	mae'r teulu	yn y caffi	yn yfed
Heno	mae hi	yn y dafarn	yn mwynhau
	dyw hi ddim		yn sgwrsio

Answer the question:

Beth maen nhw'n 'neud heddiw/heno?
Ask and answer what these people are doing today/tonight. Make several sentences:

Use these phrases:
yn y dafarn
yfed
sgwrsio
heno
mwynhau

Heno, ...

....

Using these pictures, say what you, or these people, are doing every day, every night or every week:

bob nos   every night
bob bore   every morning

bob prynhawn   every afternoon
bob dydd   every day
bob wythnos   every week

e.g. Dw i'n yfed yn y dafarn bob dydd.

You can use these words and phrases:
peint   a pint
gwin   wine
cwrw   beer

bwyta yn y caffi, mynd i'r dafarn, yfed gwin, yfed peint, yfed cwrw

Dw i'n	bob ....
Maen nhw'n	bob ....
Mae e'n	bob ....
Dydy hi ddim yn	bob ....
Dy'n nhw ddim yn	bob ....

More words and phrases of time:

ddoe	yesterday
heno	tonight
bore 'ma	this morning
bore yfory	tomorrow morning
nos yfory	tomorrow night
prynhawn yfory	tomorrow afternoon

Make up sentences, saying what these people are doing, using these words:

mynd i'r dafarn, yfed cwrw, canu emynau, dweud jôcs, yn y dafarn

Maen nhw'n

....

SGWRS 13 *Conversation*
Yn y dafarn bob dydd *In the pub every day*

Huw:	**Beth wyt ti'n 'neud heddiw, Siân?**	What are you doing today, Siân?
Siân:	**Dw i'n mynd i'r dre.**	I'm going to town.
Huw:	**Wyt ti'n mynd i siopa?**	Are you going shopping?
Siân:	**Na, dw i ddim yn mynd i siopa.**	No, I'm not going shopping.
Huw:	**Wyt ti'n mynd i'r caffi?**	Are you going to the café?
Siân:	**Na, dw i ddim yn mynd i'r caffi.**	No, I'm not going to the café.
Huw:	**Wel, beth wyt ti'n 'neud yn y dre heddiw?**	Well, what are you doing in town today?
Siân:	**Dw i'n cerdded i'r dre.**	I'm working to town.
Huw:	**O?**	Oh?
Siân:	**Wel, dw i'n mynd i weld Ann.**	Well, I'm going to see Ann.
Huw:	**Ble wyt ti'n mynd i weld Ann?**	Where are you going to see Ann?
Siân:	**Yn y dafarn.**	In the pub.
Huw:	**O diar, rwyt ti'n mynd i'r dafarn bob dydd!**	Oh dear, you're going to the pub every day!'

Before going on, just a word to show how variations of the same verb will be heard in different parts of Wales. There is no need to know all these, but it's worth understanding them.

Here are the main variations:

	Writing and in many books:	Variations for north Wales:	Variations for south Wales
I am	**rydw i**	**dw i**	**wi**
You are	**rwyt ti**	**rwyt ti**	**yt ti**
He is	**mae e f**	**mae o**	**mae e**
She is	**mae hi**	**mae hi**	**mae hi**
We are	**rydyn ni**	**dan ni**	**dy'n ni, y'n ni, ryn ni**
You are	**rydych chi**	**dach chi**	**dych chi, y'ch chi, rych chi**
They are	**maen nhw**	**maen nhw**	**maen nhw**

*In more formal Welsh you will see '**rydym**' instead of '**rydyn ni**' or '**dy'n ni**':*

Cymreig a lleol Welsh and local
Rydym yn cefnogi cynhyrchwyr lleol We support local producers

---

In this book we will sometimes use these variations. You're welcome to use whichever you want: they are all understood in all parts of Wales.

Examples:

Mae o'n gweithio yn y tŷ.	He's working in the house.
Dan ni yn yr ardd.	We're in the garden.
Dach chi'n mynd heno.	You're going tonight.

There are shortened spoken forms, used by many people in most parts of Wales:

Fi'n *veen*	I'm
Ti'n *teen*	you are
Mae e'n *mahee ehn*	he is, it is
Mae hi'n *mahee heen*	she is, it is
Ni'n *neen*	we are
Chi'n *cheen*	you are
Maen nhw'n *maheen noon*	they are

Examples:

Fi'n dod.	I'm coming.
Mae e'n mynd.	He's going.
Chi'n yfed.	You're drinking.

*In written Welsh you may also see '**rwyf i'n**' and '**rwy'n**' for 'I am'.*

PUTTING NOUNS AFTER VERBS

Simply put a noun after a verb.

Some nouns:

y llyfr   the book
uh lluhvr

llyfrau   books
lluhvreh / lluhvrah in north Wales

y papur   the paper
uh papir

novel   a novel
nohvehl

nofelau   novels
novehleh / novehlah in north Wales

llyfr hanes   a history book
lluhvr hahnehs

ffilm   a film
philm

ffilmiau   films
philmyeh / philmyah in north Wales

benthyca   to loan
behnthuhka

llyfrgell   library
lluhvrgehll

⚠️ *There is no word for 'a' or 'an' in Welsh – just leave this out.*
Dw i'n darllen llyfr.   I'm reading a book.

Here are some examples: test yourself with these by covering one side:

Dw i'n darllen y papur.   I'm reading the paper.
Mae e'n darllen y llyfr.   He's reading the book.
Mae hi'n mwynhau ffilm.   She's enjoying a film.
Maen nhw'n hoffi llyfrau hanes.   They like history books.
Dy'n ni'n benthyca ffilm o'r llyfrgell.   We're borrowing a book from the library.

Make up sentences, using one phrase from each column:

o'r llyfrgell   from the library

Dw i'n			
Mae hi'n	darllen	ffilm	o'r llyfrgell
Dy'n ni ddim yn	benthyca	llyfrau	heddiw
Maen nhw'n		nofel	
Dyw e ddim yn			

Useful words:

hoffi   to like
hoffee

lico   to like *(in south Wales)*
liko

licio   to like *(in north Wales)*
likyo

Dw i'n hoffi llyfrau hanes.   I like history novels.
Maen nhw'n lico nofelau hanes.   They like history novels.
Dw i'n lico'r ffilm.   I like the film.
Dan ni'n licio ffilmiau.   We like films.

Similarly, we can add a verb after 'hoffi' and 'lico/licio'. These verbs can act like nouns.

Test yourself:

Mae hi'n hoffi darllen y papur.   She likes reading the paper.
Dy'n ni ddim yn hoffi darllen llyfrau.   We don't like reading books.

Dan ni'n licio darllen y papur.   We like reading the paper.

Dyw e ddim yn lico nofelau hanes.   He doesn't like historical novels.

Mae o'n licio benthyca llyfrau.   He likes to borrow books.

Make up sentences, using one phrase from each column:

Dw i'n		darllen	llyfrau
Dyw hi ddim yn	hoffi	benthyca	nofelau
Dy'n ni'n	lico		llyfrau hanes
Maen nhw'n			nofelau hanes
Dyw Huw ddim yn			

Make up sentences, using a phrase from each column:

Dy'n ni'n	hoffi	darllen	yn yr ardd
Mae e'n	lico		yn y tŷ
Dy'n nhw ddim yn			yn y gwely
Dyw Mair ddim yn			yn y llyfrgell

SGWRS 14   *Conversation*

Bethyca llyfrau   ***Borrowing books***

teledu   television

tehlehdee

Siân:	**Dw i'n mynd i'r llyfrgell.**	I'm going to the library.
Huw:	**Oes ffilmiau yn y llyfrgell?**	Are there films in the library?
Siân:	**Oes, ond dw i'n hoffi darllen.**	Yes, but I like reading.
Huw:	**Does dim llyfr 'da fi.**	I haven't got a book.
Siân:	**Mae nofel 'da fi. Wyt ti'n mwynhau darllen nofelau?**	I have a novel. Do you enjoy reading novels?
Huw:	**Na, dw i ddim yn mwynhau darllen nofelau.**	No, I don't enjoy reading novels.
Siân:	**Mae llyfrau hanes 'da fi.**	I have history books.
Huw:	**Dw i ddim yn hoffi darllen llyfrau hanes.**	I don't like reading history books.
Siân:	**Beth wyt ti'n hoffi?**	What do you like?
Huw:	**Dw i'n hoffi ffilmiau.**	I like films.
Siân:	**Dw i ddim yn benthyca ffilmiau o'r llyfrgell.**	I'm not borrowing films from the library.
	Mae ffilmiau ar y teledu!	There are films on television!

Daily routine

Pryd?	When?
codi	to get up
adre	home
allan	out

o'r gloch	o'clock	(**cloch** – bell)

Faint o'r gloch yw hi?	How much o'clock is it? / What's the time?
Beth yw'r amser?	What's the time?

Mae hi'n ... o'r gloch.   It's ... o'clock.

1	**Mae hi'n un o'r gloch.**
2	**Mae hi'n ddau o'r gloch.**
3	**Mae hi'n dri o'r gloch.**
4	**Mae hi'n bedwar o'r gloch.**
5	**Mae hi'n bump o'r gloch.**
6	**Mae hi'n chwech o'r gloch.**
7	**Mae hi'n saith o'r gloch.**
8	**Mae hi'n wyth o'r gloch.**
9	**Mae hi'n naw o'r gloch.**
10	**Mae hi'n ddeg o'r gloch.**
11	**Mae hi'n un ar ddeg o'r gloch.**
12	**Mae hi'n ddeuddeg o'r gloch.**

Make up sentences to say the time:

Mae hi'n	un	o'r gloch
	chwech	
	saith	
	naw	
	un ar ddeg	

OLD WAY OF COUNTING
When we say the time, and with money (more of this later) we use the old way of counting:

	New	Old
11	**un deg un**	**un ar ddeg**
12	**un deg dau**	**deuddeg**

Try these:

Mae hi'n ...

Mae hi'n ...

Say when something happens:

am	at
am un o'r gloch	at one o'clock

'am' is followed by letter changes (soft mutation):

dau	**am ddau o'r gloch**	at two o'clock
pump	**am bump o'r gloch**	at five o'clock
deg	**am ddeg o'r gloch**	at ten o'clock

But there's no need to say 'o'r gloch' all the time:

am saith	at seven
am naw	at nine
am ddeuddeg	at twelve

Dw i'n codi am saith o'r gloch.	I get up at seven o'clock.
Dw i'n cael brecwast am wyth.	I have breakfast at eight.
Mae hi'n mynd i'r gwaith am naw.	She goes to work at nine.
Dy'n ni'n bwyta swper am chwech.	We eat supper at six.
Mae e'n dod adre am bump o'r gloch.	He comes home at five o'clock.

Ask questions:

Pryd mae hi'n codi?	When does she get up?
Pryd wyt ti'n mynd i'r gwaith?	When do you go to work?
Pryd dach chi'n dod adre ?	When do you come home?
Pryd dan ni'n mynd allan?	When are we going out?
Pryd dy'n ni'n cael te?	When are we having tea?
Pryd mae brecwast heddiw?	When is breakfast today?
Pryd mae e'n codi?	When does he get up?

Note:

adre	homewards
gartre	at home

But today they are interchangeable: **adre** *more in north Wales,* **gartre** *more in south Wales.*

Make up questions using a phrase from each column:

Pryd	wyt ti'n	mynd allan?
	dy'n ni'n	cael cinio?
	dych chi'n	mynd i'r gwaith?
	mae hi'n	dod adre?

Say what you do and when, e.g. **Dw i'n codi am wyth o'r gloch**:

Codi:	Dw i'n ....
Cael brecwast:	Dw i'n ....
Mynd i'r gwaith:	Dw i'n ....
Cael cinio:	Dw i'n ....

Dod adre:	Dw i'n ....
Cael swper:	Dw i'n ....
Mynd allan:	Dw i'n ....
Mynd i'r gwely:	Dw i'n ....

agor	to open
cau	to close
ar agor	open
ar gau	closed

Say when this bank opens and closes, e.g.

Croeso i Barclays
Pontardawe

Rydym ar agor:

10:00 - 16:00	Llun
10:00 - 16:00	Mawrth
Ar Gau	Mercher
10:00 - 16:00	Iau
10:00 - 16:00	Gwener
Ar Gau	Sadwrn

Dydd Llun mae'r banc yn agor am ddeg o'r gloch ac yn cau am bedwar o'r gloch.

Dydd Mawrth ....

Dydd Mercher ....

Dydd Gwener ....

gadael	to leave
cyrraedd	to arrive, to arrive at
dal	to catch
nesaf	next

half past

hanner awr	half an hour
am hanner awr wedi tri	at half past three
Mae hi'n hanner awr wedi...	It's half past...
Mae hi'n hanner awr wedi tri.	It's half past three.

Try these:

Mae hi'n
....

Mae hi'n
....

Mae hi'n
....

quarter past

chwarter	quarter
am chwarter wedi dau	at a quarter past two
Mae hi'n chwarter wedi...	It's a quarter past...
Mae hi'n chwarter wedi dau.	It's a quarter past two.

Try these:

Mae hi'n
....

Mae hi'n
....

quarter to

Mae hi'n chwarter i...	It's a quarter to...

After 'i', the same letter changes occur as after 'mae hi'n':

Mae hi'n chwarter i ddau.	It's a quarter to two.
Mae hi'n chwarter i bump.	It's a quarter to five.
Mae hi'n chwarter i bedwar.	It's a quarter to four.
Mae hi'n chwarter i ddeg.	It's a quarter to ten.
am chwarter i ddeg	at a quarter to ten

Try these:

Mae hi'n
....

Mae hi'n
....

Station announcements

Mae'r trên yn gadael platfform tri am chwarter i dri.	The train leaves platform three at a quarter to three.
Mae'r trên o Gaerdydd yn cyrraedd am chwarter i ddau.	The train from Cardiff arrives at a quarter to two.
Mae trên Llanelli'n gadael am hanner awr wedi pump.	The Llanelli train leaves at a half past five.
Mae'r bws nesaf yn cyrraedd am hanner awr wedi deg.	The next bus arrives at half past ten.

Make up announcements by using a phrase from each column:

Mae'r trên	yn gadael	platfform dau	am chwarter i dri
	yn cyrraedd	platfform tri	am chwarter i ddeg
		platfform pump	am hanner awr wedi wyth
			am chwarter wedi naw

OLD WAY OF COUNTING
Some more numbers:

		New	Old
15		**un deg pump**	**pymtheg**
20		**dau ddeg**	**ugain**
25		**dau ddeg pump**	**pum(p) ar hugain**

(*Don't ask why* '**ugain**' *changes to* '**hugain**'!)

Twenty past and twenty to

Mae hi'n ugain munud i un.　　It's twenty to one.
Mae hi'n ugain munud i bump.　　It's twenty to five.
Mae hi'n ugain munud wedi tri.　　It's twenty past three.
am ugain munud wedi tri　　at twenty past three

Try these:

Mae hi'n

....

Mae hi'n

....

twenty five past and twenty five to
We put '**munud**' *after* '**pum**'.
Mae hi'n bum munud ar hugain wedi dau.　It's 25 past two.
Mae hi'n bum munud ar hugain i dri.　It's 25 to three.
Mae hi'n bum munud ar hugain i ddeuddeg.　It's 25 to twelve.
am bum munud ar hugain i ddeuddeg　at 25 to twelve

Try these:

Mae hi'n

....

Mae hi'n

....

Mae hi'n

....

Mae hi'n

....

But by today, many people use the new form of the number – **dau ddeg pump**. *Note how* '**pump**' *changes to* '**pum**' *before a number:*

Mae hi'n ddau ddeg pum munud wedi dau.
It's 25 minutes past two.

Mae hi'n ddau ddeg pum munud i dri.
It's 25 minutes to three.

Ask when:

Pryd?	When?
gadael	to leave
cyrraedd	to arrive

MAE HI BRON YN UN
It's almost one

Pryd mae'r trên yn mynd?	When does the train go?
Pryd mae'r bws yn gadael?	When does the bus leave?
Pryd mae'r bws yn cyrraedd?	When does the bus arrive?
Pryd mae'r bws yn dod?	When does the bus come? / When is the bus coming?

Say the times for:

At 2.15 ....

At 3.45 ....

At 5.20 ....

At 6.30 ....

At 7.50 ....

Say the Welsh for these times:

Mae'r trên yn gadael am 5.25 ....

Mae'r bws yn cyrraedd am 12.00 ....

Mae'r bws yn gadael am 6.20 ....

Mae'r trên yn cyrraedd am 8.25 ....

Say when people catch a train or bus by choosing a phrase from each column:

Dw i'n	dal	y trên	am	ugain munud	wedi deg
Maen nhw'n		y bws		bum munud ar hugain	i dri
Dy'n ni'n				ddeg munud	wedi wyth

Mae hi bron yn ...	It's almost ...
Mae hi bron yn un.	It's almost one.
Mae hi bron yn bump.	It's almost five.

canol dydd	mid-day
canol nos	midnight
Mae hi'n ganol nos.	It's midnight.
Mae hi bron yn ganol nos.	It's almost midnight.

Write a diary to say when you do things:

Codi yn y bore

Cael brecwast

Mynd i'r gwaith / mynd i siopa

Cael cinio

Cyrraedd adre / gartre

Cael te

Gwylio'r teledu

Cael swper

Mynd i'r gwely

Tocyn	A ticket
tocyn un ffordd	a single (one way) ticket
tocyn dwy ffordd	a return (two way) ticket

Tocyn	un ffordd	i	Aberystwyth	os gwelwch yn dda
	dwy ffordd		Fangor	plîs
			Gaerdydd	

gwersylla	to camp
gyrru	to drive
sgio	to ski
gwesty	hotel
ar wyliau	on holiday
eleni	this year
glan y môr	seaside
yn y wlad	in the countryside
gartre	at home
adre	home(wards)

To ask questions we start with these:

Ydw i... ?	Am I?
uhdoo ee	
Wyt ti... ?	Are you? Do you?
oeet tee	
Ydy e... ?	Is he? Does he?
uhdee eh	
Ydy o... ?	Is he? Does he?
uhdee oh	*(in north Wales)*
Ydy hi ... ?	Is she? Does she?
uhdee hee	
Ydy'r gŵr ... ?	Is the husband?
uhdeer goor	Does the husband?
Ydy Siân ... ?	Is Siân? Does Siân?
uhdee shahn	
Ydy'r plant ... ?	Are the children?
uhdeer plant	Do the children?
Dy'n ni ... ?	Are we? Do we?
een nee	
Dych chi ... ?	Are you? Do you?
eech chee	
Dy'n nhw ... ?	Are they? Do they?
een noo	

We can also use these:

Ydyn ni?	Are we? Do we?
Ydych chi?	Are you? Do you?
Ydyn nhw?	Are they? Do they?

DYCH CHI'N HOFFI SGIO?
Do you like skiing?

Dy'n nhw'n hoffi cerdded?	Do they like walking?
Dy'n ni'n mynd am dro heddiw?	Are we going for a walk today?
Dych chi'n hoffi sgio?	Do you like skiing?
Ydy hi'n gwersylla eleni?	Is she camping this year?
Ydw i'n aros mewn gwesty?	Am I staying in a hotel?
Dych chi'n mynd am dro heddiw?	Are you going for a walk today?
Dy'n ni'n dal y trên heddiw?	Are we catching the train today?
Ydy hi'n cyrraedd heno?	Is she arriving tonight?

Make up questions, using one phrase from each column:

Dy'n ni'n	gwersylla	heddiw?
Ydy hi'n	mynd am dro	yn y wlad?
Ydyn nhw'n	hoffi cerdded	
Dych chi'n	aros mewn gwesty	
Dan ni'n	mynd i lan y môr	

Make up sentences, using one phrase from each column:

Wyt ti	yn y wlad?
Ydy hi	yn y dre?
D'yn nhw	ar y traeth?
Dych chi	wrth y môr?
Ydy o	gartre?

ANSWERS

It's easy to say 'no':

Na	No

Ydy e'n mynd ar wyliau eleni? Na.	Is he going on holiday this year? No.
Ydy hi'n gwersylla yn y wlad? Na.	Is she camping in the countryside? No.
Dy'n nhw'n mynd. i sgio? Na	Are they going skiing? No.
Dych chi'n dal trên? Na.	Are you catching a train? No.
Na, dw i ddim yn mynd ar wyliau eleni.	No, I'm not going on holiday this year.
Dyw hi ddim yn braf heddiw.	It's not fine today.
Dy'n ni ddim yn mynd i lan y môr.	We're not going to the seaside.
Dydy Huw ddim wrth y gwesty.	Huw is not by the hotel.
Dw i ddim yn y gwesty.	I'm not in the hotel.
Dy'n nhw ddim yn hoffi gyrru.	They don't like driving.
Dych chi ddim yn sgio.	You don't ski.

Make up sentences, using one phrase from each column:

Dw i		gwersylla	heno
Dwyt ti		aros mewn gwesty	heddiw
Dyw e	ddim yn	dal trên	nawr
Dyw hi		mynd i lan y môr	
Dy'n ni			
Dych chi			

Saying 'yes': we say 'I am', 'you are', 'they are', 'she is', etc., so there is no single word for 'yes':

Yes:

- **Ydw**   Yes (I am)
- **Wyt**   Yes (you are)
- **Ydy**   Yes (he is, she is, it is)
- **Ydych**   Yes (you are)
- **Ydyn**   Yes (we are, they are)

Wyt ti'n mynd i lan y môr eleni? Ydw.	Are you going to the seaside this year? Yes (I am).
Ydy e'n cael gwyliau eleni? Ydy.	Is he having holidays this year? Yes (he is).
Dych chi'n mynd i wersylla? Ydyn.	Are you going camping? Yes (we are).
Dych chi'n mynd am dro heno? Ydw.	Are you coming for a walk tonight? Yes (I am).
Dy'n nhw'n cyrraedd y gwesty heno? Ydyn.	Are they arriving at the hotel tonight? Yes (they are).

Say you're not doing something. Answer 'yes' or 'no':

Dych chi'n gwersylla? ....
Wyt ti'n hoffi sgio? ....
Wyt ti ar lan y môr ....
Ydy hi'n bwrw glaw? ....

To go for a walk:

mynd am dro	to go for a walk
mynd am dro yn y wlad	to go for a walk in the country
mynd am dro yn y goedwig	to go for a walk in the forest
mynd am dro i'r dre	to go for a walk to town

Answer these by saying you're not going to do them today:

Wyt ti'n mynd am dro i'w wlad heddiw?
Dych chi'n mynd am dro i'r dre heddiw?
Wyt ti'n mynd am dro ar y traeth heddiw?
Dych chi'n mynd am dro i'r goedwig heddiw?

SGWRS 15	*Conversation*
Mynd ar wyliau	*Going on holiday*

Rhufain	Rome
Llundain	London
fi	me, I, used on its own, or e.g. after 'gyda'

Huw:	**Dy'n ni'n mynd ar wyliau eleni, Siân?**	Are we going on holiday this year, Siân?
Siân:	**Ydyn! I ble dy'n ni'n mynd? Llundain?**	Yes! To where are we going? London?
Huw:	**Dw i ddim yn hoffi Llundain. Wyt ti'n hoffi gwersylla?**	I don't like London. Do you like camping?
Siân:	**Na. Dw i'n hoffi aros mewn gwesty.**	No. I like staying in a hotel.
Huw:	**Dw i'n hoffi gyrru. Wyt ti'n dod i Paris gyda fi?**	I like driving. Are you coming to Paris with me?
Siân:	**Na, dw i ddim yn hoffi Paris!**	No, I don't like Paris!
Huw:	**Wel, Rhufain? Wyt ti'n dod i Rufain gyda fi?**	Well, Rome? Are you coming to Rome with me?
Siân:	**Mae hi'n boeth yn Rhufain!**	It's hot in Rome!
Huw:	**O wel, wyt ti'n dod gyda fi i Oslo?**	Oh well, are you coming with me to Oslo?
Siân:	**Mae hi'n oer yn Oslo.**	It's cold in Oslo.
Huw:	**Wel, ble wyt ti'n hoffi mynd?**	Well, where do you like going?
Siân:	**Wythnos yn y Bahamas, plis!**	A week in the Bahamas, please!

Make up a conversation on going on holiday:

    Ask where are you going this year?
    Say you're going to Paris.
    Ask are you staying in a hotel?
    Say you don't like camping.
    Say you like Paris and Rome.

Senedd Cymru — Welsh Parliament
Llyfrgell Genedlaethol — National Library
Amgueddfa Genedlaethol — National Museum
castell — a castle
prifysgol — university
astudio — to study

yn *is always used before place names and names of countries:*
yn Abertawe — in Swansea
yn Llanelli — in Llanelli
yn America — in America

'**yn**' *(meaning 'in', not the '**yn**' that is used with verbs) can be followed by a nasal mutation. This happens often with place names. It's not essential when talking! You can see the rules for nasal mutation after Part 90.*

Here are examples of the nasal mutation:
c *changes to* **ngh**:

Cymru:
yng Nghymru — in Wales
Caerfyrddin:
Mae prifysgol yng Nghaerfyrddin. — There's a university in Carmarthen.

Caernarfon:
Does dim prifysgol yng Nghaernarfon. — There's no university in Caernarfon.
Caerdydd:
Mae Senedd Cymru yng Nghaerdydd. — The Welsh Parliament is in Cardiff.

Answer these (no need to use nasal mutation):

Ble mae Senedd Cymru? .... (Bae Caerdydd)

Ble mae'r Llyfrgell Genedlaethol? .... (Aberystwyth)

Ble mae'r Amgueddfa Genedlaethol? .... (Caerdydd)

Ble mae'r Lolfa? .... (Talybont)

Ble mae Parc y Strade? .... (Llanelli)

Ble mae Rodney Parade? .... (Casnewydd)

astudio — to study
Dw i'n gweithio yn y coleg. — I work in the college.
Mae hi'n astudio yng Nghasnewydd. — She studies in Newport.
Mae e'n gweithio yn yr amgueddfa. — He works in the museum.
Mae e'n gweithio yn y Senedd. — He works in the Parliament.

*There is a difference between '**mewn**': in a, and '**yn**': in.*

mewn *is used before a general place:*
mewn tref — in a town
mewn dinas — in a city
*So we don't use '**mewn**' before a place name.*

Dw i'n gweithio mewn amgueddfa. — I work in a museum.
Mae hi'n astudio mewn coleg. — She studies in a college.
Dy'n ni ddim yn astudio mewn prifysgol. — We're not studying in a university.
Beth dy'n ni'n hoffi gweld mewn amgueddfa? — What do we like to see in a museum?

Make up sentences:

Mae Mair	yn astudio	mewn	prifysgol
Dyw Huw ddim	yn gweithio		coleg
Ydy'r plant			amgueddfa
			siop

Make up a conversation asking where someone works:

Ask where you work.
Say you work in Cardiff.
Ask where in Cardiff you work.
Say you work in the castle.
Ask what you do in the castle.
Say that you make coffee.
Say that you work in Cardiff Bay, and that you make tea.

SGWRS 16
Gweithio yng Nghaerdydd   *Working in Cardiff*

wrth gwrs	of course
twpsyn	fool
deall	to understand

Dafydd:	**Ble wyt ti'n gweithio?**	Where do you work?
Mari:	**Dw i'n gweithio yng Nghaerdydd.**	I work in Cardiff.
Dafydd:	**Ble wyt ti'n gweithio yng Nghaerdydd?**	Where do you work in Cardiff?
Mari:	**Dw i'n gweithio yn y Senedd.**	I work in the Parliament.
Dafydd:	**Ond dydy'r Senedd ddim yng Nghaerdydd.**	But the Parliament isn't in Cardiff.
Mari:	**Ydy, wrth gwrs, mae hi ym Mae Caerdydd.**	Yes, of course, it's in Cardiff Bay.
Dafydd:	**O, dw i'n deall nawr.**	Oh, I understand now.
Mari:	**Ble wyt ti'n gweithio, Dafydd?**	Where do you work, Dafydd?
Dafydd:	**Dw i'n gweithio yng nghastell Caerdydd.**	I work in Cardiff castle.
Mari:	**Beth wyt ti'n 'neud yn y castell?**	What do you do in the castle?
Dafydd:	**Dw i'n gwneud te. Beth wyt ti'n 'neud yn y Senedd?**	I make tea. What do you do in the Parliament?
Mari:	**Dw i'n gwneud coffi!**	I make coffee!

Buying clothes

> DW I EISIAU BLOWS NEWYDD
> I want a new blouse

DILLAD *CLOTHES*

blows/-ys *f*	blouse/-s	**cardigan** *m*	cardigan
cot/-iau *f*	coat/-s	**crys/-au** *m*	shirt/-s
esgid/-iau *f*	shoe/-s	**ffrog/-iau** *f*	frock/-s
gwisg/-oedd *f*	dress/-es	**het/-iau** *f*	hat/-s
hosan/-au *f*	sock/-s	**pans** *m*	pants
sgert/-iau *f*	skirt/-s	**siaced/-i** *f*	jacket/-s
siwmper/-i *f*	sweater/-s	**siwt/-iau** *f*	suit/-s
tei/-s *m*	tie/-s	**trôns** *m*	pants
trowsus *m*	trousers		

f: a feminine noun
m: a masculine noun

Make up sentences, using one phrase from each column.
Notice that 'newydd' is put after the noun, whereas in English,
'new' is put before the noun:

Dw i'n	medru	prynu	dillad	newydd
Mae hi'n	gallu	gwisgo	ffrog	
Dy'n ni'n	hoffi		cardigan	
Maen nhw'n	moyn		tei	

'**Eisiau**' *behaves differently to other verbs. We don't put '***yn***' or ''***n***' before it:*

Test yourself:

Dw i eisiau blows newydd.	I want a new blouse.
Mae e eisiau prynu esgidiau.	He wants to buy shoes.
Dan ni eisiau prynu dillad i'r plant.	We want to buy clothes for the children.
Dy'n ni eisiau mynd i'r siop.	We want to go to the shop.
Maen nhw eisiau prynu cot newydd.	They want to buy a new coat.

Make up sentences to say what people want to buy:

Dw i	eisiau prynu	esgidiau	heddiw
Mae hi		sgert	pnawn 'ma
Dy'n ni		cot	bore 'ma

Saying you like or want to do something, or are able to do it

gallu	to be able to, can
gallee	
medru	to b able to, can *(mainly in north Wales)*
mehdree	
moyn	to want *(mainly in south Wales)*
moheen	
eisiau	to want
eheeshyahee (pronounced 'eesheh' in south Wales)	

These can be followed by any verb, e.g.

prynu	to buy
pruhnee	
gwerthu	to sell
gwehrthee	
gwisgo	to wear
gooisgoh	

newydd new

Dw i'n gallu prynu dillad.	I'm able to buy clothes.
Mae hi'n medru gwisgo trowsus.	She's able to wear trousers.
Dy'n ni'n moyn gwerthu trowsus.	We want to sell trousers.
Dw i'n gallu gwisgo sgert.	I'm able to wear a skirt.
Dw i'n moyn prynu tei newydd.	I want to buy a new tie.

Asking and answering

Beth dych chi eisiau prynu heddiw?
What do you want to buy today?

Dw i eisiau prynu sgert newydd.
I want to buy a new skirt.

Dych chi'n moyn prynu cot?
Do you want to buy a coat?

Na, dw i'n moyn prynu siwt.
No, I want to buy a suit.

Ydy e'n gallu prynu cot a het?
Can he buy a coat and a hat?

Na, dydy e ddim yn gallu prynu cot.
No, he can't buy a coat.

Dy'n nhw'n hoffi prynu dillad newydd?
Do they like to buy new clothes?

Ydyn, maen nhw'n hoffi prynu dillad!
Yes, they like to buy clothes!

Variations for saying you're not doing something, or don't want to, used mainly in south Wales:

Smo fi	I'm not
Smo ti	You're not
Smo fe	He's not
Smo hi	She's not
Smo Siân	Siân isn't
Smo ni	We're not
Smo chi	You're not
Smo nhw	They're not

Make up sentences:

Smo fi'n	moyn	prynu	dillad
Smo nhw'n	hoffi		esgidiau
Smo Alun yn	lico		cot newydd
Smo fe'n			
Smo hi'n			

There is yet another way in south Wales of saying this when you say that you aren't doing something:

Sai'n   I'm not

Sai'n mynd mas heno.   I'm not going out tonight.

Sai'n aros yn y tŷ.   I'm not staying in the house.

But we can also use the 'easy way' to say what people don't do or don't like.

Make up sentences:

Fi ddim yn	hoffi	gwisgo	ffrog
Ti ddim yn	gallu		sgert
Ni ddim yn	moyn		trowsus
Chi ddim yn			

SGWRS 17

Prynu dillad *Buying clothes*

Dewch i mewn	Come in
ond	but
derbyn	accept
cerdyn credyd	a credit card
meddwl	to think

Mair:	**Pnawn da!**	Good afternoon!
Ashley:	**Shwmae? Croeso! Dewch mewn.**	How are you? Welcome! Come in.
Mair:	**Diolch yn fawr.**	Thank you very much.
Ashley:	**Beth dych chi eisiau? Dych chi eisiau dillad neu esgidiau?**	What do you want? Do you want clothes or shoes?
Mair:	**Dw i'n mynd i briodas. Dw i eisiau dillad newydd.**	I'm going to a wedding. I want new clothes.
Ashley:	**Pryd mae'r briodas?**	When is the wedding?
Mair:	**Ym mis Awst.**	In August.
Ashley:	**Mae dillad hyfryd gyda ni.**	We've got lovely clothes.
Mair:	**Dw i'n hoffi prynu dillad!**	I like to buy clothes!
Ashley:	**Dych chi eisiau ffrog neu sgert?**	Do you want a frock or a skirt?
Mair:	**Dw i eisiau ffrog yn y dydd a sgert i'r parti yn y nos.**	I want a frock in the day and a skirt for the party in the night.
Ashley:	**Dych chi eisiau blows a siaced?**	Do you want a blouse and a jacket?
Mair:	**Wrth gwrs, diolch.**	Of course, thanks.
Ashley:	**Mae'r siwt yma'n costio saith can punt.**	This suit costs seven hundred pounds.
Mair:	**Beth yw cost y ffrog?**	What's the cost of the frock?
Ashley:	**Dim ond pum can punt.**	Only five hundred pounds.
Mair:	**W, wel, maen nhw'n neis iawn, ond...**	Oo, well, they're very nice, but...
Ashley:	**Dy'n ni'n derbyn cerdyn credyd.**	We accept a credit card.
Mair:	**Dw i'n mynd i gael cwpaned o goffi.**	I'm going to have a cup of coffee.
	Dw i'n mynd i feddwl.	I'm going to think.

Say you want new clothes.
Say you like buying clothes.
Say you are going to a wedding, and that you want a new blouse and jacket, and other new clothes.

ALLWCH CHI HELPU?
Can you help?

pwdin	pudding
brechdanau	sandwiches
dod â	to bring
teisen	a cake
bwyd	food
i'r parti	to/for the party
yfory	tomorrow

*We can use a shorter form for '***gallu***' to ask quick questions:*

*Instead of '***Ydych chi'n gallu***' we can ask*
Allwch chi?   Can you?

*Instead of '***Wyt ti'n gallu***' we can ask*
Elli di?   Can you?

Allwch chi helpu?	Can you help?
Allwch chi ddod heno?	Can you come tonight?
Elli di wneud pwdin?	Can you make pudding?
Elli di ddod yn gynnar?	Can you come early?
Allwch chi wneud y bwyd?	Can you make the food?
Elli di ddod â gwin?	Can you bring wine?

*You will notice that the first letter of the verb after '***allwch*** chi' etc. can change (soft mutation), e.g.*

dod > ddod
mynd > fynd

Make up questions:

Elli di Allwch chi	'neud ddod â	brechdanau pwdin bwyd	i'r parti?

*To answer yes, say 'I can' – '***galla***' etc.:*

Galla	Yes (I can)
Gallwn	Yes (we can)

Allwch chi ddod heno?	Can you come tonight?
Galla.	Yes. *(I can)*
Elli di ddod â gwin?	Can you bring wine?
Galla.	Yes. *(I can)*
Allwch chi wneud brechdanau?	Can you make sandwiches?
Gallwn.	Yes. *(we can)*
Allwch chi ddod yn gynnar?	Can you come early?
Gallwn.	Yes. *(we can)*

*Here are the forms of '***gallu***':*

galla i	I can
gelli di	you can
gall e	he can
gall hi	she can
gall Huw	Huw can
gall y plant	the children can
gallwn ni	we can
gallwch chi	you can
gallan nhw	they can

*You can use '***fe***' or '***mi***' before '***galla*** i' etc., and the first letter changes (soft mutation):*

Test yourself:

fe alla i	I can
fe allwn ni	we can
Fe alla i ofalu am y babi.	I can look after the baby.
Fe allwn ni aros yn y tŷ.	We can stay in the house.
Mi allan nhw wneud y bwyd.	They can make the food.
Fe allwch chi brynu'r bwyd.	You can buy the food.

Make up sentences:

Fe alla i	ofalu am	y plant.
Fe allwn ni		y babi.
Fe allwch chi		y tŷ.
		y gath.

Here are the question forms of 'gallu':

Alla i?	Can I?
Elli di?	Can you?
All e?	Can he?
All hi?	Can she?
All Huw?	Can Huw?
All y plant?	Can the children?
Allwn ni?	Can we?
Allwch chi?	Can you?
Allan nhw?	Can they?

Test yourself:

Allwn ni helpu yn y parti?	Can we help in the party?
Alla i wneud y bwyd?	Can I make the food?
Allwn ni aros heno?	Can we stay tonight?
Alla i fynd adre'n gynnar?	Can I go home early?

Make up questions:

Allwn ni	ddod â	gwin	i'r parti	heno?
Alla i		bwyd		yfory?
		brechdanau		
		pwdin		

To answer yes, say 'I can' – 'galla' etc.:

Galla	Yes (I can)
Gelli	Yes (you can)
Gall	Yes (he/she can)
Gallwn	Yes (we can)
Gallwch	Yes (you can)
Gallan	Yes (they can)
Gallwch	Yes (you can)
Gelli	Yes (you can) (used with someone you know well)

Test yourself:

Alla i aros heno?	Can I stay tonight?
Gallwch.	Yes. (you can)
Allwn ni fynd nawr?	Can we go now?
Gallwn.	Yes. (we can)
Alla i gael peint?	Can I have a pint?
Gelli.	Yes. (you can)
Alla i helpu yn y gegin?	Can I help in the kitchen?
Gelli.	Yes. (you can)

To answer no, just say 'na'.

Elli di ddod heno? Na.	Can you come tonight? No.

For politeness, you can say:

Na, yn anffodus.	No, unfortunately.
Yn anffodus, na.	Unfortunately, no.

To say that you can't do something, use 'ddim' after 'alla i' etc:

ar gyfer	for

Alla i ddim mynd i brynu bwyd.	I can't go to buy food.
Alla i ddim gwneud brechdanau.	I can't make sandwiches.
Alla i ddim helpu, yn anffodus.	I can't help, unfortunately.
Allwn ni ddim dod heno.	We can't come tonight.
Alla i ddim gwneud y bwyd i gyd ar gyfer y parti.	I can't make all the food for the party.

Make up sentences:

Alla i	ddim	gweld	y teulu	yfory.
Allwn ni		mynd at	y plant	heddiw.
All hi				

SGWRS 18

Trefnu parti pen blwydd　　*Arranging a birthday party*

diod/-ydd	drink/-s
dod â	to bring
yn gynnar	early
ni'n dwy	we two, both of us
trio	to try
popeth	everything
heb	without

Zaha:	**Dw i'n dri deg yfory! Elli di ddod i'r parti?**	I'm thirty tomorrow! Can you come to the party?
Marta:	**Galla, wrth gwrs. Alla i helpu?**	Yes, of course. Can I help?
Zaha:	**Gelli, diolch. Elli di ddod â brechdanau?**	Yes, thanks. Can you bring sandwiches.
Marta:	**Wrth gwrs. Alla i ddod â diodydd?**	Of course. Can I bring drinks?
Zaha:	**Mae'r dynion yn dod â diodydd, diolch byth.**	The men are bringing drinks, thank goodness.
Marta:	**Allan nhw ddod yn gynnar i helpu?**	Can they come early to help?
Zaha:	**Na, dim gobaith, allan nhw ddim, maen nhw'n gweithio yn y siop tan wyth.**	No, no hope, they can't, they're working in the shop until eight.
Marta:	**Allan nhw ddim gorffen yn gynnar?**	Can't they finish early?
Zaha:	**Gallan, ond dy'n nhw ddim yn mynd i wneud.**	Yes, but they're not going to do so.
Marta :	**O wel, gallwn ni'n dwy wneud popeth.**	O well, we two can do everything.
Zaha:	**Fe allwn ni drio, ond allwn ni ddim gwneud popeth heb y dynion.**	We can try, but we can't do everything without the men.

Make up a conversation on preparing a party:

Ask if you can bring sandwiches.
Say that you can bring drinks.
Ask if the men can come home early.
Say that we can do everything without the men.

69

> **GA I HELPU?**
> May I help?

'**Ga i**' *is often used when asking for a drink, or when offering help:*

Ga i?	May I?
Ga i helpu?	May I help?
Ga i wneud y bwyd?	May I make the food?
Ga i ddod â gwin?	May I bring wine?

Make up questions:

Ga i	ddod â	gwin	heno?
	brynu	brechdanau	i'r parti?
	teisen		
	pwdin		

To answer 'no' simply say '**Na**'.
To answer 'yes' say:

Cei.	Yes.	*(you can, to someone you know well)*
Cewch.	Yes.	*(you can, to someone you don't know so well, or to several people)*

Ga i helpu heddiw? Cewch, wrth gwrs. May I help today? Yes, of course.

*The first letter of the noun or verb after '***ga i***' etc. changes (soft mutation), e.g.*
b > f: **brechdan > frechdan**:

Ga i frechdan? May I have a sandwich?
Ga i ddod â gwin? Cei, diolch. May I bring wine? Yes, thanks.

Ga i wneud y brechdanau? May I make the sandwiches?
Na, diolch. Mae digon yma. No, thanks. There are enough here.

To answer 'no' you can also use
Na chei No *(you can't)*
Na chewch No *(you can't)*

'**Cael**' *usually means 'to have' but it can also mean 'to be allowed' or 'may'.*

Dw i'n cael mynd i'r parti. I'm allowed to go to the party.
Mae hi'n cael yfed heno. She can *(is allowed to)* drink tonight.

*Here are more forms for '***cael***':*

caf i	I'll have
cei di	you'll have
caiff e	he'll have
caiff hi	she'll have
cawn ni	we'll have
cewch chi	you'll have
cân nhw	they'll have

*We can put '***fe***' or '***mi***' in front of these, and the first letter will change to 'g':*

Test yourself:

Caf i ddigon o fwyd heno.	I'll have enough food tonight.
Fe gawn ni sgwrs ar ôl y picnic.	We'll have a chat after the picnic.
Mi gân nhw goffi gyda ni.	They'll have coffee with us.
Fe gaiff hi lawer o hwyl fanna.	She'll have a lot of fun there.

*When we use a verb after it, '***cael***' usually means 'may' or 'to be allowed' or 'can':*

am dro
for a walk

Caiff hi ddod os ydy hi'n barod.	She may come if she's ready.
Fe gaf i weld y plant pnawn 'ma.	I can *(be allowed to)* see the children this afternoon.
Mi gân nhw ddod ar ôl cinio.	They can come after lunch.
Fe gaiff e fynd am dro wedyn.	He can go for a walk afterwards.

Make up sentences:

traeth   beach

Mi gaf i	weld	ffrindiau	yn y parc	heno
Fe gaiff hi		y plant	ar y traeth	fory
Cawn ni		y teulu		

Make up questions:

Ga i	ddod	i'r traeth	gyda ti?
Gaiff hi	fynd	i'r parc	i gael bwyd?
Gân nhw			i gael picnic?

Say what these people are asking, and answer:

brechdan cyw   chicken sandwich
brechdan ham   ham sandwich
neu   or   *(neu is followed by soft mutation)*
arall   another *(put it after the noun)*
Ask if you may have a piece of cake
(darn o deisen).

....

*Ask if you may have a chicken or ham sandwich (**brechdan**).
Answer yes.*

....

Ask if you may have another cup of tea.

....

*To say you may not do something, use '**ddim**'. The first letter changes to '**ch**' (aspirate mutation) but many people use '**c**' or '**g**' as the first letter:*

Hide one side:

Chaiff hi ddim mynd mas pnawn 'ma.	She can't go out this afternoon.
Chân nhw ddim aros gyda ni.	They can't stay with us.
Chaiff hi ddim bwyta popeth yfory.	She can't eat everything tomorrow.
Chei di ddim gweld ffrindiau heddiw.	She can't see friends today.

Make up sentences:

Cha i	ddim	mynd	i'r traeth	heno
Chaiff e		dod	i'r parc	yfory
Chân nhw				

SGWRS 19
Trefnu picnic   *Arranging a picnic*

gorffen   to finish

Siân:	**Wyt ti'n gallu dod i'r picnic heddiw?**	Can you come to the picnic today?
Mari:	**Ydw, diolch! Ga i ddod â gwin?**	Yes, thanks. May I bring wine?
Siân:	**Na, diolch, mae digon yma.**	No, thanks, there's enough here.
Mari:	**Wel, galla i wneud brechdanau.**	Well, I can make sandwiches.
Siân:	**Diolch yn fawr. Bara gwyn a brown?**	Thanks. White and brown bread?
Mari:	**Wrth gwrs. Ga i helpu yn y gegin?**	Of course. May I help in the kitchen?
Siân:	**Cei, diolch!**	Yes, thanks!
Mari:	**Pryd mae'r picnic yn dechrau?**	When does the picnic start?
Siân:	**Am hanner awr wedi tri.**	At half past three.
Mari:	**Ga i ddod am chwarter wedi?**	May I come at a quarter past?
Siân:	**Cei, diolch. Elli di ddod â jin?**	Yes, thanks. Can you bring gin?
Mari:	**Galla. Pryd mae'r picnic yn gorffen?**	Yes. When does the picnic finish?
Siân:	**Dydy'r picnic ddim yn gorffen!**	The picnic doesn't finish!
Mari:	**Ga i aros heno?**	May I stay tonight?
Siân:	**Cei, wrth gwrs, croeso.**	Yes, of course, welcome.

REMEMBER

*After '***a***' (and) these letters change:*

c > ch	**ci + cath**	**ci a chath**	a dog and a cat
p > ph	**bat + pêl**	**bat a phêl**	a bat and a ball
t > th	**tarten + teisen**	**tarten a theisen**	a tart and a cake

This change is called 'spirant mutation' or 'aspirate mutation' in grammar books. This simply means that the letter changes to include a breathing out sound. Many people don't make this change when talking, so don't worry too much about it.

Try these:

fforc + cyllell	**fforc a chyllell**	a fork and a knife
bwrdd + cadair	**bwrdd a chadair**	a table and a chair
criced + tennis	**criced a thennis**	cricket and tennis
te + coffi	**te a choffi**	tea and coffee
papur + pensil	**papur a phensil**	paper and pencil

DW I'N BYW YMA ERS MIS
I've been living here a month

Pryd? — When?

ers — since, for
ehrs

Ers pryd? — For how long?
Ehrs preed

drws nesa — next door
droos nesah

Ask for how long:

Ers pryd dych chi'n byw yng Nghymru?
For how long are you living in Wales?
For how long have you been living in Wales?

*(Notice that the Welsh uses the present tense (are you) after '**ers**' but the English uses the past tense after 'for how long'.)*

Ask questions to ask for how long you've been living or working somewhere:

Ers pryd	dych chi'n wy ti'n dach chi'n	byw gweithio	yn Abertawe? yng Nghaerdydd? ym Mangor?

Answers:
Use these after '**ers**':

ers blwyddyn	since a year
ers mis	since a month
ers wythnos	since a week
ers pythefnos	since a fortnight

Or make up a sentence to say how long:

Dw i'n byw yma ers mis.	I've been living here for a month.
Dw i'n gweithio yma ers tri mis.	I've been working here for three months.

Make up sentences to say how long you've been living or working somewhere, by choosing a phrase from each column:

Dw i'n	byw gweithio	yma yn Llanelli	ers	mis. blwyddyn. pythefnos.

Test yourself:

Ers pryd dych chi'n gweithio yma?	For how long have you been working here?
Dw i'n gweithio yma ers blwyddyn.	I've worked here for a year.
Dw i'n gweithio yn y banc ers wythnos.	I've worked in the bank for a week.
Mae hi'n gweithio yn Abertawe ers mis.	She's worked in Swansea for a month.
Dy'n ni'n gweithio yn y swyddfa ers pythefnos.	We've worked in the office for a fortnight.

When we use numbers before a noun in English, the noun changes to its plural form. In Welsh, the noun stays the same:

Use numbers before '**mis**' (month):

1	**Un mis**	6	**Chwe mis**
2	**Dau fis** (*'dau' causes soft mutation, so 'mis' becomes '***fis***')	7	**Saith mis**
3	**Tri mis**	8	**Wyth mis**
4	**Pedwar mis**	9	**Naw mis**
5	**Pum mis**	10	**Deg mis**

Make up sentences:

Dw i'n gweithio	yng Nghaerdydd	ers	dau fis.
	yma		pum mis.
	ym Mangor		naw mis.
	yn y banc		chwe mis.

All nouns in Welsh are either 'masculine' or 'feminine'. The dictionary at the back of this book tells you which is which by noting 'm' for masculine nouns and 'f' for feminine nouns.

These numbers change for feminine nouns:

	Masculine numbers	Feminine numbers
2	**dau**	**dwy**
3	**tri**	**tair**
4	**pedwar**	**pedair**

*'**Wythnos**' is feminine, so use these before '**wythnos**':*

2 Dwy wythnos ('**pythefnos**' *is usually used for a* 'fortnight'. **Pythefnos** *derives from* **pymtheg + nos** – *fifteen nights*)
3 Tair wythnos
4 Pedair wythnos

Make up sentences:

Dw i'n	gweithio	yn y siop	ers	tair wythnos.
	dysgu	yn Fflint		pythefnos.
		ym Mhontypŵl		pedair wythnos.

Test yourself:

Dw i'n gweithio yma ers deg wythnos.	I've been working here for ten weeks.
Dy'n ni'n byw yma ers tair wythnos.	We've been living here for three weeks.
Mae hi'n byw yma ers pedair wythnos.	She's been living here for four weeks.
Dw i'n gweithio yn y siop ers wyth wythnos.	I've been working in the shop for eight weeks.

*One word that does change, however, is '***blwyddyn***': a year.* ***Blwyddyn*** *changes to* ***blynedd*** *after numbers higher than one.*

There are other changes as well. Don't worry if you don't get these mutations right – many don't!

blwyddyn	a year
un flwyddyn	one year
dwy flynedd	two years
tair blynedd	three years
pedair blynedd	four years
pum mlynedd	five years
chwe blynedd	six years
saith mlynedd	seven years
wyth mlynedd	eight years
naw mlynedd	nine years
deng mlynedd	ten years

Test yourself:

Dw i'n byw yma ers pum mlynedd.	I've been living here for five years.
Mae hi'n gweithio yma ers deng mlynedd .	She's been working here for ten years.
Dy'n ni'n byw yma ers saith mlynedd.	We've been living here for seven years.
Dw i'n gweithio yn y siop ers naw mlynedd.	I've been working in the shop for nine years.

Make up sentences:

Dw i'n	gweithio	yma	ers	deng mlynedd
Mae hi'n	byw	yng Nghaerfyrddin		pum mlynedd
Dy'n ni'n		yng Nghymru		dwy flynedd

SGWRS 20

Croeso i Aberystwyth   *Welcome to Aberystwyth*

Mari:	**Helô! Pwy dych chi?**	Hello! Who are you?
Ahmed:	**Helô! Ahmed dw i. A chi?**	Hello! I'm Ahmed. And you?
Mari:	**Mari dw i. Dych chi'n siarad Cymraeg?**	I'm Mari. Do you speak Welsh?
Ahmed:	**Dw i'n dysgu Cymraeg ers dwy flynedd.**	I've been learning Welsh for two years.
Mari:	**Dych chi'n siarad yn dda.**	You speak well.
Ahmed:	**Diolch. Dw i'n gweithio yma ers mis.**	Thanks. I've been working here for a month.
Mari:	**Ers pryd dych chi'n byw drws nesa?**	Since when have you been living next door?
Ahmed:	**Dw i'n byw yma ers pythefnos.**	I've been living here for a fortnight.
Mari:	**Dych chi'n hoffi byw yma?**	Do you like living here?
Ahmed:	**Ydw! Ers faint dych chi'n byw yma?**	Yes! For how long have you lived here?
Mari:	**Ers deng mlynedd.**	For ten years.
Ahmed:	**Ble dych chi'n gweithio?**	Where do you work?
Mari:	**Dw i'n gweithio yn y Llew Du ers wythnos.**	I've been working in the Black Lion for a week.
Ahmed:	**Gwela i chi heno!**	See you tonight!

Make up a conversation: you have new neighbours, ask them

if they speak Welsh
where they work
since when they've been living next door
do they like living here
do they have children
where have they lived
from where do they come

i'r chwith	to the left
i'r dde	to the right
ar goll	lost
ar y chwith	on the left
ar y dde	on the right
yn syth ymlaen	straight ahead
ewch nôl i...	go back to...

Ewch	Go
Cer	Go *(tell a friend, in south Wales)*
Dos	Go *(tell a friend, in north Wales)*

Ewch i'r chwith.	Go to the left.
Ewch i'r dde.	Go to the right.
Ewch yn syth ymlaen.	Go straight ahead.

wedyn	then
chwilio am	to look for

Dw i'n chwilio am y caffi.	I'm looking for the café.
Ewch i'r dde, wedyn i'r chwith.	Go to the right, then to the left.
Ewch yn syth ymlaen, wedyn i'r dde.	Go straight on, then to the right.
Ewch i'r dde, mae'r caffi ar y chwith.	Go to the right, the café is on the left.

Make up sentences:

Ewch	yn syth ymlaen	wedyn	ewch i'r dde
	i'r dde		ewch yn syth ymlaen
	i'r chwith		ewch i'r chwith

Use these:

yn syth ymlaen, i'r dde, i'r chwith

to tell someone:

- *to go right, then left, then straight on.*
- *to go straight on, then right, then left.*
- *to go left, then straight on, then right.*

MASCULINE AND FEMININE NOUNS AND NUMBERS

As you know by now most nouns in Welsh are either masculine or feminine.

Some masculine nouns around town:

bws	bus
caffi	café
car	car
capel	chapel
castell	castle
gwaith	work
gwesty	hotel
maes parcio	car park
parc	park
pentref	village
pwll nofio	swimming pool
sgwâr/-au	square/-s
tacsi	taxi
trên	train
tŵr	tower
tŷ/tai	house/-s

Some feminine nouns:

amgueddfa	museum
archfarchnad	supermarket
canolfan hamdden	leisure centre
canolfan siopa	shopping centre
dinas	city
eglwys	church

gorsaf	station
heol/-ydd	road/-s
llyfrgell	library
marchnad	market
neuadd y dref	town hall
neuadd y pentref	village hall
pont	bridge
sinema	cinema
siop lyfrau	book shop
siop/-au	shop/-s
stryd/-oedd	street/-s
swyddfa'r post	post office
tafarn	pub
tref/-i	town/-s
theatr	theatre

Dw i'n chwilio am yr amgueddfa.	I'm looking for the museum.
Ewch nôl i'r orsaf, wedyn ewch i'r dde.	Go back to the station, then go to the right.
Ble mae'r ganolfan hamdden?	Where is the leisure centre?
Ewch yn syth ymlaen. Mae hi ar y chwith.	Go straight on. It's on the left.

Make up sentences:

Ewch	yn syth ymlaen	wedyn i'r dde.	Mae'r	amgueddfa	ar y chwith.
	i'r chwith	wedyn yn syth ymlaen.		maes parcio	ar y dde.
	i'r dde	wedyn i'r chwith.		farchnad	yn syth ymlaen.

SGWRS 21

Ar goll yn y dre   *Lost in town*

| **syniad** | idea | **cofio** | to remember |
| **popeth** | everything | **heibio i** | past |

Mair:	**Esgusodwch fi. Dw i ar goll.**	Excuse me, I'm lost.
Roger:	**Alla i helpu?**	Can I help?
Mair:	**Gallwch, diolch. Dw i'n chwilio am y siopau.**	Yes, thanks. I'm looking for the shops.
Roger:	**Mae dwy farchnad yn y dre, ac archfarchnad.**	There are two markets in town, and a supermarket.
Mair:	**Dw i'n chwilio am siop lyfrau.**	I'm looking for a book shop.
Roger:	**Wel, ewch i'r chwith, a heibio i'r sinema.**	Well, go left, and past the cinema.
	Wedyn ewch i'r dde, a heibio i'r llyfrgell.	Then go right, and past the library.
	Yna ewch yn syth ymlaen, ac i'r dde.	Then go straight ahead, and to the right.
	Ac mae'r siop lyfrau ar y chwith.	And the bookshop is on the left.
Mair:	**O diar, dw i ddim yn gallu cofio popeth!**	Oh dear, I can't remember everything.
Roger:	**Mae syniad gyda fi!**	I've got an idea!
Mair:	**Da iawn, beth yw'r syniad?**	Very good, what's the idea?
Roger:	**Mae caffi ar y chwith. Dewch i'r caffi.**	There's a café on the left. Come to the café.
Mair:	**Syniad da! Ga i capuccino, plis?**	A good idea! May I have a capuccino, please?
Roger:	**Cewch, wrth gwrs!**	Yes, of course!

There are three reasons why it's helpful to know whether nouns are masculine or feminine:

1. *The first letters of feminine nouns can change after 'y' (the), e.g.*

    tref > **y dref**
    gardd > **yr ardd**
    pont > **y bont**

2. *The words for 2, 3, and 4 are a little different with feminine nouns:*

    2 **dau** > **dwy**
    3 **tri** > **tair**
    4 **pedwar** > **pedair**

    | **dau barc** | *but* | **dwy farchnad** |
    | **tri bws** | *but* | **tair pont** |
    | **pedwar pentref** | *but* | **pedair tref** |

3. *Adjectives undergo soft mutation after feminine nouns.*

    mawr > **pont fawr**
    bach > **tref fach**

Using feminine or masculine numbers, hide one side to test yourself:

Mae dwy ganolfan siopa yn y dre.	There are two shopping centres in town.
Mae tair tafarn a dwy sinema yn y stryd.	There are three pubs and two cinemas in the street.
Mae dwy farchnad ar y chwith.	There are two markets on the left.
Mae dau barc ac un eglwys yn y dre.	There are two parks and one church in the town.

Make up sentences, using feminine or masculine numbers:

Mae dwy	siop farchnad dafarn	yn y	stryd dref	a dau	bwll nofio westy

Give directions from your home to these places:

Swyddfa'r post
Neuadd y dref / pentref
e.g. **Ewch i'r chwith, wedyn heibio i'r ysgol. Ewch i'r dde, yn syth ymlaen, ac mae swyddfa'r post ar y chwith.**

Dewi Sant   *St. David*

Wales' patron saint, St David – Dewi – lived in the 6th century, and was Bishop of St. Davids. He was one of a large number of Welsh religious leaders, known today as saints. When preaching in Llanddewi Brefi, the ground rose where he stood so that people could see him. March 1st is celebrated, the day associated with his death, possibly in 589. In his last sermon he is claimed to have said, "Be joyful, keep your faith and creed, do the small things which you have heard and seen with me."

Cerflun o Dewi Sant yn Neuadd y Ddinas, Caerdydd.
A sculpture of St. David in City Hall, Cardiff.

SGWRS 22

Dim Bar   *No Bar*
tan   until

Siân:	**Wyt ti eisiau mynd i'r amgueddfa?**	Do you want to go to the museum?
Dai:	**Does dim amgueddfa yn y dre.**	There's no museum in town.
Siân:	**Oes, wrth gwrs. Mae llawer o hen bethau yn yr amgueddfa.**	Yes, of course. There are many old things in the museum.
Dai:	**Dyw'r amgueddfa ddim ar agor ar ddydd Llun!**	The museum doesn't open on Monday!
Siân:	**Beth wyt ti'n moyn 'neud?**	What do you want to do?
Dai:	**Am ddeg o'r gloch, fi'n moyn mynd i'r ganolfan hamdden.**	At ten o'clock, I want to go to the leisure centre.
Siân:	**Dyw'r ganolfan hamdden ddim yn agor tan un ar ddeg o'r gloch.**	The leisure centre does not open until eleven o'clock.
Dai:	**Wel, am ddeuddeg, fi eisiau mynd i weld y castell.**	Well, at twelve, I want to go to see the castle.
Siân:	**Ond dw i eisiau mynd i'r ganolfan siopa.**	But I want to go to the shopping centre.
Dai:	**Ond fi wedi prynu potel o win!**	But I've bought a bottle of wine!
Siân:	**Dw i eisiau prynu bwyd.**	I want to buy food.
Dai:	**Pryd y'n ni'n mynd i gael cinio?**	When are we going to have lunch?
Siân:	**Am un o'r gloch yn y ganolfan siopa.**	At one o'clock in the shopping centre.
Dai:	**Ond does dim bar fanna!**	But there's no bar there!

SGWRS 23

Dw i ddim yn hoffi rygbi *I don't like rugby*

coesau	legs
chwaraewr	player
newydd	new

Mari:	**Dw i eisiau gweithio yn y tŷ heddi.**	I want to work in the house today.
Huw:	**Beth wyt ti eisiau 'neud?**	What do you want to do?
Mari:	**Dw i eisiau peintio. Elli di helpu?**	I want to paint. Can you help?
Huw:	**Ond dw i'n mynd i'r gêm pnawn 'ma.**	But I'm going to the game this after noon.
Mari:	**O na! Dw i'n moyn help yn y tŷ!**	Oh no! I want help in the house!
Huw:	**Dere i'r gêm – mae'r Sgarlets yn chwarae.**	Come to the game – the Scarlets are playing.
Mari:	**Ond dw i ddim yn hoffi rygbi!**	But I don't like rugby!
Huw:	**Ond rwyt ti'n hoffi Dafydd Siôn.**	But you like Dafydd Siôn.
Mari:	**Dafydd Siôn, y chwaraewr newydd?**	Dafydd Siôn, the new player?
Huw:	**Ie, mae e'n dda iawn.**	Yes, he's very good.
Mari:	**Ydy, ac mae coesau da gyda fe.**	Yes, and he's got good legs.
Huw:	**Wyt ti'n dod?**	Are you coming?
Mari:	**Wel, dw i'n hoffi gweld coesau da.**	Well, I like to see good legs.

ci	**>**	**tri chi**	three dogs
peth	**>**	**chwe pheth**	six things

Singular	*Plural*	
chwaraewr	**chwaraewyr**	player/-s
cae	**caeau**	field/-s
parc	**parciau**	park/-s
tîm	**timau**	team/-s
dyn	**dynion**	man/men
menyw	**menywod**	woman/women
gêm	**gemau**	game/-s

0	dim
1	un
2	dau *(m.)* dwy *(f.)*
3	tri *(m.)* tair *(f.)*
4	pedwar *(m.)*, pedair *(f.)*
5	pump, pum *(before nouns)*
6	chwech, chwe *(before nouns)*
7	saith
8	wyth
9	naw
10	deg
11	un deg un
12	un deg dau
13	un deg tri *etc.*
20	dau ddeg
21	dau ddeg un
22	ddau ddeg dau *etc.*

(More numbers after Part 90)

cae rygbi	rugby field
tîm rygbi	rugby team
tîm pêl-droed	football team

*Make up sentences using a phrase from each column (notice how there is soft mutation after '**dau**'):*

Mae dau	gae rygbi	yn y dre
	barc	yng Nghaerfyrddin
	dîm rygbi	ym Mangor
	dîm pêl-droed	

*After '**tri**' and '**chwe**' words beginning with c, p, and t change (see rules of aspirate mutation, at the end).*

With number 10 and higher than 10 we tend to use 'o' after the number, then the plural of nouns:
'o' *is followed by soft mutation:*

deg o chwaraewyr	ten players
un deg un o chwaraewyr	eleven players
un deg pump o ddynion	fifteen men
un deg wyth o fenywod	eighteen women
dau ddeg o gemau	twenty games
un deg pedwar o dimau	fourteen teams

Choose a phrase from each column to make up sentences:

Mae	un deg pump	o ddynion	mewn tîm rygbi
	tri deg	o fenywod	ar y cae
	un deg un		mewn tîm pêl-droed
	dau ddeg dau		

How to say the year:

Up to the year 2000 we can just say the numbers individually:

1282	**un dau wyth dau**	the year Prince Llywelyn was killed
1536	**un pump tri chwech**	the year of the Act of Annexation of Wales by England
1999	**un naw naw saith**	the year the Welsh Assembly (now 'Senedd') was founded

But after 2000 we start with '**dwy fil**' – two thousand, and then say the number after it:

| 2001 | **dwy fil ac un** |
| 2013 | **dwy fil un deg tri** |

| 2021 | **dwy fil dau ddeg un** |

Ychydig mwy: *A little extra:*

Useful to recognize (there are more of these after Part 90)
Putting things in order

When we put things in order, we use these numbers:

1st	cyntaf	y tîm cyntaf	the first team
		y ferch gyntaf	the first girl
2nd	ail	yr ail dîm	the second team
3rd	trydydd	y trydydd tîm	the third team
	trydedd	y drydedd ferch	the third girl
4th	pedwerydd	y pedwerydd bachgen	the fourth boy
	pedwaredd	y bedwaredd ferch	the fourth girl

Notice that '**ail**' is followed by soft mutation.
Feminine nouns are soft mutated after 3rd, 4th etc.

We tend to avoid these forms with large numbers with dates:
Mawrth un deg dau The 12th of March
Ebrill dau ddeg naw The 29th of April

Say:

The date of your birth, e.g.
Chwefror dau ddeg un, un naw naw chwech

The year you were born, e.g.
Un naw saith pump

When is Easter this year, e.g.
Mawrth dau ddeg naw

SGWRS 24

Ar ôl y gêm   *After the game*

| **canlyniad** | result | **yr Alban** | Scotland | **Iwerddon** | Ireland |
| **Lloegr** | England | **Cymru** | Wales | | |

Huw:	**Beth wyt ti'n moyn 'neud ar ôl y gêm?**	What do you want to do after the game?
Mari:	**Dw i eisiau mynd i gael bwyd.**	I want to go to have food.
Huw:	**Mae radio yn y car.**	There's a radio in the car.
Mari:	**O na! Wyt ti eisiau clywed y canlyniadau?**	O no! Do you want to hear the results?
Huw:	**Diolch, canlyniadau, wedyn bwyd?**	Thanks, results, then food?
Radio:	**Dyma'r canlyniadau:**	Here are the results:

(you are the announcer, say these scores:)

Cymru	53	**Yr Eidal**	14
Lloegr	17	**Ffrainc**	36
Yr Alban	18	**Iwerddon**	29
De Affrica	22	**Seland Newydd**	46
Awstralia	51	**Siapan**	15

| Mari: | **Dy'n ni'n mynd nawr i gael bwyd, diolch byth!** | We're going now to have food, thank goodness! |

prifysgol/-ion   university/universities
coleg/-au   college/-s
darlith/-iau   lecture/-s
pryd?   when?

These phrases are used for 'I have':

Mae ... gyda fi
Mae ... 'da fi   *used mainly in south Wales*
Mae ... gen i   *used mainly in north Wales*

Mae darlith gen i.   I have a lecture.
Mae darlithiau 'da ni.   We have lectures.
Mae darlith 'da hi.   She has a lecture.
Mae darlith 'da fi.   I have a lecture.

bore   morning
fore Sul   on Sunday morning
fore Llun   on Monday morning
fore Mawrth   on Tuesday morning
fore Mercher   on Wednesday morning
bob bore   every morning
yfory   tomorrow

Notice how 'bore' may change to 'fore'. Explanation: adverbial phrases of time mutate.

Test yourself:

Mae darlithiau gyda fi bob bore.   I have a lecture every morning.
Mae darlith Gymraeg gyda fi heddiw.   I have a Welsh lecture today.
Oes darlith gyda ti fore Llun?   Do you have a lecture on Monday morning?
Mae dwy ddarlith 'da fi fore Mawrth.   I have two lectures on Tuesday morning.
Mae tair darlith gen i fore Iau.   I have three lectures on Thursday morning.

Make up sentences by using a phrase from each column:

Oes	darlith	gyda ti	fore Llun?
Mae	darlithiau	'da fi	yfory?
	dwy ddarlith	gyda ni	fore Sadwrn
		gen i	bob bore

MAE DARLITH GEN I
I have a lecture

Prifysgol Abertawe Swansea

prynhawn   afternoon
brynhawn Sul   on Sunday afternoon
brynhawn Llun   on Monday afternoon
brynhawn Mawrth   on Tuesday afternoon
bob prynhawn   every afternoon

Test yourself:

Pryd mae darlithiau gyda chi?   When do you have lectures?
Mae darlith Gymraeg gen i brynhawn Llun.   I have a Welsh lecture on Monday afternoon.
Mae darlith mathemateg 'da fi brynhawn Mawrth.   I have a maths lecture on Tuesday afternoon.
Mae darlith Sbaeneg gen i brynhawn Iau.   I have a Spanish lecture on Thursday afternoon.

mathemateg   maths   **cemeg**   chemistry
hanes   history   **ffiseg**   physics

Make up sentences:

Mae	darlith	mathemateg	gen i	fore	Mawrth
		hanes	'da fi	brynhawn	Iau
		cemeg			Sadwrn
		ffiseg			Llun
		Sbaeneg			

nos   night   **nos Iau**   Thursday night
nos Sul   Sunday night   **nos Wener**   Friday night
nos Lun   Monday night   **nos Sadwrn**   Saturday night
nos Fawrth   Tuesday night   **bob nos**   every night
nos Fercher   Wednesday night

SGWRS 25
dewis Cymraeg   *To choose Welsh*

dewis	to choose	**yn lle**	instead of, in place of
y gyfraith	law	**dyna i gyd**	that's all
astudio	to study	**yn galed**	hard
newid	change	**ar fore Llun**	on (a) Monday morning

Gwen: Helô, Meirion, ers pryd wyt ti yn y brifysgol?

Hello, Meirion, since when are you at university?

Meirion: Helô! Dw i yma ers mis Medi.

Hello! I'm here since September.

Gwen: A fi. Dw i'n astudio Cymraeg. Beth wyt ti'n astudio?

And me. I'm studying Welsh. What do you study?

Meirion: Dw i'n astudio'r gyfraith.

I'm studying law.

Gwen: Pryd mae darlithiau 'da ti?

When have you got lectures?

Meirion: Mae tair darlith 'da fi ar ddydd Llun, pedair ar ddydd Mawrth, pump ar...

I have three lectures on Monday, four on Tuesday, five on...

Gwen: Rwyt ti'n gweithio'n galed!

You're working hard!

Meirion: Pryd mae darlithiau 'da ti?

When have you got lectures?

Gwen: Mae un gen i ar fore Llun, un ar brynhawn Iau a dwy ar fore Gwener.

I have one on Monday morning, one on Thursday afternoon, and two on Friday morning.

Meirion: Dyna i gyd?

That's all?

Gwen: Ie, ond mae un seminar gen i ar brynhawn Mawrth.

Yes, but I have one seminar on Tuesday afternoon.

Meirion: Wel, dw i'n mynd i newid, a gwneud Cymraeg yn lle'r gyfraith!

Well, I'm going to change, and do Welsh instead of law!

Test yourself:

Dw i'n mynd i'r sinema nos Wener. — I'm going to the cinema on Friday night.

Wyt ti'n mynd i'r ddarlith nos Fawrth? — Are you going to the lecture on Tuesday night?

Mae hi'n dod yma nos Sul. — She's coming here on Sunday night.

Dych chi'n gweithio'n galed bob nos! — You're working hard every night!

Make up sentences:

ar agor		open
ar gau		closed

Mae'r	coleg	ar agor	nos Sadwrn
Ydy'r	llyfrgell	ar gau	nos Sul
	brifysgol		nos Fawrth
			yfory

Oriau agor	Opening hours
Pryd mae'r banc ar agor?	_____
Pryd mae'r banc ar gau?	_____

Test yourself:

Ydy'r banc ar agor ar ddydd Sadwrn?	Is the bank open on Saturday?
Ydy'r banc ar gau ar nos Wener?	Is the bank closed on Friday?
Mae'r banc ar agor ar ddydd Sadwrn.	The bank is open on Saturday.
Mae'r siop ar gau ar ddydd Sul.	The shop is closed on Sunday.
Mae'r garej ar agor ar fore Sul.	The garage is open on Sunday morning.
Mae amgueddfa ar gau ar ddydd Llun.	The museum is closed on Monday.

Some more expressions of time:

yn y bore bach	in the small hours of the morning
fin nos	in the evening
eleni	this year
y llynedd	last year
wythnos yma	this week
wythnos nesa	next week
wythnos diwetha	last week
mis nesa	next month
mis diwetha	last month
yn ôl	ago
mis yn ôl	a month ago
blwyddyn yn ôl	a year ago

Say what you do at these times:

Nos Wener, *e.g.* Dw i'n mynd i'r dafarn ar nos Wener.

Bore Sadwrn

Nos Iau

Prynhawn Sadwrn

Bore Llun

Mainly south Wales:

tost	ill, bad
yn dost	ill
Wi'n dost.	I'm ill.
bola tost	a bad stomach
cefn tost	a bad back
coes dost	a bad leg
pen tost	headache
llwnc tost	a sore throat

Mainly north Wales:

sâl	ill
yn sâl	ill
Dw i'n sâl.	I'm ill.
dolur	pain
dolur gwddf	a sore throat
cur pen	a headache
poen stumog	a bad stomach

poen	pain
gwella	to get better
Dw i'n gwella.	I'm getting better.

Saying you're ill in south Wales

gyda / 'da	with / got

Mae llwnc tost 'da fi.	I've got a sore throat.
Mae pen tost gyda fi.	I've got a headache.

We put the words for illnesses before ''da' or 'gyda':

Mae cefn tost 'da fi.	I've got a bad back.
Mae llwnc tost 'da ni.	We've got a sore throat.
Mae bola tost gyda fi.	I've got a bad stomach.
Mae cefn tost gyda fi.	I've got a bad back.

Make up sentences:

Wi'n dost,	mae	cefn tost	'da fi
		cur pen	gyda fi
		bola tost	
		llwnc tost	

DWI'N SÂL
I'm ill

*To ask questions, we start with '**oes**':*

Oes llwnc tost 'da chi?	Have you got a sore throat?
Oes poen bola 'da ti?	Have you got a stomach pain?
Oes pen tost 'da hi?	Has she got a headache?

Make up questions:

Dych chi'n dost,	oes	llwnc tost	'da chi?
Dych chi'n sâl,		cefn tost	gyda chi?
		dolur gwddf	
		cur pen	

*To say you haven't got something, we start with '**does dim**':*

Does dim bola tost 'da fe.	He hasn't got a bad stomach.
Does dim clust dost 'da fi.	I haven't got earache.
Does dim coes dost 'da ti.	You haven't got a bad leg.

Make up sentences:

Mae e'n dost,	ond	does dim	bola tost	'da fe
Mae'n o'n sâl,			cur pen	
			cefn tost	
			dolur gwddf	

Saying you're ill in north Wales:

Mae ... gen i   I've got ...

Mae ... gynno i   I've got ...

Test yourself:

Mae poen cefn gen i.   I've got a bad back.

Mae dolur gwddw gen i.   I've got a sore throat.

Mae cur pen gen i.   I've got a headache.

Mae poen stumog gen i.   I've got a bad stomach.

Oes cur pen gen ti?   Have you got a headache?

Oes, ond mae e'n gwella.   Yes, but it's getting better.

	mae	dolur cefn	gen i
Dw i'n sâl,		cur pen	gynno i
		poen stumog	
		dolur gwddw	

Ask other questions:

Useful question:

Beth sy'n bod?   What's the matter?

Ask if you've got a bad back.

....

Answer that you haven't got a bad back, but you've got a headache.

....

Ask if you've got a sore throat.

....

Answer that you haven't got a sore throat, but that you have a headache.

....

Say you're in hospital (ysbyty) *and that you haven't got a bad leg.*

....

Say you've got a bad foot.

....

More phrases:

Mae'n flin 'da fi.   I'm sorry. *(south Wales)*

Mae'n ddrwg gen i.   I'm sorry. *(north Wales)*

SGWRS 26   **Conversation**

Beth sy'n bod?   ***What's the matter?***

salwch   *illness*

Doctor:	**Beth sy'n bod, Mrs Smith?**	What's the matter, Mrs Smith?
Moyra:	**O doctor, mae pen tost 'da fi.**	O doctor, I've got a headache.
Doctor:	**Dych chi wedi mynd i'r gwaith?**	Have you gone to work?
Moyra:	**Na, dw i'n sâl iawn.**	No, I'm very ill.
Doctor:	**Oes poen bola 'da chi?**	Have you got a stomach pain?
Moyra:	**Na, ond mae poen cefn 'da fi hefyd.**	No, but I've got a back pain as well.
Doctor:	**Dych chi wedi aros yn y gwely?**	Have you stayed in bed?
Moyra:	**Na, dw i wedi bod i'r dre.**	No, I've been to town.
Doctor:	**Dych chi wedi bod yn siopa?**	Have you been shopping?
Moyra:	**Ydw, dw i wedi bod yn siopa.**	Yes, I've been shopping.
Doctor:	**Beth dych chi wedi prynu?**	What have you bought?
Moyra:	**Dw i wedi prynu cot a sgert a het...**	I've bought a coat, a skirt and a hat...
Doctor:	**Beth arall?**	What else?
Moyra:	**Dw i wedi prynu dau fag.**	I've bought two bags.
Doctor:	**Beth arall?**	What else?
Moyra:	**Dw i wedi prynu esgidiau a hosanau.**	I've bought shoes and stockings.
Doctor:	**Dw i'n gwybod beth sy'n bod.**	I know what's the matter.
Moyra:	**Beth sy'n bod, doctor?**	What's the matter, doctor?
Doctor:	**Dw i'n gwybod beth sy'n bod! – Salwch siopa!**	I know what's wrong! – Shopping illness!

FAINT MAE'R BWYD YN COSTIO?
How much does the food cost?

Ask what something costs:

Faint? How much?

Test yourself:

Faint mae'r te'n costio?	How much does the tea cost?
Faint mae'r coffi'n costio?	How much does the coffee cost?
Faint mae'r bwyd yn costio?	How much does the food cost?
Faint mae'r cwrw'n costio?	How much does the beer cost?

Ask questions about cost, using one phrase from each column:

Faint	mae'r	coffi'n	costio?
		cwrw'n	
		te'n	
		bwyd yn	

Answers:

1. You can answer by just saying the amount:

punt	a pound
dwy bunt	two pounds
tair punt	three pounds
pedair punt	four pounds
pum punt	five pounds
deg punt	ten pounds

2. Or you can put the amount in a sentence:

Mae'r coffi'n costio dwy bunt.
The coffee costs two pounds.

Make up sentences to give the price of various drinks:

Mae'r	cwrw'n	costio	un bunt.
	te'n		dwy bunt.
	coffi'n		tair punt.
	bwyd yn		pedair punt.

Pounds and pence and time use traditional numbers, rather than the modern ones:

	modern	traditional
12	**un deg dau**	**deuddeg**
15	**un deg pump**	**pymtheg**
18	**un deg wyth**	**deunaw**
20	**dau ddeg**	**ugain**
25	**dau ddeg pump**	**pum(p) ar hugain**

PENCE

1p	**un geiniog**
2p	**dwy geiniog**
3p	**tair ceiniog**
4p	**pedair ceiniog**
20p	**ugain ceiniog**
25p	**pum ceiniog ar hugain**
30p	**tri deg ceiniog**
40p	**pedwar deg ceiniog** *etc.*

POUNDS

£1	**un bunt**
£2	**dwy bunt**
£3	**tair punt**
£4	**pedair punt**
£5	**pum punt**
£6	**chwe phunt**
£12	**deuddeg punt**
£15	**pymtheg punt**
£18	**deunaw punt**
£20	**ugain punt**
£25	**pum punt ar hugain**

See more money numbers after Part 90.

Say the money for these pictures, e.g.

Mae coffi'n costio pedair punt tri deg ceiniog yn Asdis.

....	**£5.70 yn Aldos**
....	**£3.75 yn Ladl**
....	**£6.25 yn Tascos**
....	**£4.30 yn Marrisons**

Mae llaeth yn costio...

....	**£1.75 yn Aldos**
....	**£1.50 yn Ladl**
....	**£2.05 yn Tascos**
....	**£1.80 yn Marrisons**

Another way of asking with 'faint':

Faint yw ... ?	How much is / are ...?
Faint ydy ... ?	How much is / are ... *(in northern Wales)*
Faint yw'r bara?	How much is the bread?
Faint ydy'r wyau?	How much are the eggs?
Faint yw'r cig?	How much is the meat?

Ask how much the following food cost, and answer with the amount given, e.g.

Faint yw'r afalau? Un bunt pum deg
(we don't need to say 'ceiniog')

Faint yw'r blawd? Un bunt ac ugain
(with 'ugain' and the traditional numbers, we use 'and' before them: 'a', or 'ac' before vowels.)

afal/-au	apple/-s	£1.50
bara	bread	£1.60
blawd	flour	£1.20
bresych	cabbage	80p
caws	cheese	£3.50
cig	meat	£7.60
ffa	beans	£1.10
jam	jam	£2.80
menyn	butter	£1.90
moron	carrots	£2.20
oren/-au	orange/-s	£2.50
pys	peas	70p
pysgodyn/pysgod	fish	£4.30
sglodion	chips	£2.30
siwgr	sugar	£1.30
tatws	potatoes	£3.10

teisen/-nau	cake	£5.40
wy/-au	egg/-s	£2.70

Another way of asking is to use '**beth**':

Beth yw pris .....
What's the price (of) .....

You'll notice that we don't need to use a word for 'of' in these sentences:

Beth yw pris y menyn?	What's the price of the butter?
Beth yw pris y pysgod?	What's the price of the fish?
Beth yw pris yr afalau?	What's the price of the apples?

Make up sentences:

Beth yw pris	y ffrwythau?
	yr afalau?
	y llaeth?
	yr wyau?
	y tatws?
	y moron?

Answer by just saying the price.

Ask the price of these drinks and say the price, e.g.

Beth yw pris y cwrw yn Aldos?
Tair punt pum deg (ceiniog).

coffi	coffee	Ladl -	£4.10
cwrw	beer	Marrison -	£3.60
dŵr	water	Tasco -	90c
gwin	wine	Aldos -	£8.40
llaeth	milk	Co-ap -	£1.90
sudd	juice	Mardis -	£2.80
te	tea	Sbar -	£4.50

Make a shopping list and ask the shopkeeper how much they cost.

SGWRS 27

Mynd o gwmpas y siopau		*Going round the shops*	
gwybod	to know	**galla i**	I can
gelli di	you can		

Huw:	**Dy'n ni eisiau llaeth, cwrw, tatws a ffrwythau.**	We want milk, beer, potatoes and fruit.
Mair:	**Dim problem. Galla i fynd i Aldos i gael popeth.**	No problem. I can go to Aldos to get everything.
Huw:	**Na, mae llaeth yn £1.20 yn Ladl, ac yn £1.30 yn Aldos.**	No, milk is £1.20 in Ladl, and £1.30 in Aldos.
Mair:	**Dim problem, galla i fynd i Aldos a Ladl.**	No problem, I can go to Aldos and Ladl.
Huw:	**Na, mae cwrw'n costio £3.40 yn Ladl ac Aldos, ond £3.30 yn Marrison.**	No, beer costs £3.40 in Ladl and Aldos, but £3.30 in Marrison.
Mair:	**O diar, galla i fynd i'r tair siop.**	Oh dear, I can go to the three shops.
Huw:	**Na, mae tatws yn £2 yn Tasco , ac yn £3 yn Marrison.**	No, potatoes are £2 in Tasco, and £3 in Marrison.
Mair:	**Wel, Huw, dw i'n gwybod...**	Well, Huw, I know...
Huw:	**Gwybod beth?**	Know what?
Mair:	**Gelli di fynd i siopa!**	You can go shopping!

casáu	to hate
ffeindio	to find
methu	to fail, to not be able to
gofyn	to ask
arwydd/-ion	siign/-s
clir	clear

y pwys	per pound, a pound
y botel	per bottle, a bottle
y pecyn	per packet, a packet
y cilo	per kilo, a kilo
y dwsin	a dozen, per dozen

DW I'N MOYN ...
I want ...

wyau	eggs
pris	price

Mae'r gwin yn costio deg punt y botel.	The wine costs £10 a bottle.
Cost y tatws yw dwy bunt y cilo.	The cost of the potatoes is £2 per kilo.

Make up sentences to say how much thing cost:

dŵr	water

Mae	gwin	yn costio	deg punt	y botel.
Mae'r	pop		tair punt	
	dŵr		pum punt	

(note how the different ways of saying the cost all mean the same)

Mae'r caws yn costio pedair punt y pwys.	The cheese costs four pounds a pound.
Mae'r wyau'n costio tair punt y dwsin.	The eggs cost three pounds a dozen.
Dwy bunt y cilo yw'r tatws.	The potatoes are two pounds a kilo.
Pris y coffi yw pum punt y botel.	The price of the coffee is five pounds a bottle.
Pris y menyn ydy dwy bunt y pecyn.	The price of the butter is two pounds a pack.

*(You will have noticed that English uses 'pound' for £ and lb. Remember that £ – **punt**; lb – **pwys**.)*

SGWRS 28

Casáu'r archfarchnad   *Hating the supermarket*

Huw:	**Bore da, Mari, does dim bara gyda ni.**	Good morning, Mari, we have no bread.
Mari:	**Na, a does dim caws yma.**	No, and there's no cheese here.
Huw:	**A does dim gwin gyda ni!**	And we haven't got wine!
Mari:	**Wyt ti'n dod i'r archfarchnad heddiw?**	Are you coming to the supermarket today?
Huw:	**Ydw, ond dw i'n casáu'r archfarchnad.**	Yes, but I hate the supermarket.
Mari:	**Pam, Huw?**	Why, Huw?
Huw:	**Dw i'n methu ffeindio pethau.**	I can't find things.
Mari:	**Ond mae arwyddion clir!**	But there are clear signs!
Huw:	**A dw i'n cerdded milltir i ffeindio banana!**	And I walk a mile to find a banana!

Say what you see in these pictures, and then say how much they cost.
Use these phrases: y botel, y dwsin, y pecyn, e.g.

Pris y llaeth yw dwy bunt y botel:

Llaeth: £1.80 ..... **Wyau**: £2.60 .....

Cwrw: £2.30 ..... **Pice ar y maen** (Welsh cakes): £1.70 .....

You'll often hear these:

pwys o	a pound of
peint o	a pint of
dwsin o	a dozen (of)
torth o	a loaf of
galwyn o	a gallon of
pecyn o	a packet/pack of
cilo o	a kilo of
owns o	an ounce of
hanner pwys o	half a pound of

Try these by hiding one side:

pwys o datws	a pound of potates
peint o laeth	a pound of milk
dwsin o wyau	a dozen eggs
torth o fara	a loaf of bread
litr o betrol	a litre of petrol
pecyn o fisgedi	a packet of biscuits
potel o bop	a bottle of pop
hanner pwys o fenyn	half a pound of butter

Make up sentences using phrases from each column:

Mae	pwys o datws	yn costio	£2.50
	dwsin o wyau		£3
	torth o fara		£1.70
	litr o betrol		£1.40
	peint o laeth		£1.20

Test yourself:

Dw i eisiau dwy dorth o fara, os gwelwch yn dda.	I want two loaves of bread, please.
Alla i gael dwy botel o laeth, plis?	Can I have two bottles of milk, please?
Dw i'n moyn tair potel o laeth, plis.	I want three bottles of milk, please.
Ga i ddau becyn o fenyn, os gwelwch yn dda?	May I have two packets of butter, please?

Say what you want:

Dw i'n moyn ...	I want ...
Dw i eisiau ...	I want ...
Alla i gael ...	Can I have ...

Choose a phrase from each column:

tun a tin

Dw i'n moyn	dau	beint o laeth.
Alla i gael		beint o gwrw.
Dw i eisiau		bwys o fenyn.
		dun o gawl.
		ddwsin o wyau.
		becyn o fisgedi.

Now ask for these using 'ga i' (may I have). Note the soft mutation.

Choose a phrase from each column:

Ga i	bwys o	fenyn	os gwelwch yn dda?
	ddau bwys o	datws	plis?
		siwgr	
		gaws	

Here are some more:

gwydred o win	a glass of wine
paned o de	a cup of tea (in north Wales)
dysgled o de	a cup of tea (in south Wales)
llwyed o siwgr	a spoonful of sugar

We can put two words together, when the second word belongs to the other, without using 'o':

ffenest y siop	the shop window / the window **of** the shop
siop y pentref	the village shop
tatws fferm	farm potatoes
wyau buarth	farmyard eggs
gwin Sbaen	wine **of** Spain / Spanish wine
cig Cymru	meat **of** Wales / Welsh meat
y cownter pysgod	the fish counter

We do this also when English uses "s":

brand yr archfarchnad	the supermarket's brand
Dy'n ni'n hoffi wyau buarth.	We like farmyard eggs.
Mae e eisiau cig Cymru.	He wants Welsh meat.
Mae'r cig yn ffenest y siop.	The meat is in the shop window.
Dw i'n prynu yn siop y pentref.	I buy in the village shop.

Wyt ti'n hoffi brand y siop?   Do you like the shop's brand?

Mae hi'n chwilio am   She's looking for the farm's fruit.
ffrwythau'r fferm.

Say what you're looking for.
You can use these phrases: potel o, pwys o, dau bwys o, *e.g.*

Dw i'n chwilio am botel o laeth.

Dw i'n ....

bananas bananas | pupurau peppers | ciwcymbr cucumber | cawl soup | winwns onions

orenau oranges | tatws potatoes | moron carrots

SGWRS 29

Gorffen siopa   ***Finishing shopping***

daro	dear	**chwilio (am)**	to look (for), to search
nôl	back	**haeddu**	to deserve

Huw:	**Oes popeth gyda ti, Mair?**	Have you got everything, Mair?
Mair:	**Oes, mae pwys o fenyn a phum pwys o datws gyda fi.**	Yes, I have a pound of butter and five pounds of potatoes.
Huw:	**Mae potel o win coch 'da fi.**	I have a bottle of red wine.
Mair:	**Ac mae potel o win gwyn gyda fi.**	And I have a bottle of white wine.
Huw:	**Daro, does dim pecyn o siwgr 'da fi.**	Dear, I haven't got a packet of sugar.
Mair:	**Dw i'n mynd nôl i chwilio.**	I'm going back to search.
Huw:	**Na, dw i eisiau mynd adre!**	No, I want to go home!
Mair:	**Ond dw i'n moyn paned o de gyda siwgr.**	But I want a cup of tea with sugar.
Huw:	**Wel, dy'n ni'n haeddu gwydred o win!**	Well, we deserve a glass of wine!

SGWRS 30

Aros am y plant   ***Waiting for the children***

cwmni	company	**oedd**	was

Siân:	**Faint o'r gloch yw hi, Dai?**	What's the time, Dai?
Dai:	**Ugain munud i dri.**	Twenty minutes to three.
Siân:	**Pryd mae'r plant yn dod o'r ysgol?**	When are the children coming from school?
Dai:	**Tua chwarter wedi tri.**	About a quarter past three.
Siân:	**Fi eisiau mynd i'r siop.**	I want to go the shop.
Dai:	**Beth wyt ti eisiau prynu?**	What do you want to buy?
Siân:	**Coffi, siwgr, te, gwin...**	Coffee, sugar, tea, wine...
Dai:	**Fi'n gallu mynd i'r siop. Rwyt ti'n gallu aros am y plant.** (**ffôn yn canu:** telephone rings)	I can go to the shop. You can wait for the children.
Siân:	**Helô! Siân sy yma... O, pryd? Ie, fi'n dod nawr.**	Hello! It's Siân here... Oh, when? Yes, I'm coming now.
Dai:	**Pwy oedd ar y ffôn?**	Who was on the phone?
Siân:	**Ann – mae hi'n mynd nawr i Gaerdydd, ac mae hi'n moyn cwmni.**	Ann – she's going now to Cardiff, and she wants company.
Dai:	**Nawr?**	Now?
Siân:	**Ie, wyt ti'n gallu mynd i siopa, a dod nôl at y plant a gwneud swper?**	Yes, can you go shopping and come back for the children and make supper?

Asking why and how

hedfan	to fly
nofio	to swim
haul	sun
gwyliau	holiday
cysurus	comfortable
teithio	to travel, travelling

ASKING HOW

Sut?   How?
sit

Shwd?   How? *(south Wales)*
shood

Sut dych chi'n teithio?	How are you travelling?
Sut dych chi'n mynd?	How are you going?
Shwd wyt ti'n teithio?	How are you travelling?

Ask some more questions:

Sut / Shwd	wyt ti'n / mae hi'n / dych chi'n / maen nhw'n	mynd / teithio	i Sbaen?
Sut	wyt ti'n		i Sbaen?
Shwd	mae hi'n	mynd	
	dych chi'n	teithio	
	maen nhw'n		

Answers:

1. *Simply say how:*

yn y car	in the car, by car
ar y bws	on the bus, by bus
gyda'r trên	by train
ar y beic	on the bike, by bike
ar y llong	on the boat, by boat
yn y fan	in the van, by van
mewn lorri	in a lorry
mewn awyren	in a plane

2. *Give the answer in a sentence:*

Maen nhw'n gyrru yn y car.   They're driving by car.

SUT DYCH CHI'N TEITHIO? How are you travelling?

Dy'n ni'n teithio yn y trên.	We're travelling by train.
Maen nhw'n mynd yn y tacsi.	They're going in the taxi.
Dw i eisiau hedfan.	I want to fly.

Make up sentences by using phrases from each column:

Dy'n ni / Maen nhw / Dych chi / Dw i	eisiau	mynd / dod / teithio	gyda'r trên. / yn y car. / ar y bws.
Dy'n ni	eisiau	mynd	gyda'r trên.
Maen nhw		dod	yn y car.
Dych chi		teithio	ar y bws.
Dw i			

ASKING WHY

Pam?   Why?

Test yourself:

Pam dych chi eisiau mynd gyda'r trên?	Why do you want to go by train?
Pam maen nhw'n dal bws?	Why are they catching a bus?
Pam mae hi'n mynd i Sbaen?	Why is she going to Spain?
Pam dy'n ni'n mynd mewn llong?	Why are we going by boat?
Pam mae e eisiau gyrru i Sbaen?	Why does he want to drive to Spain?
Pam mae Huw'n hedfan?	Why is Huw flying?

Ask questions, using one phrase from each column:

Pam	maen nhw'n	mynd	gyda'r trên?
	dych chi'n	teithio	mewn llong?
	mae hi'n		mewn car?

You can answer just by saying why:

Test yourself:

Mae hi'n hoffi hedfan.	She likes to fly.
Dy'n ni'n hoffi gyrru.	We like driving.
Mae'r trên yn gysurus.	The train is comfortable.
Dw i ddim yn hoffi teithio mewn bws.	I don't like travelling in a bus.

*Or you can say '**achos**' – because:*

Test yourself:

Achos mae hi'n hoffi gyrru.	Because she likes driving.
Achos dydy'r bws ddim yn gysurus.	Because the bus isn't comfortable.
Achos mae hedfan yn gyflym.	Because flying is quick.
Achos dw i'n hoffi mynd mewn llong.	Because I like going in a ship.

SGWRS 31

Wyt ti'n dod i Sbaen?	***Are you coming to Spain?***
eleni	this year
y flwyddyn nesa	next year

Huw:	**Dw i eisiau gwyliau eleni.**	I want a holiday this year
Mair:	**A dw i'n moyn gwyliau. Ble?**	And I want a holiday. Where?
Huw:	**Beth am fynd i Sbaen?**	What about going to Spain?
Mair:	**Pam wyt ti'n moyn mynd i Sbaen?**	Why do you want to go to Spain?
Huw:	**Dw i'n hoffi nofio, a dw i'n hoffi haul.**	I like swimming, and I like sun.
Mair:	**Ond dw i ddim yn gallu nofio.**	But I can't swim.
Huw:	**Ond wyt ti'n hoffi haul?**	But you like the sun?
Mair:	**Ydw, wrth gwrs, a darllen.**	Yes, of course, and reading.
Huw:	**Sut wyt ti eisiau mynd?**	How do you want to go?
Mair:	**Mae'r trên yn gysurus.**	The train is comfortable.
Huw:	**Ond mae awyren yn gyflym.**	But a plane is fast.
Mair:	**Sut wyt ti'n mynd i dalu?**	How are you going to pay?
Huw:	**Dw i'n gallu gweithio mwy yn y gwaith.**	I can work more at work.
Mair:	**Oes arian gyda ni?**	Have we got money?
Huw:	**Mae pum can punt gen i yn y banc.**	I have five hundred pounds in the bank.
Mair:	**Does dim llawer 'da ni.**	We haven't got a lot.
	Dw i eisiau cael cegin newydd.	I want a new kitchen.
Huw:	**Pam wyt ti eisiau cegin newydd?**	Why do you want a new kitchen?
Mair:	**Dw i'n hoffi coginio. Beth am fynd i Sbaen y flwyddyn nesa?**	I like cooking. What about going to Spain next year?

Pam dych chi'n mynd i Sbaen?

Answer with 'i' – to, in order to. There is soft mutation after 'i':

i nofio	to swim
i fwynhau	to enjoy
i gael haul	to have sun
i weld y wlad	to see the country
i ymlacio	to relax

Answer these questions:

ar wyliau	on holiday

Dych chi'n hoffi mynd ar wyliau?
Ble dych chi'n hoffi mynd?
Sut dych chi'n hoffi teithio?
Wyt ti'n hoffi'r haul?
Beth dych chi'n hoffi gwneud?

RHAID   *MUST*

'Rhaid' *means 'need', so literally, we say 'there is a need for me to...'*

Mae rhaid i fi...   I must... I have to... I've got to...

Mainly in north Wales: **Mae rhaid i mi...**

paratoi	to prepare
berwi	to boil
ffrio	to fry
coginio	to cook

We can use **'rhaid'** *after* **'mae'**, *and in questions, using* **'oes'**.
You will notice that there is soft mutation after **'rhaid i'**.

Test yourself:

Mae rhaid i fi wneud brecwast.	I must make breakfast.
Mae rhaid i ni goginio bore 'ma.	We must cook this morning.
Oes rhaid i ti ffrio cig moch?	Have you got to fry bacon?
Oes rhaid i fi ferwi wy?	Do I have to boil an egg?
Does dim rhaid i fi baratoi'r bwyd.	I don't have to prepare the food.

PRYDAU BWYD *Meals*

i frecwast	for breakfast
i de	for tea
i ginio	for lunch
i swper	for supper

'i' changes before 'fe', 'hi' *and* 'nhw':

i fi	to/for me
i ti	to/for you
iddo fe	to/for him
iddo fo	to/for him *(north Wales)*
iddi hi	to/for her
i ni	to/for us
i chi	to/for you
iddyn nhw	to/for them

MAE RHAID I FI WNEUD BRECWAST.
I must make breakfast.

Make up sentences:

Mae	rhaid	i fi	wneud brecwast	nawr
		iddyn nhw	olchi'r llestri	am wyth
Does dim		i ni	baratoi'r bwrdd	heddiw
		iddo fo		
		iddi hi		

Test yourself:

Mae rhaid i fi baratoi cinio.	I must prepare lunch.
Mae rhaid iddyn nhw godi nawr.	They've got to get up now.
Mae rhaid i ni olchi'r llestri.	We have to wash the dishes.
Mae rhaid i chi fwyta popeth.	You have to eat everything.
Oes rhaid iddo fe goginio heno?	Does he have to cook tonight?
Oes rhaid iddi hi fwyta am saith?	Does she have to eat at seven?

Make up suitable answers to the following:

Oes rhaid i chi godi'n gynnar bob bore? (every morning)
Oes rhaid i chi baratoi brecwast bore 'ma?
Beth mae rhaid i chi wneud heddiw?
Oes rhaid i chi goginio swper heno?
Oes rhaid i chi fwyta wy bob bore?
Oes rhaid i chi olchi'r llestri heddiw?

You will also see 'Mae'n rhaid', which means the same as 'Mae rhaid':

wy wedi'i ferwi	a boiled egg
wy wedi'i ffrio	a fried egg

Test yourself:

Mae'n rhaid i fi godi'n gynnar.	I have to get up early.
Mae'n rhaid iddo fe wneud brecwast heddiw.	He has to make breakfast today.
Mae'n rhaid iddyn nhw goginio bore 'ma.	They have to cook this morning.
Mae'n rhaid i ni gael wy wedi'i ferwi nawr.	We must have a boiled egg now.

You're preparing breakfast. Ask questions on the pictures below, and answer them, e.g.

Oes llaeth yn yr oergell?
Oes wyau gyda ni?
Oes rhaid i chi gael banana bore 'ma?

Bwyd i frecwast	*Food for breakfast:*
banana	banana
bara	bread
cig moch	bacon
coffi	coffee
jam	jam
llaeth	milk
llefrith	milk *(north Wales)*
menyn	butter
oren	orange
orenau	oranges
te	tea
tost	toast
siwgr	sugar
sudd oren	orange juice
sudd	juice
uwd	porridge
wy	egg

SGWRS 32

Codi'n hwyr	***Getting up late***
arall	other, another
dim ond	only
pennaeth	head, headteacher

Gwen:	**Alun! Mae'n rhaid i ti godi!**	Alun! You must get up!
Alun:	**Pum munud arall, Gwen.**	Another five minutes, Gwen.
Gwen:	**Mae'n rhaid i ni gael brecwast!**	We must have breakfast!
Alun:	**Dim ond wyth o'r gloch yw hi!**	It's only eight o'clock.
Gwen:	**Wel, mae rhaid i fi wneud tost, ffrio wyau...**	Well, I have to make toast, fry eggs...
Alun:	**A dw i eisiau cysgu am bum munud arall.**	And I want to sleep for another five minutes.
Gwen:	**Ond mae rhaid i ti godi i fynd i'r ysgol.**	But you have to get up to go to school.
Alun:	**Ond dw i ddim eisiau mynd bore 'ma.**	But I don't want to go this morning.
Gwen:	**Ond mae rhaid i ti! Ti yw'r pennaeth!**	But you have to! You're the head!

Answer these:

Pryd dych chi'n codi yn y bore?
Oes rhaid i chi godi yn y bore?
Dych chi'n hoffi cael tost i frecwast?
Beth dych chi'n hoffi cael i frecwast?
Oes rhaid i chi gael brecwast?
Beth dych chi'n hoffi yfed yn y bore?

WEDI – *HAVE, HAS*

*To change a sentence from saying that something is happening now to say that something has happened, simply replace '**yn**' or ''**n**' with '**wedi**'.*
In English you have to change the verb as well, but this is much simpler in Welsh:

Mae'r dyn yn gweithio.   The man is working.
Mae'r dyn wedi gweithio.   The man has worked.

'**Wedi**' *is often shortened to* ''**di**':

Mae'r dyn 'di gweithio.   The man has worked.

gweld ffilm	to see a film
gwrando ar y radio	to listen to the radio
cael pryd o fwyd	to have a meal
gwylio'r teledu	to watch television
canu'r piano	to play the piano (canu – *literally to sing*)

Test yourself:

Dw i wedi gweithio.	I have worked.
Mae e wedi bod yn gwylio'r teledu.	He has been watching television.
Mae hi wedi cysgu.	She has slept.
Mae'r fenyw wedi cael pryd o fwyd.	The woman has had a meal.
Mae Alun wedi gorffen.	Alun has finished.
Dych chi wedi mwynhau.	You have enjoyed.
Maen nhw wedi darllen llyfr.	They've read a book.

Make up sentences, using one phrase from each column:
neithiwr   last night

Dw i	wedi	mwynhau	heno
Rwyt ti		gweithio	heddiw
Mae hi		gorffen	neithiwr
Dy'n ni			
Maen nhw			

We can put two verbs toegether:
mwynhau gweithio   to enjoy working
mwynhau ymlacio   to enjoy relaxing

> **YDW I WEDI GWELD Y FFILM?**
> Have I seen the film?

gobeithio gweld ffilm	to hope to see a film
mwynhau gweld ffilm	to enjoy seeing a film

Say what you've enjoyed seeing tonight or today:
Choose from these: **ffilm**, **gêm rygbi**, **drama**, **opera**, **drama sebon** (*soap opera*),

To say you haven't done something

DDIM WEDI   *HASN'T / HAVEN'T*
*Similarly, we use '**wedi**' instead of '**yn**'*

Test yourself:

Dw i ddim wedi gwylio'r teledu.	I haven't watched television
Dwyt ti ddim wedi dechrau.	You haven't started.
Dyw e ddim wedi mwynhau.	He hasn't enjoyed.
Dyw hi ddim wedi gwneud pryd o fwyd.	She hasn't made a meal.
Dyw'r fenyw ddim wedi coginio.	The woman hasn't cooked.
Dyw Alun ddim wedi mynd.	Alun hasn't gone.
Dy'n ni ddim 'di mwynhau.	We haven't enjoyed.
Dy'n nhw ddim wedi gweld y ffilm.	They haven't seen the film.
Dydy o ddim wedi clywed.	He hasn't heard. (*north Wales*)

Make up sentences, using one phrase from each column:

rhaglen programme
newyddion news

Dw i	ddim wedi	mwynhau'r	ffilm	heno
Dwyt ti		gweld y	ddrama	heddiw
Dyw hi			rhaglen	
Dy'n ni			newyddion	
Dy'n nhw				

Say what what you haven't eaten or drunk yet:
Add 'eto' ('yet') at the end, e.g.

Dw i ddim wedi bwyta swper eto. I haven't eaten supper yet.

You can use these:
byns, teisen, hufen iâ, afal, paned

Dw i ddim wedi yfed coffi eto. *I haven't drunk coffee yet.*

Another way of saying you haven't done something:

Heb – *literally means* 'without'. *We can use it instead of* '**wedi**'. *We don't change the verb, but the first letter can change after* '**heb**':

Dw i heb weld y rhaglen. I haven't seen the programme.
Rwyt ti heb fwyta. You haven't eaten.
Mae hi heb orffen y llyfr. She hasn't finished the book.
Mae'r fenyw heb weld y ffilm. The woman hasn't seen the film.
Dy'n ni heb fwynhau. We haven't enjoyed.

You will have noticed a soft mutation after '**heb**', *e.g.*
mwynhau > fwynhau

Say that you haven't read or finished reading today or yet, using '**heb**',
e.g. Dw i heb ddarllen y papur eto.

Make up as many sentences as you can:

gorffen *to finish*

Dw i	heb	ddarllen	y papur	heddiw
Mae hi		orffen	y llyfr	eto
Dy'n ni			y nofel	
Dych chi				

ASKING WHAT YOU'VE DONE

More words:

dal to catch, to hold
e-bost email
sgrifennu to write

Ask questions by putting 'wedi' instead of 'yn':

Test yourself:

Ydw i wedi gweld y ffilm? Have I seen the film?
Wyt ti wedi darllen y llyfr? Have you read the book?
Ydy e wedi sgrifennu'r llythyr? Has he written the letter?
Ydy hi wedi anfon neges eto? Has she sent a text yet?
Dy'n ni wedi cael neges heddiw? Have we had a text today?
Dy'n nhw wedi gorffen y llyfr? Have they finished the book?
Ydy'r plant wedi mynd i'r gwely? Have the children gone to bed?

Ydy Siân wedi cael yr e-bost? Has Siân had the email?

Dach chi wedi Have you (*north Wales*)
Dach chi wedi postio'r llythyr? Have you posted the letter?

Ask questions, using one phrase from each column:

Ydw i	wedi	anfon	llythyr	eto?
Wyt ti		cael	yr e-bost	heddiw?
Ydy hi		darllen	y neges	
Ydy'r ferch				
Dy'n ni				
Dy'n nhw				

Answer these questions:

1. Beth dych chi wedi gwneud heddiw?
2. Am faint o'r gloch dych chi wedi codi?
3. Wyt ti wedi darllen y papur heddiw?
4. Dach chi wedi edrych ar y teledu heddiw?
5. Dych chi wedi gweithio'n galed heddiw?
6. Beth dych chi wedi yfed heno?
7. Dach chi wedi cael e-bost bore 'ma?
8. Beth wyt ti wedi bwyta heddiw?

A popular song associated with Llanelli:

Sosban fach

Mae bys Meri Ann wedi brifo
A Dafydd y gwas ddim yn iach,
Mae'r baban yn y crud yn crio
A'r gath wedi sgrapo Joni bach.

Sosban fach yn berwi ar y tân,
Sosban fawr yn berwi ar y llawr,
A'r gath wedi sgrapo Joni bach.

Little saucepan

Meri Ann's finger has been hurt
And Dafydd the servant is not healthy,
The baby in the cradle is crying
And the cat has scratched little Joni.

Little saucepan boiling on the fire,
Big saucepan boiling on the floor,
And the cat has scratched little Joni.

SGWRS 33

Mwynhau'r ffilm   *Enjoying the film*

cyngerdd   a concert   **band roc**   a rock band

Huw: **Dw wedi mwynhau swper, diolch.**	I've enjoyed supper, thanks.
Mari: **Ti'n gwrtais iawn heno, Huw.**	You're very courteous tonight, Huw.
Huw: **Wel, ti wedi coginio bwyd blasus.**	Well, you've cooked tasty food.
Mari: **Diolch, Huw. Beth wyt ti am wneud nawr?**	Thanks, Huw. What do you want to do now?
Huw: **Wyt ti wedi gweld y ffilm *Hedd Wyn*?**	Have you seen the film *Hedd Wyn*?
Mari: **Pwy yw Hedd Wyn?**	Who is Hedd Wyn?
Huw: **Bardd. Ti 'di gweld y ffilm?**	A poet. Have you seen the film?
Mari: **Na, dw i ddim eisiau gweld ffilm. Wyt ti wedi gweld cyngerdd y Gorilas?**	I don't want to see a film. Have you seen the Gorillas' concert?
Huw: **Pwy yw'r Gorilas?**	Who are the Gorillas?
Mari: **Band roc. Ti 'di gweld y gyngerdd?**	A rock band. Have you seen the concert?
Huw: **Na, dw i ddim yn hoffi bandiau roc.**	No, I don't like rock bands.
Mari: **Wel, beth dy'n ni'n mynd i wneud heno?**	Well, what are we going to do tonight?
Huw: **Dy'n ni'n gallu mynd i'r gwely'n gynnar!**	We can go to bed early!

Some useful phrases:

wedi blino	tired
Mae e wedi blino.	He's tired.
wedi blino'n lân	very tired
Dw i wedi blino'n lân.	I'm very tired.
wedi marw	dead
Mae'r gath wedi marw.	The cat's dead.

Saying you've just done something

newydd   new, *but when used with verbs,*
newydd *means* just
Use '**newydd**' instead of '**wedi**':

Mae Hywel wedi dod.
Hywel has come.

Mae Hywel newydd gyrraedd.
Hywel has just arrived.

'Newydd' is followed by a soft mutation, e.g. d changes to dd (see end of book).

Test yourself:

Maen nhw newydd godi.	They've just got up.
Dw i newydd fwyta.	I've just eaten.
Dych chi newydd fwyta?	Have you just eaten?
Ydy hi newydd ddod adre?	Has she just come home?

Make up sentences

gadael   to leave

Dw i	newydd	gyrraedd
Maen nhw		godi
Dyw e ddim		fynd i gysgu
Dy'n ni ddim		adael

Say what has just happened:

Say that you just left the concert.

....

Say you've just booked (bwcio) a table.

....

Say you've just come home.

....

Ar fin   on the point of

'ar fin' is used in the same way, but to say that something is on the point of happening:

Mae'r siop ar fin agor.   The shop is on the point of opening (opening shortly).

Literally:
Your new shop is on the point of opening

Say what you have done today, or tonight.

This one and that one…

hwn	This one (masculine)	**hwnnw**	that one
hon	This one (feminine)	**honno**	that one

Hon yw'r rhaglen.	This (one) is the programme.
Hwnnw yw'r llyfr.	That (one) is the book.

This and that…
We can out these after a word to mean 'this':
hwn

Mae'r llyfr hwn yn dda.	This book is good.
Mae'r rhaglen hon yn dda.	This programme is good.

hyn   This / these

Mae'r llyfrau hyn yn dda.	These books are good.

*When taking, we usually use '**ma**' instead of these:*

bore 'ma	this morning
y ffilmiau 'ma	these films

*And we use **hwnna** for 'that one':*

Dwi'n hoffi hwnna	I like that one.

Drinking too much

> **FAINT MAEN NHW'N COSTIO?**
> How much do they cost?

You've already seen **faint** – how much

Faint ... ? How much ... ?

Faint dych chi wedi yfed heno?	How much have you drunk tonight?
Faint maen nhw'n costio?	How much do they cost?
Faint mae hi wedi bwyta heddiw?	How much has she eaten today?
Faint dy'n ni wedi talu?	How much have we paid?

Ask questions, using one phrase from each column:

Faint	dych chi	wedi	yfed	heno?
	mae e		bwyta	heddiw?
	dy'n ni		talu	pnawn 'ma?

When asking how much of something you have drunk or eaten, we use **Faint o?**

Test yourself:

Faint o goffi?	How much coffee?
Faint o gwrw?	How much beer?
Faint o de?	How much tea?
Faint o win?	How much wine?
Faint o ddŵr?	How much water?
Faint o bop?	How much pop?

Make up questions:

Faint o	win	dych chi	wedi	yfed	heno?
	gwrw	mae e			heddiw?
	goffi	dy'n ni			neithiwr?
		wyt ti			

Ask something to these people, or imagine what they could be asking, e.g.

Faint o win dych chi wedi yfed?:

You can use these words: o gwrw, o bop, o win, o champagne

You can answer with these words:

digon	enough
llawer	a lot
gormod	too much
tipyn bach	a little
dim	none

Or you can answer more fully, e.g.

Test yourself:

Dw i wedi yfed digon, diolch.	I've drunk enough, thanks.
Dy'n ni wedi yfed llawer, diolch.	We've drunk a lot, thanks.
Dw i wedi yfed tipyn bach, diolch.	I've drunk a little, thank you.
Dy'n ni ddim wedi yfed gwin heno.	We haven't drunk wine tonight.
Dw i ddim wedi yfed dim.	I haven't drunk anything.

Answer these questions:

1. **Faint o goffi dych chi wedi yfed heddiw?**
2. **Faint o de dych chi wedi yfed heddiw?**
3. **Faint o win dych chi wedi yfed heno?**
4. **Faint o gwrw dych chi wedi yfed heno?**

A LOT OF / TOO MUCH / TOO MANY / ENOUGH / A LITTLE

llawer o ...	a lot of ...
gormod o ...	too much ... / too many ...
digon o ...	enough ...
tipyn bach o ...	a little ...

These phrases are followed by a singular word of a general nature: e.g. food, milk, beer.

The first letter of the word following 'o' can change – we saw this in Part 5. Don't worry too much – it doesn't change the meaning. Just get used to it with time. See the changes at the end of the book.

cwpan   cup
gwydrau   glasses

Test yourself with these:

gwin > win

Mae llawer o win yma.	There's a lot of wine here.
Mae gormod o win yma.	There's too much wine here.
Mae digon o win yma.	There's enough wine here.
Does dim llawer o win yma.	There isn't a lot of wine here.

pop > bop

Mae llawer o bop ar y bwrdd.	There is a lot of pop on the table.

coffi > goffi

Mae gormod o goffi yn y cwpan.	There's too much coffee in the cup.
Does dim digon o goffi yma.	There isn't enough coffee here.

gwydrau > wydrau

Mae digon o wydrau ar y bwrdd.	There are enough glasses on the table.

cwrw > gwrw

Oes digon o gwrw yma?	Is there enough beer here?
Oes llawer o bop gyda ni?	Have we got a lot of pop?
Na, does dim llawer yma.	No, there's not a lot here.
Mae gormod o wydrau ar y bwrdd.	There are too many glasses on the table.
Mae Huw wedi yfed digon o win nawr.	Huw's drunk enough wine now.

SGWRS 34

Gwneud cwrw   *Making beer*

drewi	to stink	**dros y lle**	all over the place
syniad	idea		

Mari:	**Beth wyt ti'n gwneud, Huw?**	What are you doing, Huw?
Huw:	**Dw i'n gwneud cwrw – llawer o gwrw.**	I'm making beer – a lot of beer.
Mari:	**Ond mae digon o gwrw gyda ni.**	But we have enough beer.
Huw:	**Wel, dy'n ni'n mynd i gael parti mawr.**	Well, we're going to have a big party.
Mari:	**Does dim digon o wydrau gyda ni.**	We haven't got enough glasses.
Huw:	**Dy'n ni'n gallu cael gwydrau yn y siop.**	We can get glasses in the shop.
Mari:	**Huw! Mae llawer o gwrw ar y llawr.**	Huw! There's a lot of beer on the floor.
Huw:	**Dŵr yw e! Dw i wedi rhoi gormod o ddŵr yn y bin.**	It's water! I've put too much water in the bin.
Mari:	**Ond mae'r dŵr yn drewi.**	But the water is stinking.
Huw:	**Daro, mae'r cwrw'n mynd dros y lle.**	Dear, the beer is going all over the place.
Mari:	**Dyna ddigon! Dw i'n mynd i'r siop!**	That's enough! I'm going to the shop!
Huw:	**Pam, Mari?**	Why, Mari?
Mari:	**Mae llawer o gwrw a gwin yn y siop!**	There's a lot of beer and wine in the shop.
Huw:	**Syniad da! Dw i wedi cael digon o wneud cwrw!**	Good idea! I've had enough of making beer!

Oes digon o win ar y bwrdd?	Is there enough wine on the table?
Na, does dim digon.	No, there isn't enough.
Mae digon o fwyd yn yr oergell.	There is enough food in the fridge.
Oes digon o gwrw yn y tŷ?	Is there enough beer in the house?
Oes, mae gormod yma.	Yes, there's too much here.

Make up sentences by using phrases from each column:

Mae	digon o	fwyd	yma.
Does dim	llawer o	win	ar y bwrdd.
Oes	gormod o	goffi	yn y cwpwrdd.
		gwrw	yn y tŷ.

*Make up a conversation on making drinks (**diodydd**) for a party:*

Ask if you're making drinks.
Say you've bought drinks in the shop.
Say you like to make pop.
Ask if you have sugar.
Say you are making pop for the children, and ask if you have glasses.
Say you can get glasses in the shop.

> **MI FYDDA I GARTRE FORY**
> I will be home tomorrow

We can say 'dw i'n mynd i...' (I'm going to...), or we can start sentences with these:

bydda i	I will
byddi di	you will
bydd e	he will
bydd hi	she will
bydd Alun	Alun will
bydd y plant	the children will
byddwn ni	we will
byddwch chi	you will
byddan nhw	they will

We often put 'fe' in front of these when we talk. In north Wales, we can put 'mi' in front of these. It makes no difference to the meaning:

fe fydda i	**fe fyddi di**
fe fydd e	**mi fydd hi**
fe fydd Alun	**mi fydd y plant**
fe fyddwn ni	**fe fyddwch chi**
mi fyddan nhw	

Byddwn ni yn yr Almaen yn yr haf.	We'll be in Germany in the summer.
Fe fyddan nhw'n hedfan o Gaerdydd.	They'll fly from Cardiff.
Fe fyddwn ni'n siopa yn y farchnad Nadolig.	We'll shop in the Christmas market.
Byddi di'n mwynhau mynd i Berlin.	You'll enjoy going to Berlin.
Mi fydda i gartre fory.	I will be home tomorrow.

Make up sentences:

Fe fydda i'n	hedfan	o Gaerdydd	yn yr haf
Fe fyddwn ni'n	mynd	i Berlin	yn y gwyliau
Mi fydd hi'n		o Lundain	yn y gaeaf
Fe fyddan nhw'n			

Say what's happening:

*Say you'll go to see the television tower (**tŵr teledu**).*

....

*Say you'll go on the tram to the lakes (**llynnoedd**).*

....

*Say you'll go for a walk (**mynd am dro**) to the Brandenburger Tor after breakfast.*

....

*To say that something won't happen, just use '**ddim**', but we usually start with '**f**':*

Fydda i ddim yn mynd ar wyliau.	I won't be going on holiday.
Fydda i ddim yn gallu mynd.	I won't be able to go.
Fyddwn ni ddim yn hedfan i Sbaen.	We won't be flying to Spain.
Fydd e ddim yn mynd i'r opera eleni.	He won't be going to the opera this year.
Fydda i ddim yn cael brecwast yn y gwesty.	I won't have breakfast in the hotel.
Fyddan nhw ddim yn dod gyda ni i'r sw.	They won't be coming with us to the zoo.

Make up sentences:

Fydda i	ddim yn	hedfan	o Fryste
Fyddwn ni		mynd	i'r Almaen
Fydd hi		dod	o Gaerdydd
Fyddan nhw			i Berlin

Fydd dim – *There won't be*

*We put the remainder of the sentence after '**fydd dim**' (there won't be):*

Test yourself:

Fydd dim llawer o bobl yn y Reichstag.	There won't be many people in the Reichstag.
Fydd dim glaw heddiw, diolch byth.	There won't be rain today, thank goodness.
Fydd dim byd i wneud fanna, yn anffodus.	There won't be anything to to there, unfortunately.
Fydd dim rhaid mynd i amgueddfa bob dydd.	There won't be a need to go to a museum every day.

Make up sentences:

Fydd dim	llawer o bobl	yn yr amgueddfa
	byd	yn y dre
	byd i'w wneud	yn y gwesty
	digon o fwyd	

Say that you will have to do something

Bydd rhaid	will have to
Fydd dim rhaid	won't have to

Test yourself:

Bydd rhaid i fi fynd i weld yr eglwys.	I will have to go to see the church.
Fe fydd rhaid i ni fynd i'r Reichstag.	We will have to go to the Reichstag.
Bydd rhaid i Huw gael tocyn trên heno.	Huw will have to have a train ticket tonight.
Fydd rhaid i ni fynd i'r amgueddfa heddiw?	Will we have to go to the museum today?
Fydd rhaid iddyn nhw adael yfory?	Will they have to leave tomorrow?

Make up sentences:

Bydd	rhaid	i ni		i'r amgueddfa	heno
Fe fydd		iddyn nhw	fynd	i'r eglwys	yfory
Fydd dim		i'r plant		i'r Reichstag	heddiw

ASKING FUTURE QUESTIONS

To ask questions start with 'f':

Test yourself:

Fydd hi'n aros gyda nhw?	Will she stay with them?
Fyddwch chi'n dod gyda ni i'r eglwys?	Will you be coming with us to the church?
Fydd e'n gallu mynd i'r orsaf?	Will he be able to go to the station?
Fyddi di'n gallu mynd ym mis Awst?	Will you be able to go in August?
Fyddan nhw'n dod ar y trên i Berlin?	Will they come on the train to Berlin?

Make up more questions:

Fyddwch chi'n	hedfan	o Fryste	eleni?
Fyddwn ni'n	mynd	i'r Almaen	yfory?
Fydd hi'n	dod	o Gaerdydd	yn y gwyliau?
Fyddan nhw'n			

To answer 'yes', we use the form of the verb:

Bydda	yes (I will)
Byddi	yes (you will)
Bydd	yes (he/she will)
Byddwn	yes (we will)
Byddwch	yes (you will)
Byddan	yes (they will)

*To answer 'no', just say '**na**'.*

Na	No

or

Na fydda	No (I won't)	**Na fyddi**	No (you won't)
Na fydd	No (he/she/it won't)	**Na fyddwn**	No (we won't)
Na fyddwch	No (you won't)	**Na fyddan**	No (they won't)

Test yourself:

Fyddi di'n cael gwyliau eleni?	Will you have holidays this year?
Bydda, wi'n edrych ymlaen at weld Berlin.	Yes, I'm looking forward to seeing Berlin.
Fyddan nhw'n aros gartre eleni?	Will they be staying home this year?
Byddan, does dim arian 'da nhw.	Yes, they haven't got any money.
Fydd e'n dod gyda ni i'r theatr?	Will he come with us to the theatre?
Na, fydd e ddim yn dod, gwaetha'r modd.	No, he won't come, unfortunately.
Fyddwch chi'n gallu talu'r bil?	Will you be able to pay the bill?
Na, fyddwn ni ddim, yn anffodus.	No, we won't, unfortunately.

Plan a visit to Berlin.

Ask and discuss what you will do and when, e.g.:

yn y bore	**codi'n hwyr**
	cael brecwast yn y gwesty
yn y prynhawn	**mynd i weld y Reichstag**
	mynd i'r amgueddfa
yn y nos	**gweld sioe yn y theatr**
	gweld opera
yfory	**cael swper mewn bwyty**
	dal y tram i'r llynnoedd

SGWRS 35

Diwrnod ola'r gwyliau   *The last day of the holiday*

Hywel:	**Beth fyddwn ni'n 'neud dydd Sadwrn, Blodwen?**	What will we be doing on Saturday, Blodwen?
Blodwen:	**Bydda i'n siopa ar y Ku-dam yn y bore, a bydda i'n cael paned yn KaDeWe.**	I'll be shopping on the Ku-dam in the morning, and I'll have a cuppa in KaDeWe.
Hywel:	**Fyddi di nôl cyn dau o'r gloch?**	Will you be back before two o'clock?
Blodwen:	**Pam wyt ti'n gofyn?**	Why are you asking?
Hywel:	**Wel, bydda i yn yr amgueddfa tua un, a bydd Siân yn dod yn ôl o'r sw.**	Well, I will be in the museum around one, and Siân will be coming back from the zoo.
Blodwen:	**Fydd Siân yn dod yma gyda'r plant?**	Will Sân come here with the children?
Hywel:	**Bydd. Popeth yn iawn 'te. Bydda i yn y gwesty a byddi di'n gallu siarad gyda Siân. (yn meddwl: bydda i'n gallu mynd i'r bar.)**	Yes. Everything's fine, then. I'll be in the hotel and you can talk to Siân. (thinking: I'll be able to go to the bar.)
Blodwen:	**A bydd rhaid i ti ddod o'r bar am ddau.**	And you'll have to come from the bar at two.
Hywel:	**O'r gorau, Blodwen, bydda i'n dod o'r bar gyda digon o win i bawb.**	Alright, Blodwen, I'll come from the bar with enough wine for everyone.

A fine Saturday

> **DW I'N SIŴR BYDD HI'N BRAF HEDDIW.**
> I'm sure it will be fine today.

When you want to say that something will happen in the future, in the middle of a sentence, just use '**bydd**' etc.:

credu bydd ...	to think / believe that ... will
gwybod bydd ...	to know that ... will
gobeithio bydd ...	to hope that ... will
siŵr bydd ...	sure that ... will

Test yourself:

Dw i'n siŵr bydd hi'n braf heddiw.	I'm sure (that) it will be fine today.
Dych chi'n credu byddwch chi'n mynd am dro?	Do you think (that) you'll be going for a walk?
Mae e'n credu bydd e'n dod gyda ni i'r wlad.	He believes (that) he will come with us to the country.
Maen nhw'n siŵr byddan nhw'n hoffi cerdded.	They're sure (that) they'll like walking.

To say that something will not happen, just use '**fydd... ddim**' etc:

Test yourself:

Mae hi'n credu fydd hi ddim yn dod gyda ni heddiw.	She believes (that) she won't come with us today.
Wi'n gwybod fyddan nhw ddim yn mynd i nofio.	I know (that) they won't be going swimming.
Dy'n ni'n siŵr fyddwn ni ddim yn mynd i gerdded.	We're sure (that) we won't be going walking.
Dw i'n credu fydd hi ddim yn bwrw glaw heddiw.	I think (that) it won't rain today.

Make up sentences:

Dw i'n credu	bydda i'n		i'r ganolfan siopa.
Dych chi'n siŵr	fydda i ddim yn	mynd	i gerdded ar y mynydd.
Mae e'n gobeithio	bydd hi'n	dod	gyda ni.
Dach chi'n credu	fydd hi ddim yn		i Gaerdydd.

Say what will happen:

Say that you hope that you'll spend (**treulio**) the morning walking on the mountain (**mynydd**).

....

Say that you think that you'll have a picnic (**picnic**) on the mountain in the afternoon.

....

Say that you know that you're going to work in the garden tomorrow.

....

(*note:* **treulio** to spend time, **gwario** to spend money)

Saying that something will have happened
*Use '**bydd wedi**' for 'will have'.*

erbyn	by
erbyn hyn	by now
ar ôl	after

Test yourself:

Mi fydd e wedi gorffen cerdded erbyn dau.	He will have finished walking by two.
Fe fydd hi wedi dechrau cerdded erbyn hyn.	She will have started walking by now.
Byddwn ni wedi dod adre ar ôl dal y bws.	We will have come home after catching the bus.
Byddan nhw wedi blino ar ôl cerdded.	They will be tired after walking.
Mi fyddan nhw wedi cael amser da.	They will have had a good time.

Make up sentences:

Bydda i	wedi	blino	ar ôl	cerdded yn y wlad.
Fe fyddan nhw		dod adre		mynd am dro i'r mynydd.
Fe fyddwch chi		cael amser da		treulio'r diwrnod ar y traeth.
Fydd e ddim				
Fe fydd y teulu				

PAN – When *(usually refers to something in general, or the future)*

Pan	**pan mae hi'n bwrw glaw**	when it's raining
	pan fydd hi'n braf	when it's fine

Dw i'n aros adre pan mae hi'n bwrw glaw.	I stay at home when it's raining.
Maen nhw'n mwynhau pan fydd hi'n braf.	They enjoy when it's fine.

Make up sentences:

Dw i'n	mynd	i'r wlad	pan	fydd hi'n braf.
Bydd hi'n	gyrru	i siopa		mae hi'n bwrw glaw.
Fe fyddwn ni'n				
Fydd hi ddim yn				

Os – If
os bydd hi'n braf   if it will be fine

Fe fydda i'n mynd i siopa os bydd hi'n bwrw glaw.	I'll go shopping if it will be raining.
Mi fyddan nhw'n garddio os bydd hi'n braf.	They'll do the garden if it will be fine.

Answer these questions:

Beth dych chi'n hoffi 'wneud os bydd hi'n braf?
Ble dych chi'n hoffi mynd os bydd hi'n bwrw glaw?
Fyddwch chi'n hoffi mynd am dro yn y wlad?
Wyt ti'n mynd i gerdded bob wythnos?

swyddfa	office
diwrnod	a day *(the length of a day, rather than its name)*
gwybod	to know
gweld	to see
clywed	to hear
deall	to understand
gobeithio	to hope
credu	to believe
yn galed	hard
e-bostio	to email
y ddesg	the desk
ffonio	to phone

'that':
bod	that
bohd	

gwybod bod	to know that

Use '**bod**' as if it were replacing '**mae**'.

Test yourself:

Dw i'n gwybod bod y post yn dod am ddeg.	I know that that the post comes at ten.
Dyn ni'n gwybod bod y swyddfa'n agor am naw.	We know that the office opens at nine.
Mae hi'n gwybod bod y bòs yn y swyddfa.	She knows that the boss is in the office.
Rwyt ti'n gwybod bod Siân yma.	You know that Siân is here.

The same pattern is used after other verbs, e.g. **gobeithio** – to hope

Test yourself:

Dw i'n gobeithio bod y bòs yn dod.	I hope that the boss is coming.
Mae e'n credu bod y llythyr yn y post.	He believes that the letter is in the post.
Dy'n ni'n clywed bod y ffôn yn canu.	We hear that the phone is ringing.
Dych chi'n gallu gweld bod y llyfr ar y llawr.	You can see that the book is on the floor.

DW I'N GWEITHIO YFORY
I'm working tomorrow

Make up sentences, using one phrase from each column:

Dw i'n	credu		y bòs	yn gweithio'n galed.
Mae hi'n	gwybod	bod	y ferch	yn e-bostio.
Dy'n ni'n	gweld			wrth y ddesg.
Maen nhw'n	gobeithio			
Dan ni'n				

We can ask questions in the same way:

Test yourself:

Dych chi'n gwybod bod y ffôn yn canu?	Do you know that the phone is ringing?
Dy'n nhw'n credu bod y bòs yn mynd i ffonio?	Do they believe that the boss is going to phone?
Wyt ti'n gobeithio bod y cwmni'n talu?	Do you hope that the company is paying?
Ydy hi'n gallu gweld bod y gwaith ar y ddesg?	Can she see that the work is on the desk?

*We can say that something isn't happening by using '**ddim**' after '**bod**':*

Test yourself:

Mae e'n credu bod y bòs ddim yma rŵan.	He believes that the boss isn't here now.
Dw i'n gobeithio bod y gwaith ddim yn galed.	I hope that the work isn't hard.
Dy'n ni'n gwybod bod y ferch ddim yn ffonio.	We know that the girl isn't phoning.
Maen nhw'n credu bod y swyddfa ddim ar agor.	They believe that the office isn't open.

Make up sentences to say what isn't happening:

Dw i'n	credu	bod	y dyn	ddim	yn y swyddfa
Maen nhw'n	gobeithio		y ferch		ar y ffôn
Dy'n ni'n	gwybod		y bòs		yn gweithio'n galed
Mae e'n					

We use the same pattern when saying that something has happened, simply by replacing 'yn' with 'wedi'.

Test yourself:

Dw i'n credu bod y llythyr wedi cyrraedd.
I believe that the letter has arrived.

Wyt ti'n gwybod bod John wedi ffonio?
Do you know that John has phoned?

Dw i'n gobeithio bod y bòs ddim wedi mynd.
I hope that the boss hasn't gone.

Mae hi wedi clywed bod y swyddfa wedi cau.
She has heard that the office has closed.

Make up sentences to say what has or hasn't happened:

Dw i'n	credu	bod	y llythyr	wedi	cyrraedd
Mae e'n	gobeithio		y bòs	ddim wedi	mynd
Wyt ti'n	gwybod				
Dy'n ni'n					

In more formal Welsh we use 'nad' instead of 'bod ... ddim':

Test yourself:

Mae e'n gobeithio nad yw'r swyddfa wedi cau.
He hopes that the office hasn't closed.

Maen nhw'n credu nad yw'r llythyr wedi cyrraedd.
They hope that the letter hasn't arrived.

Mae Huw'n gwybod nad yw'r ffôn yn gweithio.
Huw knows that the phone doesn't work.

Mae Siân yn siŵr nad yw'r bòs yma heddiw.
Siân is sure that the boss isn't here today.

To say nothing is:

bod dim ...   no/nothing ... is/are

Test yourself:

Dw i'n gwybod bod dim byd ar y ddesg.
I know that there's nothing on the desk.

Mae e'n credu bod dim byd wedi digwydd.
He thinks that nothing has happened.

Maen nhw'n gobeithio bod dim gwaith heddiw.
They hope that there's no work today.

Mae hi wedi gweld bod dim coffi gyda ni.
She's seen that we have no coffee.

Make up sentences:

Dw i'n	clywed	bod dim	coffi	yn y swyddfa
Mae hi'n	gweld		gwaith	ar y silff
Maen nhw wedi			llaeth	

SGWRS 36

Siarad am y bòs	*Talking about the boss*
anfon	to send
pwynt	point
Mae'n flin gen i	I'm sorry

Ann:	**Ble mae'r bòs heddiw? Ydy e wedi cyrraedd?**	Where's the boss today? Has he arrived?
Mair:	**Dw i'n credu bod y bòs wedi cyrraedd.**	I believe that the boss has arrived.
Ann:	**Dw i'n gobeithio bod y bòs wedi dod.**	I hope that the boss has come.
Mair:	**Pam? Oes llawer o waith gyda ti?**	Why? Have you got a lot of work?
Ann:	**Na, ond dw ei eisau anfon e-bost.**	No, but I want to send an email.
Mair:	**Dw i ddim yn credu bod llawer o waith gyda fe.**	I don't think he's got a lot of work.
Ann:	**Dw i'n mynd i ffonio'r bòs nawr.**	I'm going to phone the boss now.
	... Helô, Mr Puw. Dych chi wedi cyrraedd?	Hello, Mr Puw. Have you arrived?
Mr Puw:	**Dw i newydd gyrraedd. Beth sy'n bod?**	I've just arrived. What's the matter?
Ann:	**Dw i newydd glywed bod siop McSpence yn cau.**	I've just heard the McSpence shop is closing.
Mr Puw:	**O na! Dw i'n gobeithio bod y bil wedi mynd.**	Oh no! I hope that the bill has gone.
Ann:	**Mae'n flin gen i. Dw i ddim yn credu bod y bil wedi mynd i'r siop.**	I'm sorry. I don't think that the bill has gone to the shop.
Mr Puw:	**Dych chi ddim wedi e-bostio'r bil?**	You haven't emailed the bill?
Ann:	**Na, dw i eisiau anfon y bil heddiw.**	No, I want to send the bill today.
Mr Puw:	**Does dim pwynt. Dych chi'n cael y sac.**	There's no point. You're having the sack.

With **gweld** *and* **clywed** *we can also say it like this:*

gweld rhywun yn dod	to see someone coming
clywed y bòs yn mynd	to hear the boss going
Dw i'n gweld rhywun yn dod.	I see someone coming.
Mae hi'n clywed y bòs yn mynd.	She hears the boss going.

Make up sentences to say what you can see or hear:

Dw i'n	gweld	y bòs	yn dod.
Dy'n ni'n	clywed	y ferch	yn mynd.
Dych chi'n		rhywun	

Ysgrifennu llythyr / e-bost	*Writing a letter / email*
Annwyl	Dear
Diolch am y llythyr	Thanks for the letter
Cofion	Regards

Cofion cynnes	Warm regards
Pob hwyl	All the best
Yn gywir	Yours
Oddi wrth	From
Oddi wrth Morgan	From Morgan
Diolch am eich e-bost	Thanks for your email
Diolch am dy e-bost	Thanks for your email
Cariad	Love
Gyda chariad	With love
Cariad mawr	Lots of love
Gweld ti'n fuan	See you soon
Caru ti	Love you
Diolch am y neges	Thanks for the message

Annwyl Siân,	Dear Siân,
Diolch am dy e-bost.	Thanks for your email.
Dw i'n gweithio yfory.	I'm working tomorrow.

Dw i'n cyrraedd y gwaith am ddeg o'r gloch y bore.	I'm arriving at work at ten in the morning.
Dw i'n gobeithio bod y gwaith yn mynd yn dda.	I hope that the work is going well.
Pob hwyl,	All the best,
Huw	Huw
Shwmae?	Hello!
Ti'n iawn? Fi'n mynd fory i Lundain.	Are you OK? I'm going to London tomorrow.
Fi'n mynd ar y trên. Beth ti'n 'neud fory?	I'm going by train. What are you doing tomorrow?
Fi'n gobeithio dod nôl dydd Llun.	I hope to come back on Monday.
Dw i'n gobeithio gweld y plant yn Llundain.	I hope to see the children in London.
Gweld ti'n fuan!	See you soon!
Caru ti,	Love you,
Siân	Siân

Write an email:

You're at work. Write an email to a friend. Say you're coming home early. Say you're tired. Say you've worked hard and say you want a glass of wine now.

SGWRS 37

Dai'n dod adre   *Dai coming home*

smwddio	to iron
gwydred o	a glass of

Dai:	**Shwmae, Siân! Rwyt ti wedi dod adre'n gynnar.**	Hello, Siân! You've come home early.
Siân:	**Dw i wedi blino. Dw i wedi gweithio'n galed.**	I'm tired. I've worked hard.
Dai:	**Beth wyt ti wedi gwneud yn y gwaith?**	What have you done at work?
Siân:	**Dw i wedi sgrifennu e-byst, a ffonio.**	I've written emails and phoned.
	Beth wyt ti wedi gwneud heddiw?	What have you done today?
Dai:	**Dw i wedi gweithio'n galed hefyd.**	I've worked hard as well.
	Dw i wedi golchi'r llestri a dw i wedi bwydo'r babi.	I've washed the dishes and I've fed the baby.
Siân:	**Wyt ti wedi gwneud y smwddio?**	Have you done the ironing?
Dai:	**Na, mae Dad wedi gwneud y smwddio.**	No, Dad has done the ironing.
Siân:	**Dw i'n gobeithio bod Dad ddim wedi gweithio gormod!**	I hope that Dad hasn't worked too much!
Dai:	**Na, mae Dad yn iawn. Dw i'n credu bod Dad yn mwynhau gwydred o win nawr.**	No, Dad is alright. I think that Dad is enjoying a glass of wine now.

Taking the child to school

DEFFRA! Wake up!

When talking to a friend or a child or someone you know well, finish the verb with '-a'.
'a' usually takes the place of the last letter or letters of the verb, e.g.:

codi   coda!

Yn y bore — *In the morning*

Codi	**Coda!**	Get up!
Deffro	**Deffra!**	Wake up!
Gwrando	**Gwranda!**	Listen!
Coda! Mae brecwast ar y bwrdd.		Get up! Breakfast is on the table.

Yn y gegin — *In the kitchen*

Berwi	**Berwa!**	Boil!
Berwa'r tegell!		Boil the kettle!
Golchi	**Golcha!**	Wash!
Golcha'r llestri!		Wash the dishes!
Gwneud	**Gwna!**	Do! / Make!
Gwna'r bwyd!		Do / Make the food!

Yfa!	Drink!
Yfa'r coffi!	Drink the coffee!
Bwyta!	Eat!
Bwyta'r tost yn gyflym!	Eat the toast quickly!
Eistedda!	Sit! / Sit down!
Eistedda ar y gadair!	Sit on the chair!
Gweithia!	Work!
Gweithia bore 'ma!	Work this morning!
Rheda!	Run!
Rheda nawr!	Run now!
Coginia!	Cook!
Coginia'r wyau nawr!	Cook the eggs now!

SGWRS 38

Codi yn y bore — *Getting up in the morning*

dy ddannedd	your teeth
brwsio	to brush
ffeindio	to find

Mair:	**Sionyn, deffra! Mae hi'n wyth o'r gloch!**	Sionyn, wake up! It's eight o'clock!
Sionyn:	**Dw i wedi blino!**	I'm tired!
Mair:	**Coda nawr! Dw i'n hwyr i'r gwaith!**	Get up now! I'm late for work!
Sionyn:	**Ond dw i eisiau cysgu.**	But I want to sleep.
Mair:	**Coda, a gwisga nawr!**	Get up and get dressed now!
Sionyn:	**Iawn, Mam, berwa'r tegell!**	OK, Mam, boil the kettle!
Mair:	**Dw i'n berwi'r tegell nawr.**	I'm boiling the kettle now.
Sionyn:	**Gwna ginio ysgol i fi, plis.**	Make school lunch for me, please.
Mair:	**Iawn. Brwsia dy ddannedd.**	Fine. Brush your teeth.
Sionyn:	**Dw i wedi brwsio dannedd.**	I've brushed (my) teeth.
Mair:	**Ydy'r bag ysgol gyda ti?**	Have you got the school bag?
Sionyn:	**Na, ffeindia fe, plis!**	No, find it, please!

*We use '**ar**' after these:*

Gwrando ar	To listen to
Gwranda!	Listen!
Gwranda ar y radio!	Listen to the radio!
Edrych ar	To look at
Edrycha!	Look!
Edrycha! Mae'r bws wedi dod.	Look! The bus has come
Edrycha ar y papur!	Look at the paper!

Make up commands by using a phrase from each column:

Bwyta'r	tost	nawr!
Gwna'r	wyau	yn gyflym!
	brechdanau	

ar unwaith – immediately. ....

Tell someone to wake up immediately. ....

Tell someone to cook the food quickly. ....

Tell someone to boil the eggs now. ....

*We can put some emphasis on the person commanded, by adding '**di**' – you ('**ti**' is usually 'you', but '**di**' is used when addressing someone):*

Gwranda di!	You listen!
Edrycha di!	You look!
Yfa di fe!	You drink it!
Golcha di'r llestri!	You wash the dishes!

Some common verbs can be a little different:

Mynd

Mynd â	***to take***
Cer!	Go! *(south Wales)*
Cer i'r gwely!	Go to bed!
Cer adre!	Go home!
Cer â'r bwyd!	Take the food!
Dos!	Go! *(north Wales)*
Dos i'r gwely!	Go to bed!

Dos adre!	Go home!
Dos â'r bwyd!	Take the food!

Dod

Dod â	to bring
Tyrd!	Come! *(mainly north Wales)*
Tyrd ymlaen!	Come on!
Tyrd â'r cwpanau!	Bring the cups!
Dere!	Come! *(south Wales)*
Dere 'mlân!	Come on!
Dere'n gyflym!	Come quickly!
Dere â'r cwpanau!	Bring the cups!

Make up commands using a phrase from each column:

Dere	'mlân	nawr!
Tyrd	â'r bwyd	ar unwaith!
		rŵan!

Cer	i'r ysgol	ar unwaith!
Dos	adre	nawr!
	â'r brechdanau	rŵan!

Bod *(to be)*

Bydda!	Be!
Bydda'n ofalus!	Be careful!
Bydda'n gyflym!	Be quick!

Gadael

Gad!	Leave!
Gad y bwyd!	Leave the food!
Gad y golchi i fi!	Leave the washing to me!
Gad y papur fanna!	Leave the paper there!

Cadw

Cadwa!	Keep!
Cadwa fe!	Keep it!

Anfon

Anfona!	Send!
Anfona neges!	Send a message!

SGWRS 39

Dal y bws ysgol   *Catching the school bus*

colli   to lose, to miss

Huw:	**Dere, Sionyn, ti'n hwyr!**	Come, Sionyn, you're late!
Sionyn:	**Wi'n dod, Dad. Dere â'r brechdane!**	I'm coming, Dad. Bring the sandwiches!
Huw:	**Cer i'r gegin! Mae'r bwyd fanna.**	Go to the kitchen, the food is there.
Sionyn:	**Diolch. Oes cyllell gyda ni?**	Thanks. Have we got a knife?
Huw:	**Oes, bydda'n ofalus!**	Yes, be careful!
Sionyn:	**Faint o'r gloch yw hi, Dad?**	What's the time, Dad?
Huw:	**Mae hi'n hanner awr wedi wyth. Bydda'n gyflym!**	It's a half past eight. Be quick!
Sionyn:	**Dw i'n mynd i golli'r bws!**	I'm going to miss the bus!
Huw:	**Na, dw i'n gweld y bws yn dod.**	No, I see the bus coming.
	Cer nawr, rheda!	Go now, run!

*Sometimes the ending is '-***ia***':*

Cicio	**Cicia!**
Dal	**Dalia!** (catch!)
Ffonio	**Ffonia!**
Meddwl	**Meddylia!** (think!)
Tecstio	**Tecstia!** (text!)

Test yourself:

yn hwyr   late

Mae'r bws yn dod – rheda a dalia fe!	The bus is coming – run and catch it!
Mae Mari'n hwyr. Ffonia hi nawr!	Mari's late. Phone her now!
Ble mae Dafydd? Tecstia fe!	Where's Dafydd? Text him!
Ble mae'r brechdanau? – Meddylia!	Where are the sandwiches? – Think!

Tell someone to:

> *Wake up, it's late!*
> *Get up now!*
> *Boil the eggs!*
> *Text Mari at once!*
> *Make the sandwiches!*
> *Phone Dafydd please!*

*Add '****wch****' at the end when talking to someone you don't know too well, or to more than one person (see Part 42).*

When adding 'wch', we often drop the last letter or two, e.g.:

codi	**codwch!**

Yn y bore   *in the morning*

Codi	**Codwch!**	Get up!
Paratoi	**Paratowch!**	Prepare!
Gwneud	**Gwnewch!**	Do!
Rhoi	**Rhowch!**	Give!

Test yourself:

Codwch, mae hi'n hwyr!	Get up, it's late!
Paratowch y brecwast!	Prepare the breakfast!
Gwnewch y te!	Make the tea!
Rhowch wyau yn y sosban!	Put eggs in the saucepan!
Golchwch y llestri!	Wash the dishes!
Gwnewch y bwyd!	Make the food!
Rhedwch i ddal y bws!	Run to catch the bus!

You're trying to get your child to school.

> *Tell her to get up, it's late. Tell her to make the toast and boil the eggs. Tell her to come quickly.*

MAE'R BWYD YN BOETH!
The food is hot!

Just a reminder: when talking to a person who is not a personal friend, use 'wch' to make a command. Use 'wch' also when giving a command to more than one person.

Cyn mynd allan — *Before going out*

Ffonio – ffoniwch!
Ffoniwch y tŷ bwyta! — Phone the restaurant!
Cadw – cadwch!
Cadwch le i bedwar! — Keep a place for four!
Gwisgo – gwisgwch!
Gwisgwch yn daclus! — Dress (wear) tidily!
Dod – dewch!
Dewch â'ch waled! — Bring your wallet!

Mynd – ewch!
Ewch yn gyflym! — Go quickly!
Gyrru – gyrrwch!
Gyrrwch yn ofalus! — Drive carefully!
Aros – arhoswch!
Arhoswch i fi ! — Wait for me!
Cofio – cofiwch!
Cofiwch eich waled! — Remember your wallet!
Rhedeg – rhedwch!
Rhedwch i ddal y bws! — Run to catch the bus!
Talu – talwch!
Talwch heno! — Pay tonight!

Make up sentences:

Gwisgwch Gyrrwch Ewch	yn gyflym,	dy'n ni'n	hwyr aros

Tell a group of people to:

Dress tidily!
Come quickly!
Go at once!
Wait a minute!
Remember your wallet!

SGWRS 40

Bwyd ar ôl gwaith — *Food after work*

pawb — everyone   **ni i gyd** — all of us
mobeil — mobile (phone)

Mair:	**Dw i wedi blino yn y gwaith.**	I'm tired at work.
Mr Pugh:	**A fi. Beth am fynd allan heno?**	And me. What about going out tonight?
Mair:	**Ffoniwch y tŷ bwyta i gadw lle.**	Phone the restaurant to keep a place.
Mr Pugh:	**Ydy pawb yn dod?**	Is everyone coming?
Mair:	**Dy'n ni i gyd yn dod. Cadwch le i bedwar!**	We're all coming. Keep a place for four!
Mr Pugh:	**Arhoswch funud. Ble mae'r mobeil?**	Wait a minute. Where's the mobile?
Mair:	**Ar y ddesg. Ffoniwch nawr.**	On the desk. Phone now.
Mr Pugh:	**Cofiwch eich pwrs!**	Remember your purse!
Mair:	**Does dim pwrs gyda fi heddiw – talwch chi heno!**	I haven't got a purse today – you pay tonight!

You may have noticed that there is soft mutation after a command, e.g. Lle – place > le: Cadwch le! Keep a place!

Yn y tŷ bwyta	*In the restaurant*
Bwydlen	menu
Bod – Byddwch ...!	Be ...!
Byddwch yn ofalus!	Be careful!
Byddwch yn gyflym!	Be quick!
Yfed – Yfwch!	Drink!
Yfwch y gwin!	Drink the wine!
Eistedd – Eisteddwch!	Sit!
Eisteddwch wrth y bwrdd!	Sit by the table!
Edrych – Edrychwch!	Look!
Edrychwch ar y fwydlen!	Look at the menu!
Rhoi – Rhowch!	Give!
Rhowch eich cotiau!	Give your coats!
Dod â – Dewch â ...!	Bring!
Dewch â'ch gŵr	Bring your husband
Gadael – Gadewch!	Leave!
Gadewch y bwyd!	Leave the food!
Talu – Talwch	Pay!
Talwch y bil!	Pay the bill!
Cau – Caewch!	Close!
Caewch y drws!	Close the door!

You're going to the restaurant. Tell your party to:

Give the coats to the waiter! (**gweinydd**): ....
Sit by the table, please!
Look at the menu!

Be quick! The food is here. (**yma**)

Now tell the waiter:
May I have (**Ga i'r**) *the menu, please?*
Bring the wine, please!
Bring the bill, please!

poeth	hot
blasus	tasty

Test yourself:

Dewch yn gyflym, mae'r bwyd yn barod!	Come quickly, the food is ready!
Dewch â'r platiau, os gwelwch yn dda!	Bring the plates, please!
Dewch â'r pupur a'r halen!	Bring the pepper and salt!
Dewch mlan, dy'n ni'n hwyr!	Come on, we're late!
Byddwch yn ofalus, mae'r bwyd yn boeth!	Be careful, the food is hot!
Dyw'r bwyd ddim yn flasus, gadewch e!	The food isn't tasty, leave it!

Arhoswch yma Wait here (please)

There's often no need to say 'please' in Welsh

Please pay here
Talwch yma

SGWRS 41

Mynd adre	*Going home*
Cerdded – Cerddwch!	Walk!
Cerddwch adre!	Walk home!

'te then

Mair:	**Dych chi wedi mwynhau?**	Have you enjoyed?
Mr Pugh:	**Ydw, diolch. Ond dw i wedi yfed gormod.**	Yes, thanks. But I've drunk too much.
Mair:	**Cerddwch adre, 'te!**	Walk home, then!
Mr Pugh:	**Na, gyrrwch chi!**	No, you drive!
Mair:	**Iawn. Ga i'r allweddi?**	OK. Can I have the keys?
Mr Pugh:	**Dyma nhw. Caewch y drws!**	Here they are. Close the door!
Mair:	**Mae'r car yn mynd yn gyflym!**	The car's going quickly!
Mr Pugh:	**Hei! Gyrrwch yn ofalus! Cadwch i'r chwith!**	Hey! Drive carefully! Keep to the left!

Gadael

'gadael' is very often followed by 'i' and the meaning changes to 'let' or 'allow':

Gadael i...	– Gadewch i ...!	Let ...!
Gadewch i ni fynd.		Let us go.
Gad i Siân ddod.		Let Siân come.

Test yourself:

Gadewch i ni fynd i gael bwyd.	Let us go to have food.
Gad i ni weld y fwydlen.	Let's see the menu.
Gadewch i fi dalu heno.	Let me pay tonight.
Gad i fi ddod gyda ti.	Let me come with you.
Gad i ni orffen y gwin.	Let's finish the wine.
Gadewch i ni fynd, mae'n hwyr!	Let's go, it's late!

Make up sentences by using one phrase from each column:

Gadewch	i ni	fynd i gael bwyd
Gad	i fi	ddod gyda chi
		fynd allan heno
		weld y fwydlen

Tell your children to go shopping:

Walk to the shop! ....

Be careful! ....

Remember your wallet! ....

Be quick! ....

Bring the pepper and salt! ....

Pay the bill! ....

Walk home! ....

Tell your wife / husband / partner / friend to buy things:

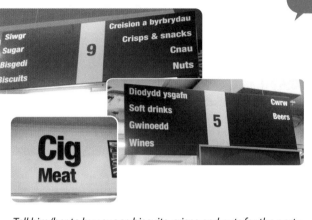

Tell him/her to buy sugar, biscuits, crisps and nuts for the party.

....

You need drinks for the party.

*Tell him/her to get enough soft drinks for the children, and wine and beer for the adults (**oedolion**).*

....

*Tell him/her to buy meat for Sunday lunch (**cinio dydd Sul**).*

....

Paid / Peidiwch   *Don't*

To tell someone not to do something, we can just put these in front of the verb:

Twyllo	to cheat
Paid	Don't *(used with someone you know well)*
Paid chwarae	Don't play
Paid mynd nawr	Don't go now
Paid twyllo	Don't cheat
Peidiwch	Don't *(used with someone you don't know well)*
Peidiwch twyllo	Don't cheat
Peidiwch chwarae	Don't play
Peidiwch edrych	Don't look

Make up commands, telling people not to do something:

crio	to cry
pwdu	to sulk
ennill	to win
colli	to lose

Make up commands by using a phrase from each column.

Paid	edrych, twyllo,	rwyt ti'n ti'n	ennill! gwneud yn dda!
Peidiwch	crio, pwdu,	chi'n ych chi'n	

In formal Welsh, you will see **paid** *and* **peidiwch** *followed by* **â**:

Codi	to get up, to raise, to pick up, lift
Poeni	to worry
Paid â dweud!	(You) Don't say!
Paid â chwarae.	Don't play.
Peidiwch â chodi'r cardiau.	Don't pick up the cards.
Paid â phoeni nawr.	Don't worry now.

*You will have noticed that '***â***' is followed by a letter change:*

$$c > ch$$
$$p > ph$$
$$t > th$$

PAID TWYLLO!
Don't cheat!

Crio	to cry
Paid â chrio.	Don't cry.
Pwdu	to sulk
Paid â phwdu.	Don't sulk.
Twyllo	to cheat
Paid â thwyllo.	Don't cheat.

*'***â***' changes to '***ag***' before a vowel:*

Paid ag edrych!	Don't look!
digio	to get angry, to be offended
peidiwch â digio	don't be offended

Peidiwch â dringo
ar y creigiau

Do not climb
on rocks

SGWRS 42

Chwarae Monopoly	*Playing Monopoly*
os	if
brysio	to hurry
tro fi	my turn
tro ti	your turn

Dafydd:	**Ti'n dod i chwarae, Gwen?**	Are you coming to play, Gwen?
Gwen:	**Chwarae beth, Dafydd?**	Play what, Dafydd?
Dafydd:	**Monopoly, ond paid twyllo!**	Monopoly, but don't cheat!
Gwen:	**Iawn. Paid pwdu os ti'n colli!**	OK. Don't pout if you lose!
Dafydd.	**Dechreua di.**	You start.
Gwen:	**Diolch. Tro ti nesa.**	Thanks. Your turn next.
Dafydd:	**Paid ag aros! Brysia!**	Don't wait! Hurry up!
Gwen:	**Paid prynu Mayfair! Dw i eisiau fe.**	Don't buy Mayfair! I want it.
	Tro fi nawr.	My turn now.
Dafydd:	**O daro. Dw i wedi cael cerdyn cas:**	Oh dear. I've had a nasty card:
	Ewch i'r carchar, peidiwch mynd heibio i 'Go'.	Go to jail, don't go past 'Go'.
Gwen:	**Paid â chrio! Dw i wedi ennill!**	Don't cry! I've won!
Dafydd:	**Dw i ddim yn hoffi chwarae Monopoly!**	I don't like playing Monopoly!

You're playing a game. Tell your fellow player not to do things.

Tell him/her...

> *to start* ....

> *not to cheat* ....

> *not to buy Park Lane* ....

> *not to pout* ....

> *not to cry* ....

BE SY AR Y TELEDU?
What's on television?

Pwy sy? Who is?

Beth sy? What is!

*So far, we've used '**mae**' for 'is'.*

*When we put something in front of '**sy**', whatever we put there is emphasized:*

- *to emphasize who is doing something*
- *to emphasize that something is in a particular place*
- *to emphasize a number*
- *for phrases such as 'It is John who's here' (rather than anyone else)*
- *to ask questions, such as* Who is? What is? How many are?

ASKING WHAT'S ON

Pwy sy...?	Who is...?
Beth sy...?	What is...?
Beth sy ar y teledu?	What's on television?
Beth sy ar y radio nawr?	What's on the radio now?
Pwy sy'n canu heno?	Who's singing tonight?
Pwy sy'n actio?	Who's acting?
Pwy sy'n chwarae?	Who's playing?

mlaen	on *(e.g. on TV)*
Pwy sy yma?	Who is here?
Beth sy mlaen heno?	What's on tonight?

Ask questions, using one phrase from each column:

Pwy	sy	ar y teledu	heno?
Beth		ar y radio	am saith o'r gloch?
			mlaen nos yfory?

rhaglen programme

Ask questions, using one phrase from each column:

Pwy sy'n	canu	yn y ffilm	heno?
	actio	yn y ddrama	am wyth?
		yn y rhaglen	am ddeg o'r gloch?

To answer the questions, we just say who or what is doing something, or is where:

Note the difference in emphasis:

Test yourself:

Mae Ann yn canu.	Ann is singing.
Ann sy'n canu.	It's Ann who's singing.
Mae ffilm ar y teledu.	There's a film on television.
Ffilm sy ar y teledu.	It's a film that's on television.
Tom sy'n actio yn y ffilm.	It's Tom who's acting in the film.
Mae Tom yn canu ar y rhaglen.	Tom's singing on the programme.

Types of film:

rhamant	romance	**ffilm ramant**
antur	adventure	**ffilm antur**
cyffrous	exciting	**ffilm gyffrous**
ditectif	detective	**ffilm dditectif**
hanesyddol	historical	**ffilm hanesyddol**

Test yourself:

Mae ffilm ramant ar y teledu am chwech.	There's a romance film on TV at six.
Ffilm antur sy am naw o'r gloch ar BBC.	It's an adventure film that's on at nine o'clock on BBC.
Ffilm dditectif sy am ddeg ar Sky.	It's a detective film that's at ten on Sky.
A ffilm hanesyddol sy am naw ar S4C.	And it's a historical film that's at nine on S4C.

Answer

Beth sy ar y teledu?
You can use these words to answer:

newyddion	news
drama	drama
ffilm	film
rygbi	rugby
gêm rygbi	a rugby game
drama sebon	soap opera
y tywydd	the weather

Beth sy ar y teledu ....

... am chwech o'r gloch
... prynhawn 'ma?
... am ddeg o'r gloch?
... nawr?

Useful words to answer 'pwy?':

Fi	I, me
Fe	he, him
Fo	he, him *(north Wales)*

Pwy sy'n edrych ar y teledu? – Fi.
Who's watching television? – Me.
Pwy sy ar y radio nawr? – Fe.
Who's on the radio now? – Him.

Fo a Fe was a popular TV comedy series, starring Ryan Davies and Guto Roberts, in the 1970s, emphasizing the difference between two characters: 'him' (from south Wales) and 'him ' (from north Wales).

Emphasize what's on by using one phrase from each column:

John	sy ar y	radio	heno.
Y newyddion		teledu	am wyth o'r gloch.
Ffilm			am hanner awr wedi saith.
Drama			
Pobol y Cwm			

SGWRS 43

Pwy sy'n dewis y rhaglen   *Who chooses the programme*

beth arall	what else
dim ond	only
gwych	great
byth	never *(in a negative sentence, otherwise 'ever')*

Mair:	**Helô, Huw, wyt ti wedi gweithio'n galed heddi?**	Hello, Huw, have you worked hard today?
Huw:	**Helô, Mair, ydw, yn galed iawn.**	Hello, Mair, yes, very hard.
Mair:	**Beth wyt ti eisiau gwneud heno?**	What do you want to do tonight?
Huw:	**Dw i wedi blino'n lân. Beth sy ar y teledu?**	I'm completely tired. What's on television?
Mair:	**Mae newyddion am saith o'r gloch.**	There's news at seven o'clock.
Huw:	**Dw i ddim eisiau gweld y newyddion.**	I don't want to see the news.
Mair:	**Beth wyt ti eisiau gweld?**	What do you want to see?
Huw:	**Dw i eisiau gweld ffilm.**	I want to see a film.
Mair:	**Mae ffilm am naw o'r gloch.**	There's a film at nine o'clock.
Huw:	**Pwy sy'n actio yn y ffilm?**	Who acts in the film?
Mair:	**Helen Mirren a Cloe Denver.**	Helen Mirren and Cloe Denver.
Huw:	**W, dw i'n hoffi Helen a Cloe. Pryd mae hi'n dechrau?**	Oh, I like Helen and Cloe. When does it start?
Mair:	**Am naw. Ond beth arall sy am naw?**	At nine. But what else is at nine?
Huw:	**Carnation Street sy am hanner awr wedi wyth.**	It's Carnation Street that's at half past eight.
Mair:	**Dw eisiau gweld Carnation Street!**	I want to see Carnation Street!
Huw:	**Ond dw i ddim yn hoffi opera sebon!**	But I don't like soap opera!
Mair:	**Ond maen nhw'n dda! Ac mae'r stori'n wych.**	But they're good! And the story's great.
Huw:	**Dere i'r dafarn gyda fi!**	Come to the pub with me!
Mair:	**Dy'n ni byth yn gallu cytuno!**	We can never agree!

A useful question:

Beth sy'n bod?   What's the matter?

A useful answer:

Dim byd   nothing

ASKING WHO OR WHAT'S NOT ON

*For negative questions, put '**ddim**' after '**sy**'.*

Pwy sy ddim yn y ffilm?   Who's not in the film?

Beth sy ddim ar y teledu?   What's not on TV?

Ask questions, using one phrase from each column:

Pwy	sy ddim	ar y	teledu	heno?
Beth			radio	nawr?
			CD	rŵan?

*To answer, just put the answer instead of '**pwy**':*

- **Y newyddion**
- **Pobol y Cwm**
- **Ffilm**
- **Shân Cothi**

And if you say who's on television, as a question, you can answer with

Ie   yes

Nage   no

Annika sy ar y teledu?   –   **Ie**

Derek sy ar y radio?   –   **Nage**

ASKING WHO HAS DONE OR NOT DONE SOMETHING

*Use '**wedi**' instead of '**yn**':*

Pwy sy wedi gweld y ffilm?   Who has seen the film?

Pwy sy wedi clywed y newyddion?   Who has heard the news?

Pwy sy ddim wedi ennill y gêm?   Who hasn't won the game?

Make up questions:

Pwy sy	wedi	clywed	y newyddion?
	ddim wedi	gweld	y ddrama?
			y neges?

Answer to say what's on television:

Beth sy ar y teledu am chwech o'r gloch?

Beth sy ar y teledu am saith?

Beth sy ar y teledu am wyth o'r gloch?

Beth sy am naw o'r gloch?

16:00	Awr Fawr
17:00	Stwnsh
18:00	Newyddion S4C
18:05	Cwpwrdd Dillad
18:30	Celwydd Noeth
19:00	Heno
20:00	Pobol y Cwm
20:25	Codi Hwyl
21:00	Newyddion 9
21:30	Jonathan
22:30	Parch

e.g.

Mae Stwnsh am bump o'r gloch.

or

Stwnsh sy am bump o'r gloch.

Say what's on television at what times.

Just as with '**pwy**' and '**beth**', '**faint**' can be used in front of '**sy**' to emphasize:

Faint?	How many? How much?
Faint sy...?	How many are...?
Faint sy yma?	How many are here?
Faint sy'n tyfu?	How many are growing?

When we put a noun after '**faint**' we use '**faint o**':

llysiau	vegetables
malwen/malwod	snail/-s
tyfu	to grow

Test yourself:

Faint o flodau sy yma?	How many flowers are here?
Faint o lysiau sy yma?	How many vegetables are here?
Faint o falwod sy yn yr ardd?	How many snails are in the garden?
Faint o afalau sy ar y goeden?	How many apples are on the tree?
Faint o bobl sy'n gweithio yn yr ardd?	How many people are working in the garden?
Faint o flodau sy'n tyfu mewn potiau?	How many flowers are growing in pots?

To ask how many have done something, use '**wedi**' instead of '**yn**':

dod i'r golwg	come to sight

Test yourself:

Faint o flodau sy wedi tyfu'n iawn?	How many flowers have grown properly?
Faint sy wedi gweithio yn yr ardd?	How many have worked in the garden?
Faint o bobl sy wedi gweld yr ardd?	How many people have seen the garden?
Faint o lysiau sy wedi dod golwg?	How many vegetables have **i'r** come to sight?

To ask negative questions, put '**ddim**' after '**sy**':

Faint o bobl sy ddim yn garddio?	How many people are not gardening?
Faint o bobl sy ddim wedi gweld yr ardd?	How many people have not seen the garden?

FAINT O LYSIAU SY YMA?
How many vegetables are here?

Ask questions on the garden by choosing a phrase from each column:

Faint o +

bresych	cabbages	Faint o fresych?
afalau	apples	Faint o afalau?
wynwns	onions	Faint o wynwns? *(south Wales)*
nionod	onions	Faint o nionod? *(north Wales)*
tomatos	tomatoes	Faint o domatos?
tatws	potatoes	Faint o datws?
tŷ gwydr	greenhouse	

Faint o	afalau	sy'n tyfu	yn yr ardd?
	wynwns	sy	mewn potiau?
	domatos		yn y tŷ gwydr?
	fresych		
	datws		

There's no need to emphasize in the answer, just make up a usual sentence:

tipyn bach o	a few, a little

Test yourself:

Mae llawer o wynwns yn tyfu.	There are many onions growing.
Mae digon o domatos yn y tŷ gwydr.	There are enough tomatoes in the greenhouse.
Mae tipyn bach o letys yma.	There's a few lettuces here.
Does dim digon o datws gyda ni.	We haven't got enough potatoes.

Misoedd	*Months*
Ionawr	January
Chwefror	February
Mawrth	March
Ebrill	April
Mai	May
Mehefin	June
Gorffennaf	July
Awst	August
Medi	September
Hydref	October
Tachwedd	November
Rhagfyr	December

When we use the names of months we almost always put 'mis' (month) in front of the name, e.g.

mis Ionawr	*January*
mis Mawrth	*March*
mis Hydref	*October*

So when we say something happens in a particular month we say 'in the month of January', e.g.

ym mis Ionawr	*In January (literally: In the month of January)*
ym mis Chwefror	*In February*
ym mis Mawrth	*In March*
etc.	

Beth dych chi'n gwneud yn yr ardd ym mis Ionawr?
What do you do in the garden in January?

Make up questions by using a phrase from each column:

Beth	dych chi'n mae e'n maen nhw'n	gwneud	yn yr ardd yn y tŷ gwydr	ym mis	Ionawr? Mai? Awst?

hau	to sow
plannu	to plant
palu	to dig
clirio	to clear

torri	to cut
coed	trees
hadau	seeds
lawnt	lawn
llwyni	bushes
ffa dringo	runner beans
pys	peas
bresych	cabbages

Now make up answers. You can start with the month, if you wish. Test yourself:

Ym mis Ionawr dw i'n clirio'r ardd.	In January I clear the garden.
Ym mis Chwefror dw i'n plannu hadau tomatos.	In March I plant tomato seeds.
Ym mis Mai dw i'n plannu ffa dringo.	In May I plant runner beans.
Ym mis Ebrill dw i'n dechrau torri'r lawnt.	In April I start to cut the lawn.

Tymhorau	*Seasons*

We almost always use 'y' or 'yr' (the) with the names of seasons:

y gwanwyn	spring	**yn y gwanwyn**	in spring
yr haf	summer	**yn yr haf**	in summer
yr hydref	autumn	**yn yr hydref**	in autumn
y gaeaf	winter	**yn y gaeaf**	in winter

Say what you like doing in the garden during these seasons, e.g. Test yourself:

Yn y gwanwyn dw i'n hoffi palu'r ardd.	In spring I like to dig the garden.
Yn yr haf dy'n ni'n bwyta barbeciw yn yr ardd.	In summer we eat a barbecue in the garden.
Yn yr hydref dy'n ni'n bwyta'r afalau.	In autumn we eat the apples.
Yn y gaeaf dw i'n hoffi clirio'r ardd.	In winter I like clearing the garden.

Yn y gwanwyn Yn yr haf	dw i'n hoffi dw i'n dy'n ni'n hoffi dy'n ni'n	gweithio cael barbeciw cael bwyd	yn yr ardd

Say what you do, or your partner does, in the garden and when (or imagine this!):

Ym mis Mawrth Ym mis Mai Ym mis Mehefin Ym mis Hydref	dw i'n mae e'n mae hi'n	plannu hau casglu	ffa dringo blodau tomatos	yn yr ardd yn y tŷ gwydr

---

SGWRS 44

Y tŷ gwydr   *The greenhouse*

offer	equipment
bron yn	almost

Mair:	**Rwyt ti wedi gweithio'n galed yn yr ardd, Huw.**	You've worked hard in the garden, Huw.
Huw:	**Ydw, dw i wedi bod yn y tŷ gwydr.**	Yes, I've been in the greenhouse.
Mair:	**Oes rhywbeth wedi tyfu, Huw?**	Has anything grown, Huw?
Huw:	**Oes, mae llawer o bethau fanna.**	Yes, there are many things there.
Mair:	**Faint o domatos sy fanna?**	How many tomatoes are there?
Huw:	**Wel, does dim llawer...**	Well, there aren't many...
Mair:	**Faint o letys sy fanna?**	How many lettuces are there?
Huw:	**Wel, does dim digon eto.**	Well, there aren't enough yet.
Mair:	**Faint mae'r tŷ gwydr wedi costio, Huw?**	How much has the greenhouse cost, Huw?
Huw:	**Tua tri chan punt.**	Around three hundred pounds.
Mair:	**A beth yw cost yr offer?**	And what's the cost of the equipment?
Huw:	**Tua dau gan punt. Mae pwys o domatos bron yn barod!**	Around two hundred pounds. A pound of tomatoes is almost ready!
Mair:	**Pum can punt am bwys o domatos!** **Dw i'n mynd i brynu tomatos yn y siop!**	Five hundred pounds for a pound of tomatoes! I'm going to buy tomatoes in the shop!

celfi	furniture *(in south wales)*
dodrefn	furniture *(in north Wales)*

DESCRIBING WORDS (adjectives):

In Welsh, the describing word comes after the noun:

mawr	big
bach	small
tal	tall
byr	short
newydd	new
caled	hard
hawdd	easy
cyflym	fast, quick
araf	slow
glân	clean
brwnt	dirty
pert	pretty
prydferth	beautiful
salw	ugly
ifanc	young
cryf	strong
hapus	happy
trist	sad
uchel	high
isel	low
cysurus	comfortable

Test yourself:

tŷ mawr	a big house
tŷ bach	small house / toilet
cwpwrdd bach	a small cupboard
gwely newydd	a new bed
gwaith caled	hard work
bwrdd cryf	a strong table

Useful phrase:

drws nesa
next door
Maen nhw'n byw drws nesa.
They live next door.

After feminine nouns, the first letter of an adjective changes:

c > g	p > b	t > d
g > /	b > f	d > dd
ll > l	m > f	rh > r

(Soft mutation, see more on this after Part 90.)

cysurus	cadair gysurus	a comfortable chair
mawr	desg fawr	a big desk
glân	ffenest lân	a clean window
bach	gardd fach	a small garden

If you forget to change the first letter of the describing word, don't worry, it doesn't change the meaning.

Test yourself:

Dw i eisiau cael cwpwrdd newydd.	I want to have a new cupboard.
Mae'r gwely'n hen – dw i eisiau un newydd.	The bed's old – I want a new one.
Ble dy'n ni'n gallu prynu cadair gysurus?	Where can we buy a comfortable chair?
Dw i'n moyn bwrdd bach i'r conserfatri.	I want a small table for the conservatory.

Make up sentences by using a phrase from each column:

Dw i	eisiau	gwely	newydd
Dy'n ni	'n moyn	bwrdd	bach
		cwpwrdd	mawr

Make up sentences by using a phrase from each column:

Dw i	yn chwilio	am gadair	gysurus
Dy'n ni		ddesg	fach
			fawr

WYT TI WEDI CYSGU'N DDA?
Have you slept well?

hen	old

'hen' is put in front of the noun. The first letter of the word after 'hen' can change – see at the end of the book.

hen gwpwrdd	an old cupboard
hen wely	an old bed

prif *('main', or 'chief') is also put in front of the noun:*

prif ystafell	main room
prif ystafell wely	main bedroom

How to make adverbs *(in English, often adjectives ending in 'ly').*

To make any adverb in Welsh, simply put **'yn'** *before the adjective:*

cyflym	> yn gyflym	quickly
araf	> yn araf	slowly
da	> yn dda	well
gwael	> yn wael	badly
hapus	> yn hapus	happily
trist	> yn drist	sadly
iawn	> yn iawn	properly
teimlo		to feel

DESCRIBING WORDS (ADJECTIVES)

Test yourself:

Dw i'n gallu cysgu'n gyflym yn y gwely yma.	I can sleep quickly in this bed.
Wyt ti'n teimlo'n dda bore 'ma?	Are you feeling well this morning?
Wyt ti wedi cysgu'n dda?	Have you slept well?
Mae'r gwely'n galed, dw i wedi cysgu'n wael.	The bed is hard, I've slept badly.

Make up sentences:

Dw i	wedi cysgu'n	dda	yn y nos
Mae hi		wael	neithiwr
Dy'n ni		iawn	

*We can use "**ma**', which is short for '**yma**'. It means 'this', and we put it after the word:*

bore 'ma	this morning
prynhawn 'ma	this afternoon
y bag yma	this bag
y dyn yma	this man

*For 'that', we use '**yna**', used in the same way:*

y dyn yna	that man
y fenyw yna	that woman

There are many adjectives in Wales' most popular hymn, 'Calon Lân' by Gwyrosydd, from Swansea:

SGWRS 45

Prynu gwely newydd   *Buying a new bed*

hyfryd	lovely, pleasant	**cadair freichiau**	armchair
o gwbl	at all	**yn iawn**	properly
lolfa	lounge		

Huw: Bore da! Wyt ti wedi cysgu'n dda? — Good morning. Have you slept well?
Mair: Dw i ddim wedi cysgu o gwbl! — I haven't slept at all!
Huw: Beth sy'n bod, Mair? — What's the matter, Mair?
Mair: Hen wely yw hwn, ac mae'n galed. — This is an old bed, and it's hard.
Huw: Ond dw i'n gallu cysgu'n iawn. — But I can sleep properly.
Mair: Ac mae'r gwely'n fach iawn. Dw i eisiau gwely mawr, cysurus. — And the bed is very small. I want a big, comfortable bed.

Yn y siop — **In the shop**

Mair: Edrycha, Huw, mae popeth yma. — Look, Huw, everything is here.
Huw: Byrddau mawr, cadeiriau cysurus, ond dw i ddim yn gallu gweld gwelyau. — Large tables, comfortable chairs, but I can't see beds.
Mair: Wel, dw i eisiau gwely newydd, wrth gwrs, ond dw i'n hoffi'r bwrdd hyfryd yna. — Well, I want a new bed, of course, but I like that lovely table.
Huw: Ond mae bwrdd gyda ni. — But we have a table.
Mair: Dw i wedi cael syniad – cwpwrdd mawr i'r gegin, bwrdd newydd i'r lolfa, cadair freichiau gysurus newydd… — I've had an idea – a large cupboard for the kitchen, a new table for the lounge, a new, comfortable armchair …
Huw: A! Dw i'n gallu gweld y gwelyau. — Ah! I can see the beds.
Mair: … a gwely mawr newydd, wrth gwrs! — … and a big new bed, of course!

Sing this popular hymn:

Calon lân — A clean heart

Nid wy'n gofyn bywyd moethus, — I don't ask for a luxurious life,
Aur y byd na'i berlau mân, — The gold of the world or its small pearls,
Gofyn wyf am galon hapus, — I ask for a happy heart,
Calon onest, calon lân. — An honest heart, a clean heart.

Calon lân yn llawn daioni, — A clean heart (is) full of goodness,
Tecach yw na'r lili dlos, — It's fairer than the pretty lily,
Dim ond calon lân all ganu, — Only a clean heart can sing,
Canu'r dydd a chanu'r nos. — Sing (all) day and sing (all) night.

Lliwiau   Colours

brown	brown
coch	red
du	black
glas	blue
gwyn	white
gwyrdd	green
llwyd	grey
melyn	yellow
oren	orange
pinc	pink
porffor	purple

Colours (and adjectives) are put after the noun.

trowsus	trousers	**trowsus coch**	red trousers
crys	shirt	**crys pinc**	a pink shirt
esgidiau	shoes	**esgidiau gwyn**	white shoes

Make up sentences by choosing a phrase from each column:

Mae hi'n	gwisgo	trowsus	brown	bore 'ma
Mae e'n		esgidiau	melyn	heddiw
Dyw e ddim yn		crys	llwyd	heno

Many clothes are feminine. When the noun is feminine, the first letter of the colour can change (soft mutation):

ffrog	frock	**ffrog las**	a blue frock
het	hat	**het borffor**	a purple hat
esgid	shoe	**esgid goch**	a red shoe
sgarff	scarf	**sgarff lwyd**	a grey scarf
siwmper	jumper	**siwmper ddu**	a black jumper
cot	coat	**cot frown**	a brown coat

yna	that

Test yourself:

Mae'r fenyw yna'n gwisgo ffrog las.	That woman is wearing a blue frock.
Mae'r dyn yna'n gwisgo siwmper goch.	That man is wearing a red jumper.
Ydy hi'n gwisgo sgert ddu?	Is she wearing a black skirt?
Dyw e ddim yn gwisgo het lwyd.	He's not wearing a grey hat.

The letter 'y' can change to 'e' in the feminine forms of colours, so you could see and hear these:

gwyn	>	**wen**	white
gwyrdd	>	**werdd**	green
melyn	>	**felen**	yellow

blows	blouse	**blows wen**	a white blouse
hosan	sock	**hosan werdd**	a green sock
sgert	skirt	**sgert felen**	a yellow skirt

Make up sentences by using a phrase from each column:

Mae hi'n	gwisgo	sgert	felen	heddiw
Dyw hi ddim yn		ffrog	werdd	pnawn 'ma
Roedd hi'n		blows	wen	heno

Say what these people are wearing, e.g. Mae hi'n gwisgo blows werdd.

SGWRS 46

Ar lan y môr   *At the seaside*

yna	that	**â**	with
fanna	over there		

Huw:	**Dw i'n mwynhau bod ar lan y môr.**	I enjoy being at the seaside.
Mair:	**A fi. Dw i'n hoffi edrych ar y bobl.**	And me. I like looking at the people.
Huw:	**W! Edrych ar bicini gwyn pert y ferch yna!**	Oo! Look at that girl's pretty white bikini!
Mair:	**Paid edrych ar y merched!**	Don't look at the girls!
Huw:	**Mae'r fenyw yna'n gwisgo sgert las bert.**	That woman's wearing a pretty blue skirt.
Mair:	**Huw, paid edrych ar y menywod!**	Huw, don't look at the women!
Huw:	**Wel, dw i'n hoffi gwylio pobl.**	Well, I like watching people.
Mair:	**Edrycha ar y dynion, 'te!**	Look at the men, then!
Huw:	**Mae'r dyn yna'n gwisgo siorts coch byr.**	That man's wearing short red shorts.
Mair:	**O, ydy, mae siorts coch byr yn siwtio'r dyn.**	Oh, yes, short red shorts suit the man.
Huw:	**Ac mae'r dyn yna'n gwisgo Speedos bach glas.**	And that man's wearing small blue Speedos.
Mair:	**O, ydy, Speedos bach glas pert.**	O, yes, small pretty blue Speedos.
Huw:	**Wyt ti'n gallu gweld y dyn yn nofio?**	Can you see the man swimming?
Mair:	**Ble, Huw? Dw i ddim yn gallu. gweld neb**	Where, Huw? I can't see anyone.
Huw:	**Fanna, wrth y fenyw â'r bicini bach!**	Over there, by the woman with the small bikini!

Say which colours you like to wear: make up an outfit:

> *Esgidiau – sgert / ffrog – blows – siwmper – cardigan – sgarff*
> *Esgidiau – trowsus – crys – siwmper – siaced*

Dw i'n hoffi gwisgo ...

A popular nonsense song

Oes gafr eto?	*Is there another goat? (is there a goat again)*
Oes, heb ei godro,	*Yes, not having been milked,*
Ar y creigiau geirwon	*On the craggy rocks*
Mae'r hen afr yn crwydro.	*The old goat is wandering.*
Gafr wen, wen, wen,	*A white, white, white goat,*
Ie, finwen, finwen, finwen,	*Yes, a white lip, white lip, white lip,*
Foel, gynffonwen, foel, gynffonwen,	*Bald, a white tail, bald, a white tail,*
Ystlys wen a chynffon wen, wen, wen.	*A white flank and a white, white, white tail.*

The first verse is repeated and is then followed by other colours:

Gafr goch, goch, goch,
Ie, fingoch, *etc.*

Gafr ddu, ddu, ddu,
Ie, finddu, *etc.*

Gafr las, las las,
Ie, finlas, *etc.*

BLE MAE'R POEN?
Where's the pain?

Letter changes after 'yn'

We can use describing words after 'yn'.
In English we often add 'ly' to the describing word, as you saw in Part 46.

You will notice that some letters change:

c > g
cyflym   **yn gyflym**   quick, quickly

p > b
poenus   **yn boenus**   painful, painfully

t > d
tost   **yn dost**   ill

g > /
gwan   **yn wan**   weak, weakly

b > f
brwnt   **yn frwnt**   dirty, dirtily

d > dd
da   **yn dda**   good, well

m > f
mawr   **yn fawr**   big

Other letters don't change:

araf   **yn araf**   *slow, slowly*
unig   **yn unig**   *only, lonely*

doctor   doctor
meddyg   doctor
nyrs   nurse

Test yourself:
teimlo   to feel

Mae'r ambiwlans yn mynd yn gyflym.	The ambulance is going quickly.
Mae'r doctor wedi dod yn gyflym.	The doctor has come quickly.
Dych chi'n teimlo'n iawn?	Are you feeling alright?
Dw i'n teimlo'n wan, yn anffodus.	I'm feeling weak, unfortunately.
Dyw e ddim yn edrych yn dda.	He doesn't look well.

Make up sentences:

gofalus   careful

Mae'r Roedd y	doctor nyrs	yn gweithio'n	dda gyflym araf ofalus

Ask questions about feeling:
Test yourself:

Sut dych chi'n teimlo?	How do you feel?
Sut maen nhw'n teimlo?	How do they feel?
Oes rhywbeth yn brifo?	Is there anything hurting?
Oes poen 'da chi?	Have you got a pain?
Ble mae'r poen?	Where's the pain?

Answers:
Just say a word or two:

yn dda   well
yn iawn   alright
yn dda iawn   very well
yn weddol   fair
yn sâl   ill
yn dost   ill *(south Wales)*

Or put the answer in a sentence:
Test yourself:

Maen nhw'n teimlo'n dda.	They're feeling well.
Dw i'n teimlo'n sâl.	I'm feeling ill.
Dy'n ni'n teimlo'n dda iawn.	We're feeling very well.
Mae hi'n weddol, diolch.	She's fair, thanks.

Make up answers by using words from each column:

Dw i'n	teimlo'n	sâl	iawn
Dy'n ni'n		dda	
Maen nhw'n		boenus	
		wan	

Answer these questions:

Sut dych chi'n teimlo?
Oes rhywbeth yn brifo?
Oes poen 'da chi?

gwych	marvellous, great

To say something is extremely good, bad etc., we can use:

arbennig o	especially
arbennig o dda	especially good
arbennig o wael	especially bad

ofnadwy o	awfully
ofnadwy o dda	terribly good

ofnadwy o wych	awfully marvellous

eithriadol o	exceptionally, extremely
eithriadol o gyflym	extremely quickly
eithriadol o dda	extremely good
eithriadol o sâl	extremely ill

In colloquial Welsh we can use:

uffernol o	awfully *(literally: hellishly)*
uffernol o dda	fantastically good *(literally: hellishly good)*
uffernol o wych	marvellously wonderful

We can put **uffernol** *after the describing word:*

hawdd uffernol	fantastically easy

Make up sentences:

Mae e'n	ofnadwy o	dda
Mae'r meddyg yn	arbennig o	gyflym.
Mae'r nyrs yn	uffernol o	araf.

SGWRS 47

Teimlo'n sâl   *Feeling ill*

caredig   kind   **gwael**   bad

Huw:	O, Mair, dw i'n teimlo'n wan.	Oh, Mair, I'm feeling weak.
Mair:	Beth sy'n bod, Huw?	What's the matter, Huw?
Huw:	Dw i ddim yn siŵr. Dw i ddim yn dda.	I'm not sure, I'm not well.
Mair:	Oes rhywbeth yn brifo?	Is something painful?
Huw:	Popeth. Ydy'r doctor yn gallu dod yn gyflym?	Everything. Can the doctor come quickly?
Mair:	Wyt ti'n teimlo'n boenus iawn?	Are you feeling very painful?
Huw:	Ydw, dw i'n sâl iawn.	Yes, I'm very ill.
Mair:	Dw i'n mynd â ti i'r ysbyty nawr.	I'm taking you to the hospital now.
Huw:	Rwyt ti'n garedig iawn, Mair.	You're very kind, Mair.

Yn yr ysbyty:

Mair:	Dy'n ni wedi bod yn aros am dair awr!	We've been waiting for three hours!
Huw:	Mae'r meddygon yn gweithio'n araf!	The doctors are working slowly!
Mair:	Sut wyt ti'n teimlo nawr?	How are you feeling now?
Huw:	Wel, dw i ddim yn wael iawn nawr.	Well, I'm not very bad now.
Mair:	Huw, beth wyt ti wedi bwyta neithiwr?	Huw, what have you eaten last night?
Huw:	Cyrri a sglodion, gyda thri pheint o gwrw.	Curry and chips, with three pints of beer.
Mair:	Dy'n ni'n mynd adre nawr!	We're going home now!

Another way of saying 'extremely' good:

dros ben   extremely
da dros ben   extremely good
gwan dros ben   extremely weak

Test yourself:

Mae'r ysbyty'n dda dros ben.	The hospital is extremely good.
Mae meddyg yn wych dros ben.	The doctor is extremely great.
Dw i'n teimlo'n wan dros ben.	I'm feeling extremely weak.
Maen nhw'n gweithio'n araf dros ben.	They're working extremely slowly.

Make up sentences:

Mae'r	ysbyty	yn dda	dros ben
Roedd yr	doctor	yn araf	
	nyrs		yn gyflym

Make up a conversation with a doctor:

Ask how are you?	Say you're feeling ill.
Ask have you got pain?	Say you have a headache.
Ask if you've been drinking. (**bod yn yfed**)	
Say no, you've been drinking coffee.	

Just to know:

*Adjectives ending in '**adwy**'*

*You can add '**adwy**' to a lot of verbs:*
*'**adwy**' corresponds to 'able' or 'ible' in English, so:*

gweld	>	**gweladwy**	visible
bwyta	>	**bwytadwy**	edible
cofio	>	**cofiadwy**	memorable
darllen	>	**darllenadwy**	readable

SGWRS 48

Dod allan o'r ysbyty   *Coming out of hospital*

coes	leg	**gorau**	best	**gwella**	to get better
caredig	kind	**pertach**	prettier	**mor bert â**	as pretty as
balch	glad, proud				

Siân:	**Rwyt ti wedi cael amser da yn yr ysbyty, Dai.**	You've had a good time in the hospital, Dai.
Dai:	**Dw i wedi cael trip yn yr ambiwlans.**	I've had a trip in the ambulance.
	Dw i wedi cael amser da iawn.	I've had a very good time.
Siân:	**Ydy'r goes wedi gwella?**	Has the leg got better?
Dai:	**Mae'r goes wedi gwella'n dda.**	The leg has mended well.
Siân:	**Sut mae'r nyrsys wedi bod?**	How have the nurses been?
Dai:	**Mae'r nyrsys wedi bod yn garedig iawn.**	The nurses have been very kind.
Siân:	**Dw i'n falch.**	I'm glad.
Dai:	**Ie, mae'r nyrsys yn bert iawn hefyd.**	Yes, the nurses are very pretty as well.
Siân:	**Ddim mor bert â fi, Dai?**	Not as pretty as me, Dai?
Dai:	**Na, maen nhw'n bertach!**	No, they're prettier!
Siân:	**Hei – rwyt ti'n ddrwg nawr.**	Hey, you're naughty now.
Dai:	**Beth wyt ti'n 'neud heno?**	What are you doing tonight?
Siân:	**Mae'r merched yn dod draw.**	The girls are coming over.
	Dy'n ni'n mynd i yfed y gwin gorau i gyd.	We're going to drink all the best wine.
Dai:	**Dych chi ddim yn mynd i yfed gwin y Mosel?**	You're not going to open the Mosel wine?
Siân:	**Ydyn – y gwin gorau!**	Yes – the best wine!
Dai:	**Dw i eisiau dod mas o'r ysbyty nawr!**	I want to come out of hospital now!

gyda   with *(mainly in south Wales)*

This is very often shortened to
'da

efo   with *(mainly in north Wales)*

*Using '***gyda***' or "***da***' or '***efo***' after '***oes***' means 'have'.*

ymbarél   umbrella

Test yourself:

Oes cot 'da ti yn y cês?   Have you got a coat in the case? / Do you have a coat in the case?

Oes bwyd gyda ni yn y bag?   Have we got food in the bag?

Mae digon o ddillad efo ni. We have enough clothes.

Does dim ymbarél gyda ni.   We haven't got an umbrella.

Ask questions or make up sentences:

past dannedd   toothpaste
sebon   soap
brwsh gwallt   hair brush
crib   comb

MAE GEN I GÊS.
I have a case.

Oes	past dannedd	'da	ni
Does dim	crib	gyda	chi
Mae	brwsh gwallt	efo	fi
	sebon		

SGWRS 49

Mynd am y penwythnos   *Going for the weekend*

ymlaen	forward	**anghofio**	to forget
brwsh dannedd	toothbrush	**plwg**	plug
dyma fe	here it is	**camera**	camera
bron	almost	**digon mawr**	big enough

Huw: **Dw i'n edrych ymlaen. Wyt ti?**   I'm looking forward. Are you?

Mair: **Yn fawr iawn. Wyt ti wedi pacio?**   Very much. Have you packed?

Huw: **Ydw, mae popeth 'da fi yn y bag.**   Yes, I have everything in the bag.

Mair: **Oes past dannedd gyda ti?**   Have you got toothpaste?

Huw: **Daro, dw i wedi anghofio fe.**   Dear, I've forgotten it.

Mair: **Beth am sebon, a brwsh dannedd?**   What about soap, and a toothbrush?

Huw: **Oes peth gyda ti? Gallwn ni rannu.**   Have you got some? We can share.

Mair: **Dim diolch! Does dim digon gyda fi.** No thanks! I haven't got enough.

Huw: **Ydy'r iPad gyda ti?**   Have you got the iPad?

Mair: **Wrth gwrs. Ydy'r plwg gyda ti?**   Of course. Have you got the plug?

Huw: **Ydy, dyma fe! Beth am y camera?**   Yes, here it its! What about the camera?

Mair: **Mae e gyda fi. Wyt ti'n barod nawr?** I've got it. Are you ready now?

Huw: **Ydw, bron. Ond dyw'r bag ddim yn ddigon mawr.**   Yes, almost. But the bag isn't big enough.

We can also use '**gan**' instead of '**gyda**':

Test yourself:

Mae cês mawr gan y fenyw.	The woman has a large case.
Oes past dannedd gan Siân yn y cês?	Has Siân got toothpaste in the case?
Does dim crib gan Huw yn y bag.	Huw hasn't got a comb in the bag.
Does dim digon o sebon gan Siân.	Siân hasn't got enough soap.

Make up questions and sentences:

Oes	past dannedd	gan	Siân
Does dim	sebon		y plant
Mae	brwsh gwallt		Huw

Gan   with, by

Many Welsh prepositions change when used with pronouns (I, you, he/him, she/her, we/us, they/them):

*Here are forms of '**gan**', more often written than spoken:*

mae gen i	I have
mae gennyt ti	you have
mae ganddo fe	he has
mae ganddi hi	she has
mae gennym ni	we have
mae gennych chi	you have
mae ganddyn nhw	they have

These forms can vary in various dialects, e.g. these are often used in north Wales:

mae gen i	I have
mae gen ti	you have
mae gynno fo	he has
mae gynni hi	she has
mae gynnon ni	we have
mae gynnoch chi	you have
mae ganddyn nhw	they have

Test yourself:

Mae popeth gen i yn yn bag.	I have everything in the bag.
Mae past dannedd gynni hi, diolch byth.	She's got toothpaste, thank goodness.

Oes brwsh gwallt gynnon ni?	Have we got a hair brush?
Does dim iPad gynnoch chi yn y cês.	You haven't got an iPad in the case.

*Make up sentences using the various forms of '**gan**' instead of the usual forms:*

Mae	brwsh gwallt	gynnon ni	yn y cês
Does dim	brwsh dannedd	gynnoch chi	yn y bag
Oes	sebon	gen ti	

*We can put '**gan**' or '**gyda**' after '**mae**'. If we do this, the next word is the 'owner' and then comes the word for what they have. This first letter of this word can change e.g. c > g (see after Part 90 for letter changes):*

bag:	**Mae gan Huw fag.**	Huw has a bag.
ces:	**Mae gen i gês.**	I have a case.
plwg:	**Oes gynnoch chi blwg?**	Have you got a plug?

Make up sentences and questions by using a phrase from each column:

bag ymolchi	wash-bag
bag colur	make-up bag
dros nos	overnight

Mae	gen i	bast dannedd	yn y bag ymolchi
Does dim	ganddo fe	frwsh dannedd	yn y bag dros nos
Oes	'da fi	grib	
	gyda nhw		

SGWRS 50

Paratoi i bacio		*Preparing to pack*	
ddim o gwbl	not at all	persawr	scent
dillad nofio	swimsuits	eli haul	sun cream
tiwb	tube	rhagolygon	forecast
trwy'r wythnos	all week	mae diddordeb 'da fi	I'm interested
syniad	idea	tawel	quiet
gartre	at home		

Huw:	**Dy'n ni'n barod i fynd, Mair?**	Are we ready to go, Mair?
Mair:	**Na, ddim o gwbl. Beth sy gyda ni?**	No, not at all. What have we got?
Huw:	**Mae gyda ni fag ymolchi, bag colur a ches.**	We have a wash-bag, a make-up bag and a case.
Mair:	**Beth sy gyda ni yn y bag a'r cês?**	What have we got in the bag and the case?
Huw:	**Mae gen ti frwsh dannedd a sebon.**	You have a toothbrush and soap.
Mair:	**Oes, ac mae gynnon ni bersawr a cholur.**	Yes, and we have scent and make-up.
Huw:	**Beth am ddillad nofio?**	What about swimsuits?
Mair:	**Mae gen i bicini ac mae gen ti siorts.**	I have a bikini and you have shorts.
Huw:	**Oes gynnon ni eli haul?**	Have we got sun cream?
Mair:	**Oes, mae gen i ddau diwb.**	Yes, I have two tubes.
Huw:	**Beth yw rhagolygon y tywydd am yr wythnos?**	What is the weather forecast for the week?
Mair:	**O daro, gwynt a glaw trwy'r wythnos!**	Oh dear, wind and rain all week.
Huw:	**Oes diddordeb 'da ti mewn aros gartre?**	Are you interested in staying home?
Mair:	**Syniad da – dweud wrth bawb bod ni yn Sbaen, a chael wythnos dawel gartre!**	Good idea – tell everyone we're in Spain, and have a quiet week at home!

Make up sentences and questions:

Mae	diddordeb	gen i	mewn	mynd i Sbaen
Does dim		'da fi		aros gartre
Oes		gynnoch chi		

Make up a conversation to ask what you've packed.

> *Ask if you have these items, and make up answers:*
>
> *Toothpaste, swimsuits, soap, hair brush, comb*

Ychydig mwy   *A little extra*

biau   to own

'biau' is often used after 'pwy' to ask who owns something. To say who owns something, we replace 'pwy' with the owner:

Pwy biau'r car?	Who owns the car?
Pwy biau'r tŷ?	Who owns the house?
Huw biau'r tŷ.	Huw owns the house.
Siân biau'r car.	Siân owns the car.

Ask and answer by choosing a phrase from each column:

Pwy	biau'r	car
Huw		tŷ
Siân		siop
		got

Roedd   *was*
roheedd

'**Roedd**' *takes the place of* '**mae**' (*is/are*), *in a sentence:*

tân   fire

Mae tân mewn siop yn Abertawe.	There's a fire in a shop in Swansea.
Roedd tân mewn siop yn Abertawe.	There was a fire in a shop in Swansea.

When speaking we often use these variations:

Ro'dd   **O'dd**
rohdd   *ohdd*

Useful time phrases

heddiw	today
ddoe	yesterday
bore 'ma	this morning
bore ddoe	yesterday morning
pnawn ddoe	yesterday afternoon
neithiwr	last night
eleni	this year
y llynedd	last year
heno	tonight
echdoe	the day before yesterday
echnos	the night before last

Test yourself:

damwain	accident	**rhyfel**	war
llifogydd	flood(s)		

Roedd damwain yng Nghaerdydd ddoe.	There was an accident in Cardiff yesterday.
Roedd tân yn y dre ddoe.	There was a fire in town yesterday.
Ro'dd llifogydd yn y stryd fawr neithiwr.	There were floods in the high street last night.
Ro'dd tân yn yr ysgol bore 'ma.	There was a fire in the school this morning.
O'dd damwain ar yr M4 heddiw.	There was an accident on the M4 today.
Roedd pobl yn cofio'r rhyfel heddiw.	People were remembering the war today.

Make up sentences by using words from each column:

Roedd	tân	yn yr ysgol	neithiwr
O'dd	llifogydd	yn y dre	bore 'ma
Ro'dd	damwain	ar yr M4	heddiw

Dyma'r newyddion	Here is the news
gwlyb	wet
yn drwm	heavily
yn erbyn	against
ei gilydd	each other
Prif Weinidog	First Minister / Prime Minister

Test yourself:

Roedd damwain yn Aberystwyth neithiwr.	There was an accident in Aberystwyth last night.
Roedd yr heol yn wlyb, ac roedd llawer o eira ar y ffordd. Dyn oedd yn gyrru'r car.	The road was wet, and there was a lot of snow on the road. A man was driving the car.
Roedd tân mewn tŷ yn Llandrillo ddoe. Roedd un fenyw ac un plentyn yn y tŷ.	There was a fire in a house in Llandrillo yesterday. One woman and one child were in the house.
Roedd llifogydd yn y Rhondda bore 'ma.	There were floods in the Rhondda this morning.
Roedd hi'n braf iawn heddiw yn y de, ond roedd hi'n bwrw eira'n drwm yn y gogledd.	It was very fine today in the south, but it was snowing heavily in the north.

Say:

It was raining all day (**trwy'r dydd**).
It was snowing in south Wales this morning.

It was fine in the north but cold in the south yesterday.
It was wet in the morning, but dry in the afternoon.

There wasn't / weren't

When speaking about things in general, we use:

Doedd dim	there wasn't / there weren't
Do'dd dim	there wasn't / there weren't
O'dd dim	there wasn't / there weren't *(mostly spoken)*

Test yourself:

dim byd	nothing
Doedd dim gwaith yn y ffatri heddiw.	There was no work in the factory today.
Doedd dim bysiau'n rhedeg ddoe.	No buses were runnig yesterday.
Do'dd dim llawer o bobl yn y gêm.	There weren't many people in the game.
Doedd dim ysgol ar agor heddiw.	No school was open today.
Doedd dim byd yn y siopau ddoe.	There was nothing in the shops yesterday.
Doedd dim digon o betrol yn y garej.	There wasn't enough petrol in the garage.

Make up sentences by using words from each column:

Do'dd dim	digon o waith	yn y ffatri	heddiw
Doedd dim	byd	yn y dre	ddoe
O'dd dim	llawer o weithwyr	yn y siop	bore 'ma

No-one was:

Doedd neb	No-one was
dim	nothing, anything

Test yourself:

Doedd neb yn gweithio yn yr ysgol.	No-one was working in the school.
Doedd neb yn y ffatri heddiw.	No one was in the factory today.
Roedd hi'n oer a doedd neb ar y traeth.	It was cold and no-one was on the beach.
Doedd neb yn gwybod dim am y ddamwain.	No-one knew anything about the accident.

Saying that something in particular wasn't...

the... wasn't / weren't

When speaking about someone, or about something in particular, we use:

Doedd y ... ddim...	wasn't
llofrudd	murderer
carchar	prison
llys	court
tyst	witness
barnwr	judge
senedd	parliament

Test yourself:

Doedd y llofrudd ddim yn y carchar.	The murderer wasn't in prison.
Doedd y llofrudd ddim yn y llys.	The murderer wasn't in court.
Doedd y tyst ddim yn y llys ddoe.	The witness wasn't in court yesterday.
Doedd y barnwr ddim yn garedig.	The judge wasn't kind.

Doedd ... ddim *is used with names:*

Doedd Mrs Jones ddim yn y llys ddoe.	Mrs Jones wasn't in court yesterday.
Doedd y Barnwr Ifans ddim yn eistedd yn y llys.	Judge Ifans wasn't sitting in court.
Doedd y Parch. Hywel Jones ddim yn y capel.	Rev. Hywel Jones wasn't in chapel.
Doedd Mr Roberts ddim yn y Senedd.	Mr Roberts wasn't in Parliament.

Titles: we add 'y' in front of titles (or 'yr' before vowels):

Y Parch. Mathews	Rev. Mathews
Yr Athro Jones	Professor Jones

When talking we use:

O'dd y ... ddim   The ... wasn't / weren't

Or often you will hear and see:

Do'dd y ... ddim   The ... wasn't / weren't

diflas   dismal

Test yourself:

Do'dd y barnwr ddim yn garedig iawn.	The judge wasn't very kind.
Do'dd Mrs Jones ddim yn y carchar yn hir.	Mrs Jones wasn't in prison long.
O'dd y newyddion yn ddiflas iawn heno.	The news was very dismal tonight.
O'dd tywydd ddim yn dda iawn ddoe.	The weather wasn't very good yesterday.

Make up sentences by using words from each column:

O'dd	y barnwr	ddim	yn y llys	ddoe
Doedd	y prif weinidog		yn y senedd	heddiw
Do'dd	Huw		yn y tŷ	neithiwr

Question: Was? Were? *(See Part 52)*

We drop off the 'R' in 'Roedd'. So we get 'Oedd':

Oedd... ?

Often we use and say

O'dd... ?	Was... ? / Were... ?
rhywun	someone

Test yourself:

O'dd damwain ar y stryd?	Was there an accident on the street?
Oedd rhywun wedi cael anaf?	Did someone have an injury? (Was someone injured?)
Oedd tân yn y dre ddoe?	Was there a fire in town yesterday?
O'dd y ffatri ar gau bore 'ma?	Was the factory closed this morning?

Saying 'Yes':

Oedd or **O'dd**	Yes *(for one person/thing)*
O'n. / **Oedden.**	Yes *(for more than one person/thing)*

streic   strike

Oedd rhywbeth diddorol ar y newyddion? Oedd	Was there something interesting on the news? Yes

O'dd streic yn y ffatri ddoe? Oedd	Was there a strike in the factory yesterday? Yes
Oedd y gweithwyr ar streic ddoe? O'n or **Oedden**	Were the workers on strike yesterday? Yes
Oedd athrawon yn gweithio heddiw? O'n or **Oedden**	Were teachers working today? Yes

Saying 'No' is easy:

Na   No

or we can use the fuller form (for one person/thing) **Nag o'dd / Nag oedd**

or we can use the fuller form for more than one person/thing: **Nag o'n / Nag oedden**

Oedd Mr Hughes yn y carchar? Na / Nag o'dd / Nag oedd	Was Mr Hughes in prison? No
Oedd y barnwr yn y llys bore 'ma? Na / Nag o'dd / Nag oedd	Was the judge in court this morning? No
O'dd y menywod ar streic ddoe? Na / Nag o'n / Nag oedden	Were the women on strike yesterday? No
Oedd yr ysgolion ar agor heddiw? Na / Nag o'n / Nag oedden	Were the schools open today? No

Useful phrase:

Wn i ddim.	I don't know.

Ask questions using words from each column:

O'dd	y gweithwyr	yn gweithio	bore 'ma?
Oedd	yr athrawon	ar streic	ddoe?
	y barnwr	yn y llys	heddiw?

and answer yes or no, and say something extra if you want:

Oedd,	ac	roedd	yr ysgol	ar agor
O'n,	ond	ro'dd	y llys	ar gau
Oedden,			y gwaith	
Na,				
Nag o'n,				

Pwy oedd ... ?   Who was ... ?

*When we ask who was doing something, we use '**oedd**' instead of '**sy**':*

Test yourself:

Pwy oedd y barnwr yn y llys heddiw?	Who was the judge in court today?
Pwy oedd yn gwybod am y streic ddoe?	Who knew about the strike yesterday?

Ask questions:

yn ôl	according to
papur newydd	newspaper

Pwy oedd	ar streic	yn ôl	y newyddion	heno?
	yn y llys		y papur	bore 'ma?
	yn y carchar		y papur newydd	neithiwr?

Make up the news:

Say there was a fire in the factory today.
Say that there was a fire in a house in Pontypridd.
*Say that there was no-one in the house at the time. (**ar y pryd**)*
Say how the weather was in August.

SGWRS 51

Dyma'r newyddion   *Here is the news*

llofruddiaeth	murder	**tyst/-ion**	witness/-es
llosgi	to burn		

Dafydd Llwyd yn darllen.
Yn y llys heddiw roedd achos llofruddiaeth.
Y Barnwr Ifans oedd yn eistedd yn y llys.
Roedd Jonffer Smith yn y carchar ers mis Mai.
Doedd un o'r tystion, Llew Shincs, ddim yn y llys.
Doedd neb yn gwybod ble roedd e.

Dafydd Llwyd reading.
In court today there was a murder case.
It was Judge Ifans who was sitting in court.
Jonffer Smith was in prison since May.
One of the witnesses, Llew Shinks, was not in court.
No-one knew where he was.

Yn Nhreboeth roedd tân mewn tŷ bore 'ma.
Roedd Mr Wotsialoski yn byw yn y tŷ,
ond doedd y tŷ ddim yn llosgi'n wael.
Roedd gweithwyr ffatri Llanaraf ar streic ddoe.
Doedd neb yn y gwaith ers dydd Llun.

In Treboeth there was a fire in a house this morning.
Mr Wotsialoski was living in the house,
but the house wasn't burning badly.
Llanaraf factory workers were on strike yesterday.
No-one was at work since Monday.

Roedd mis Medi yn fis braf iawn. Roedd hi'n
yn heulog iawn. Roedd hi'n dri deg gradd am
wyth diwrnod, record am fis Medi. Doedd dim
glaw am bythefnos.

Semptember was a very fine month. It was
very sunny. It was thirty degrees for
eight days, a record for September. There was no
rain for a fortnight.

Pêl-droed: roedd Abertawe'n chwarae yn erbyn
Caerdydd neithiwr. Saith i un i Abertawe oedd y sgôr.
Y tywydd: bydd hi'n braf yfory yn y bore, ac
yn bwrw glaw ac eira yn y prynhawn.

Football: Swansea was playing against
Cardiff last night. Seven to one for Swansea was the score.
The weather: it will be fine tomorrow in the morning, and
raining and snowing in the afternoon.

RO'N I YN YR ARDD DDOE.
I was in the garden yesterday.

Ro'n nhw'n hoffi'r cyw wedi llosgi.	They liked the burnt chicken.
Roedd y barbeciw yn yr ardd gefn.	The barbecue was in the back garden.
Ro'n ni'n yfed gwin, cwrw a jin.	We were drinking wine, beer and gin.
Ro'ch chi'n credu bod y bwyd yn dda.	You thought that the food was good.
Roedd Siân yn paratoi'r bwyd yn y gegin.	Siân was preparing the food in the kitchen.

Make up sentences:

Ro'n i'n	coginio	yn	yr ardd	ddoe.
Roedd e'n	eistedd		y gegin	neithiwr.
Ro'n ni'n	paratoi bwyd		y tŷ	bore 'ma.

Spoken forms:

ro'n i	I was
ro't ti	you were
ro'dd e	he was
ro'dd hi	she was
ro'dd Siân	Siân was
ro'dd y plant	the children were
ro'n ni	we were
ro'ch chi	you were
ro'n nhw	they were

Written forms:

roeddwn i	I was
roeddet ti	you were
roedd e	he was
roedd hi	she was
roedd Siân	Siân was
roedd y plant	the children were
roedden ni	we were
roeddech chi	you were
roedden nhw	they were

You will hear these spoken:

o'n i	I was
o't ti	you were
o'dd e	he was
o'dd hi	she was
o'dd Siân	Siân was
o'dd y plant	the children were
o'n ni	we were
o'ch chi	you were
o'n nhw	they were

Test yourself:

gardd gefn	back garden
cig	meat
Ro'n i'n coginio'r cig yn. yr ardd	I was cooking the meat in the garden.

Test yourself:

nes	until
yn anffodus	unfortunately
gwastraffu	to waste
mynnu	to insist
O'n i'n mwynhau'r barbeciw, cyn y glaw.	I was enjoying the barbecue, before the rain.
O'n ni'n yfed trwy'r prynhawn, yn anffodus.	We were drinking all afternoon, unfortunately.
O'n nhw'n hoffi'r bwyd yn fawr.	They liked the food very much.
O'dd e'n llosgi'r cig ac yn gwastraffu'r bwyd.	He was burning the meat and wasting the food.

O'dd Aled yn mynnu gwneud y bwyd.	Aled insisted (on) doing the food.
O'n nhw eisiau aros yn y tŷ trwy'r prynhawn.	They wanted to stay in the house all afternoon.

Make up sentences using words from each column:

cyn before
ar gyfer for

Ro'n i'n	paratoi'r	cig	cyn	y barbeciw	ddoe
Ro't ti'n	coginio'r	bwyd	ar gyfer	y parti	pnawn 'ma
Ro'n ni'n		tatws			
Roedd y plant yn					
Ro'ch chi'n					
Ro'n nhw'n					

Say what you were doing when enjoying a barbecue, e.g.

Ro'n ni'n eistedd yn yr ardd, ac roedd hi'n braf.	We were sitting in the garden, and it was fine.

*Say that you and the neighbours (**cymdogion**) were enjoying a barbecue in the garden. Say as much as you can, e.g. that you were drinking, talking, enjoying, discussing the world (**trafod y byd**), eating food.*

....

....

....

Saying what you were not doing

Start with 'D' and add 'ddim':

Ro'n i yn yr ardd ddoe.	*I was in the garden yesterday.*
Do'n i ddim yn coginio'r bwyd.	*I wasn't cooking the food.*

Spoken forms:

Do'n i ddim ...	I wasn't ...
Do't ti ddim ...	You weren't ...
Do'dd e ddim ...	He wasn't ...
Do'dd hi ddim ...	She wasn't ...
Do'dd Siân ddim ...	Siân wasn't ...
Do'dd y plant ddim ...	The children weren't ...
Do'n ni ddim ...	We weren't ...
Do'ch chi ddim ...	You weren't ...
Do'n nhw ddim ...	They weren't ...

Written forms:

Doeddwn i ddim
Doeddet ti ddim
Doedd e ddim
Doedd hi ddim
Doedden ni ddim
Doeddech chi ddim
Doedden nhw ddim

*When speaking, you will also hear these form, which don't use an initial '**d**':*

O'n i ddim
O't ti ddim
O'dd e ddim
O'dd hi ddim
O'n ni ddim
O'ch chi ddim
O'n nhw ddim

Test yourself:

ar gael available
am (fynd) to want (to go)

Do'n ni ddim yn y barbeciw.	We weren't at the barbecue.
Do'ch chi ddim yn hoffi'r bwyd.	You didn't like the food.
Do'n nhw ddim eisiau helpu.	They didn't want to help.
Do'n nhw ddim am aros neithiwr.	They didn't want to stay last night.
Do'n i ddim yn gweithio ddoe.	I wasn't working yesterday.

Do't ti ddim eisiau mynd i'r parti.	You didn't want to go to the party.
Doedd hi ddim yn gyrru adre.	She wasn't driving home.
Do'n nhw ddim yn gallu mynd.	They couldn't go.

Make up sentences using words from each column:

cwmni   company

Do'n i	ddim	yn mwynhau'r bwyd	yn y parti
Do't ti		eisiau mynd	yn y barbeciw
Doedd hi		yn gallu mynd	neithiwr
Do'n ni		yn hoffi'r cwmni	
Do'ch chi			
Do'n nhw			

Make up a conversation discussing a party:

> *Ask was the food good?*
> *Say that the food was tasteless. And say the chicken was old.*
> *Ask was there enough wine in the party?*
> *Say the wine was good.*
> *Ask if the party was in the garden?*
> *Say it was, but it was cold.*

SGWRS 52

Cwyno am y bwyd   ***Complaining about the food***

sur	sour
diflas	tasteless
malwen	snail
letys	lettuce
saws	sauce
chwaith	either

Huw:	**Do'n i ddim yn hoffi'r bwyd neithiwr.**	I didn't like the food last night.
Mair:	**A do'n i ddim yn hoffi'r gwin – ro'dd e'n sur.**	And I didn't like the wine – it was sour.
Huw:	**Roedd y cyw yn hen, rwy'n credu.**	The chicken was old, I think.
Mair:	**Ac roedd y selsig yn ddiflas.**	And the sausages were tasteless.
Huw:	**O diar, roedd popeth yn ofnadwy.**	Oh dear, everything was awful.
Mair:	**Doedd y salad ddim yn dda, chwaith.**	The salad wasn't good, either.
Huw:	**Roedd malwen yn y letys!**	There was a snail in the lettuce!
Mair:	**A doedd dim saws tomato gyda nhw.**	And they didn't have tomato sauce.
Huw:	**O wel, does dim rhaid mynd fanna eto.**	O well, we don't have to go there again.
Mair:	**Ond ni sy'n gwneud y barbeciw wythnos nesa.**	But it's us who are doing the barbecue next week.
Huw:	**Dw i'n mynd mas i brynu gwin da a saws!**	I'm going out to buy good wine and sauce!

BLE O'CH CHI DDOE?
Where were you yesterday?

To ask questions just use the same forms as with statements, without the first 'r':

O'n i ... ?	Was I ... ?	Did I ... ?
O't ti ... ?	Were you ... ?	Did you ... ?
O'dd e ... ?	Was he ... ?	Did he ... ?
O'dd hi ... ?	Was she ... ?	Did she ... ?
O'dd Siân ... ?	Was Siân ... ?	Did Siân ... ?
O'dd y plant ... ?	Were the children ... ?	Did the children ... ?
O'n ni ... ?	Were we ... ?	Did we ... ?
O'ch chi ... ?	Were you ... ?	Did you ... ?
O'n nhw ... ?	Were they ... ?	Did they ... ?

Once again, when written you will see '**oedd**' instead of '**o'dd**':

Oedd Siân yn y tŷ?	Was Siân in the house?
Oeddwn i?	Was I?
Oeddet ti?	Were you?
Oedd e?	Was he?
Oedd hi?	Was she?
Oedd Alun?	Was Alun?
Oedden ni?	Were we?
Oeddech chi?	Were you?
Oedden nhw?	Were they?

Test yourself:

selsig	sausages
O'ch chi yn y parti neithiwr?	Were you in the party last night?
Oedd e'n paratoi'r bwyd ddoe?	Was he preparing the food yesterday?
Oedden nhw yn y dre bore 'ma?	Were they in town this morning?
O'ch chi'n gweithio bore 'ma?	Were you working this morning?
O'ch chi'n siopa heddiw?	Were you shopping today?
O'n nhw eisiau yfed te?	Did they want to drink tea?
O'ch chi'n hoffi'r selsig?	Did you like the sausages?

Make up questions:

O'ch chi'n	gallu	bod	yn y parti	ddoe?
Oedd e'n	hoffi	yfed gwin	yn y barbeciw	neithiwr?
O'n nhw'n		gweld ffrindiau		

To answer, we really say 'I was' when we say 'yes':

O'n	Yes (I was)
O't	Yes (you were)
O'dd	Yes (he/she/it was)
O'n	Yes (we were)
O'ch	Yes (you were)
O'n	Yes (they were)

There are more formal forms of these:

Oeddwn	Yes (I was)
Oeddet	Yes (you were)
Oedd	Yes (he/she/it was)
Oedden	Yes (we were)
Oeddech	Yes (you were)
Oedden	Yes (they were)

Test yourself:

O'ch chi'n paratoi'r bwyd neithiwr? O'n.	Were you preparing the food last night? Yes.
Oedd e'n coginio'r bwyd ddoe? Oedd.	Was he cooking the food yesterday? Yes.
O'n nhw'n gallu yfed gwin? O'n.	Could they drink wine? Yes.

NO

Na   No

You can also use these:

Nag o'n   No, I wasn't / No, we weren't / No, they weren't
Nag o't   No, you weren't
Nag o'dd   No, he wasn't / No, she wasn't / No, it wasn't
Nag o'ch   No, you weren't

Test yourself:

Och chi'n gallu mynd i'r dre?   Were you able to go to town?
Na, ro'n i'n gweithio.   No, I was working.
O'ch chi yn y gwaith bore 'ma?   Were you at work this morning?
Na, ro'n ni yn y tŷ.   No, we were in the house.

Answer these questions. If you answer no, say what you were doing.

pan   when
O'ch chi'n gweithio ddoe?   Were you working yesterday?
O'ch chi'n siopa bore 'ma?   Were you shopping this morning?
O'ch chi'n cael parti pen blwydd yn yr ardd pan o'ch chi'n fach?   Did you have birthday parties in the garden when you were small?
O't ti'n hoffi coginio pan o't ti'n fach?   Did you like cooking when you were small?

If you don't know, say I don't know. *There are many ways of saying this:*

Sai'n gwbod.   *(south Wales)*
Dw i ddim yn gwybod.
Wn i ddim.   *A little more formal.*

Asking where, when, what and how many
ble? (where), **pryd?** (when), **beth?** (what),
faint? (how many, how much)

Put these words at the start of the questions:
Test yourself:

Ble o'ch chi ddoe?   Where were you yesterday?
Ble o't ti bore 'ma?   Where were you his morning?
Ble o'ch chi neithiwr?   Where were you last night?
Pryd o'ch chi yn y dre?   When were you in town?
Pryd o't ti yn y tŷ neithiwr? When were you in the house last night?
Pryd o'ch chi'n siopa?   When were you shopping?
Beth o'ch chi'n 'neud bore 'ma?   What were you doing this morning?
Beth o'ch chi'n bwyta i ginio?   What did you eat for lunch?
Beth o't ti'n gwneud yn y tŷ heddiw?   What were you doing in the house today?
Faint oedd y llaeth yn costio?   How much did the milk cost?
Faint o'dd y gwin yn y siop?   How much was the wine in the shop?
Faint o bobl oedd yn eich tŷ chi neithiwr?   How many people were in your house last night?

Ask questions using words from each column:

Beth	o'ch chi'n	gwneud	ddoe?
	o't ti'n	bwyta	neithiwr?
	o'n ni'n	yfed	yn y parti?
	o'n nhw'n		

SGWRS 53

Cofio'r parti ar y traeth   *Remembering the party on the beach*

yr adeg yma	this time (period)
traeth	beach
cyfandir	continent

Mair:	**Ble o'n ni'r adeg yma y llynedd?**	Where were this time last year?
Huw:	**Ro'n ni yn y gwesty yn Sir Benfro.**	We were in the hotel in Pembrokeshire.
Mair:	**Na, do'n ni ddim fanna, ro'n ni yn y gogledd. Roedd y gwin yn dda.**	No, we weren't there, we were in the north. The wine was good.
Huw:	**Ac o'dd y gwin yn rhad. Dw i'n cofio nawr.**	And the wine was cheap. I remember now.
Mair:	**Roedd y traethau'n dda, ac roedd y tywydd yn braf.**	The beaches were good, and the weather was fine.
Huw:	**O't ti'n hoffi'r gwesty?**	Did you like the hotel?
Mair:	**O'n, roedd e'n iawn.**	Yes, it was alright.
Huw:	**Ond doedd y brecwast ddim yn dda. A do'n i ddim yn hoffi'r coffi.**	But the breakfast wasn't good. And I didn't like the coffee.
Mair:	**Wi eisiau mynd nôl fanna eleni.**	I want to go back there this year.
Huw:	**Na, do'n i ddim yn hoffi'r bwyd. W i eisiau mynd i rywle arall.**	No, I didn't like the food. I want to go somewhere else.
Mair:	**Ble wyt ti eisiau mynd?**	Where do you want to go?
Huw:	**Wel, o'dd y traeth yn hyfryd – beth am wersylla?**	Well, the beach was lovely – what about camping?
Mair:	**Dim gobaith!**	No hope!
Huw:	**Wel, beth am fynd i'r cyfandir?**	Well, what about going to the continent?
Mair:	**Beth am aros gartre?**	What about staying home?
Huw:	**Syniad da. Dy'n ni'n gallu cael te yn y glaw bob dydd!**	Good idea. We can have tea in the rain every day!

Say where you were on holiday this year or last year, what you did, what you ate or drank.

Ro'n i ar wyliau yn ...

Ychydig mwy   *A little extra*
SAYING YOU HAD SOMETHING

You will remember how to say that you have something:

gyda *(with) is often shortened to* **'da**

Mae ... 'da fi	I have a ....
Mae ... gen i	I have a ...

To say that you had something, just replace 'mae' with **'roedd', 'ro'dd'** *or* **'o'dd'**:

Test yourself:

Roedd car 'da ni.	We had a car.
Ro'dd cyw a selsig 'da fi.	I had a chicken and sausages.
Roedd y teulu 'da fi yn y parti.	I had the family in the party.
Do'dd y plant ddim 'da ni.	The children weren't with us.

English: I went, I came, I did ... etc.

mynd	to go
es i	I went
est ti	you went
aeth e	he went
aeth hi	she went
aeth Alun	Alun went
aeth y dynion	the men went
aethon ni	we went
aethoch chi	you went
aethon nhw	they went

*We can put '**fe**' in front of any of these. It does not change the meaning but gives an informal quality.*

Fe es i
Fe est ti
Fe aeth e
Fe aeth hi
Fe aethon ni
Fe aethoch chi
Fe aethon nhw

Test yourself:

Fe es i i'r Almaen y llynedd.	I went to Germany last year.
Fe est ti ar wyliau i'r Swistir.	You went on holiday to Switzerland.
Fe aethon ni gyda'r plant.	We went with the children.
Fe aethon nhw ar y trên.	They went on the train.

*In north Wales, we can use '**mi**' instead of '**fe**':*

Groeg	Greece
Yr Eidal	Italy
Sbaen	Spain
Awstria	Austria

Test yourself:

Mi es i i'r Eidal yn y car y llynedd.	I went to Italy in the car last year.
Mi aeth e i Sbaen yn yr haf.	He went to Spain in the summer.
Mi aethoch chi i Awstria yn y gaeaf.	You went to Austria in the winter.
Mi aethon nhw mewn awyren i Roeg.	They went by plane to Greece.

Make up sentences:

y llynedd	last year
eleni	this year

Fe es i	i Sbaen	y llynedd.
Fe aeth hi	i Roeg	eleni.
Mi aethon nhw	i'r Eidal	yn y gwyliau.

Say where people went:

....

....

You can use these phrases:

i'r Almaen, i Awstria, i Rwanda, i'r Eidal, yn yr haf, yn y gaeaf, y llynedd, eleni, yn y car, yn y trên, mewn awyren

*You can use '**i**' (to) after '**es i**' with any verb to say what you did in the past tense:*

fflat   flat

Test yourself:

Es i i nofio yn y môr.	I went swimming in the sea.
Aeth e i brynu bwyd i'r fflat.	He went to buy food for the flat.
Fe aethon ni i weld y gêm.	We went to see the game.
Mi aeth hi i weld ffrindiau yn yr Almaen.	She went to see friends in Germany.
Fe aethoch chi i ddal y trên yn gynnar.	You went to catch the train early.

Say what these people did, where and when.
You can use these phrases:

**i fwyta, i gael coffi, yn y dre, yn y caffi, i weld yr eglwys
(church), y llynedd, eleni, bore 'ma**

....

DOD

To come *To form the past tense, just put '**d**' in front of the past tense
forms of '**mynd**':*

des i	I came
dest ti	you came
daeth e	he came
daeth hi	she came
daeth Alun	Alun came
daeth y dynion	the men came
daethon ni	we came
daethoch chi	you came
daethon nhw	they came

*We can put '**fe**' or '**mi**' in front of any of these to make them sound
less formal. When we do this, the first letter will change (soft
mutation) from '**d**' to '**dd**':*

Fe ddes i	**Mi ddes i**	I came
Fe ddaeth hi	**Mi ddaeth hi**	She came
Fe ddaethon ni	**Mi ddaethon ni**	We came

Test yourself:

Fe ddaethon ni gyda'r bws.	We came by bus.
Daethon nhw gyda'r awyren.	They came by plane.
Mi ddaethon nhw adre'n gynnar.	They came home early.
Daethon nhw nôl trwy Ffrainc.	They came back through France.

**Mi aeth Alun a Huw i'r Eidal
i sgio.**

Alun and Huw went to Italy to
ski.

Make up sentences:

Fe ddaethon ni	i Nice	ar y trên	bore 'ma
Fe ddaeth hi	i Bilbao	ar y bws	ddoe
Mi ddaethon nhw	i Barcelona	ar y llong	neithiwr

Say how these people travelled and imagine to where and when.
You can use these phrases:

**yn y llong, mewn cab, ar y beic, i Heidelberg, yn y wlad, i'r dre,
y llynedd, ddoe, eleni**

....

*Say where you went on holiday, or imagine that you went
to Barcelona last year. Tell your friends what you did.*
Choose from the following:

dod nôl	to come back
ar ôl	after
bob dydd	every day
pwll	pool

*Say that you went in the car, went to the beach every day, came back
to the hotel every night. Went on a bike, went to the market, went to
see a church.*

Say your family came with you. Say they went to the pool every day.
Say you came home after a week.

Where did you go?

SUT AETHOCH CHI YNO?
How did you go there?

Asking questions in the past.

Aethoch chi?	Did you go?
Aeth e?	Did he go?
Aethoch chi ar wyliau eleni?	Did you go on holiday this year?
Aethoch chi gyda'r teulu?	Did you go with the family?

When asking questions, the first 'd' changes to 'dd'.
When talking, this often does not happen.

Ddaethon nhw?	Did they come?
Ddaethoch chi adre?	Did you come home?
Ddaethoch chi adre ym mis Awst?	Did you come home in August?
Ddaeth Siân nôl yn iawn?	Did Siân come back alright?

Ask questions:

dros	over
y Nadolig	Christmas
Y Pasg	Easter
i ffwrdd	away
i'r cyfandir	to the continent

Aethoch chi	ar wyliau	i'r Almaen	ym mis Awst?
Aethon nhw	i ffwrdd	i'r cyfandir	dros y Nadolig?
Est ti		i'r Eidal	dros y Pasg?
		i Ffrainc	eleni?

Answer yes and no

Do – Yes
Na *or* **Naddo** – No

Aethoch chi i'r dre bore 'ma? Do	Did you go to town this morning? Yes
Aethoch chi allan neithiwr? Naddo	Did you go out last night? No
Aeth e adre gyda'r trên? Do	Did he go home by train? Yes
Ddaeth hi yma'r llynedd? Naddo	Did she come here last year? No
Ddaeth y teulu i'r caffi heddiw? Naddo	Did the family come to the café today? No

Asking more questions:

Ble where

Ble aethoch chi ar wyliau?	Where did you go on holiday?
Es i i Ffrainc.	I went to France.

Pryd when

Test yourself:

Pryd aethoch chi i Ffrainc?	When did you go to France?
Es i i Ffrainc y llynedd.	I went to France last year.
Pryd daethoch chi adre?	When did you come home?
Fe ddes i adre ddoe.	I came home yesterday.

Sut how

Sut aethoch chi yno?	How did you go there?
Es i ar y trên.	I went on the train.
Sut daethoch chi nôl?	How did you come back?
Fe ddaethon ni nôl yn y bws.	We came back by bus.

Say that someone did not come or go.

*Put '**ddim**' after '**aeth e**', '**es i**' etc.:*

Es i – I went	**Es i ddim** – I didn't go
Aethoch chi – You went	**Aethoch chi ddim** – You didn't go

Test yourself:

Aeth hi ddim i siopa bore 'ma.	She didn't go shopping this morning.
Aethon ni ddim i'r gêm ddoe.	We didn't go to the game yesterday.
Aethon nhw ddim ar wyliau eleni.	They didn't go on holiday this year.
Est ti ddim ar y trên y llynedd.	You didn't go on the train last year.

Make up sentences:

Aeth hi	ddim	ar wyliau	eleni.
Aethon ni		i Sbaen	y llynedd.
Aethon chi		yn yr awyren	
Est ti			

The first 'd' of 'des' etc. changes to 'dd':

Des i – I came

Daethoch chi – You came

Ddes i ddim – I didn't come

Ddaethoch chi ddim – You didn't come

Test yourself:

Ddaethoch chi ddim ar wyliau gyda ni. — You didn't come on holiday with us.

Ddaethon nhw ddim yma ar y bws. — They didn't come here on the bus.

Ddaeth hi ddim yma ni nofio. — She didn't come here to swim.

Ddaeth e ddim yn y car bore 'ma. — He didn't come by car this morning.

*You will have noticed that '**aeth**' doesn't change when we emphasize: we just put the word or pronoun first. When we use '**daeth**' it changes to '**ddaeth**':*

Test yourself:

Ti aeth i Sbaen y llynedd. — It was you who went to Spain last year.

Ahmed aeth adre'n gynnar. — It was Ahmed who went home early.

Nhw ddaeth adre i weld y plant. — It was they who came hope to see the children.

Chi ddaeth ar y trên – fe aeth yn y car. — It was you who came on the train it was he who went in the car.

Make up sentences, emphasizing who did what:

Fi	ddaeth	adre	neithiwr
Nhw	aeth	i siopa	yn y bore
Siân		ar wyliau	ddoe
Chi			

Answer these questions:

Aethoch chi ar wyliau y llynedd?

Ble aethoch chi ar wyliau y llynedd?

Sut aethoch chi?

Pryd aethoch chi ar wyliau?

Pryd daethoch chi adre?

Sut daethoch chi adre?

SGWRS 54

Cofio'r gwyliau — *Remembering the holidays*

Ahmed: Ti'n cofio gwyliau'r llynedd? — Do you remember last year's holidays?

Tasha: Ydw, aethon ni i Ffrainc yn y trên. — Yes, we went to France on the train.

Ahmed: Aethon ni mewn awyren, dw i'n credu. — We went in a plane, I think.

Tasha: Do, wrth gwrs, aethon ni o Gaerdydd. — Yes, of course, we went from Cardiff.

Ahmed: Aethon ni i nofio bob dydd. — We went swimming every day.

Tasha: Naddo, aethon ni ddim dydd Gwener. — No, we didn't go on Friday.

Ahmed: Est ti i siopa yn Cannes, os ydw i'n cofio. — You went shopping to Cannes, if I remember.

Tasha: Naddo! Ti aeth i siopa fanna! — No! It was you who went to shop there!

Ahmed: Ond ti aeth i siopa yn Nice. — But it was you who went shopping in Nice.

Tasha: Do, ac est ti i brynu bwyd i ni. — Yes, and you went to buy food for us.

Ahmed: Ti'n iawn. A daethon ni adre'n gynnar. — You're right. And we came home early.

Tasha: Do, est ti'n sâl, yn anffodus. — Yes, you went ill, unfortunately.

Ahmed: Do, es i'n sâl ar ôl y bwyd. — Yes, I went ill after the food.

Tasha: Dest ti'n well yn gyflym, diolch byth. — You became better quickly, thank goodness.

> 'NES I NOFIO TRWY'R DYDD.
> I swam all day.

GWNEUD *to do / to make*

gwnes i	I did / made
gwnest ti	you did
gwnaeth e	he did
gwnaeth hi	she did
gwnaeth Alun	Alun did
gwnaeth y dynion	the men did
gwnaethon ni	we did
gwnaethoch chi	you did
gwnaethon nhw	they did

Test yourself:

Gwnes i'r brecwast bob bore.	I made the breakfast every morning.
Gwnaeth e'r glanhau ar y noson olaf.	He did the cleaning on the last evening.
Gwnaethon nhw'r bwyd, diolch byth.	They made the food, thank goodness.
Gwnaethoch chi'r swper neithiwr.	You did the supper last night.

Make up sentences

Gwnes i'r	brecwast	yn y fflat	bore 'ma
Gwnaethon ni'r	bwyd	yn y gegin	ddoe
Gwnaethon nhw'r			neithiwr
Gwnaeth hi'r			

cyn mynd allan	before going out
ar ôl dod nôl	after coming back

Say what you did before going out or coming back:

Fe wnes i'r	bwyd	cyn mynd allan
Mi wnes i'r	glanhau	ar ôl dod nôl
	gwely	

When we put a noun immediately after 'fe wnes i' – without using 'y' (the) – the first letter of the noun can change (soft mutation, see after Part 90). Many people don't change the letters when speaking: the meaning doesn't change, so don't worry too much about this.

Cinio	>	**ginio**	**Fe wnes i ginio.**	I made lunch.
Bara	>	**fara**	**Fe wnaeth hi fara.**	She made bread.
Te	>	**de**	**Fe wnaeth Huw de.**	Huw made tea.

This change does not happen after "r' (the) (although feminine nouns can change):

Fe wnes i'r cinio.	I made the lunch.
Gwnaeth hi'r te.	She made the tea.

Say what you made:

i bawb	for everyone
teisen	a cake
cacen	a cake *(north Wales)*

Fe wnes i	ginio	i'r teulu	bore 'ma
Mi wnes i	de	i bawb	neithiwr
	frecwast	i'r plant	heddiw
	fwyd		
	deisen		
	gacen		

Test yourself:

Fe wnes i lawer o bethau.	I did a lot of things.
Gwnaeth e'r gwaith yn gyflym.	He did the work quickly.
Fe wnaethon nhw fwyd i'r teulu.	They made food for the family.
Fe wnest ti goffi i bawb.	You made coffee for everyone.

*We can add a verb after '**gwnes i**' to say what you did. By using this, you can say most things that happened in the past. The beauty of this is that you don't have to learn the past forms of all verbs.*

i gyd	all ('all' is put before the noun; '**i gyd**' is put after it)
traethau	beaches
nofio	to swim
môr	sea

Test yourself:

Gwnes i yfed y gwin i gyd.	I drank all the wine. (literally: I did drink)
Fe wnaeth e aros trwy'r dydd.	He stayed / He waited all day.
Fe wnaethon ni edrych ar y traethau i gyd.	We looked at all the beaches.
Mi wnest ti nofio yn y môr trwy'r bore.	You swam in the sea all morning.

When we add a verb, the first letter of the verb can change (soft mutation):

cyrraedd	**Fe wnes i gyrraedd yn gynnar.**	I arrived early.
darllen	**Fe wnaeth hi ddarllen y llyfr i gyd.**	She read all the book.
gyrru	**Fe wnaethon nhw yrru'n gyflym.**	They drove quickly.
gweld	**Mi wnest ti weld y mynyddoedd.**	You saw the mountains.

Make up sentences to say what people did:

cylchgrawn   magazine

Fe wnes i		y llyfr	i gyd	ar y traeth	bore 'ma
Mi wnest ti	ddarllen	y papur		wrth y pwll	neithiwr
Fe wnaethon ni	fwynhau	y cylchgrawn		yn y fflat	heddiw
Mi wnaethon nhw		y nofel			

When speaking, the first 'g' or 'gw' often drops off, so you will hear these:

'Nes i nofio trwy'r dydd.	I swam all day.
'Nest ti yfed y gwin i gyd.	You drank all the wine.

'Naethon ni gysgu trwy'r bore.	We slept all morning.
'Naeth hi fwynhau'r noson yn fawr.	She enjoyed the evening very much.

So all these mean the same:

Gwnes i	I did
Fe wnes i	I did
'Nes i	I did
Mi wnes i	I did
Mi 'nes i	I did

Test yourself:

Gwnes i'r coginio i gyd bore 'ma.	I did all the cooking this morning.
'Nes i nofio bore 'ma a darllen yn y prynhawn.	I swam this morning and read in the afternoon.
Mi wnest ti'r swper yn dda iawn.	You did the supper very well.
Gwnaeth hi ddarllen y llyfr mewn diwrnod.	She read the book in a day.
Mi wnaethon nhw wylio'r teledu trwy'r nos.	They watched television all night.

Make up sentences:

bob	every
bob dydd	every day

Gwnes i	nofio yn y pwll	bob dydd
Fe wnes i	ddarllen nofel	bob nos
Fe wnaeth e	wylio'r teledu	bob bore
'Naethon ni	gerdded i'r caffi	

*In north Wales, '**ddaru**' is often used instead of '**mi wnes**':*

south Wales:	north Wales:	
'Nes i glywed	**Ddaru mi glywed**	I heard
Fe wnaeth e fynd	**Ddaru o fynd**	he went
Fe wnaethon nhw godi	**Ddaru nhw godi**	they got up

SGWRS 55

Diogi	*Lazing*
diogi	to laze / lazing

Mari:	**Fe wnes i'r brecwast bore 'ma a beth wnest ti?**	I made breakfast this morning and what did you do?
Huw:	**Wel, fe wnes i godi'n hwyr.**	Well, I got up late.
Mari:	**A beth wnest ti wedyn?**	And what did you do then?
Huw:	**Fe wnes i ddarllen y papur, ac fe wnes i gwpaned o goffi.**	I read the paper and I made a cup of coffee.
Mari:	**Ac am faint o'r gloch wnest ti godi?**	And at what time did you get up?
Huw:	**Fe wnes i godi tua un ar ddeg o'r gloch. Pryd gwnest ti godi?**	I got up around eleven o'clock. When did you get up?
Mari:	**Fe wnes i godi am chwech, wedyn fe wnes i lanhau'r gegin, ac fe wnes i olchi'r llestri.**	I got up at six, then I cleaned the kitchen, and I washed the dishes.
Huw:	**Fe wnest ti lawer o bethau!**	You did a lot of things!
Mari:	**Fe wnes i lanhau'r ffenestri i gyd hefyd!**	I also cleaned all the windows!
Huw:	**Beth wyt ti'n moyn 'neud heddiw?**	What do you want to do today?
Mari:	**Dw i'n barod i ddiogi, ond fe wnest ti ddiogi trwy'r bore!**	I'm ready to laze, but you lazed all morning!

Imagine you've stayed in a self-catering flat. Say what you did, from morning to night, and when. You can use these:

codi	**yn y bore**
darllen	**yn y prynhawn**
glanhau'r gegin	**yn y nos**
gwneud y llestri	

School work

> WNEST TI EDRYCH AR Y WE?
> Did you look on the web?

When asking a question, the first letter can change (soft mutation). When talking, many don't do this – it doesn't change the meaning.

Gwnest ti fe.	You did it.
Wnest ti fe?	Did you do it?

Test yourself:

Wnaeth e'r gwaith cartref ddoe?	Did he do the homework yesterday?
Wnaethoch chi ddarllen y llyfr?	Did you read the book?
Wnest ti edrych ar y we?	Did you look on the web?
Wnaethon nhw ddysgu'r gwaith heddiw?	Did they learn the work today?

Ask questions:

anghofio	to forget
cofio	to remember

Wnes ti	gofio	darllen	y gwaith	ddoe?
Wnaethoch chi	anghofio	gorffen	y llyfr	neithiwr?
Wnaethon nhw				
Wnaeth hi				

When answering questions in the past tense, '**do**' is always 'yes' and '**naddo**' or '**na**' is 'no'.

do	yes
naddo	no
traethawd	essay

Test yourself:

Wnaethon nhw'r gwaith? Do	Did they do the work? Yes
Wnaeth e ysgrifennu'r traethawd? Naddo	Did he write the essay? No
Wnaethoch chi ddysgu'r gwaith? Do	Did you learn the work? Yes
Wnaeth Huw a Mari orffen y gwaith? Naddo	Did Huw and Mari finish the work? No

dy hun	yourself *(used with a person you know well)*
eich hun	yourself *(used with someone less familiar, or more than one person)*

Test yourself:

Wnest ti'r traethawd dy hun?	Did you do the essay yourself?
Wnaethoch chi'r gwaith eich hun?	Did you do the work yourself?
Wnest ti'r gwaith i gyd dy hun?	Did you do all the work yourself?
Wnaethoch chi'r prosiect eich hun?	Did you do the project yourself?

Make up questions:

Wnest ti'r	traethawd	i gyd	neithiwr?
Wnaethoch chi'r	prosiect		bore 'ma?
Wnaeth e'r	gwaith		

Negative sentences

*Put '**ddim**' after '**wnaeth e**', '**wnes i**' etc.:*

Gwnes i – I did	**Wnes i ddim** – I didn't

Test yourself:

pasio'r prawf	to pass the test
Wnaeth hi ddim gwaith bore 'ma.	She didn't do any work this morning.
Wnaethon ni ddim gweithio yn yr ysgol ddoe.	We didn't work in school yesterday.
Wnaethon nhw ddim pasio'r prawf.	They didn't pass the test.
Wnaeth e ddim byd trwy'r bore.	He didn't do anything all morning.

Make up sentences:

Wnes i	ddim	pasio'r prawf	ddoe
Wnaeth e		gwneud y prosiect	bore 'ma
Wnaethon ni		dysgu'r gwaith	heddiw
Wnaethoch chi			

When talking about something in particular, we use '**mo**' instead of '**ddim**'.

'**Mo**' is short for '**ddim o**' (literally: none of).

| **chwaith** | either | **o gwbl** | at all |

Test yourself:

Wnaeth e mo'r gwaith heddiw. He didn't do the work today.
(*literally:* he did none of the work)

Wnaethon nhw mo'r traethawd They didn't do the essay last
neithiwr. night.

Wnaethon ni mo fe o gwbl. We didn't do it at all.

Wnaethoch chi mo fe chwaith. You didn't do it either.

Make up sentences:

Wnaeth e	mo'r	gwaith	bore 'ma
Wnes i		prosiect	heno
Wnaethon ni		prawf	ddoe

*In the same way, '**mo**' is used before 'it':*

Wnaeth e mo fe. He didn't do it.

Wnaethoch chi mo fe. You didn't do it.

Wnest ti mo fe. You didn't do it.

Wnaethon ni mo hi. We didn't do it.

Make up a conversation between a mother and her son:

> *Mother: Ask if you have done the homework last night.*
> *Son: Admit that you haven't done it.*
> *Mother: Ask if you've done the essay.*
> *Son: Say no, you've been playing with friends.*
> *Mother: Ask if you've done the project.*

SGWRS 56

Gwaith cartref   *Homework*

| **cyfaddef** | to admit | **wythnos diwethaf** | last week | **o'r blaen** | before |
| **y tro yma** | this time | **dim gobaith** | no hope | | |

Mair:	**Sam, beth wnest ti bore 'ma?**	Sam, what did you do this morning?
Sam:	**Wel, wnes i mo'r traethawd, wi'n cyfaddef.**	Well, I didn't do the essay, I admit.
Mair:	**A wnest ti mo'r prosiect chwaith.**	And you didn't do the project either.
Sam:	**Wel, ti wnaeth y prosiect, wi'n cyfaddef.**	Well, you did the project, I admit.
Mair:	**A fi wnaeth y traethawd hefyd!**	And I did the essay too!
Sam:	**Ti'n dda iawn, Mam, ti'n gwneud popeth.**	You're very good, Mam, you do everything.
Mair:	**A wnest ti ddim byd wythnos dwetha chwaith!**	And you didn't do anything last week either!
Sam:	**Ti'n iawn, Mam, ti'n ofnadwy o dda.**	You're right, Mam, you're awfully good.
Mair:	**Wel, mae'n rhaid i ti ddechrau gweithio!**	Well, you have to start working!
Sam:	**Oes, mae rhaid i fi, ti'n iawn.**	Yes, I must, you're right.
	Dw i'n dechrau gweithio bore fory.	I'm starting to work tomorrow morning.
Mair:	**Hy! Fe wnes i glywed hynny o'r blaen!**	Huh! I heard that before!
Sam:	**Ond dw i'n addo'r tro yma, Mam.**	But I promise this time, Mam.
Mair:	**Ac fe wnest ti addo'r llynedd!**	And you promised last year!
Sam:	**Ti'n rhoi help i fi heno?**	Are you giving help to me tonight?
Mair:	**Na, dim gobaith!**	No, no hope!

FUODD Y PLANT YN GWERSYLLA?
Did the children go camping?

BOD – *to be*
When used in the past tense, it can mean 'was' or 'went' or 'did go'.

Buodd e He was / he went

There's nothing quite the same in English, although 'was' can suggest that you went somewhere. Here is the difference between **'roedd'** *and* **'buodd'**:
*'***Roedd***' means 'was': something that happened over some time, or an action that is not finished in the story being told.*
*'***Buodd***' also means 'was', but it usually refers to a single action, or an action that has finished.*
There is a considerable overlap in meaning.

Roedd y teulu ar wyliau.	The family were on holiday.
Buodd y teulu ar wyliau.	The family were (had been) on holiday.

bues i	I was / went
buest ti	you were / went
buodd e	he was / went
buodd hi	she was / went
buodd Siân	Siân was / went
buodd y plant	the children were / went
buon ni	we were / went
buoch chi	you were / went
buon nhw	they were / went

*When talking we often use '***fe***' or '***mi***' before '***bues***' i etc. This changes the first '***b***' to '***f***' (soft mutation) but does not change the meaning.*

Bues i >	**Fe fues i / Mi fues i**	I was / went
Buodd hi >	**Fe fuodd hi / Mi fuodd hi**	she was / went
Buon nhw >	**Fe fuon nhw / Mi fuon nhw**	they were / went
Buoch chi >	**Fe fuoch chi / Mi fuoch chi**	you were / went

*On the radio or in more formal Welsh you'll hear '***bu***' instead of '***buodd***':*

Bu tân yn yr ysgol ddoe.	There was a fire in the school yesterday.

Test yourself:

Bues i yno y llynedd ac roedd hi'n bwrw glaw.	I went there last year and it was raining.
Fe fuon nhw yma ddoe ac roedd hi'n braf.	The were here yesterday and it was fine.
Bues i i Gaerdydd ddoe ac roedd hi'n oer.	I went to Cardiff yesterday and it was cold.
Mi fuon nhw yn y Bala ond roedd y dafarn ar gau.	They were in / went to Bala but the pub was closed.
Buon ni'n lwcus i weld y castell.	We were lucky to see the castle.

Make up sentences:

yno	there *(more written)*
fanna	there *(more spoken)*
ond	but

Bues i	yno	y llynedd	ac	roedd hi'n oer	bob dydd
Fe fuon ni	fanna	eleni	ond	roedd hi'n bwrw eira	weithiau
Buodd e	i Gaerdydd	ddoe		roedd hi'n bwrw glaw	

*We can put a verb after '***bues i***' etc. It is used for a continuing action in the past that has come to an end:*

Test yourself:

Bues i'n gwersylla yn Eryri y llynedd.	I camped in Snowdonia last year.

Fe fues i'n nofio yn Aberdaron bob dydd.	I swam in Aberdaron every day.
Bues i'n cysgu yn y garafán bob bore.	I slept in the caravan every morning.
Bues i'n yfed yn y dafarn Gymraeg yn Wrecsam.	I drank in the Welsh pub in Wrexham.

Test yourself:

Eryri   Snowdonia

Bues i'n dysgu Cymraeg yn Nantgwrtheyrn.	I was learning Welsh in Nantgwrtheyrn.
Fe fuon ni'n gwersylla yn Eryri.	We camped / were camping in Snowdonia.
Buoch chi'n nofio yn y llyn bob dydd.	You swam in the lake every day.

Fe fuodd hi'n dringo'r mynyddoedd ddoe.	She climbed the mountains yesterday.

*There is some difference between '**bues i'n yfed**' and '**gwnes i yfed**':*

'**Gwnes i yfed**' *refers to a single event – e.g.* I drank a cup of tea.

'**Bues i'n yfed**' *refers to a longer session of drinking – e.g.* I drank all afternoon.

Make up sentences:

Bues i'n	cysgu	bore 'ma
Fe fuest ti'n	darllen	neithiwr
Buodd e'n	nofio	bob prynhawn
Buodd hi'n	bwyta	y llynedd
Buon ni'n	gweithio	bob bore
Fe fuoch chi'n		

SGWRS 57

Dod yn ôl i Gymru   *Coming back to Wales*

wedyn	then, afterwards
y we	the internet
unwaith eto	once again
tŷ haf	second home (summer home)
ymwelwyr	visitors
y gogledd	the north / north Wales

Sam:	**Buon ni mewn gwesty ym Mhwllheli y llynedd.**	We were in a hotel in Pwllheli last year.
Wendy:	**Roedd e'n hyfryd. Buon ni i'r siop Gymraeg.**	It was lovely. We went to the Welsh shop.
Sam:	**Fanna prynon ni *My Way to Welsh*.**	It was there we bought *My Way to Welsh*.
Wendy:	**Buon ni'n dysgu Cymraeg am flwyddyn wedyn.**	We learnt Welsh for a year afterwards.
Sam:	**Ti'n siarad Cymraeg yn dda nawr!**	You're speaking Welsh well now!
Wendy:	**Bues i ar gwrs Cymraeg yn Aberystwyth yn yr haf.**	I went to a Welsh course in Aberystwyth in summer.
Sam:	**A bues i'n dysgu ar y we.**	And I learnt on the internet.
Wendy:	**A dy'n ni'n siarad Cymraeg nawr!**	And we speak Welsh now!
Sam:	**Eleni dw i eisiau mynd i Gymru unwaith eto.**	This year I want to go to Wales once again.
Wendy:	**Mae gormod o dai haf yn y gogledd.**	There are too many second homes in the north.
Sam:	**Mae gormod o ymwelwyr yn y gogledd!**	There are too many visitors in the north!
Wendy:	**Buon ni'n siarad Saesneg yn y gwesty y llynedd.**	We spoke English in the hotel last year.
Sam:	**Eleni dy'n ni'n gallu siarad Cymraeg fanna.**	This year we can speak Welsh there.

Cwestiynau *Questions*

Start the question with 'f':

Test yourself:

Fuoch chi i Fangor y llynedd?	Were you / Did you go to Bangor last year?
Fuon nhw ar wyliau yn y gogledd?	Were they / Did they go on holiday in north Wales?
Fuodd y plant yn gwersylla?	Were / Did the children go camping?
Fuest ti'n dringo yn Eryri?	Were you / Did you go climbing in Snowdonia?

Ask questions:

y de   the south / south Wales

Fuoch chi'n	dringo	yn Eryri	y llynedd?
Fuon nhw'n	aros	yn y gogledd	eleni?
Fuodd hi'n	gwersylla	yn y de	

Answer yes and no:

do – yes   **na** *or* **naddo** – no

Fuodd hi yn Abertawe ddoe? **– Do**	Did she go to Swansea yesterday? – Yes
Fuodd e gyda hi yn y bore? **– Naddo**	Did he go with her in the morning? – No

Say you didn't do something.

Put 'ddim' after 'Fues i' etc.:

Fues i ddim – I wasn't, I didn't, I didn't go

Fues i ddim yn gweithio bore 'ma.	I didn't work this morning.
Fuon nhw ddim yma ddoe.	They weren't here yesterday.
Fuodd y plant ddim gyda ni.	The children didn't go with us.
Fuon ni ddim yn nofio bob bore.	We didn't swim every morning.

Make up sentences:

Fues i	ddim	yn gweithio	bob bore
Fuon nhw		yma	ddoe
Fuon ni		yn yfed	trwy'r bore
Fuoch chi		yn gwersylla	eleni

Answer questions:

Ble buoch chi y llynedd?
Fuoch chi yn y gogledd eleni?
Fuoch chi yn y de y llynedd?
Fuoch chi'n aros mewn gwesty?
Fuoch chi'n aros mewn tŷ haf?

CAEL

*The past tense of '**cael**' is a little different:*

ces i	I had
cest ti	you had
cafodd e	he had
cafodd hi	she had
cafodd y plant	the children had
cawson ni	we had
cawsoch chi	you had
cawson nhw	they had

You will hear many varions of these. You will find these used in south Wales:

Fe ges i	
Fe gest ti	
Fe gaeth e	*This is pronounced 'gath eh'*
Fe gaeth hi	
Fe gaethon ni	*This is pronounced 'gethon nee'*
Fe gaethoch chi	
Fe gaethon nhw	

Another variation in south Wales is:

Fe gas e	*he had*
Fe gas hi	*she had*
Fe geson ni	*we had*
Fe geson nhw	*they had*

*Again when talking we can put '**fe**' or '**mi**' before '**ces i**' etc., with no difference to the meaning, e.g.*

Fe ges i	*I had*
Mi gawson ni	*we had*
Fe gas hi	*she had*

Test yourself:

Fe ges i bedwar o blant.	I had four children.
Fe gawson nhw faban bach ddoe.	They had a little baby yesterday.
Mi ges i fachgen bach y llynedd.	I had a small boy last year.
Fe gafodd hi ferch fach ym mis Mawrth.	She had a little girl in March.

FE GAWSON NI FERCH FACH.
We had a little girl.

You will have noticed that the first letter of the word after the verb can change (soft mutation), e.g.

> baban – faban
> pedwar – bedwar
> merch – ferch

Make up sentences:

yn ôl	ago
wythnos yn ôl	a week ago
brawd bach	a little brother
chwaer fach	a little sister

Fe ges i	ferch fach	y llynedd
Fe gafodd e	faban bach	ddoe
Fe gawson ni	fachgen bach	wythnos yn ôl
		mis yn ôl

To ask questions, change the first 'c' to 'g'. Don't worry if you don't do this, many people don't do it:

ysbyty	hospital
efeilliaid	twins

Test yourself:

Gawsoch chi'r baban yn yr ysbyty?	Did you have the baby in the hospital?
Gafodd hi'r baban pan oedd hi ar wyliau?	Did she have the baby when she was on holiday?
Gawson nhw efeilliaid?	Did they have twins?
Gest ti ferch neu fachgen bach?	Did you have a little girl or boy?
Gas hi'r babi yn yr ysbyty?	Did she have the baby in the hospital?

155

Make up questions:

Gawsoch chi	efeilliaid	yn yr ysbyty?
Gest ti	fachgen bach	y llynedd?
Gafodd hi	ferch fach	wythnos yn ôl?
Gawson nhw		

To answer, once again, just use:

Do yes
Naddo no

To say you haven't had a baby, put 'ddim' in the sentence. We begin the sentence by changing the 'c' to 'ch' (aspirate mutation). This doesn't happen often when speaking.

c > ch	ces i	>	**ches i ddim**	I didn't have
	cawson ni	>	**chawson ni ddim**	we didn't have
p > ph	prynon ni	>	**phrynon ni ddim**	we didn't buy
	prynodd e	>	**phrynodd e ddim**	he didn't buy
t > th	talodd hi	>	**thalodd hi ddim**	she didn't pay
	talest ti	>	**thalest ti ddim**	you didn't pay

Test yourself:

o gwbl at all
fanna there
ward ward

Chawson ni ddim bwyd o gwbl yn y ward.	We didn't have any food at all in the ward.
Chest ti ddim llawer o hwyl yn yr ysbyty.	You didn't have a lot of fun in the hospital.
Chawson nhw ddim byd i yfed fanna.	They didn't have anything to drink there.
Chafodd hi ddim merch – cafodd hi fachgen.	She didn't have a girl – she had a boy.

Make up sentences:

dim byd nothing
genedigaeth birth
ymwelydd visitor

Ches i	ddim	bwyd	yn yr ysbyty
Chafodd hi		llawer o hwyl	yn y ward
Chawson ni		byd i yfed	cyn yr enedigaeth
Chest ti			ymwelydd

*When talking about something specific, use '**mo**' instead of '**ddim**':*

ar ôl after
ar ôl cael after having
y wybodaeth the information

Test yourself:

Ches i mo'r baban bore 'ma.	I didn't have the baby this morning.
Chafodd hi mo'r anrheg ar ôl cael y baban.	She didn't have the present after having the baby.
Chest ti mo'r newyddion da?	Didn't you have the good news?
Chas e mo'r wybodaeth am y baban neithiwr.	He didn't have the information about the baby last night.

Make up sentences:

Ches i	mo'r	anrheg	bore 'ma
Chawson ni		baban	yn y nos
Chafodd e		efeilliaid	ddoe

Make up sentences to say what these people had or didn't have:

Say you didn't have a meal in the hospital:

pryd o fwyd meal

....

SGWRS 58

Eisiau baban	*Wanting a baby*
anodd	difficult
caled	hard
peiriant golchi llestri	dishwasher (washing dishes machine)

Mari:	**Cafodd Ann faban yn yr ysbyty ddoe.**	Ann had a baby in hospital yesterday.
Huw:	**Da iawn. Gafodd hi amser anodd?**	Very good. Did she have a difficult time?
Mari:	**Naddo, cas hi amser hawdd, diolch byth.**	No, she had an easy time, thank goodness.
Huw:	**Beth gafodd hi?**	What did she have?
Mari:	**Cafodd hi fachgen bach. Mae popeth yn iawn.**	She had a little boy. Everything is fine.
Huw:	**Wyt ti wedi clywed am Siân ac Alun?**	Have you heard about Siân and Alun?
Mari:	**Ydw, cawson nhw efeilliaid wythnos yn ôl.**	Yes, they had twins a week ago.
Huw:	**Cafodd hi amser caled, druan.**	She had a difficult time, poor thing.
Mari:	**Do, ond mae hi'n iawn nawr.**	Yes, but she's alright now.
Huw:	**A chafodd Alun wythnos o'r gwaith.**	And Alun had a week off work.
Mari:	**Mae e'n mwynhau bywyd felly!**	He's enjoying life therefore!
Huw:	**Na, mae e'n golchi'r llestri bob dydd!**	No, he's washing the dishes every day!
Mari:	**Paid bod yn ffŵl! Cawson nhw beiriant golchi llestri wythnos diwetha.**	Don't be a fool! They had a dishwasher last week.
Huw:	**Wyt ti eisiau baban, Mari?**	Do you want a baby, Mari?
Mari:	**Wyt ti'n fodlon golchi'r llestri?**	Are you willing to wash the dishes?

Say that you didn't have wine to celebrate, but you had a pint or two:

i ddathlu	to celebrate
neu ddau	or two

....

The eisteddfod chair

In the National Eisteddfod of Wales, held every year, a poet wins the main prize – a chair. This tradition goes back to the first eisteddfod, held in 1176. In 1917 the chair was won by Hedd Wyn, a shepherd-farmer from Trawsfynydd, Gwynedd. He was a soldier in the First World War, and won the chair at the National Eisteddfod, held that year in Birkenhead, near Liverpool. He died before he could be given the chair. The chair in the picture is the chair he won, but did not receive.

John Phillips

In the last parts, we saw the past tense of some common verbs. Here is the pattern for almost all other verbs:

codi *to get up*

...ais i	**codais i**	I got up *in south Wales, pronounce it* **'codes i'**
...aist ti	**codaist ti**	you got up *in south Wales, pronounce it* **'codest ti'**
...odd e	**cododd e**	he got up
...odd hi	**cododd hi**	she got up
...odd y plant	**cododd y plant**	the children got up
...on ni	**codon ni**	we got up
...och chi	**codoch chi**	you got up
...on nhw	**codon nhw**	they got up

As with the other verbs, we can put **'fe'** *or* **'mi'** *before these:*

codais i	>	**fe godes i**
cododd hi	>	**fe gododd hi**
codon nhw	>	**mi godon nhw**

When adding these endings to verbs, the last 'i' or 'u' or 'o' or other endings of the verb drop off:

canu	**canais i**	I sang
cerdded	**cerddon ni**	we walked
clywed	**clywodd e**	he heard
gweld	**gwelon nhw**	they saw
gwisgo	**fe wisgais i**	I dressed
gyrru	**mi yrrodd e**	he drove
prynu	**prynodd hi**	she bought
yfed	**yfodd e**	he drank

Test yourself:

| **Fe brynais i'r llyfr.** | I bought the book. |
| **Mi sgrifennais i'r llythyr.** | I wrote the letter. |

Fe yfodd hi'r te.	She drank the tea.
Mi ddarllenodd e'r papur.	He read the paper.
Fe wisgodd hi sgert.	She wore a skirt.

Put these in sentences, e.g.:

| **Gwelais i'r eisteddfod ar y teledu.** | I saw the eisteddfod on television. |
| **Fe glywais i'r eisteddfod ar y radio.** | I heard the eisteddfod on the radio. |

| Cerddon ni | o Abertawe | i'r eisteddfod | ddoe |
| Mi yrrodd e | o Gaerdydd | | neithiwr |

| Clywodd e | 'r eisteddfod | ar y teledu | neithiwr |
| Gwelon nhw | newyddion | | ddoe |

| Prynodd hi | siwt newydd | i fynd | i'r eisteddfod |
| Fe wisgais i | sgert newydd | | |

Some words associated with the eisteddfod:

eisteddfod	eisteddfod, *a cultural competitive event*
coroni	to crown, *a crown is given for a winning poem*
cadeirio	to chair, *a chair is given for a winning poem in strict metre*
canu gwerin	folk singing
glawio	to rain (*The National Eisteddfod in Wales is held in the first week of August when it often rains.*) *The same meaning as* **'bwrw glaw'**
ffrind coleg	college friend
y cadeirio	the chairing
pafiliwn	pavilion

Test yourself:

Codes i'n gynnar i fynd i'r eisteddfod.	I got up early to go to the eisteddfod.
Gwisges i got law – glawiodd hi trwy'r dydd.	I wore a rain coat – it rained all day.
Gyrron ni i'r maes parcio a dalion ni fws i'r maes.	We drove to the car park and caught a bus to the field.
Gweles i seremoni'r coroni.	I saw the crowning ceremony.
Gweles i'r grwpiau canu gwerin.	I saw the folk singing groups.
Gweles i'r seremoni cadeirio ar y teledu neithiwr.	I saw the chairing ceremony on TV last night.
Gwelon ni ffrindiau coleg yn yr eisteddfod.	We saw college friends in the eisteddfod.
Prynais i *Lol* yn yr eisteddfod.	I bought *Lol* in the eisteddfod.
Gwelon ni'r cadeirio ar y teledu neithiwr.	We saw the chairing on TV last night.

Make up sentences:

Gweles i'r	seremoni cadeirio	ar y llwyfan	ddoe
Clywon ni'r	grŵp gwerin	yn yr eisteddfod	prynhawn ddoe
	band	ar y teledu	

Say what these people did:

canu'r piano   to play the piano
Say that she played the piano in the eisteddfod.

....

cyn mynd before going
Say that you drank wine before going to have food.

....

band   band
llwyfan mawr   big stage
Say that you heard the band on the big stage.

....

Imagine that you went to the eisteddfod. You can say you:

> saw the folk singing groups.
> saw the crowning ceremony.
> bought books.
> sang 'Hen Wlad fy Nhadau'.
> ate lunch and drank wine with friends.

MI EISTEDDON NI YN YR EISTEDDLE.
We sat in the stand.

Fe edrychon nhw ar y gêm am awr.	They looked at the game for an hour.
Mi eisteddon ni yn yr eisteddle.	We sat in the stand.
Siaradon ni am y chwaraewyr yn y dafarn.	We spoke about the players in the pub.

Make up sentences:

tîm / timau   team/-s

Darllenais i	am y gêm	cyn y gêm
Siaradon ni	am y chwaraewyr	yn y dafarn
	am y timau	ar ôl y gêm

Some verbs vary a little:

cymryd	**mi gymerais i**	I took
dechrau	**dechreuon ni**	we started
dweud	**fe ddywedais i**	I said
gorffen	**gorffennodd hi**	she finished
gwrando	**fe wrandawodd e**	he listened
mwynhau	**mwynheuais i**	I enjoyed
rhoi	**fe roiodd hi**	she gave

dweud wrth   to tell
Fe ddywedais i wrth Huw.   I told Huw.

Test yourself:

Fe gymerais i'r wraig i weld y gêm.	I took the wife to see the game.
Fe fwynheuodd hi'n fawr.	She enjoyed a lot.
Fe ddechreuon nhw chwarae am dri.	They started playing at three.
Mi wrandawes i ar y gêm ar y radio.	I listened to the game on the radio.
Mi orffennodd y gêm am chwarter i bump.	The game finished at a quarter to five.

Some verb endings don't drop off:

cwrdd	**cwrddais i**	I met
chwarae	**chwaraeaist i**	you played
darllen	**darllenodd e**	he read
edrych	**edrychodd hi**	she looked
eistedd	**eisteddon ni**	we sat
gofyn	**gofynnoch chi**	you asked
siarad	**siaradon nhw**	they spoke
ennill	**enillon ni**	we won

As with the other verbs, we can put 'fe' or 'mi' before these:

cwrddais i	>	**fe gwrddais i**
edrychon nhw	>	**fe edrychon nhw**
darllenodd e	>	**mi ddarllenodd e**

cwrdd â rhywun   to meet (with) someone
Fe gwrddais i â ffrind cyn y gêm.   I met a friend before the game.

eisteddle   stand   (**eisteddle** *means 'sitting place', which makes more sense than calling the sitting places at football grounds a 'stand'.*)

Test yourself:

| **Fe gwrddais i â ffrindiau ar ôl y gêm.** | I met friends after the game. |
| **Fe ddarllenais i am y gêm yn y papur.** | I read about the game in the paper |

When we put a noun (the thing we're talking about) after the verb the first letter can change (soft mutation):

peint   >   beint   **Prynais i beint.**
                              I bought a pint.

papur	>	bapur

Fe ddarllenodd hi bapur.
She read a paper.

rhaglen	>	raglen

Fe werthon nhw raglen.
They sold a programme.

But 'game' doesn't change:

Fe welais i gêm.   I saw a game.

This change doesn't occur after 'the' (although a feminine noun can change after ''**r**':

Fe brynais i beint.   but   **Fe brynais i'r peint.**

Test yourself:

rhoi i Huw   to give Huw *(literally, to give to Huw)*

Fe roiodd hi got i fi cyn mynd i'r gêm.	She gave me a coat before going to the game.
Fe rolodd y wralg ddlgon o arian i ni.	The wife gave us enough money.
Eisteddon ni yn yr eisteddle.	We sat in the stand.
Fe siaradon ni â ffrindiau cyn y gêm.	We spoke to friends before the game.

Make up sentences:

yn ystod   during

Fe roiodd hi	ddau beint	i fi	cyn y gêm
Fe roiodd e	docyn	i ni	ar ôl y gêm
Mi roion nhw	raglen	i chi	yn ystod y gêm

A few more to test yourself:

stŵr   a row

Gwerthon ni docynnau ar y stryd.	We sold tickets on the street.
Mwynheuon ni'r gêm yn fawr.	We enjoyed the game very much.
Fe ddechreuon ni yfed cyn y gêm.	We started drinking before the game.
Dihunais i yn y trên cyn Port Talbot.	I woke up in the train before Port Talbot.
Rhoiodd y wraig stŵr i fi.	The wife gave me a row.

Ask what you did:

To make questions, the first letter can change (soft mutation), e.g.:

D > Dd	**Ddarllenoch chi raglen cyn y gêm?** Did you read a programme before the game?
P > B	**Brynoch chi raglen cyn mynd i'r gêm?** Did you buy a programme before going to the game?

The answer 'yes' is '**do**' and the answer 'no' is '**naddo**':

ar werth   for sale

Do, prynais i ddwy raglen, un i chi ac un i fi.	Yes, I bought two programmes, one for you and one for me.
Naddo, doedd dim rhaglen ar werth.	No, there was no programme for sale.

Make up questions:

Werthoch chi'r	tocyn	ddoe?
Werthodd hi'r	rhaglen	bore 'ma?
Brynoch chi'r		

Test yourself:

Ddarllenoch chi'r rhaglen ddoe?	Did you read the programme yesterday?
Naddo, ddarllenes i mo hi.	No, I didn't read it.
Fwynheuoch chi'r gêm ddoe?	Did you enjoy the game yesterday?
Do, ond chwaraeais i ddim.	Yes, but I didn't play.
Enillon ni'r gêm?	Did we win the game?
Naddo, collon ni!	No, we lost!
Fe adawais i'r cae yn gynnar.	I left the field early.
Ddechreuodd Alun yfed am saith?	Did Alun start drinking at seven?
Naddo, yfodd e ddim trwy'r nos.	No, he didn't drink all evening.
Gwrddoch chi â Huw?	Did you meet Huw?
Naddo, ond fe gwrddais i ag Ann.	No, but I met Ann.

Answer:

dihuno   to wake up
Pryd dihunoch chi bore 'ma?
Beth gawsoch chi i frecwast?
Wrandawoch chi ar y newyddion bore 'ma?
Weloch chi'r newyddion neithiwr?
Weloch chi gêm ar y teledu neithiwr?
Beth weloch chi ar y teledu neithiwr?

SGWRS 59

Neithiwr	*Last night*
bod ti	that you

Hywel:	**Fe welais i gêm dda gyda Huw neithiwr.**	I saw a good game with Huw last night.
Blodwen:	**Ond ro'n i'n meddwl bod ti'n prynu swper.**	But I thought you were buying supper.
Hywel:	**Do, prynais i swper, ond cwrddais i â Huw ar y stryd.**	Yes, I bought supper, but I met Huw on the street.
Blodwen:	**Pa gêm welest ti, 'te?**	Which game did you see, then?
Hywel:	**Fe welais i rownd ola Wimbledon. Rownd ola'r merched.**	I saw the last round of Wimbledon. The ladies' last round.
Blodwen:	**Ond fe orffennodd y rownd am wyth o'r gloch.**	But the round finished at eight o'clock.
Hywel:	**Aethon ni i'r dafarn i weld y gêm.**	We went to the pub to see the game.
Blodwen:	**Ac yfoch chi trwy'r nos, sbo.**	And you drank all night, I suppose.
Hywel:	**Ond roedd y gêm yn dda iawn. Roedd y merched yn dalentog iawn.**	But the game was very good. The ladies were very talented.
Blodwen:	**Beth gest ti i swper?**	What did you have for supper?
Hywel:	**Ces i bysgod a sglodion.**	I had fish and chips.
Blodwen:	**Fi'n mynd mas nos yfory – 'nhro i fydd hi.**	I'm going out tomorrow night – it will be my turn.

If you want to emphasize something, just put it in front of the verb. As you've guessed, soft mutation is in order!

Pwy?	Who?
Beth?	What?

adeiladu	to build
y frwydr	the battle
Normaniaid	Normans
Cymry	Welsh people
castell	castle
cestyll	castles

Pwy adeiladodd y castell?	Who built the castle?
Pwy welodd Huw yn y castell?	Who did Huw see in the castle?
Beth wnaeth y Normaniaid?	What did the Normans do?
Beth wnaeth y Cymry?	What did the Welsh do?
Pwy enillodd y frwydr?	Who won the battle?
Pwy gollodd y frwydr?	Who lost the battle?

To answer, put the noun first:
Test yourself:

Y Normaniaid adeiladodd e, wrth gwrs.	It was the Normans who built it, of course.
Ni gollodd y frwydr.	It was us who lost the battle.
Y Cymry gollodd y frwydr.	It was the Welsh who lost the battle.

Y Normaniaid enillodd, yn anffodus.	It was the Normans who won, unfortunately.
Siân welodd e.	It was Siân he saw.

But this question and answer can lead to a mix-up – it has two meanings:

Pwy welodd Huw?	Who saw Huw? *or* Who did Huw see?
Siân welodd e.	It was Siân who saw him. *or* It was Siân he saw.

How do you get round this? Just use common sense.

Ask questions:

amgueddfa   museum

Beth	welodd wnaeth weloch chi welon ni	Huw Siân	yn y castell? yr amgueddfa?

Ask 'whose':
*Put the word you're asking about after '**pwy**':*

castell   castle

Castell pwy yw e?	Whose castle is it?
Castell pwy yw castell Pennard?	Whose castle is Pennard castle?

*To answer, put who or what it is after '**castell**' etc.:*

Test yourself:

Castell y Cymry yw e.	It's the Welsh people's castle.
Castell y Normaniaid yw e.	It the Normans' castle.
Castell Llywelyn yw e.	It's Llywelyn's castle.

*To emphasize that you did not do something, start with '**nid**':*

Nid   not

Test yourself:

Nid fi welodd e.	It wasn't me who saw it.
Nid y Normaniaid adeiladodd e.	It wasn't the Normans who built it.
Nid y Cymry enillodd.	It wasn't the Welsh who won.
Nid y Normaniaid enillodd.	It wasn't the Normans who won.

Make up sentences:

abaty abbey

Nid	y Cymry y Normaniaid	adeiladodd y castell enillodd y frwydr gollodd y frwydr adeiladodd yr abaty

*In south Wales, when speaking, we can use '**nace**':*

Nace fi welodd e.	It wasn't me who saw him.
Nace Siân welodd fi.	It wasn't Siân who saw me.
Nace'r Cymry adeiladodd e.	It wasn't the Welsh who built it.
Nace'r Normaniaid enillodd.	It wasn't the Normans who won.

Make up sentences:

Nace Nid	Llywelyn Edward Rhys ap Gruffudd	adeiladodd	gastell Dolbadarn gastell Harlech gastell Dinefwr

More questions using the past tense:
There is no soft mutation after these:

Pam?	Why?
Pryd?	When?
Ble?	Where?

Test yourself:

Pam adeiladon nhw'n castell?	Why did they build the castle?
Pam collon ni'r frwydr?	Why did we lose the battle?
Pryd codon nhw'r castell?	When did they put up the castle?
Pryd enillon nhw'r frwydr?	When did they win the battle?
Ble codon nhw'r castell?	Where did they put up the castle?
Ble gwelon ni'r abaty?	Where did we see the abbey?

There are many ways of saying 'here is' or 'there is':

Fan hyn mae...	Here is/are...
Fan hyn mae'r castell.	Here is the castle.
Fanna mae...	There is/are...
Fanna mae'r castell.	There the castle is.

CONCRO CYMRU *Conquering Wales*

Ble adeiladodd y Normaniaid y cestyll?
Adeiladodd yr Eingl-Normaniaid (*Anglo-Normans*) 600 o gestyll.

Adeiladon nhw gestyll mawr yn:
Biwmares, Conwy, Caernarfon, Rhuddlan, Harlech, Aberteifi, Penfro, Caerfyrddin, Caerffili, Cas-gwent.

Rhowch yr enwau ar y map.

Pam adeiladodd y Normaniaid y cestyll?
Adeiladon nhw'n cestyll i goncro Cymru.

Pryd adeiladon nhw'r cestyll?
Adeiladon nhw'r cestyll rhwng 1087 ac 1300.

Cymry Welsh people
amddiffyn to defend

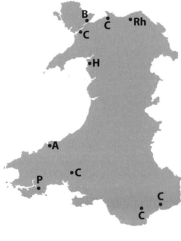

Ble adeiladodd y Cymry gestyll?
Adeiladodd y Cymry lawer o gestyll.
Adeiladodd y Cymry gestyll yn y wlad ac yn y mynyddoedd.

Adeiladon nhw gestyll yn:
Dolbadarn, Dolwyddelan, Dinas Brân (Llangollen), Cricieth, Castell Newydd Emlyn, Dryslwyn, Dinefwr.

Rhowch yr enwau ar y map.

Pryd adeiladon nhw'r cestyll?
Adeiladon nhw'r cestyll rhwng 1150 ac 1270.

Pam adeiladon nhw'r cestyll?
Adeiladon nhw'r cestyll i amddiffyn Cymru.

For more information go to:
https://www.historic-uk.com/HistoryMagazine/DestinationsUK/CastlesinWales/

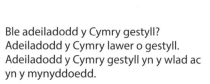

DW I'N MYND OS YDY HI'N MYND.
I'm going if she goes.

We can add a second part of a sentence to say why or when or if you are doing something: linking clauses

os	if
achos	because
oherwydd	because
pan	when
bydd	will be, going to be

os	if
os dych chi'n mynd	if you go
os bydd hi'n braf	if it will be fine
os bydd hi ddim yn bwrw glaw	if it's not going to rain
os yw e'n mynd	if he's going

adfeilion	ruins

Test yourself:

Dw i'n mynd os ydy hi'n mynd.	I'm going if she goes.
Maen nhw'n dod os dydy hi ddim yn bwrw glaw.	They're coming if it's not raining.
Dw i'n mynd i weld yr adfeilion os bydd hi'n braf.	I'm going to see the ruins if it will be fine.
Mae e'n mynd os yw hi'n mynd hefyd.	He's going if she's going as well.

Make up sentences to say what's happening:

amgueddfa	museum
eglwys	church

*Say you're going to see the ruins (**adfeilion**) if it's fine this afternoon.*

....

Say you're going to the museum if it's raining.

....

*Say you're going to the church if it's open (**ar agor**) today.*

....

Make up sentences:

Dw i'n	mynd i weld	yr amgueddfa	os	bydd hi'n braf
Dy'n ni'n		yr adfeilion		bydd hi'n bwrw glaw
		yr eglwys		bydd Huw yn dod

achos	because
achos mae hi'n mynd	because she's going
achos gwelodd hi'r castell ddoe	because she saw the castle yesterday
achos daeth e adre'n gynnar	because he came home early
achos mae hi'n braf heddiw	because it's fine today

Test yourself:

Dw i'n mynd adre nawr achos dw i wedi cael digon.	I'm going home now because I've had enough.
Daeth e gyda ni achos roedd e'n moyn gweld adfeilion.	He came with us because he wanted to see ruins.
Aeth hi adre achos doedd hi ddim yn hapus.	She went home because she wasn't happy.
Gwelodd hi Huw achos daeth e gyda ni.	She saw Huw because he came with us.

'Oherwydd' can also be used instead of 'achos':

Make up sentences:

Aethon ni i'r	castell	achos	gwelon ni'r dref	ddoe
Gwelodd hi'r	abaty	oherwydd	aethon ni i'r amgueddfa	bore 'ma
			doedd hi ddim yn braf	

pan   when
         (usually refers to a specific point of time)
         *The first letter of the verb changes after '**pan**' (except*
         '**mae**').

*Put the verb straight after '**pan**'.*

daeth Huw	**pan ddaeth Huw**	when Huw came
clywon nhw	**pan glywon nhw**	when they heard
oedd hi	**pan oedd hi**	when she was
mae e	**pan mae e**	when he is

Test yourself:

Gwelais i Huw, pan ddaeth e adre.	I saw Huw, when he came home.
Prynodd hi'r llyfr, pan welodd hi fe.	She bought the book, when she saw it.
Es i i'r castell pan oedd y tywydd yn braf.	I went to the castle when the weather was fine.
Aethon ni i'r amgueddfa pan oedd hi'n bwrw glaw.	We went to the museum when it was raining.

Make up sentences:

Aethon ni i'r amgueddfa	pan	oedd hi'n braf
Gwelais i'r castell		ddaeth y bws
		gerddon ni i'r dref
		aethon ni i Gaerdydd

Make up sentences:

Say you went to the museum when it was raining.

*Say you saw the temple (**y deml**) when you were in Athens (**Athen**).*

*Say you went to the amphitheatre (**amffitheatr**) when it was fine.*

Say what else you saw in Athens.

O'N, RO'N I WEDI CAEL Y SWYDD.
Yes, I'd had the job.

To say 'had' we use '**wedi**' *after* '**roedd**', *instead of* '**yn**':

Roedd Hywel yn mynd i'r coleg.   Hywel was going to college.

Roedd Hywel wedi mynd i'r coleg.   Hywel had gone to college.

Notice how easy it is compared to English: there's no need to change 'go' to 'going' to 'gone'. Just use '**mynd**':

Dw i'n mynd.	I'm going.
Dw i wedi mynd.	I've gone.
Ro'n i'n mynd.	I was going.
Ro'n i wedi mynd.	I had gone.

Although '**wedi**' *is used for 'had', it is used more and more for a general past tense.*

swydd	job
dyrchafiad	promotion

Test yourself:

Roedd hi wedi bod yn yr ysgol.	She had been to school.
Ro'n i wedi bod yn gweithio yn y dre.	I had been working in town.
Roedd Mair wedi gweithio yn y ffatri.	Mair had worked in the factory.
Ro'ch chi wedi newid swydd.	You had changed job.
Ro'n i wedi cael swydd newydd.	I had had a new job.

Make up sentences:

Roedd hi	wedi	cael y swydd
Ro'n i		newid swydd
Roedd Mair		cael dyrchafiad
Ro'n nhw		

To ask questions, use the same question forms you used for 'was/were':

O'n i wedi...?	Had I...?
O't ti wedi...?	Had you...?
Oedd e wedi...?	Had he...?
Ble oedd hi wedi...?	Where had she...?

Test yourself:

O'ch chi wedi cael y swydd?	Had you had the job?
O'n, ro'n i wedi cael y swydd.	Yes, I'd had the job.
O'n nhw wedi newid gwaith?	Had they changed job?
O'n, ro'n nhw wedi newid gwaith.	Yes, they'd changed job.
Ble o'ch chi wedi gweithio wedyn?	Where had you worked then?

Say something about your career.

mynd yn	to become
mynd yn athro	to become a teacher
mynd yn feddyg	to become a doctor
mynd yn yrrwr bws	to become a bus driver

Say what these people had done:

mewn llywodraeth leol   in local government
Say that you had worked in local government.

....

canu'r organ   to play the organ
yn y capel   in chapel
Say that you had played the organ in chapel.

....

dysgu   to teach
mewn band   in a band

Say that you had taught in Maesyryrfa, and that you had played in a band.

....

Lladin   Latin
addysg grefyddol   religious education

Say that you had taught Latin and religious education in Ystalyfera.

....

arwain côr   to conduct a choir

Say that you had conducted a choir in Swansea.

....

criced   cricket
to start to sing   dechrau canu

Say that you had played cricket, but that you had started to sing.

....

Say what you had done, and where.

This could include:

> **chwarae pêl-droed**
> **chwarae hoci**
> **chwarae tennis**
> **canu mewn côr**
> **dysgu Sbaeneg / Ffrangeg**
> **dysgu canu'r piano**
> **dechrau busnes**
> **dechrau gweithio**

Welsh medium schools

At the time of writing there are around 400 Welsh medium primary schools in Wales. In these around 70,000 pupils, around 23% of pupils in Wales, learn through the medium of Welsh. Two thirds of the pupils come from English speaking homes, but they learn Welsh and English to the highest educational standards.

This is a great change from years ago. In 1870 Welsh was banned from schools. Pupils were punished for using the language. The 'Welsh not' – a piece of wood – was tied around a pupil's neck with a string, if he/she spoke Welsh. If they heard someone else speaking Welsh, they gave the 'Welsh not' to them. The pupil wearing the 'Welsh not' at the end of the day was punished.

Slowly Welsh was reintroduced to schools. In 1956 there were 30 Welsh medium schools. In 2022, there were 400 primary schools and 33 secondary schools teaching mainly through the medium of Welsh.

Welsh medium schools also give their pupils an experience of the rich cultural life associated with the Welsh language.

After many years of campaigning by parents, the Welsh Government wants to see a rapid expansion of Welsh medium education.

*To say that you had not done something, put '**ddim**' in front of '**wedi**':*

ddim wedi	had not

llwyddo	to succeed
methu	to fail
pasio	to pass
arholiad	exam
graddio	to graduate
ennill	to win
gradd	degree
myfyrwyr	students

Test yourself:

Do'n i ddim wedi llwyddo.	I had not succeeded.
Do'n nhw ddim wedi methu.	They had not failed.
Doedd Mair ddim wedi pasio.	Mair had not passed.
Do'n nhw ddim wedi ennill.	They had not won.

Make up sentences using words from each column to say what did not happen:

prentisiaeth	apprenticeship

Do'n i	ddim wedi	cael	gradd
Do'n nhw			prentisiaeth
Do'n ni			swydd ar ôl gadael
Doedd y myfyrwyr			

Questions can be formed in the same way:

Test yourself:

arholiad	exam
O'n nhw ddim wedi llwyddo?	Hadn't they succeeded?
O'n nhw ddim wedi methu?	Hadn't they failed?

Oedd hi ddim wedi pasio'r arholiad?	Hadn't she passed the examination?
O'dd Huw ddim wedi pasio?	Hadn't Huw passed?

Ask questions using words from each column:

O'ch chi	wedi	llwyddo yn y brifysgol?
O'n nhw		cael gradd?
O'n ni		cael prentisiaeth?
		methu yn y coleg?

Make up questions and answers:

swydd	job

Ask if you had had the job.

....

Say that you had not got the job.

....

dyrchafiad	promotion
cael siom	to be disappointed

Ask if you had had a promotion.

....

*Say no, say you hadn't had a promotion, but that you had not been disappointed (**cael siom**).*

....

rhan	a part
to have much of luck	cael llawer o lwc

Ask if you had had the part in the film.

....

Say no, say you hadn't had much luck.

....

Atebwch: *Answer*

Make up sensible answers to the following:

O'ch chi wedi bod i'r coleg? ....

O'ch chi wedi bod i'r brifysgol? ....

O'ch chi wedi cael prentisiaeth? ....

O'ch chi wedi cael gradd? ....

Ble o'ch chi wedi mynd i'r ysgol? ....

Pryd o'ch chi wedi dechrau gweithio? ....

Ble o'ch chi wedi cael swydd? ....

O'ch chi wedi cael swydd arall *(another job)*? ....

SGWRS 60

Dathlu ar ôl graddio   ***Celebrating after having a degree***

meddyg   doctor

Mair:	**Bore da, mae hi'n braf.**	Good morning, it's fine.
Meddyg:	**Ydy, mae'n braf iawn.**	Yes, it's very fine.
	Pam dach chi yma heddiw?	Why are you here today?
Mair:	**W i ddim yn teimlo'n dda.**	I don't feel well.
Meddyg:	**Beth sy'n bod?**	What's the matter?
Mair:	**W i ddim yn gwybod. Ro'n i'n iawn ddoe.**	I don't know. I was alright yesterday.
Meddyg:	**Beth o'ch chi wedi bwyta neithiwr?**	What had you eaten last night?
Mair:	**Ro'n i wedi bwyta cyrri.**	I had eaten a curry.
Meddyg:	**O'dd y cyrri'n boeth?**	Was the curry hot?
Mair:	**O'dd, roedd e'n boeth iawn.**	Yes, it was very hot.
Meddyg:	**O'ch chi wedi cael pwdin?**	Had you had pudding?
Mair:	**O'n, ro'n i wedi cael pwdin mawr – tiramisw.**	Yes, I'd had a large pudding – tiramisu.
Meddyg:	**Beth o'ch chi wedi yfed neithiwr?**	What had you drunk last night?
Mair:	**Wel, ro'n i wedi yfed sieri, gwin gwyn, gwin coch.**	Well, I had drunk sherry, white wine, red wine.
Meddyg:	**Rhywbeth arall?**	Anything else?
Mair:	**Wel, ro'n i wedi cael jin a tonic.**	Well, I had had a gin and tonic.
Meddyg:	**A dach chi ddim yn teimlo'n dda?**	And you don't feel well?
Mair:	**Beth sy'n bod?**	What's the matter?
Meddyg:	**Dach chi wedi bod yn bwyta gormod.**	You have been eating too much.
Mair:	**O na!**	Oh no!
Meddyg:	**A dach chi wedi bod yn yfed gormod!**	And you have been drinking too much!
Mair:	**O diar.**	Oh dear.
Meddyg:	**Ewch adre – ewch i'r gwely. Byddwch chi'n iawn yfory.**	Go home – go to bed. You'll be alright tomorrow.

> **O'CH CHI'N GWYBOD BOD Y SIOP YN CAU?**
> Did you know that the shop was closing?

Bod ... yn that ... was/were

We can use 'bod' or 'fod' (they are interchangeable) for 'that' with 'roedd'. It's quite easy:

When used with 'roedd' and in the past, the meaning of 'bod ... yn' can change to 'that was/were'

yn dal ar agor	to be still open
o hyd	still

Test yourself:

O'ch chi'n gwybod bod y siop yn cau?	Did you know that the shop is/was closing?
Roedd e'n credu fod y gwaith yn dal ar agor.	He thought that the works was still open.
Do'n ni ddim yn cofio bod y siop yn cau.	We didn't remember that the shop was closing.
O'n nhw'n gobeithio bod y siop yma o hyd.	They hoped that the shop was still here.

Make up sentences:

yr orsaf	the station
ar gau	closed

Ro'n i'n	siŵr	bod	y siop	yn mynd i gau
Doedd e ddim yn	credu		y ffatri	ar gau
Ro'n nhw'n	gwybod		yr orsaf	

Say what was happening:

rhad cheap	**dillad** clothes	**y farchnad** the market
llawer o a lot of	**ar gau** closed	

Say that you thought that the clothes in the market were cheap.

....

Say that you hoped that there were a lot of shoes in the shop.

....

Say you didn't know that the station was closed.

....

Bod ... wedi that ... had

To say that something had happened, we use 'wedi' instead of 'yn':

Test yourself:

Roedd e'n siŵr bod popeth wedi mynd.	He was sure that everything had gone.
Ro'n ni'n credu bod y dafarn wedi cau.	We thought that the pub had closed.
O'ch chi'n gwybod bod tân wedi bod?	Did you know that there had been a fire?
Ro'n i'n credu bod y ffatri wedi cau.	I thought that the factory had closed.

Make up sentences:

colli arian   to lose money

Ro'n i'n	gwybod	bod	y siop	wedi cau
Roedd e'n	credu	fod	y dafarn	wedi colli arian
Ro'n nhw'n	cofio		y farchnad	

Say what had happened:

dociau   docks
canolfan siopa   shopping centre
gwaith dur   steel works
y llynedd   last year

Say that you thought that the docks had closed last year.

....

Ask if you knew that the shopping centre had closed last year.

....

Say that you're sure that the steel works closed in 2020.

....

*To say that something had not happened, simply put in '**ddim**' before '**wedi**':*

Bod ... ddim that ... isn't / hasn't / wasn't / aren't / weren't / hadn't

Ro'n i'n gwybod bod Huw ddim wedi gweithio heddiw.	I knew that Huw had not worked today.
O't ti'n credu bod y siop ddim wedi agor?	Did you believe that the shop had not opened?
Ro'n ni'n siŵr bod y dafarn ddim ar agor.	We were sure that the pub was not open.
Roedd e'n dweud bod y dociau ddim wedi agor.	He said that the docks had not opened.

Make up sentences:

Ro'n i'n	credu	bod	y ffatri	ddim wedi	cau
Roedd e'n	gwybod		y gwaith dur		colli arian
Ro'n nhw'n	dweud		y dociau		
			y ganolfan siopa		

Bod dim there was no / there were no
*Notice the difference between '**bod ... ddim**' and '**bod dim**'.*
'**Bod dim**' *is used for a general statement:*

Test yourself:

Ro'n i'n gwybod bod dim siopau yma.	I knew that there were no shops here.
O'ch chi'n cofio bod dim byd ar agor?	Did you remember that nothing was open?
Roedd hi'n siŵr bod dim gwaith yn y dre.	She was sure that there was no work in town.
Ro'n ni'n credu bod dim llawer o waith yma.	We thought that there was not much work here.

Make up sentences:

sir   county

Do'n ni ddim yn	gwybod	bod dim	gwaith	yn y dre
O'ch chi'n	clywed		llawer o waith	yn y sir
Doedd e ddim yn	credu		bwyd	
Ro'ch chi'n	cofio			

SGWRS 61

Y gwaith yn cau — *The works closing*

sefyllfa	situation	**peth/-au**	thing/-s
mynd yn waeth	to get worse	**dod yn well**	to get better

Donna:	Ro'n i'n siarad gyda'r bòs ddoe.	I was speaking to the boss yesterday.
Gwyn:	Oedd e'n credu bod y gwaith yn cau?	Did he believe that the works was closing?
Donna:	Oedd. Ro'n i wedi clywed bod y ffatri yn y dre wedi cau.	Yes. I had heard that the factory in town had closed.
Gwyn:	Ac fe glywes i bod y dociau'n cau.	And I heard that the docks were closing.
Donna:	Wel, roedd y bòs yn gobeithio bod y swyddfa ddim yn mynd i gau.	Well, the boss was hoping that the office was not going to close.
Gwyn:	Oedd e'n gwybod bod y gwaith wedi colli arian?	Did he know that the work had lost money?
Donna:	Oedd, ond roedd e'n gobeithio bod y sefyllfa'n mynd i wella.	Yes, but he hoped that the situation was going to get better.
Gwyn:	Beth wyt ti'n mynd i wneud nawr?	What are you going to do now?
Donna:	Dw i'n gwybod bod dim llawer o waith yn y dre. Mae pethau'n mynd yn waeth.	I know that there's not much work in town. Things are getting worse.
Gwyn:	Fe glywes i fod McDoonalds wedi agor.	I heard that McDoonalds has opened.
Donna:	Dw i ddim yn mynd i weithio i McDoonalds! Dw i'n gobeithio bod pethau'n mynd i wella.	I'm not going to work for McDoonalds! I hope that things are going to get better.

MWY — *Extra*

i fod i — supposed to

*Notice how '***i fod i***' is used to mean 'supposed to':*

Dw i i fod i fynd.	I'm supposed to go.
Mae hi i fod i ddod heno.	She's supposed to come tonight.
Dy'n ni i fod i ddechrau yfory.	We're supposed to start tomorrow.
Roedd e i fod i weithio.	He was supposed to work.

Make up sentences:

Say that they were supposed to make breakfast, but that you've got to do it.

....

Say that you were supposed to catch the train, but it hasn't come.

....

*Say it wasn't supposed to rain, the weather forecast (***rhagolygon y tywydd***) was good.*

....

Buying office equipment

offer	equipment
swyddfa	office
cyfrifiadur	computer
ffôn	phone
llungopïwr	photocopier
argraffydd	printer

Linking

When we want to add information about a person or a thing, we can add a second half to the sentence. In a way, what we are doing is linking two sentences:

Dw i wedi siarad â'r dyn.	I have spoken to the man.
Gwerthodd e'r ffôn.	He sold the phone.
Dw i wedi siarad â'r dyn (a) werthodd y ffôn.	I've spoken to the man who sold the phone.

*The linking word for 'who' or 'that' is '**a**', but this often drops off, leaving a soft mutation.*

Dyma   here is / this is

Test yourself:

Dyma'r fenyw welais i ddoe.	This is the woman I saw yesterday.
Dw i wedi siarad â'r dyn welon ni ddoe.	I've talked to the man we saw yesterday.
Mae e wedi gweld y dyn ddaeth yma.	He's seen the man who came here.
Wyt ti wedi gweld y cyfrifiadur brynais i?	Have you seen the computer I bought?

Make up sentences:

peiriant   machine

Mae e wedi Wyt ti wedi	gweld cael	y cyfrifiadur y peiriant y teledu	brynodd hi werthon nhw

Test yourself:

Dyna   there is / that is

Dyna'r offer welais i yn y swyddfa.	That's the equipment I saw in the office.
Dw i'n hoffi'r argraffydd brynodd hi.	I like the printer she bought.
Ble mae'r siop werthodd y cyfrifiadur i ti?	Where's the shop that sold the computer to you?
Mae'r argraffydd brynodd e wedi torri.	The printer that he bought has broken.
Welaist ti'r ffôn newydd brynodd e?	Did you see the new phone that he bought?
Dw i eisiau prynu'r iPad welais i yn y papur.	I want to buy the iPad I saw in the paper.
Oes rhywun wedi gweld y ffôn brynais i ddoe?	Has anyone seen the phone I bought yesterday?

Show a friend around your house, and show items you have and where you've bought them, e.g.

Dyma'r soffa brynes i yn DFS yn Pontypridd.

Dyma'r ddesg ges i yn Discounts yn Casnewydd.

... **bwrdd**

... **gwely**

... **carped**

... **cyfrifiadur**

... **cwpwrdd**

... **ffôn**

SGWRS 62

Prynu offer newydd   **Buying new equipment**

hysbyseb	advert	**yn lle**	instead of
wythnos diwetha	last week		

Ahmed: **Edrychwch! Dyma hysbyseb am argraffydd a sganiwr.**   Look! Here's an advert for a printer and a scanner.

Susan: **Dy'n ni eisiau argraffydd newydd?**   Do we want a new printer?

Ahmed: **Mae angen argraffydd yn lle'r un dorrodd ddoe.**   There's a need for a printer instead of the one that broke yesterday.

Susan: **Oes eisiau ffôn yn lle'r un dorrodd wythnos diwetha?**   Is there a need for a phone instead of the one that broke last week?

Ahmed: **Ac mae angen cyfrifiadur yn lle'r un gawson ni gan fy ffrind Jake.**   And there's a need for a computer instead of the one we had from my friend Jake.

Susan: **O na! Ble mae Jake nawr?**   Oh no! Where's Jake now?

Ahmed: **Roedd e'n gwerthu ceir pan weles i fe ddiwetha.**   He was selling cars when I saw him last.

Susan: **Fe yw'r Jake welais i yn y dre heddi?**   Is he the Jake I saw in town today?

Ahmed: **Ie, fe yw'r Jake werthodd gar i fi.**   Yes, he's the Jake who sold me a car.

Susan: **O na, y car dorrodd lawr?**   Oh no, the car which broke down?

Ahmed: **Ie, yn anffodus, ond nawr mae rhaid i ni brynu offer newydd i'r swyddfa.**   Yes, unfortunately, but now we must buy new equipment for the office.

Susan: **Dw i eisiau cael yr argraffydd lliw welais i yn Carrys, a dw i eisiau...**   I want to have the colour printer I saw at Carrys, and I want...

Ahmed: **Un peth ar y tro!**   One thing at a time!

YN Y SIOP

In the shop

Ahmed: **Dw i eisiau prynu'r cyfrifiadur welais i yn y siop ddoe.**   I want to buy the computer that I saw in the shop yesterday.

Muriel: **Y cyfrifiadur roion ni yn y display?**   The computer that we put in the display?

Ahmed: **Ie, chwe chan punt oedd e.**   Yes, it was six hundred pounds.

Muriel: **Wel, dyna'r cyfrifiadur werthon ni ddoe. Ond mae un arall yma.**   Well, that's the computer we sold yesterday. But there's another one here.

Ahmed: **Ga i weld yr un arall, os gwelwch yn dda?**   May I see the other one, please?

Muriel: **Dyma fe. Dim ond dwy fil o bunnoedd.**   Here it is. Only two thousand pounds.

Ahmed: **Ond mae e'n ddrud!**   But it's expensive!

Muriel: **Dyw'r un werthon ni ddoe ddim yn dda iawn. Mae'r un yma'n gallu argraffu pethau 3D.**   The one we sold yesterday isn't very good. This one can print 3D things.

Ahmed: **Ydy e'n gallu argraffu model o gar?**   Can it print a model of a car?

Muriel: **Ydy, wrth gwrs.**   Yes, of course.

Ahmed: **Dw i eisiau prynu'r cyfrifiadur – dw i eisiau car newydd!**   I want to buy the computer – I want a new car!

Say who is, that is.

'**sy**' can mean 'is', when we wish to emphasize, but '**sy**' is also used to say 'who is/are' and 'which is/are' in the middle of sentences.

Do not use '**pwy sy**' for 'who is/are' in the middle of a sentence. Use '**pwy**' only as the first word in questions.

nabod	to know
priodi	to get married
cael ysgariad	to have a divorce

Test yourself:

Dw i'n nabod y fenyw sy'n cael babi.	I know the woman who's having a baby.
Maen nhw'n hoffi'r dyn sy'n priodi.	They like the man who's getting married.
Wyt ti'n nabod y dyn sy'n cael ysgariad?	Do you know the man who's having a divorce?
Hi yw'r fenyw sy'n hel clecs.	She's the woman who's gossiping.

Make up sentences:

pâr	pair
affêr	affair

Dw i'n	nabod	y dyn	sy'n	priodi.
Ro'n i'n		y fenyw		cael ysgariad.
		y pâr		cael affêr.

Say that you know these people:

Say that you know the man who is eating in the café.

....

*Say that you have met (**cwrdd â**) the man who is coming to live next door (**drws nesa**).*

....

Say that you know the pair who live in the north.

....

> WI'N NABOD Y BACHGEN SY YN Y PAPUR.
> I know the boy who is in the paper.

'**Sy**' can also be used to say where someone is:

llys	court

Test yourself:

Dw i'n nabod y ferch sy yn y llys yfory.	I know the girl who's in court tomorrow.
Wyt ti'n nabod y bobl sy wrth y drws?	Do you know the people who are at the door?
Roedd hi'n hoffi'r dyn sy yn y garej.	She liked the man who is in the garage.
Wi'n nabod y bachgen sy yn y papur.	I know the boy who is in the paper.

When writing, '**sydd**' is often written for '**sy**'.
Make up questions:

Wyt ti wedi	gweld	y fenyw	sy	yn y llys?
Dych chi wedi	clywed	y dyn	sydd	ar y radio?
		y ferch		ar y CD?
		y bobl		wrth y drws?

Say you know these people and say where they are:

*Say you know the woman who's talking sense (**synnwyr**) on TV.*

....

*Say you know the man who's talking nonsense (**dwli**) on TV.*

....

*Say you know the man and the woman who are talking together (**â'i gilydd**).*

....

'**sy ddim**' *is used to say 'who' or 'which isn't':*

Test yourself:

Dyma'r fenyw sy ddim yn gweithio yn y clwb.	Here's the woman who isn't working in the club.
Nhw yw'r bobl sy ddim yn gallu dod.	They are the people who can't come.
Ble mae'r dynion sy ddim yma?	Where are the men who are not here?

In literary Welsh, '**nad yw**' *or* '**nad ydynt**' *is used instead of* '**sy ddim**', *e.g.*

Dyma'r dyn nad yw'n gweithio yma.	This is the man who isn't working here.
Pwy yw'r plant nad ydynt yma?	Who are the children who are not here?

Make up sentences:

Dw i'n nabod	y fenyw	sy ddim	yn priodi yfory.
Maen nhw wedi clywed am	y dynion		yn cael ysgariad.
	y bobl		yn cael affêr.

For something that has happened, we use '**sy wedi**'.
We use '**sy wedi**' *for who has/have, and which has/have:*

Test yourself:

Pwy yw'r dyn sy wedi prynu'r tŷ?	Who is the man who has bought the house?
Dyma'r fenyw sy wedi cael babi.	This is the woman who's had a baby.
Ble mae'r pâr sy wedi cael ysgariad?	Where are the pair who have had a divorce?
Dyma'r pâr sy wedi cael affêr.	Here are the pair who've had an affair.

We use '**sy ddim wedi**' *for 'who has/have not', and 'which has/have not':*

Ble mae'r fenyw sy ddim wedi cael babi?	Where's the woman who hasn't had a baby?
Nhw yw'r pâr sy ddim wedi cael ysgariad.	They are the pair who have not had an affair.

Make up sentences:

Pwy yw'r	fenyw	sy wedi	prynu'r tŷ?
	dyn	sy ddim wedi	cael babi?
	bobl		cael ysgariad?

sy newydd	who has/have just, which has/have just

Ble mae'r siop sy newydd agor?	Where is the shop that has just opened?
Dych chi'n nabod y fenyw sy newydd symud?	Do you know the woman who has just moved?

Pa?	Which? *(followed by soft mutation):*

Pa fenyw sy wedi priodi?	Which woman has got married?
Pa ddynion sy ddim wedi dod?	Which men have not come?
Pa bâr sy ddim wedi cael affêr?	Which pair has not had an affair?

pwy sy?	who is?

We can use '**pwy**' *(who) after a verb:*

Dach chi'n gwybod pwy sy'n dod i'r briodas?	Do you know who's coming to the wedding?
Dw i wedi gweld pwy sy'n symud tŷ.	I've seen who's moving house

Make up a conversation about your friends.
Ask:

> *do you know who's living next door?*
> *do you know the woman who's just moved?*
> *do you know the man and the woman who've had a divorce?*
> *have you heard about the man who's coming to live here?*
> *have you heard about the pair who are having an affair?*
> *have you seen the woman who's just had a baby?*

oedd / o'dd   who was/were *or* which was/were

'*Oedd*', *usually meaning* 'was' *or* 'were', *is used for saying* 'who was/were' *or* 'which was/were'.

Test yourself:

Dw i'n nabod y fenyw oedd yn gweithio yn y siop.	I know the woman who was working in the shop.
Ro'n ni'n hoffi'r dyn oedd yn gwerthu'r siwt.	We liked the man who was selling the suit.
O't ti'n nabod y dyn oedd yn gwneud y deisen?	Did you know the man who was making the cake?
Hi yw'r fenyw oedd yn paratoi'r bwyd.	She is the woman who was preparing the food.

Make up sentences:

Dw i'n nabod y	dyn	oedd yn	paratoi'r	blodau
Ro'n ni'n hoffi'r	fenyw		gwerthu'r	dillad
	bobl			deisen

Say what was happening

Say that you saw this frock (**ffrog**) which was in a shop and say that you liked the frock.

....

Say that you have bought the black car that was in the garage on Friday.

....

Say you bought the flowers which were in the corner shop (**y siop gornel**).

....

'**Oedd ddim**' *is used for* 'who/which wasn't/weren't'.

Dyma'r ffrog oedd ddim yn rhad.	This is the frock that was not cheap.
Dyma'r blodau oedd ddim yn ddrud.	Here are the flowers that were not expensive.

Say what was not happening:

Say that you went to have money in the hole in the wall (**twll yn y wal**) which wasn't working.

....

Say this is the bracelet (**y freichled**) which was not in the shop.

....

Say you went to the hotel on the beach (**traeth**) that wasn't open (**ar agor**) yet (**eto**).

....

oedd wedi *is used for* 'who had been / which had been':

Test yourself:

Ble mae'r garej oedd wedi gwerthu'r car?	Where's garage which had sold the car?
Dyma'r siop oedd wedi gwerthu'r gwin.	The is the shop that had sold the wine. .
Nhw yw'r bobl oedd ddim wedi mwynhau.	They are the people who hadn't enjoyed.

Make up sentences:

Dw i'n nabod y	bobl	oedd	yn	gweithio yn y gwesty
O't ti'n nabod y	dyn	oedd ddim	wedi	paratoi'r bwyd
Dy'n ni wedi cwrdd â'r	fenyw			
Maen nhw wedi gweld y				

oedd newydd   who had just, which had just

Test yourself:

Ro'n i wedi colli'r bws oedd newydd fynd.   I had missed the bus that had just gone.

Do'n nhw ddim eisiau dod achos ro'n nhw newydd fwyta.   They didn't want to come because they had just eaten.

Roedd hi'n dathlu achos roedd hi newydd briodi.   She was celebrating because she had just got married.

SGWRS 63
BORE'R BRIODAS   *The morning of the wedding*

Hywel: **Mae'r cloc larwm newydd ganu, Blodwen. Mae'n hen bryd i ni godi.**
The alarm clock has just rung, Blodwen. It's high time for us to get up.

Blodwen: **Diawl, mae hi'n wyth o'r gloch. Dy dro di yw hi i wneud brecwast.**
Hell, it's eight o'clock. It's your turn to make breakfast.

Hywel: **Mae'r briodas yn dechrau am ddeg!**
The wedding starts at ten!

Blodwen: **Ble mae'r ffrog oedd yn y cwpwrdd?**
Where's the frock that was in the cupboard?

Hywel: **Dw i ddim yn gwybod! Ble mae'r llaeth oedd ar y bwrdd neithiwr?**
I don't know! Where's the milk that was on the table last night?

Blodwen: **Defnyddia'r llaeth sy yn yr oergell.**
Use the milk that's in the fridge.

Hywel: **Ble mae'r bara oedd yn y bin bara?**
Where's the bread that was in the bread bin?

Blodwen: **Mae'r bara ar y bwrdd yn barod.**
The bread is on the table already.

Hywel: **A does dim sôn am y coffi.**
And there's no sign (literally: mention) of the coffee.

Blodwen: **Mae'r coffi yn y jar sy wrth y tegell.**
The coffee's in the jar which is by the kettle.

Hywel: **W i ddim yn gallu ffeindio'r tegell! A ble mae'r mêl?**
I can't find the kettle! And where's the honey?

Blodwen: **Dwyt ti'n dda i ddim. Gad e i fi!**
You're good for nothing. Leave it to me!

Golcha'r llestri. Dy'n ni'n hwyr!
Wash the dishes. We're late!

Giving presents

> MAEN NHW'N RHOI BEIC I NI.
> They're giving us a bike.

Here is how 'i' changes with pronouns:

i fi	to me
i ti	to you
iddo fe	to him
iddi hi	to her
i Huw	to Huw
i ni	to us
i chi	to you
iddyn nhw	to them

*In north Wales you'll hear '**i mi**'   for 'to me'.*

anrheg/-ion   present/-s
anrheg Nadolig   Christmas present

Test yourself:

Maen nhw'n rhoi beic i ni.	They're giving us a bike.
O'n nhw wedi rhoi anrheg iddi hi.	They had given her a present.
Wi wedi rhoi'r arian iddo fe.	I've given him the money.
O't ti wedi rhoi anrheg Nadolig iddyn nhw?	Had you given them a Christmas present?
Do'n ni ddim wedi gofyn iddyn nhw.	We hadn't asked them.
Do'n nhw ddim wedi diolch i ni.	They hadn't thanked us.

Make up sentences:

anrheg pen blwydd   birthday present
drud   expensive

Ro'n i wedi	rhoi	anrheg Nadolig	fawr	iddo fe	eleni
Ro'n nhw wedi	prynu	anrheg pen blwydd	ddrud	i ni	
Roedd e'n				iddyn nhw	

'i' can follow many verbs:

anfon i	so send to (*a place*)
mynd i	to go to (*a place / going to do something*)
rhoi i	to give (*to someone*)
sgrifennu i	to write to (*a company*)
gofyn i	to ask (*someone*)
diolch i	to thank (*someone*)

Test yourself:

Wi'n mynd i sgrifennu i Amazin i gwyno.	I'm going to write to Amazin to complain.
Ro'n ni wedi anfon y parsel yn ôl i'r siop.	We'd sent the parcel back to the shop.
Mae e'n mynd i'r dre i brynu anrheg i fi.	He's going to town to buy me a present.
Maen nhw'n mynd i brynu anrheg heddiw.	They're going to buy a present today.
Dw i wedi gofyn iddi hi am anrheg.	I've asked her for a present.
Dy'n ni wedi diolch iddo fe am yr anrheg.	We've thanked him for the present.

Say that you're looking for a present for her.

....

Say that you gave them a lot of wine, and that they thanked you.

....

Say that he's giving us more wine, but we're going to ask him to stop.

....

Make up sentences using words from each column:

Mae e	'n gofyn	iddyn nhw	am	yr anrheg
Ro'n ni	wedi diolch	i ni		y gwin
Dw i		iddo fe		
		iddi hi		

Some phrases:

rhoi'r gorau i   to give up
Dw i wedi rhoi'r gorau i brynu anrhegion.
I've given up buying presents.

i fod i   to be supposed to
Dw i i fod i fynd i'r parti heddiw.
I'm supposed to go to the party today.

SGWRS 64

Bore Nadolig	*Christmas morning*
persawr	perfume
waled	wallet

Huw: **Mae'r plant wedi rhoi anrhegion i ni!** — The children have given us presents!

Ann: **Ac ryn ni wedi rhoi llawer o bethau iddyn nhw.** — And we've given them many things.

Huw: **Oedd y gwaith wedi rhoi rhywbeth i ti?** — Did the work give you something?

Ann: **Oedd, rhoion nhw bersawr i fi.** — Yes, they gave me perfume.
Rhoiodd y swyddfa rywbeth i ti? — Did the office give you something?

Huw: **Do, rhoion nhw waled i fi.** — Yes, they gave me a wallet.

Ann: **Nadolig llawen, Huw! Dyma rywbeth bach i ti!** — Happy Christmas, Huw! Here's something small for you!

Huw: **Diolch, Ann, rwyt ti'n garedig iawn. Ond ...** — Thanks, Ann, you're very kind. But ...

Ann: **Ond beth, Huw?** — But what, Huw?

Huw: **Wel, ro'n i'n chwilio am anrheg i ti.** — Well, I was looking for a present for you.

Ann: **Dwyt ti ddim wedi cael rhywbeth i fi?** — You haven't got something for me?

Huw: **Do'n i ddim wedi ffeindio llawer – dim ond breichled aur.** — I didn't find much – only a gold bracelet.

Ann: **Mae e'n hyfryd! Diolch i ti!** — It's lovely! Thank you!
(Mae hi'n rhoi cusan iddo fe.) — (She gives him a kiss.)

O'DD HI'N BRYD I NI BRIODI?
Was it time for us to get married?

Mae hi'n bryd	It's time

Mae hi'n *can be shortened to* **Mae'n**. *Both mean the same.*

Mae hi'n bryd i fi fynd.	
Mae'n bryd i fi fynd.	It's time for me to go.

Test yourself:

Mae'n bryd i ti wisgo siwt i'r briodas.	It's time for you to wear a suit for the wedding.
Ydy hi'n bryd i ni fynd i'r eglwys?	It is time for us to go to the church?
O'dd hi'n bryd i ni briodi?	Was it time for us to get married?
Dyw hi ddim yn bryd i ni briodi eto.	It's not time for us to get married yet.
Doedd hi ddim yn bryd i ni gael baban.	It wasn't time for us to have a baby.

yn hen bryd	high time
Mae'n hen bryd iddyn nhw briodi.	It's high time for them to get married.
Roedd hi'n hen bryd iddyn nhw gael babi.	It was high time for them to have a baby.

yn well	better
Mae'n well i ni gael teisen briodas.	We'd better have a wedding cake.
Ydy hi'n well iddi hi fynd mewn tacsi?	Is it better for her to go in a taxi?

Make up sentences and questions:

ficer	vicar
cyn	before

Mae'n	bryd	i ni	siarad â'r ficer
Roedd hi'n	hen bryd	iddyn nhw	brynu ffrog briodas
Ydy hi'n	well	i chi	briod cyn cael babi
O'dd hi'n			

Test yourself:

Mae'n well i fi fynd i'r capel nawr.	I'd better go to chapel now.
Mae'n bryd i ni fynd i'r gwely, cariad.	It's time for us to go to bed, love.
Mae'n well iddi hi briodi cyn cael babi.	She'd better get married before having a baby.
Roedd yn hen bryd iddi hi briodi.	It was high time for her to get married.
Mae'n hen bryd iddyn nhw gael baban.	It's high time for them to have a baby.
Dyw hi ddim yn bryd i ni fynd i gysgu.	It's not time for us to go to sleep.
Oedd hi'n bryd iddo fe briodi?	Was it time for him to get married?
Oedd, yn hen bryd.	Yes, high time.

*Another word fits a similar pattern, but it is used with '**Oes**' rather than '**Ydy**':*

angen	need
gweinidog	minister

Test yourself:

Mae angen i fi fynd i weld y gweinidog.	I need to go to see the minister.
Oes angen iddi hi fynd i weld y cofrestrydd?	Does she need to go to see the registrar?
Does dim angen iddi hi dalu am y deisen.	There's no need for her to pay for the cake.
Roedd angen iddyn nhw aros cyn priodi.	They needed to wait before getting married.

Make up sentences:

Mae	angen	i ni	fynd i weld y gweinidog
Oes		iddyn nhw	dalu am y deisen
Does dim		i chi	brynu ffrog briodas
Doedd dim			

In north Wales 'angen' can be used after 'dw i' etc.:

Dw i angen bwyd i'r parti. — I need food for the party.

Dan ni angen chwilio am waith cyn priodi. — We need to look for work before marrying.

Mae hi angen torri gwallt cyn y diwrnod. — She needs to cut (her) hair before the day.

Answer:

Ydy hi'n bryd i chi gael car newydd?
Ydy hi'n bryd i chi beintio'r tŷ?
Ydy hi'n hen bryd i chi ddysgu Cymraeg?
Ydy hi'n well i chi fwyta brecwast heddiw?
Ydy hi'n well i chi gael swper heno?
Oes angen i chi fynd at y doctor?
Oes angen i chi siopa heddiw?

More phrases:

| **Mae'n well 'da fi** | I'd rather *(south Wales)* |
| **Mae'n well gen i** | I'd rather *(north Wales)* |

Test yourself:

Mae'n well 'da ni yfed coffi.	We'd rather drink coffee.
Mae'n well 'da fe gael cwrw.	He'd rather have beer.
Mae'n well 'da fi fynd at y bar.	I'd rather go to the bar.
Mae'n well gen i yfed gwin.	I'd rather drink wine.

SGWRS 65

Paratoi i fynd i'r briodas   **Preparing to go to the wedding**

| **lan llofft** | upstairs *(north Wales:* **i fyny'r grisiau***)* | **papuro** | to paper |
| **mis mêl** | honeymoon | **yn feichiog** | pregnant |

Blodwen:	**Sut dan ni'n mynd i'r briodas yfory?**	How are we going to the wedding tomorrow?
Hywel:	**Mae'n well 'da fi fynd mewn tacsi.**	I'd rather go in a taxi.
Blodwen:	**Beth sy'n bod ar y car?**	What's the matter with the car?
Hywel:	**Mae'r hen gar yn mynd – ond mae e'n mynd yn hen.**	The old car goes – but it's getting old.
Blodwen:	**Ydy hi'n well i ni gael car newydd?**	Is it better for us to have a new car?
Hywel:	**Mae'n hen bryd i ni gael car newydd.**	It's high time for us to have a new car.
Blodwen:	**Dere lan llofft!**	Come upstairs!
Hywel:	**Wyt ti'n moyn mynd i'r gwely?**	Do you want to go to bed?
Blodwen:	**Na – mae'n bryd i ni gael gwely newydd, ac mae angen i ni gael carped newydd. Edrycha!**	No – it's time for us to have a new bed, and we need a new carpet. Look!
Hywel:	**Ond mae angen i ni dalu am y mis mêl!**	But we need to pay for the honeymoon!
Blodwen:	**Mis mêl, wir! Mae hi bron yn bryd i fi gael y babi! Dw i chwe mis yn feichiog!**	A honeymoon, indeed, It's almost time for me to have the baby! I'm six months pregnant!
Hywel:	**Mae'n bryd i ni weld y gweinidog nawr.**	It's time for us to see the minister now.
Blodwen:	**A wedyn mae rhaid i ti ddechrau papuro'r stafell wely.**	And then you must start papering the bedroom.
Hywel:	**Bydd angen i ni gael mis mêl y flwyddyn nesa.**	We need to have a honeymoon next year.

Some north Walian and south Walian differences:

	North Walian	South Walian
People:		
boy	**hogyn**	**bachgen**
girl	**hogan**	**merch**
grandfather	**taid**	**tad-cu**
grandmother	**nain**	**mam-gu**
Food:		
cake	**cacen**	**teisen**
milk	**llefrith**	**llaeth**
onions	**nionod**	**wynwns**
sweets	**da-da**	**losin**
cup of ...	**panad o ...**	**dysgled o ...**
Verbs:		
to fall	**syrthio**	**cwympo**
to cry	**crio**	**llefen**
to come	**dŵad**	**dod**
to look	**sbio**	**edrych**
I did	**ddaru mi**	**fe wnes i**
I don't want to	**dw i'm isio**	**sai'n moyn**
Around the house:		
oven	**popty**	**ffwrn**
downstairs	**lawr grisiau**	**lawr llawr**
toilet	**lle chwech**	**tŷ bach**
upstairs	**fyny'r grisiau**	**lan llofft**
Various:		
he	**fo, o**	**fe, e**
mess	**smonach**	**cawlach**
now	**rŵan**	**nawr**
out	**allan**	**mas**
road	**ffordd**	**heol**
with	**efo**	**gyda**

Have a go at this conversation:

SGWRS 66

Mari: Dan i'n mynd i gael hogan, dw i isio priodi!

Huw: Ti'n siŵr? Merch fach – hyfryd, dw i'n moyn priodi hefyd.

Mari: Dw i isio cacen fawr. Dan ni'n gallu gwahodd Taid a Nain i'r parti.

Huw: Teisen fawr? Wrth gwrs. Ydy Tad-cu a Mam-gu'n gallu dod hefyd?

Mari: Mae'n rhaid i ni baratoi'n iawn. Dw i ddim isio gwneud smonach (*mess*) o bethau.

Huw: Smonach? O, fi'n deall, gwneud cawlach.

Mari: Dan ni'n gallu cael plant fy chwaer yn forynion (*bridesmaids*).

Huw: Maen nhw'n lico losin (*sweets*).

Mari: Hoffi da-da, ydyn.

Huw: Wel, ni'n gallu dechrau dathlu nawr. Fi'n mynd lawr llawr.

Mari: Dw i'n dŵad lawr grisiau mewn munud. Oes digon o lefrith efo ni?

Huw: Mae llaeth yn yr oergell. Fe gawn ni ddysgled nawr.

Mari: Dwi isio panad o goffi – diolch, Huw!

> AR ÔL I NI BRIODI, AETHON NI I CORFU.
> After we got married, we went to Corfu.

There are more useful phrases which use 'i':

cyn   before
cyn mynd   before going

But when we use 'cyn' with a person, we add 'i':

cyn i   before
The tense of the phrase corresponds to the tense of the sentence verb.

Test yourself:

ffarwelio â   to say farewell to

Cyn i fi briodi roedd digon o amser 'da fi.	Before I married I had enough time.
Cyn iddo fe ddod i'r capel, prynodd e flodau.	Before he came to the chapel, he bought flowers.
Cyn i Ann ddawnsio, yfodd hi lawer o win.	Before Ann danced, she drank a lot of wine.
Cyn i ni fynd i ffwrdd, prynon ni ddillad newydd.	Before we went away, we bought new clothes.
Cyn iddyn nhw adael, ffarwelion nhw â'r teulu.	Before they left, they said farewell to the family.
Mae'n well i ni fynd i'r tŷ bach cyn i ni fynd.	We'd better go to the toilet before we go.
Roedd rhaid i fi gael coffi cyn i fi fynd.	I had to have a coffee before I went.

Make up sentences:

newid   to change

Cyn	i fi	adael	mae rhaid	iddyn nhw	gael parti
	iddo fe	fynd	mae'n well	i ni	newid dillad
	iddi hi		mae angen	i chi	ffarwelio

Say that you had an Apperol on the beach before you went to the hotel:

....

machlud sunset   **bwyty** restaurant

Say you stayed on the beach to see the sunset before going to the restaurant.

....

ynys island   **hwylio** to sail

Say you stayed on the island before sailing home.

....

ar ôl   after
ar ôl cinio   after lunch

When we use 'ar ôl' with a person to say what they do or did, we add 'i':
Ar ôl i fi ...   After I ...

Ar ôl i fi briodi	After I married / After I marry
Ar ôl i ni ddod adre	After we come / After we came home

Test yourself:

Ar ôl i ni briodi, aethon ni i Corfu.	After we got married, we went to Corfu.
Ar ôl i ni ddod adre, cawson ni hwyl.	After we came home, we had fun.
Roedd e wedi blino ar ôl iddo fe gyrraedd y lle.	He was tired after arriving at the place.
Ro'n ni'n sâl ar ôl cael bwyd yn y gwesty.	We were ill after having food in the hotel.

Make up sentences:

cyrraedd   arrive (at)
maes awyr   airport

Ar ôl	i fi	gyrraedd	y gwesty	aethon ni	i gael bwyd
	i ni	adael	y dre	es i	i brynu diod
	iddyn nhw		y maes awyr		

gorffwys   to rest
Say after you arrived at the hotel, you rested on the bed.

....

Say after you got out of the taxi, you had a meal at the café.

....

dechrau ar y daith   to start the journey
Say that after you've packed the car, you can start the journey.

....

Saying that you know that something has happened in the past

i ... that ...

'i' can also be used for 'that' when you want to say something you knew, or have seen, said, or thought.

Gwybod i ...	to know that ... *(something happened)*
Credu i ...	to believe that ... *(something happened)*
Dweud i ...	to say that ... *(something happened)*
Siŵr i ...	to be sure that ... *(something happened)*

Test yourself:

modrwy   ring

Dw i'n gwybod iddo fe brynu modrwy.	I know that he bought a ring.
Dw i'n credu iddo fe hedfan i Corfu.	I think he flew to Corfu.
Maen nhw'n dweud iddyn nhw gael mis mêl.	They say they had a honeymoon.
Mae'n siŵr iddi hi gael amser da.	It's sure that she had a good time.

Make up sentences:

Dw i'n	gwybod	iddi hi	gael	amser da	cyn cael babi.
Maen nhw'n	credu	iddo fe		mis mêl	ar ôl priodi.
	siŵr	iddyn nhw			

SGWRS 67

Cofio mis mêl   ***Remembering a honeymoon***

yn ôl   ago ('*yn ôl*' can also mean '**according to**')

Ben: Wyt ti'n cofio i ni gael mis mêl ugain mlynedd yn ôl.	Do you remember that we had a honeymoon twenty years ago?
Ena: Ydw, wyt ti cofio ble?	Yes, do you remember where?
Ben: Dw i'n credu i ni hedfan i Corfu.	I think we flew to Corfu.
Ena: Dw i'n gwybod i ni aros yn y dre.	I know we stayed in the town.
Ben: Dw i'n cofio i ni gael amser da iawn!	I remember we had a very good time!
Ena: Ar ôl i ni gael brecwast da bob dydd aethon ni i nofio.	After we had a good breakfast every day we went to swim.
Ben: A chyn i ni gael swper roedden ni'n cael Apperol ar y traeth.	And before we had supper we had an Apperol on the beach.
Ena: Ac ar ôl i ni fwyta swper, roedden ni'n yfed gwin yn y bar.	And after we ate supper, we drank wine in the bar.
Ben: Wyt ti'n credu i ni yfed gormod?	Do you think we drank too much?
Ena: Na! Fe gawson ni fabi mewn naw mis!	No! We had a baby in nine months!

> **MAE PEN TOST 'DA FI.**
> I have a headache.

ar   on, at

Many prepositions – words that indicate position – change their forms according to the person, e.g.

arna i	on me
arnat ti	on you
arno fe	on him
arni hi	on her
ar Huw	on Huw
ar y llawr	on the floor
arnon ni	on us
arnoch chi	on you
arnyn nhw	on them

*You will remember that "**da**' is used for illnesses when we use parts of the body:*

Mae pen tost 'da fi.	I have a headache.
Roedd poen cefn 'da hi.	She had a backache.

*We can also use '**gan**' with illnesses in parts of the body:*

Mae cur pen gen i.	I have a headache.
Roedd llwnc tost ganddo fe.	He had a sore throat.

*With names of other illnesses, we use '**ar**':*

Test yourself:

Mae annwyd arna i.	I've got a cold.
Mae ffliw arno fe.	He's got flu.
Mae peswch arnyn nhw.	They've got a cough.
Mae gwres arna i.	I've got a temperature.
Roedd gwres arni hi.	She had a temperature.
Mae'r ddannodd arna i.	I've got toothache.

Make up sentences using words from each column:

yn anffodus   unfortunately

Mae	ffliw	arna i	bore 'ma
Roedd	peswch	arnon ni	heddiw
	annwyd	arnoch chi	yn anffodus
		arni hi	

Beth sy'n bod ar...?	What's the matter with...?
cymryd moddion	to take medicine

*Say that you've got flu, and that you're taking medicine (**moddion**).*

....

*Say she's got a temperature, and that you're staying home (**aros gartre**).*

....

Say you've got a headache, but that you're going to finish the work.

....

Useful phrase:

bob amser	always
gwrando ar	to listen to
Gwranda arna i!	Listen to me!
Mae hi'n gwrando arno fe, nid ar y meddyg.	She listens to him, not to the doctor.
Dy'n ni'n gwrando arni hi bob amser.	We listen to her always.

Test yourself:

edrych ar   to look at

Ni'n edrych ar y symptomau.   We're looking at the symptoms.

**Maen nhw'n edrych arnon
ni i weld beth sy'n bod.**   They're looking at us to see what's the matter.

**Ro'n nhw'n edrych arni hi
yn yr ysbyty.**   They were looking at her in the hospital.

dibynnu ar   to depend on

**Dw i'n dibynnu arno fe i fynd
i'r ysbyty.**   I depend on him to go to the hospital.

**Maen nhw'n dibynnu arnon
ni i gymryd y moddion.**   They depend on us to take the medicine.

**Ro'n ni'n dibynnu arni hi i
gael y moddion.**   We depended on her to get the medicine.

**Mae e'n dibynnu arna i i
fynd gartre..**   He depends on me to go home

gwenu ar   to smile at

Dy'n nhw'n gwenu arnon ni?   Are they smiling at us?

Mae hi'n gwenu arna i.   She's smiling at me.

Angen ar   need

**Mae angen moddion arna i
i wella.**   I need medicine to get better.

**Mae angen nyrs arno fe
heddiw.**   He needs a nurse today.

**Roedd angen meddyg arni
hi bore 'ma.**   She needed a doctor this morning.

sylwi ar   to notice

O't ti wedi sylwi arni hi?   Had you noticed her?

Do'n nhw ddim wedi sylwi arno fe.   They hadn't noticed him.

Make up sentences using words from each column:

Mae e'n	dibynnu	arna i	i weld y nyrs
Maen nhw'n	gwrando	arnon ni	i fynd at y meddyg
		arnoch chi	

*Say that you need a taxi (**tacsi**) to go to the hospital.*

....

Say that we are depending on you.

....

Some more useful phrases:

chwant bwyd ar   hungry
Mae chwant bwyd arna i.   I'm hungry.
syched ar   thirsty
Mae syched arno fe.   He's thirsty.

Say that she's thirsty.

....

*Say that it's hot (**boeth**) and he's thirsty.*

....

Say that you're thirsty and that you need five pints of beer.

....

ar agor   open
ar gau   closed
ar goll   lost
ar ben ar   all over

Mae'r siop ar gau.   The shop is closed.
Mae'r dafarn ar agor.   The pub is open.
Dw i ar goll.   I'm lost.
Mae hi ar ben arno fe.   He's had it. (he's lost, it's all over for him)

SGWRS 68

Colli gwaith	*Losing a job*
ar ben arnon ni	all over for us
wedi canu arnon ni	it's all over for us
Cymraeg	Welsh (*language*)
Cymreig	Welsh (*in nature*)

Blodwen:	**O't ti wedi cael diwrnod da yn y gwaith heddiw?**	Had you had a good day at work today?
Hywel:	**Eitha da. Do'n i ddim wedi gweithio'n galed iawn.**	Quite good, I hadn't worked very hard.
Blodwen:	**Fel arfer! W i wedi gweithio'n galed trwy'r dydd. Ro'n i'n siopa bore 'ma...**	As usual! I've worked hard all day. I was shopping this morning...
Hywel:	**Gwranda arna i am funud.**	Listen to me for a minute.
Blodwen:	**Gwrando arnat ti? Am beth?**	Listen to you? About what?
Hywel:	**Mae newyddion 'da fi.**	I've got news.
Blodwen:	**Newyddion am beth?**	News about what?
Hywel:	**Wel, fi'n mynd i gael deg mil o bunnoedd gan y Llywodraeth.**	Well, I'm going to have ten thousand pounds from the Government.
Blodwen:	**Pam maen nhw'n rhoi arian i ti?**	Why are they giving you money?
Hywel:	**Wel, mae'r gwaith yn mynd i gau.**	Well, the work is going to close.
Blodwen:	**O na! Dw i'n teimlo'n sâl.** **Mae hi ar ben arnon ni!**	Oh no! I feel ill. It's all over for us!
Hywel:	**Dyw hi ddim wedi canu arnon ni!**	It isn't all over for us!
Blodwen:	**Ond does dim gwaith i ti.**	But there isn't any work for you.
Hywel:	**Wel, mae digon o waith i ti ac i fi.**	Well, there's enough work for you and me.
Blodwen:	**Mae gwaith 'da fi, ond does dim gwaith 'da ti!**	I've got work, but you haven't got work!
Hywel:	**Gyda deg mil o bunnoedd, dy'n ni'n gallu agor caffi, a gwerthu popeth Cymreig!**	With ten thousand pounds, we can open a café and sell everything Welsh!
Blodwen:	**Pwy sy eisiau dod i gaffi Cymraeg?**	Who wants to come to a Welsh café?
Hywel:	**Mae llawer o bobl yn dysgu Cymraeg ac mae ysgol Gymraeg yn y dre.**	Many people learn Welsh and there's a Welsh school in town.

> **WYT TI'N COFIO MR JONES?**
> Do you remember Mr Jones?

*This is how '**am**' changes:*

amdana i	about me
amdanat ti	about you
amdano fe	about him
amdani hi	about her
am Siân	about Siân
am y ffilm	about the film
amdanon ni	about us
amdanoch chi	about you
amdanyn nhw	about them

Examples:

meddwl to think	
cofio	to remember
anghofio	to forget

Test yourself:

Wyt ti'n cofio Mr Jones?	Do you remember Mr Jones?
Dw i'n darllen amdano fe yn y papur.	I'm reading about him in the paper.
Ydy e'n meddwl amdanon ni heddiw?	Is he thinking about us today?
Wyt ti'n cofio'r athrawon Ffrangeg?	Do you remember the French teachers?
Ro'n i wedi anghofio amdanyn nhw.	I had forgotten about them.

Make up sentences using words from each column:

Dw i'n	cofio	amdano fe	yn yr ysgol
Roedd hi'n	gwybod	amdanoch chi	yn y coleg
Ro'n ni wedi	meddwl	amdanyn nhw	

'**am**' *is used after many verbs:*

aros am	to wait for
clywed am	to hear about
chwilio am	to look for
darllen am	to read about
dysgu am	to learn about
edrych am	to look for
gofalu am	to care for, to look after
gwybod am	to know about
poeni am	to worry about
sgrifennu am	to write about
siarad am	to talk about

Test yourself:

Wi wedi darllen amdani hi.	I've read about her.
Mae e'n gwybod amdanon ni.	He knows about us.
Ro'n nhw'n siarad amdanoch chi.	They were talking about you.
Ro'n ni'n aros am y bws.	We were waiting for the bus.
O'n nhw ddim yn gwybod am Huw?	They didn't know about Huw?
O'ch chi'n chwilio amdana i?	Were you looking for me?
Na, ro'n i'n chwilio amdano fe.	No, I was looking for him.
Ro'n i wedi clywed amdani hi o'r blaen.	I'd heard about her before.
Wi wedi clywed am y stori.	I've heard about the story.
Mae e'n gwybod am y lle.	He knows about the place.
O'ch chi wedi darllen am y fenyw?	Had you read about the woman?

SGWRS 69

Cofio'r staff	*Remembering the staff*
dwyn	to steal
disgybl/-ion	pupil/-s
athro/athrawon	teacher/-s *(male)*
athrawes/-au	teacher/-s *(female)*

Jane:	**Wyt ti'n cofio Mrs Maple yn yr ysgol?**	Do you remember Mrs Maple in school?
Jill:	**Pam wyt ti'n meddwl amdani hi?**	Why are you thinking about her?
Jane:	**Ro'n i'n meddwl amdanyn nhw i gyd, y staff i gyd.**	I was thinking about them all, all the staff.
Jill:	**Beth wyt ti'n gwybod amdanyn nhw nawr?**	What do you know about them now?
Jane:	**Chlywest ti ddim amdani hi?**	Hadn't you heard about her?
	Fe aeth hi i'r carchar am ddwyn dillad.	She went to prison for stealing clothes.
Jill:	**Fe glywes i am Mr Morgan. Wyt ti'n gwybod amdano fe?**	I heard about Mr Morgan. Do you know about him?
Jane:	**Beth amdano fe? Doedd e ddim yn athro da.**	What about him? He wasn't a good teacher.
Jill:	**Darllenes i amdano fe yn y papur.**	I read about him in the paper.
	Dechreuodd e gartref i gathod.	He started a home for cats.
Jane:	**Mae e'n gofalu amdanyn nhw! Doedd e ddim yn poeni am y disgyblion.**	He's looking after them! He didn't worry about the children.
Jill:	**Doedd neb o'r athrawon yn poeni amdanon ni.**	None of the teachers worried about us.
Jane:	**Wel, neb ond Mr James! Dw i'n meddwl amdano fe bob dydd!**	Well, no-one but Mr James! I'm thinking about him every day!

A useful phrase:

am ddim	free
mynediad am ddim	free entrance
Dy'n ni'n gallu mynd i mewn am ddim.	We can go in free.
Mae'r papur am ddim.	The paper is free.

More useful phrases:

'am' can also mean *'want'*:

W i am fynd nawr.	I want to go now.
Am beth?	About what?
mynd am dro	(to) go for a walk
am y tro	for the time being, for now
am y tro olaf	for the last time
am y tro cyntaf	for the first time
dy dro di	your turn

Siaradwch am eich dyddiau ysgol:

> **Beth dych chi'n cofio am yr athrawon da?**
> **Beth dych chi'n cofio am yr athrawon gwael?**
> **Beth dych chi'n cofio am y disgyblion?**
> **O'ch chi'n poeni am rywbeth?** *(something)*

> CES I LYTHYR ODDI WRTH SIÂN.
> I had a letter from Siân.

Using 'at' with pronouns

ata i	to me
atat ti	to you
ato fe	to him
ati hi	to her
at Siân	to Siân
aton ni	to us
atoch chi	to them
atyn nhw	to them

sbwriel	rubbish
sŵn	noise
anfon at	to send to
e-bost	email

Test yourself:

Ro'n i wedi anfon e-bost at Mrs Evans.	I'd sent an email to Mrs Evans.
Dw i'n mynd at y doctor yfory.	I'm going to the doctor tomorrow.
Dw i eisiau sgrifennu ato fe am y sbwriel.	I want to write to him about the rubbish
Mae hi wedi anfon atyn nhw am y sŵn.	She's sent to them about the noise.
Mae hi'n dod i fyw ata i.	She's coming to me to live.
Mae e wedi anfon llythyr atyn nhw.	He's sent them a letter.

Make up sentences:

sgrifennu at	to write to (*a person*)
sgrifennu i	to write to (*a place or institution*)
anfon at	to send to (*a person*)
anfon i	to send to (*a place or institution*)

Ro'n i'n	sgrifennu	llythyr	atyn nhw	am y sbwriel
Mae hi'n	anfon	e-bost	ati hi	am y sŵn
Ro'n nhw'n				ato fe
Roedd e wedi				

'**at**' *is used with many other words:*

agos at	near (to)
dod at	to come to/towards
mynd at	to go towards
cerdded at	to walk towards

Contacting people:

pennaeth	boss
rheolwr	manager
Aelod o'r Senedd	Member of the Senedd
Cynghorydd	Councillor
Prif Weinidog	Prime Minister / First Minister

*Say that you live near to the town, that you've seen rubbish on the pavement (**pafin**), and that you're going to write to the Member of the Senedd (**Aelod o'r Senedd**).*

....

....

SGWRS 70

Cwyno i Swyddfa'r Cyngor   *Complaining to the Council Office*

Mari:	**Dw i wedi sgrifennu i'r Cyngor.**	I've written to the Council.
Llew:	**Wyt ti'n cwyno am y sbwriel eto?**	Are you complaining about the rubbish again?
Mari:	**Na, sgrifennais i e-bost Cymraeg atyn nhw ac atebon nhw yn Saesneg!**	No, I wrote a Welsh email to them and they answered in English!
Llew:	**Rhaid i ti gwyno wrth Gomisiynydd y Gymraeg!**	You must complain to the Welsh Language Commissioner!
Mari:	**Dw i wedi anfon llawer o lythyrau ato fe.**	I've sent him many letters.
Llew:	**Am beth sgrifennaist ti nawr?**	About what did you write now?
Mari:	**Roedd y Cyngor wedi anfon bil ata i.**	The Council had sent me a bill.
Llew:	**Bil am beth oedd e?**	What was the bill about?
Mari:	**Bil trethi cyngor – do'n i ddim wedi talu.**	A council tax bill – I hadn't paid.
Llew:	**Oedd y bil yn Gymraeg?**	Was the bill in Welsh?
Mari:	**Na, bil Saesneg oedd e – dyna pam ro'n i'n sgrifennu atyn nhw.**	No, it was an English bill – that's why I was writing to them.

Some other prepositions:

wrth	by
wrtho i	by me
wrthot ti	by you
wrtho fe	by him
wrthi hi	by her
wrthon ni	by us
wrthoch chi	by you
wrthyn nhw	by them

*We use '**wrth**' after '**dweud**' to say 'to tell':*

Test yourself:

dweud wrth	to tell
Dw i wedi dweud y newyddion wrthi hi.	I've told her the news.
Mae e'n dweud popeth wrthon ni.	He tells us everything.
Roedd e wedi dweud y stori wthyn nhw.	He had told them the story.
Mae hi'n mynd i ddweud wrthoch chi.	She's going to tell you.

oddi wrth   from

*When ending a message we use '**oddi wrth**' for 'from':*

oddi wrth Siân	from Siân
Ces i lythyr oddi wrth Siân.	I had a letter from Siân.
Cawson nhw e-bost oddi wrth Huw.	They had an email from Huw.
oddi wrtho i	from me
oddi wrthot ti	from you
oddi wrtho fe	from him
oddi wrthon ni	from us
oddi wrthoch chi	from you
oddi wrthyn nhw	from them
oddi wrthi hi	from her

Test yourself:

Dw i wedi cael e-bost oddi wrthi hi.	I've had an email from her.
Ro'dd hi wedi cael llythyr oddi wrtho fe.	She had received a letter from him.
Cafodd e lythyr oddi wrthyn nhw.	He received a letter from them.
Ces i gerdyn pen blwydd oddi wrthot ti.	I had a birthday card from you.

Note these:

o	of/from
ohono i	of me
ohonot ti	of you
ohono fe	of him
ohoni hi	of her
ohonon ni	of us
ohonoch chi	of you
ohonyn nhw	of them

Test yourself:

deiseb   petition

Dyma'r llythyr – dw i wedi darllen rhan ohono fe.	Here's the letter – I've read a part of it.
Dw i wedi cael atebion, dyma rai ohonyn nhw.	I've had answers, here are some of them.
Mae'r sbwriel yma o hyd – dw i wedi cael digon ohono fe!	The rubbish is still here – I've had enough of it!
Fe gawson ni hen ddigon o enwau ar y ddeiseb. Mae llawer iawn ohonyn nhw.	We've had by far enough names on the petition. There are very many of them.

We can use '**ddim o**' when we want to say the opposite.
ddim + o none of

This is often used to express that something didn't happen, and it is often shortened:
(*See Part 56*)

ddim ohono i	>	**mo fi**
ddim ohonot ti	>	**mo ti**
ddim ohono fe	>	**mo fe**
ddim ohoni hi	>	**mo hi**
ddim ohonon ni	>	**mo ni**
ddim ohonoch chi	>	**mo chi**
ddim ohonyn nhw	>	**mo nhw**

Literally it means 'none of':

Ddarllenes i mo'r llyfr.	I read none of the book = I didn't read the book.

Test yourself:

Weles i mo'r llythyrau yn y swyddfa bore 'ma.	I didn't see the letters in the office this morning.
Atebon ni mo'r ffôn – galwad sbwriel oedd hi.	We didn't answer the phone – it was a rubbish call.
Ffonion nhw mo fi heddiw.	They didn't phone me today.
Ysgrifennais i sawl llythyr, ond atebon nhw mo nhw.	I wrote many letters, but they didn't answer them.

Try to choose the correct preposition:

Sgrifennais i e-bost ____ y banc.
Anfonais i e-bost ____ y doctor.
Anfonodd e garden ____ hi.
Dywedais i'r newyddion ____ fe.
Ces i lythyr neis ____ ____ hi.
Dw i wedi cael digon ____ fe.
Weles i ____ 'r ffilm.
Sgrifennon nhw ____ fi heddiw.

> MAE FY RHIENI I'N BYW YN Y DRE.
> My parents live in town.

*Say that your parents live in a comfortable flat (**fflat cysurus**) in the town.*

....

*Say that your flat is in the city (**y ddinas**).*

....

My:
To say that something is yours.
you will hear these and see these written.

Put what you're talking about between these words:

fy ... i	my
fy mam i	my mother
fy rhieni i	my parents

Mae fy rhieni i'n byw yn y dre. My parents live in town.
Mae fy mab i'n dechrau yn y brifysgol eleni. My son's starting in university this year.

Make up sentences:

ewythr / wncwl	uncle
modryb	aunt

Mae	fy chwaer i	'n gweithio	yn y dref.
	fy wncwl i	'n byw	yn Abertawe.
	fy rhieni i	'n hoffi byw	
	fy modryb i		

*The first part of '**fy... i**' can be used on its own, especially when writing:*

fy mam	my mother
fy chwaer	my sister

Letter changes:
*After '**fy**' the following six changes occur:*

c	**> ngh**	**cath**	**fy nghath i**	my cat
p	**> mh**	**plant**	**fy mhlant i**	my children
t	**> nh**	**tad**	**fy nhad i**	my father
g	**> ng**	**gwraig**	**fy ngwraig i**	my wife
b	**> m**	**brawd**	**fy mrawd i**	my brother
d	**> n**	**dant**	**fy nant i**	my tooth

This change is called nasal mutation, because the letter is said more through the nose than the original letter.

Very often, when talking, we leave out 'fy' and just use the word that has had its first letter changed:

Test yourself:

Mae 'nhad i'n byw yn Aberystwyth.	My father lives in Aberystwyth.
Mae 'mrawd i'n gweithio yn y dre.	My brother works in the town.
Mae 'ngŵr i'n edrych yn hyfryd.	My husband looks lovely.
Wyt ti'n gwybod ble mae 'nghath i?	Do you know where my cat is?

Get used to these:

'nghar i	'mhlant i	'nhad i
'ngŵr i	'mrawd i	

Make up sentences:

Mae	'nghot		wrth y drws
Roedd	'nhrowsus	i	dan y gwely
	'mwyd		ar y bwrdd

In recent years, saying 'my' etc. has become far easier.
If you hear children speak, and adults, and teachers,
you will hear how this has been simplified. Look at these:

car Siân   Siân's car
Dw i wedi cael reid yng   I've had a ride in Siân's car.
nghar Siân.

bag dad   dad's bag
Wyt ti wedi gweld bag dad?   Have you seen dad's bag?
cot Huw   Huw's coat
Mae cot Huw wrth y drws.   Huw's coat is by the door.

Now look at these:

car fi	my car
bag ti	your bag
cot fe	his coat
cath hi	her cath
dillad ni	our clothes
plant chi	your children
gwaith nhw	their work

SGWRS 71

Holi am y teulu   ***Asking about the family***

ennill   to win, to earn

Liam: **Dy'n ni ddim wedi cwrdd ers amser maith!**
We haven't met for a long time!

Anna: **Na. Sut mae'r teulu erbyn hyn?**
No. How's the family by now?

Liam: **Eitha da, diolch. Mae 'ngwraig i'n gweithio nawr.**
Quite well, thanks. My wife is working now.

Anna: **Beth mae'r plant yn 'neud?**
What are the children doing?

Liam: **Mae 'merch i yn y brifysgol, ac mae 'mab i wedi dechrau yn y banc.**
My daughter is in university and my son has started in the bank.

Anna: **Maen nhw i gyd yn tyfu!**
They're all growing up!

Liam: **Beth amdanat ti? Ydy pawb yn iawn?**
What about you? Is everyone alright?

Anna: **Ydyn, diolch. Mae 'ngŵr i wedi gorffen gweithio.**
Yes, thanks. My husband has finished working.

Liam: **Daro! Beth mae e'n 'neud nawr?**
Dear! What is he doing now?

Anna: **Mae e'n garddio trwy'r dydd.**
He's gardening all day.

Liam: **Mae'n dda 'da fi glywed.**
I'm glad to hear.

Anna: **Mae e'n mwynhau.**
He's enjoying.

Liam: **Ond beth am y plant?**
But what about the children?

Anna: **Mae 'mhlant i'n iawn. Mae babi gan fy merch ac mae fy mab i'n priodi.**
My children are fine. My daughter has a baby and my son is getting married.

Liam: **Mae digon gyda ti i wneud heddiw!**
You have enough to do today!

Anna: **Oes, dw i'n mynd at fy ngŵr i'r ardd i weld beth mae e'n 'neud.**
Yes, I'm going to my husband in the garden to see what he's doing.

*Some purists frown on the use of '**car fi**', but others see this as an inevitable development of the Welsh language.*

By using these when talking, you can forget any letter changes noted above.

Mae car fi yn y garej.	*My car is in the garage.*
Ble mae bag fi?	*Where's my bag?*
Wyt ti wedi gweld sbectol fi?	*Have you seen my glasses?*
Mae papur ti ar y bwrdd.	*Your paper's on the table.*

Get used to these:

ysgol ni	our school
tŷ ni	our house
dillad fi	my clothes
gwely ti	your bed
gwaith e	his work
llyfr hi	her book

Useful phrase:

fy hun	my own
fy nhŷ fy hun	my own house
ar fy mhen fy hun	on my own

Siaradwch am y teulu:

Beth mae'r gŵr / wraig / partner yn 'neud?
Beth mae'r plant yn 'neud?
Beth oedd eich *(your)* **rhieni'n 'neud?**

Welsh signs

Before the 1970s there weren't many Welsh signs, no Welsh road signs, and almost no Welsh at all in shops and public places. Cymdeithas yr Iaith Gymraeg (the Welsh Language Society) was set up in 1962 with the aim of getting the Welsh language recognized by public bodies. English only road signs were painted over or taken down, scores of people were imprisoned. Eventually the London Government acceded, and Welsh Language Laws were passed, in 1967 and 1993. At first the laws allowed Welsh to be used and to be given validity. In 2011, the Welsh Assembly (now 'Senedd') passed a Welsh Language Measure which gave Welsh official status for the first time. Language standards have been established, and public bodies must treat Welsh not less favourably than English.

Talking about the family (2)

dy ... di	your
dy enw di	your name

Oedd dy chwaer di'n gweithio yn Osda?	Was your sister working in Osda?
Ydy dy ewythr di'n dod o Gaerdydd?	Does your uncle come from Cardiff?

*After '**dy**' these letters change:*

c > g	cariad	**dy gariad di**	your sweetheart
p > b	plant	**dy blant di**	your children
t > d	tad	**dy dad di**	your father
g > /	gwraig	**dy wraig di**	your wife
b > f	brawd	**dy frawd di**	your brother
d > dd	dwylo	**dy ddwylo di**	your hands
ll > l	llaw	**dy law di**	your hand
m > f	mab	**dy fab di**	your son
rh > r	rhieni	**dy rieni di**	your parents

peiriant golchi	washing machine

Test yourself:

Ble mae dy dad di heddiw?	Where's your father today?
Mae dy wraig di'n dod gyda ni heno.	Your wife is coming with us tonight.
Roedd dy gariad di'n hapus neithiwr.	Your sweetheart was happy last night.
Roedd dy fam di'n gweithio yn y siop.	Your mother was working in the shop.
Wyt ti wedi ffeindio dy ddillad di?	Have you found your clothes?
Mae dy drowsus di ar y llawr.	Your trousers are on the floor.
Mae dy flows di yn y peiriant golchi.	Your blouse is in the washing machine.
Mae dy got di yn y cwpwrdd.	Your coat is in the cupboard.

Make up sentences using these words:

symud tŷ	to move house

Mae	dy ferch di	'n	symud tŷ
Roedd	dy fab di	wedi	cael amser da
	dy wraig di		dechrau gweithio

BLE MAE DY DAD DI HEDDIW?
Where's your father today?

Clothes:

cot	**dy got ti**	your coat
crys	**dy grys di**	your shirt
trowsus	**dy drowsus di**	your trousers
blows	**dy flows di**	your blouse
dillad	**dy ddillad di**	your clothes

This is handy:

dy farn di	your opinion
Beth yw dy farn di?	What's your opinion?

Saying 'his':

ei ... e	his
ei chwaer e	his sister

*The same letters change with '**ei ... e**'*

tad-cu	**ei dad-cu e**	his grandfather
mam-gu	**ei fam-gu e**	his grandmother
cefnder	**ei gefnder e**	his cousin (*male*)
cyfnither	**ei gyfnither e**	his cousin (*female*)

Test yourself:

Mae ei gyfnither e'n dod o Abertawe.	His cousin comes from Swansea.
Dyw ei fam-gu e ddim yn byw yma nawr.	His grandmother does not live here now.
Wyt ti wedi gweld ei gefnder e yn y dre?	Have you seen his cousin in town?
Roedd ei dad-cu e'n gweithio yn y ffatri.	His grandfather worked in the factory.

Make up sentences:

Mae Roedd	ei	dad fam-gu gefnder rieni	e'n	byw gweithio	yn y	stryd yma dref yma

*Ask if his son is working in the factory (**ffatri**) in town:*

....

*Say that his picture (**llun**) is in the paper today.*

....

*Say that his grandfather lived in the house on this street (**y stryd yma**):*

....

SGWRS 72

Cysgu'n hwyr

i gyd all   **nôl** to fetch, to get   **peidio bod** not to be

Dave:	**Ble wyt ti? Mae dy frecwast di ar y bwrdd!**	Where are you? Your breakfast is on the table.
Tracy:	**Ond dw i ddim yn gallu ffeindio f'esgidiau i!**	But I can't find my shoes!
Dave:	**Mae d'esgidiau di dan y gwely, wrth gwrs.**	Your shoes are under the table, of course.
Tracy:	**A ble mae fy mlows fi? A fy sgert i?**	And where's my blouse? And my skirt?
Dave:	**Mae dy ddillad di i gyd yn y cwpwrdd.**	All your clothes are in the cupboard.
Tracy:	**Ydy 'mrechdanau i'n barod?**	Are my sandwiches ready?
Dave:	**Ydyn, a dy fflasg di.**	Yes, and your flask.
Tracy:	**Fi ddim yn gallu ffeindio 'nghês i.**	I can't find my case!
Dave:	**Mae dy gês di wrth y drws. Ti'n mynd i golli dy fws di os ti ddim yn codi nawr.**	Your case is by the door. You're going to miss your bus if you don't get up now.
Tracy:	**Ti'n gallu mynd â fi yn dy gar di?**	Can you take me in your car?
Dave:	**Ond mae 'nghar i yn y garej.**	But my car is in the garage.
Tracy:	**Cael y car allan o'r garej, plis!**	Get the car out of the garage, please!
Dave:	**Iawn, Tracy, dw i'n mynd i nôl 'nghar i nawr.**	Alright, Tracy, I'm going to fetch my car now.
Tracy:	**Fi'n caru ti, Dave. Ti yw 'ngŵr gorau i.**	I love you, Dave. You're my best husband.
Dave:	**Rhaid i ti beidio bod yn hwyr yn ysgol ti, Tracy.**	You must not be late in your school, Tracy.

SGWRS 73

Symud tŷ

hoff	favourite
ein ... ni	our

Hywel:	Dw i wedi gweld fy hoff dŷ i.	I've seen my favourite house.
Blodwen:	Tŷ dy ffrind di?	Your friend's house?
Hywel:	Na, mae'r tŷ yn hen dŷ.	No, the house is an old house.
Blodwen:	Beth sy'n bod ar ein tŷ ni?	What's the matter with our house?
Hywel:	Mae ein tŷ ni'n iawn, ond mae e'n fach.	Our house is fine, but it's small.
Blodwen:	Os nad yw e'n fawr, mae e'n ddigon.	If it's not big, it's enough.
Hywel:	(*yn canu*) Yn ddigon i lenwi fy nghalon.	(*singing*) Enough to fill my heart.
Blodwen:	Ti'n dwp nawr. Ble mae dy hoff dŷ di?	You're silly now. Where is your favourite house?
Hywel:	Mae e'n agos at dŷ John a Mary.	It's near John and Mary's house.
Blodwen:	Ond dw i'n hoffi fy nhŷ i, a dw i'n hoffi fy nghegin i.	But I like my house, and I like my kitchen.
Hywel:	Wel, bydd ein tŷ newydd ni'n fawr iawn a bydd dy gegin newydd di'n fawr!	Well, our new house will be very big and your new kitchen will be big!
Blodwen:	Pryd dy'n n'n gallu symud?	When can we move?
Hywel:	Wel, mae rhaid i ni brynu'r tŷ.	Well, we have to buy the house.
Blodwen:	Trueni, does dim arian 'da ni.	Pity, we haven't any money.

Welsh literature

Of all of Europe's smaller languages, Welsh must be one of the richest in its literature. The first Welsh poem – Y Gododdin – is an homage to Welsh warriors who attacked the English army at Catraeth (today's Catterick) in the 7th century. The only snag is that the Welsh of that time were really southern Scotland or northern England Britons. The early Welsh poems come from those parts of Britain before Britain was anglicized. Poetry becamse the main form of Welsh literature through the ages, and poets were given special status by the Welsh princes and later nobles. But the richest part of our early literature are the Mabinogi tales. These describe adventures of partly historical and partly mythical figures, full of imagination, love, horror and sex. They would be X rated if written today. Wales' foremost poet in the middle ages was Dafydd ap Gwilym, whose love poems of the 14th century still sparkle. With the arrival of the printing press in the 16th century, the Bible was translated, along with Welsh dictionaries. Welsh writing still flourishes today, in the form of novels, short stories, poetry and non-fiction, with more than 600 books published annually.

At school

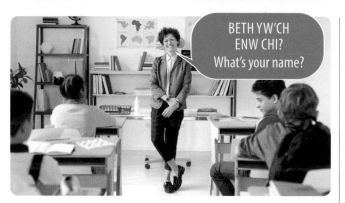

BETH YW'CH ENW CHI?
What's your name?

gwers/-i	lesson/-s
dosbarth/-iadau	class/-es
dysgu	to learn *or* to teach
ysgol gynradd	primary school
ysgol gyfun	comprehensive school
iaith/-ieithoedd	language/-s

Saying that something belongs to her:

ei ... hi	her
ei brawd hi	her brother
ei llyfr hi	her book
ei gwaith hi	her work
ei dosbarth hi	her class

There is a different letter change after 'ei ... hi' (her). After 'ei' (her) three letters change:

c > ch	cefnder	ei chefnder hi	her cousin
p > ph	plentyn	ei phlentyn hi	her child
t > th	tad	ei thad hi	her father

Test yourself:

Mae hi wedi dysgu ei chefnder hi.	She has taught her cousin.
Roedd ei phlant hi wedi gadael yr ysgol.	Her children had left school.
Mae ei thad hi'n bennaeth yn yr ysgol.	Her father is head at the school.
Oedd ei thad-cu hi'n byw gyda hi?	Did her grandfather live with her?

Make up sentences:

mwynhau	to enjoy
casáu	to hate
dysgu	to learn *or* to teach

Mae	ei	chyfnither	hi'n	hoffi	mynd i'r ysgol gynradd
Roedd		thad		mwynhau	gweithio yn yr ysgol gyfun
		phlant		casáu	dysgu mathemateg

| perfformio | to perform |
| sioe | show |

Say that her sister is performing in the show.

....

Say that you have seen her lesson, and that she likes her class.

....

Say that her children are enjoying going to the primary school.

....

Say that you can remember her parents in the school.

....

Another letter change: words that begin with a vowel add an 'h' when used with 'ei ... hi':

ysgol	ei hysgol hi	her school
athro	ei hathro hi	her teacher *(male)*
athrawes	ei hathrawes hi	her teacher *(female)*

The same 'h' is used with these:

ein ... ni   our

athrawes	**ein hathrawes ni**	our teacher
ysgol	**ein hysgol ni**	our school

Ydych chi'n moyn gwybod ein henwau ni?	Do you want to know our names?
Roedd ein hysgol ni yn y newyddion ddoe.	Our school was in the news yesterday.

eu ... nhw   their

ysgol	**eu hysgol nhw**	their school
athrawes	**eu hathrawes nhw**	their teacher

Dw i'n gallu siarad eu hiaith nhw.	I can speak their language.
Maen nhw'n dechrau yn eu nhw hysgol heddiw.	They're starting in their school today.

Make up sentences:

Ro'n i'n	nabod	eu	hathrawes	nhw
Dw i'n	hoffi	ein	hathro	ni
	casáu			

But there are no other mutations after 'ein', 'eich' and 'eu':

ein ... ni	our
ein prifathro ni	our headteacher
ein gwaith ni	our work

Test yourself:

Roedd ein brawd ni'n hoffi dal y bws i'r ysgol.	Our brother liked catching the bus to school.
Oeddech chi'n dysgu ein chwaer ni?	Did you teach our sister?
Roedd ein merch ni'n athrawes ym Mangor.	Our daughter was a teacher in Bangor.

eich ... chi	your
eich gwaith chi	your work
eich enw chi	your name

Test yourself:

O'dd eich teulu chi gyda chi?	Was your family with you?
Dw i ddim wedi gweld eich llyfrau chi.	I haven't seen your books.

Dych chi'n mwynhau yn eich dosbarth newydd chi?	Are you enjoying in your new class?

eu ... nhw	their
eu mab nhw	their son
eu plant nhw	their children

Test yourself:

Dw i wedi gweld eu plant nhw.	I've seen their children.
Roedd eu dosbarth nhw'n fawr.	Their class was big.
Pwy oedd eu pennaeth nhw?	Who was their head?

Make up sentences:

Dw i	wedi gweld	eu pennaeth nhw
Roedd hi	'n hoffi	ein prifathro ni
Dy'n ni		eich dosbarth chi

After a vowel, 'ein' is shortened to ''n'

Mae'n rhieni ni'n symud i fyw aton ni.	Our parents are moving to live with us.

After a vowel, 'eich' is shortened to ''ch'

Beth yw'ch enw chi?	What's your name?

After a vowel, 'eu' is shortened to ''u'

Mae'u teulu nhw'n dlawd iawn.	Their family is very poor.

*Say that the girl had started in the playgroup. (**cylch chwarae**)*

....

Say that you had a good time with their children.

....

*Say that you had gone to see the show (**sioe**) in her school:*

....

SGWRS 74

Gwenno'n mwynhau   *Gwenno enjoying*

Mair:	Ydy'n plant ni'n hapus yn yr ysgol?	Are our children happy in school?
Huw:	Beth sy'n bod?	What's the matter?
Mair:	Dyw Gwenno ddim yn hoffi ei hathro hi.	Gwenno doesn't like her teacher.
Huw:	Ydy Deio'n hoffi ei athrawes e?	Does Deio like his teacher?
Mair:	Ydy, ond dw i'n mynd i weld Mr Puw.	Yes, but I'm going to see Mr Puw.
Huw:	Pwy yw e? Eu pennaeth nhw?	Who's he? Their head?
Mair:	Ie. Dw i'n nabod ei wraig e.	Yes. I know his wife.
Huw:	Beth wyt ti'n mynd i ddweud wrtho fe?	What are you going to tell him?
Mair:	Dw i'n mynd i ofyn iddo fe ydy Gwenno'n gwneud ei gwaith hi.	I'm going to ask him if Gwenno is doing her work.
Huw:	Wyt ti wedi gweld ei gwaith hi?	Have you seen her work?
Mair:	Na. Pam wyt ti'n gofyn?	No. Why do you ask?
Huw:	Mae hi allan bob nos gyda'i ffrindiau hi. Paid poeni. Mae hi'n mwynhau.	She's out every night with her friends. Don't worry. She's enjoying.

Ychydig mwy   *A little bit more*

*When we use 'ar ôl' with a pronoun (**e, hi, chi, ni** etc.), we use the same pattern as we use for 'his', etc.:*

ar dy ôl di   after you
ar ei ôl e   after him

And we can add 'ei hun'
dy dŷ dy hun   your own house
ei dŷ ei hun   his own house

Useful phrases:
ar ei ben ei hun   on his own
ar ei phen ei hun on her own

Talk about your children's school, or imagine:

> *Say you like their teacher, their school, their head.*
> *Say you that your daughter has done her homework, her essay, her project.*
> *Say that your son has not done his work.*

> DW I'N CARU TI'N FAWR IAWN.
> I love you very much.

The easiest way by far of using 'me', 'you', 'him' etc.
with verbs is to put these words straight after the verb (doing word):

caru   to love

fi	**caru fi**	love me
ti	**caru ti**	love you
fe	**caru fe**	love him
hi	**caru hi**	love her
ni	**caru ni**	love us
chi	**caru chi**	love you
nhw	**caru nhw**	love them

This easy way has become very common in Welsh over the last twenty years. You will hear children and people using these (although frowned upon by purists):

bob amser   always

Test yourself:

Dw i'n caru ti'n fawr iawn.	I love you very much.
Fi'n caru ti bob amser.	I love you always.
Mae hi'n caru fe tipyn bach.	She loves him a little.
Maen nhw'n caru ni ond dy'n ni ddim yn caru nhw.	They love us but we don't love them.
O'n i'n hoffi nhw ond dw i ddim yn hoffi nhw nawr.	I liked them, but I don't like them now.
Do'ch chi ddim yn caru hi, o'ch chi?	You didn't love her, did you?
O't ti'n hoffi fe?	Did you like him?

Make up sentences:

am byth f or ever

Dw i'n Fi'n	caru	ti	heddiw.
Roedd hi'n	hoffi	chi	bob amser.
Maen nhw'n		ni	am byth.
Mae e'n			

There is a more formal way of saying this, and you will find this written and spoken.
*Just as we use '**fy … i**', '**ei … e**' etc. for 'my', 'his', we can put them around verbs to say 'me', 'him' etc.:*

Test yourself:

Dw i'n ei lico hi'n fawr.	I like her very much. *(south Wales)*
Dw i'n ei licio hi – mae hi'n hyfryd.	I like her – shes lovely. *(north Wales)*
Maen nhw'n fy hoffi i, dw i'n credu.	They like me, I believe.
Dw i'n dy hoffi di, diolch byth.	I like you, thank goodness.
Roedd hi'n ei nabod e yn y coleg.	She knew him in college.
Ro'n ni'n eu gweld nhw bob dydd.	We saw them every day.
Dy'n nhw ddim yn ein nabod ni.	They don't know us.
Dy'n nhw'n eich licio chi?	Do they like you?

Letter changes:

*The same letter changes occur as we saw with '**fy … i**', '**ei … e**' etc.*

plesio   to please

Test yourself:

caru	**Dw i'n dy garu di.**	I love you.
plesio	**Ro'n nhw wedi fy mhlesio.**	They had pleased me.
talu	**Ydy e wedi dy dalu di?**	Has he paid you?
gweld	**Maen nhw wedi ei weld e.**	They have seen him.
blasu	**Mae hi wedi ei flasu e.**	She's tasted it.
darllen	**Dach chi wedi'i ddarllen o?**	Have you read it?
llenwi	**Mae'r bwyd wedi dy lenwi di.**	The food has filled you.
methu	**Roedd hi wedi'i fethu e.**	She'd failed it.
rhannu	**Mae hi'n ei rannu e.**	She's sharing it.

Make up sentences:

cusanu   to kiss

Mae hi'n	ei gusanu e	bob dydd
Roedd e wedi	fy nghusanu i	bob bore
Ydy hi wedi	fy ngharu i	bob nos
Mae hi'n	dy garu di	bob amser
	ei chusanu hi	

We put **'fy ... i'** *around* **'bod'**, *to say* 'that I'. *We do the same with* **'ei ...
e'** *etc:*

fy ... i	fy mod i	that I am/was
dy ... di	dy fod di	that you are/were
ei ... e	ei fod e	that he is/was
ei ... hi	ei bod hi	that she is/was
ein ... ni	ein bod ni	that we are/were
eich ... chi	eich bod chi	that you are/were
eu ... nhw	eu bod nhw	that you are/were

You're talking with your partner.

> *Make up a conversation.*
> *Ask if he/she loves you.*
> *Say you love him/her.*
> *Ask if he wants to kiss you, and marry you.*
> *Say you want to kiss him/her.*

When talking, you can cheat, by leaving out **'fy', 'dy'** *etc., and also by
not changing* **'bod'** *to* **'mod'** *or* **'fod'**:

| bod fi | bod ti | bod e | bod hi |
| bod ni | bod chi | bod nhw | |

dyweddïo   to become engaged

Test yourself:

Dw i'n gobeithio fy mod i'n mynd i ddyweddïo.	I hope I'm going to become engaged.
Wi'n gwybod ei fod e'n hoffi Siân.	I know that he likes Siân.
Roedd e'n dweud bod chi'n gwybod.	He said that you knew.
O'ch chi'n credu eu bod nhw'n caru?	Did you believe they were courting?

To say that you know that you have done something, use **'wedi'**
instead of **'yn'**:

Test yourself:

Dw i'n gobeithio eu bod nhw wedi dyweddïo.	I hope that they have got engaged.
Mae e'n gwybod fy mod i wedi priodi.	He knows that I have got married.
Ro'ch chi'n credu ein bod ni wedi gorffen.	You thought that we had finished.
O'ch chi'n gwybod ei bod hi wedi priodi?	Did you know that she had got married?

SGWRS 75

Prynu blodau   *Buying flowers*

Meg:	**Dw i wedi bod yn y dre'n siopa heddiw.**	I've been in town shopping today.
Alun:	**O't ti'n chwilio am got newydd?**	Were you looking for a new coat?
Meg:	**O'n, a dw i wedi ei phrynu hi.**	Yes, and I've bought it.
Alun:	**Da iawn. Es i i'r dre hefyd. Ro'n i'n chwilio am esgidiau newydd.**	Very good. I went to town as well. I was looking for new shoes.
Meg:	**Wyt ti wedi'u prynu nhw?**	Have you bought them?
Alun:	**Ydw, a dw i wedi prynu blodau i ti!**	And I've bought flowers for you!
Meg:	**O Alun, dw i'n dy garu di.**	Oh Alun, I love you.
Alun:	**A dw i'n dy garu di hefyd.**	And I love you too.
Meg:	**Dw i am dy gusanu di.**	I want to kiss you.
Alun:	**Dw i eisiau dy briodi di.**	I want to marry you.

Make up sentences:

Dw i'n gobeithio	fy mod i'n	gweld Siân heno
Mae e'n gwybod	ei bod hi'n	cyrraedd am naw o'r gloch
Roedd e'n dweud	eu bod nhw'n	priodi yn yr haf
	ei fod e wedi	

Make up sentences using spoken forms:

unwaith eto   once again

Dw i'n gobeithio	bod fi'n	dyweddïo	yn y gwanwyn
Mae e'n gwybod	bod hi'n	priodi	unwaith eto
Roedd e'n dweud	bod e wedi		

*To say that you think that he/she etc. hasn't done something, simply put '**ddim**' before 'yn' or 'wedi':*

Test yourself:

Dw i'n siŵr ei fod e ddim yn byw yma.	I'm sure he doesn't live here.
Mae e'n credu eu bod nhw ddim wedi priodi.	He thinks that they haven't got married.
Dy'n ni'n gobeithio ei bod hi ddim wedi mynd ar goll.	We hope that she hasn't got missing .
Y'ch chi'n siŵr eich bod chi ddim wedi'i weld e?	Are you sure you haven't seen it?

Make up sentences:

Dw i'n	siŵr	eu bod nhw	ddim	yn mynd i briodi
Mae hi'n	credu	ei bod hi		wedi dyweddïo
Y'ch chi'n		fy mod i		wedi cael babi

(If you don't want to compare things, you can skip this for the moment, and come back to it later.)

Mor ... â as ... as

'mor' is followed by soft mutation for these letters:
c > g   p > b   t > d   g > /   b > f   d > dd   m > f

'â' is followed by aspirate mutation:
c > ch   p > ph   t > th

drud	expensive	**mor ddrud â**	as expensive as
cyflym	quick	**mor gyflym â**	as quick as
hen	old	**mor hen â**	as old as
blasus	tasty	**mor flasus â**	as tasty as
cryf	strong	**mor gryf â**	as strong as
rhad	cheap	**mor rhad â**	as cheap as
melys	sweet	**mor felys â**	as sweet as

Test yourself:

Dyw cwrw ddim mor ddrud â gwin.	Beer is not as expensive as wine.
Mae Cwrw Glaslyn mor flasus â chwrw Penfro.	Glaslyn Beer is as tasty as Penfro beer.
Mae gwin Ffrainc mor rhad â gwin Chile.	French wine is as cheap as Chilean wine.
Dyw gwin Awstralia ddim mor gryf â gwin yr Eidal.	Australian wine is not as strong as Italian wine.

Note:

gwin Ffrainc = wine of France / French wine

When *'â'* is followed by a vowel, it changes to *'ag'*:

Mae hi mor ifanc ag e.	She is as young as he.
Mae e mor hen ag Ann.	He is as old as Ann.

Make up sentences:

Mae	gwin Ffrainc	mor	flasus	â	gwin Awstralia.
Mae	gwin yr Almaen		felys		gwin yr Eidal.
Mae	gwin Chile		gryf		
			rhad		

Compare these wines, using **blasus, cryf, drud** *and* **rhad**, *e.g.:*
Mae Rioja **mor flasus â** Siglo.
Dyw Beaujolais **ddim mor felys â** Riesling.

.... Malbec .... (**blasus**) .... Siglo.
.... St Magdalener .... (**melys**) .... Rioja.
.... Chateauneuf du Pape .... (**drud**) .... Malbec.
.... Rioja ... (**sych**) .... St Magdalener.

Saying something is more

mwy	more	
mwy cryf	**yn fwy cryf na**	stronger than
mwy gwan	**yn fwy gwan na**	weaker than
blasus	**yn fwy blasus na**	more tasty than
drud	**yn fwy drud na**	more expensive than

'na' is followed by aspirate mutation.

Compare beers:

Make up sentences, e.g.:

Mae cwrw Bangor yn fwy blasus na chwrw Penfro.	Bangor beer is more tasty than Penfro beer.

cwrw tywyll	dark beer
cwrw chwerw	bitter beer
cwrw golau	light beer

Mae	Cwrw Llŷn Gower Gold cwrw tywyll	yn fwy	blasus drud melys	na	Speckled Hen Doom Bar chwrw golau

And say that something is not more:

Dyw	cwrw Brains Tomos Watkin cwrw tywyll	ddim yn fwy	blasus drud melys	na	chwrw Penfro chwrw Enlli chwrw golau

less ... than, smaller than ...

llai	less	**yn llai na**	less than
melys		**yn llai melys na**	less sweet than
sych		**yn llai sych na**	less dry than

dymunol			pleasant

Test yourself:

Mae hi'n llai na fe.	She's smaller than him.
Mae cwrw'n llai melys na gwin.	Beer is less sweet than wine.
Mae cwrw'n llai blasus na gwin.	Beer is less tasty than wine.
Dyw gwin ddim yn llai dymunol na chwrw.	Wine is not less pleasant than beer.
Mae cwrw tywyll yn llai melys na chwrw golau.	Dark beer is less sweet than light beer.

Make up sentences:

Mae gwin gwyn Dyw cwrw ddim	yn llai	dymunol melys	na	gwin coch

Before vowels, 'na' changes to 'nag':

Mae hi'n fwy nag e.	She's bigger than him.

Just as in English, there are shorter forms for comparing describing words:

da	good	>	**gwell**	better	**yn well na**	better than
gwael	bad	>	**gwaeth**	worse	**yn waeth na**	worse than

We can add '...er' to a describing word in English. We add '... ach' in Welsh:

cryf	strong	>	**cryfach**	stronger	**yn gryfach na**	stronger than
gwan	weak	>	**gwannach**	weaker	**yn wannach na**	weaker than
melys	sweet	>	**melysach**	sweeter	**yn felysach na**	sweeter than

Test yourself:

Mae cwrw Penfro'n gryfach na chwrw Brân.	Penfro beer is stronger than Brân beer.
Mae gwin yr Almaen yn felysach na gwin Ffrainc.	German wine is sweeter than French wine.
Mae gwin Ffrainc yn well na gwin Awstralia.	French wine is better than Australian wine.
Mae cwrw Gwlad Belg yn waeth na chwrw'r Almaen.	Belgian beer is worse than German beer.

Compare these wines, using **'yn well', 'yn gryfach', 'yn wannach', 'yn felysach',** *e.g.*

Mae Eiswein yn gryfach na Chardonnay.	Eiswein is stronger than Chardonnay.

Mae Welsh Elderport .... (**cryf**) .... na Chianti.
Mae Chianti .... (**melys**) .... na gwin Franken.
Mae gwin Franken .... (**gwan**) .... nag Eiswein.
Mae Chardonnay .... (**da**) .... na Chianti.

hen	>	**henach**	older
ifanc	>	**ifancach**	younger
hapus	>	**hapusach**	happier
trist	>	**tristach**	sadder
tew	>	**tewach**	fatter
tenau	>	**teneuach**	thinner, slimmer

chwisgi	whisky
sieri	sherry

Test yourself:

Mae chwisgi'n gryfach na sieri.	Whisky's stronger than sherry.
Mae sieri'n henach na gwin.	Sherry is older than wine.
Mae Beaujolais nouveau'n ifancach na Beaujolais.	Beaujolais nouveau is younger than Beaujolais.
Mae cwrw golau'n wannach na chwrw tywyll.	Light beer is weaker than dark beer.

Make up sentences:

| Mae | gwin | yn | gryfach | na | chwrw |
| | cwrw chwerw | | wannach | | chwrw tywyll |

You're arranging a wine and beer tasting evening.

Compare these according to taste and price:

gwin gwyn yr Almaen	**gwin gwyn Sbaen**
gwin coch Awstralia	**gwin coch Chile**
gwin gwyn Ffrainc	**gwin gwyn yr Eidal**
cwrw Cymru	**cwrw yr Almaen**
cwrw Gwlad Belg	**cwrw Gwlad Tsiec**

SGWRS 76

Dewis diodydd   *Choosing drinks*

cytuno	to agree
nawrte	now then

Mair:	**Dw i'n trefnu parti nos yfory.**	I'm arranging a party tomorrow night.
Megan:	**Beth fyddwn ni'n yfed yn y parti?**	What will we drink in the party?
Mair:	**Bydd gwin yn well na chwrw, dw i'n credu.**	Wine will be better than beer, I think.
Megan:	**Bydd rhai eisiau yfed jin, efallai.**	Some will want to drink gin, perhaps.
Mair:	**Ond mae jin yn gryfach na gwin.**	But gin is stronger than wine.
Megan:	**Wel, bydd y dynion eisiau yfed chwisgi.**	Well, the men will want to drink whisky.
Mair:	**Ond mae chwisgi'n ddrutach na jin.**	But whisky's more expensive than gin.
Megan:	**Ac yn gryfach. Ond dy'n ni'n gallu prynu tipyn bach o bopeth.**	And stronger. But we can buy a little of everything.
Mair:	**I fi, mae gwin yn fwy dymunol na chwrw, ac mae jin yn fwy blasus na chwisgi.**	For me, wine is more pleasant than beer, and gin is more tasty than whisky.
Megan:	**Dw i'n cytuno. Dim ots am y dynion!**	I agree. I don't care about the men!
Mair:	**Nawrte, beth dy'n ni eisiau bwyta?**	Now then, what do we want to eat?
Megan:	**Mae'n well i ni gael selsig.**	We'd better have sausages.
Mair:	**Mae pizza yn well na selsig a dydyn nhw ddim mor ddrud.**	Pizza is better than sausages and they're not as expensive.
Megan:	**Dw i wedi cael syniad – mae'r dynion yn gallu coginio a byddwn ni'n gallu yfed pan fyddan nhw'n coginio.**	I've had an idea – the men can cook and we can drink when they cook.

To say that something is the most or least, use these:

mawr	>	mwya	biggest, most
bach	>	lleia	smallest, least
da	>	gorau	best
gwael	>	gwaetha	worst

Test yourself:

Fe yw'r chwaraewr gorau heddiw.	He is the best player today.
Hi oedd yr orau ar y cae yn yr hanner cyntaf.	She was the best on the field in the first half.
Tîm Cymru yw'r gorau dw i wedi gweld.	The Welsh team is the best I've seen.
Tîm pêl-droed Caernos yw'r gwaetha yn y wlad.	Caernos football team is the worst in the country.

*You will see these written as **mwyaf, lleiaf, gwaethaf**:*
*There is a tendency for the last '**f**' to drop off when speaking:*

tref	> tre
pentref	> pentre
mwyaf	> mwya

Test yourself:

Aled yw'r mwya yn y tîm.	Aled is the biggest in the team.
Huw yw'r lleia ar y cae.	Huw is the smallest on the field.
Cymru yw'r wlad leia yn y gystadleuaeth.	Wales is the smallest country in the competition.
Caerdydd yw'r tîm mwyaf yng Nghymru.	Cardiff is the biggest team in Wales.
Alun oedd y chwaraewr gorau yn y tîm.	Alun was the best player in the team.
Tîm rygbi Pontypŵl oedd y gorau yn y wlad.	Pontypool rugby team was the best in the country.

Make up sentences:

Siân	yw'r	ferch	leia	yn y tîm.
Hi	oedd y	fenyw	fwya	ar y cae.
			orau	
			waetha	

*We can use '**mwyaf**' and '**lleiaf**' with other describing words:*

cryf	mwya cryf	strongest
pwerus	mwya pwerus	most powerful

Test yourself:

Huw yw'r bachgen mwya cryf yn y tîm.	Huw is the strongest boy in the team.
Siân yw'r ferch fwya pwerus.	Siân is the most powerful girl.
Fe yw'r bachgen mwya tal yn y tîm.	He is the tallest boy in the team.
Hi yw'r ferch leia cyflym ar y cae.	She is the least fast girl on the field.

Make up sentences:
dawnus   able

Dafydd	yw'r	chwaraewr	mwya	cyflym	yn y tîm
Fe	oedd y		lleia	dawnus	ar y cae
Hi					

*We can add the ending '**a**' or '**af**' to many describing words, especially the shorter ones:*

cryf	cryfaf	strongest
gwan	gwannaf	weakest

pert	pertaf	prettiest
tal	talaf	tallest
uchel	uchaf	highest

Make up sentences:

blaenwyr	forwards
olwyr	backs
hanner cyntaf	first half
ail hanner	second half

Think about a rugby/football/tennis game you've seen:

Pwy oedd yn chwarae?
Pwy oedd y tîm/chwaraewr gorau?
Beth oedd y sgôr?
Pwy oedd wedi ennill/colli?

Blaenwyr Cymru	yw'r	chwaraewyr	cryfaf	heddiw
Olwyr Lloegr	oedd y		gwannaf	yn yr hanner cyntaf
				yn yr ail hanner
				yn y gêm heddiw

SGWRS 77

Gwylio gemau   *Watching games*

rygbi	rugby	**pêl-droed**	football

Mair:	**Welaist ti'r gêm rygbi pnawn 'ma?**	Did you see the rugby game this afternoon?
Ann:	**Na, es i i'r gêm bêl-droed yn y stadiwm.**	No, I went to the football game in the stadium.
Mair:	**Pwy oedd y chwaraewr gorau?**	Who was the best player?
Ann:	**Cabongo oedd y gorau yn yr hanner cyntaf.**	Cabongo was the best in the first half.
Mair:	**Clywais i fe'n siarad Cymraeg ar y radio heddi.**	I heard him speaking Welsh on the radio today.
Ann:	**Roedd e'n well na Knighton, a fe yw'r talaf yn y tîm. A'r mwya prydferth!**	He's better than Knighton, and he's the tallest in the team. And the most beautiful!
Mair:	**Beth oedd y sgôr?**	What was the score?
Ann:	**Wel, ni oedd y tîm cryfa, ond nhw gafodd y goliau.**	Well, we were the strongest team, but they got the goals.
Mair:	**Yr un stori bob tro. Yr un hen stori.**	The same story every time. The same old story.
Ann:	**Sut oedd y gêm rygbi?**	How was the rugby game?
Mair:	**Gêm dda oedd hi. Cymru oedd y tîm cryfaf. Doedd dim gobaith 'da Ffrainc.**	It was a good game. Wales was the strongest team. France had no hope.

An interview

> **PRYD YDW I'N CAEL FY NGHYFWELD?**
> When am I being interviewed?

CAEL

'**Cael**' *usually means* 'to have': **Dw i'n cael te**.   I'm having tea.

But '**cael**' *is also used for* 'to be' *in phrases such as* **cael fy ngweld** 'to be seen'.
When we put '**fy**', '**dy**', '**ei**', '**ein**', '**eich**' *and* '**eu**' *in after* '**cael**', *we get the meaning* 'to be', *as in* **cael fy ngeni** 'to be born', **cael fy magu** 'to be brought up', **cael fy nghyflogi** 'to be employed', **cael fy nhalu** 'to be paid'. *Literally this is* 'I'm having myself seen'.

talu	to pay
fesul awr	by the hour

Test yourself:

Dw i'n cael fy nhalu bob wythnos.	I'm being paid every week.
Mae e'n cael ei dalu bob mis.	He's being paid every month.
Maen nhw'n cael eu talu fesul awr.	They're being paid by the hour.
Dy'n ni wedi cael ein talu o'r diwedd.	We've been paid at last.

magu	to bring up
swydd	job, post

Test yourself:

Mae e'n cael ei dalu heddiw.	He is being paid today.
Dw i wedi cael fy nghanmol am y gwaith.	I've been praised for the work.
Mae hi wedi cael ei magu'n dda.	She has been well brought up.

Dy'n ni ddim wedi cael ein cyfweld am y swydd.	We have not been interviewed for the post.
Cafodd e ei gyflogi gan Swynsburys.	He was employed by Swynsburys.

Make up sentences:

cyflogi	to employ
yn ystod	during

Mae hi'n cael	ei thalu	heddiw
	ei chyflogi	fesul awr
		yn ystod y gwyliau

Dw i'n cael	fy nhalu	fesul awr
	fy nghyflogi	yn ystod yr haf
		yn ystod y gwyliau

You can also ask questions:

swyddfa	office
cyfweld	to interview
cynnig	to offer

Test yourself:

Dych chi wedi cael eich talu'r mis yma?	Have you been paid this month?
Pa swydd sy'n cael ei chynnig yn y gwaith?	What job is being offered at work?
Ydy hi wedi cael ei chyfweld am y swydd?	Has she been interviewed for the job?
Pryd ydw i'n cael fy nghyfweld?	When am I being interviewed?

Asking where someone was born

geni	to give birth

Test yourself:

Mae e wedi cael ei eni heddi.	He has been born today.
Cafodd hi ei geni yn Aberystwyth.	She was born in Aberystwyth.
Cafodd hi ei geni yn Llanelli.	She was born in Llanelli.
Ces i fy ngeni yn Aberystwyth.	I was born in Aberystwyth.

Ces i fy ngeni yn Llundain, ond dw i'n byw yng Nghymru.   I was born in London, but I live in Wales.

Cas e ei eni yng Nghaerdydd.   He was born in Cardiff.

Cawson nhw eu geni yn yr ysbyty..   They were born in the hospital

Questions:

magu   to bring up

Ble cest ti dy eni?   Where were you born?

Ble cawsoch chi eich geni?   Where were you born?

Ble cest ti dy fagu?   Where were you brought up?

Ble cawsoch chi eich magu?   Where were you brought up?

Answer these:

Ble cest ti dy eni?

     Ces i ....

Ble cafodd dy dad ei eni?

     Cafodd e ....

Ble cafodd dy fam ei geni?

     Cafodd hi ....

Ble cest ti dy fagu?

     Ces i ....

My property has been damaged

I need a crime number

Mae fy eiddo wedi cael ei ddifrodi

SGWRS 78

Y cyfweliad   *The interview*

addysgu   to educate   **diswyddo**   to dismiss

perthyn   to belong

Ms Huws:	**Croeso, Ms Puw. Dywedwch rywbeth amdanoch chi'ch hun.**	Welcome, Ms Puw. Say something about yourself.
Ms Puw:	**Ces i fy ngeni ym Mangor, a ches i fy magu ym Mhwllheli.**	I was born in Bangor, and I was brought up in Pwllheli.
Ms Huws:	**Ble cawsoch chi eich addysgu?**	Where were you educated?
Ms Puw:	**Ces i f'addysgu ym Mhrifysgol Bangor. Wedyn ces i fy nghyflogi yng Nghaerdydd.**	I was educated in Bangor University. Then I was employed in Cardiff.
Ms Huws:	**Am faint gawsoch chi eich cyflogi yno?**	For how long were you educated there?
Ms Puw:	**Dim ond am dri mis. Ces i fy niswyddo.**	Only for three months. I was dismissed.
Ms Huws:	**Pam cawsoch chi eich diswyddo?**	Why were you dismissed?
Ms Puw:	**Ces i fy mwlio yn y gwaith, a do'n i ddim yn hoffi cael fy nghyflogi yno.**	I was bullied at work, and I didn't like being employed there.
Ms Huws:	**Pam dych chi'n credu dy'n ni eisiau eich cyflogi chi?**	Why do you think we want to employ you?
Ms Puw:	**Dw i'n perthyn i'r bòs.**	I'm related to the boss.

FE DDYLEN NI AILGYLCHU POPETH.
We should recycle everything.

Dylwn i	I should
dylwn i	I should
dylet ti	you should
dylai fe	he should
dylai huw	Huw should
dylai'r plant	the children should
dylen ni	we should
dylech chi	you should
dylen nhw	they should

*We can put '**fe**' or '**m**i' in front of these, to make them sound mor casual. When we do this, '**d**' changes to '**dd**', e.g.:*

dylwn i	>	**mi ddylwn i**
dylai fe	>	**fe ddylai fe**
dylen ni	>	**fe ddylen ni**

'**Dylwn i**', etc., is followed by a verb, and its first letter can change (soft mutation):

Dylwn i + mynd	**Fe ddylwn i fynd.**	I should go.
Dylai fe + gweithio	**Mi ddylai fe weithio.**	He should work.
Dylen ni + cysgu.	**Dylen ni gysgu.**	We should sleep.

lawnt	lawn
ailgylchu	to recycle

Test yourself:
Fe ddylwn i weithio yn y tŷ heddiw.   I should work in the house today

---

Mi ddylai hi fod yn braf dydd Sul.	It should be fine on Sunday.
Fe ddylen ni weithio yn yr ardd cyn y glaw.	We should work in the garden before the rain.
Mi ddylet ti dorri'r lawnt, sy'n sych.	You should cut the lawn, which is dry.
Fe ddylen ni ailgylchu popeth.	We should recycle everything.

Make up sentences:

Fe ddylen ni	weithio	yn y tŷ	heddiw.
Fe ddylet ti	ymlacio	yn yr ardd	heno.
Mi ddylen nhw			cyn y glaw.

Say what should happen:

i'r capel	to chapel	**Nadolig**	Christmas
i'r eglwys	to church	**tad-cu**	grandfather

Say you should go to chapel on Sunday: it's Christmas.

....

Say you should go to church on Sunday: the children are singing.

....

Say you should go to see your grandfather on Sunday afternoon.

....

Ask if someone should

*To ask a question, we change the first '**d**' to '**dd**' (soft mutation). Not everyone does this. The important thing is to make it sound like a question.*

Test yourself:

Ddylen ni fynd i'r capel heddiw?	Should we go to chapel today?
Ddylwn i weithio yn yr ardd cyn y glaw?	Should I work in the garden before the rain?
Ddylen ni ailgylchu papur a phlastig heddiw?	Should we recycle paper and plastic today?
Ddylai Siân helpu gyda'r ailgylchu?	Should Siân help with the recycling?

Ask questions:

Ddylwn i	weithio	yn y tŷ	yfory?
Ddylen ni	ailgylchu popeth	yn yr ardd	heno?
Ddylai hi			bore 'ma?
Ddylen nhw			

Yes

*To answer 'yes', use the appropriate form of '**dylwn**',*
e.g. **dylwn** yes (*I should*); **dylai** yes (*he/she should*)

No

*Just say '**na**'.*
*Or you could follow it with '**ddylwn**' (I shouldn't) etc.*

e.g.	**na ddylwn**	no (*I shouldn't*)
	na ddylai	no (*he/she shouldn't*)
	na ddylech	no (*you shouldn't*)

SGWRS 79

Meddwl am arddio   *Thinking of gardening*

lawnt	lawn	**tomatos**	tomatoes	**bresych**	cabbages
malwod	snails	**hadau**	seeds	**tyfu**	to grow

Mair: **Ddylet ti fynd i'r gwaith heddiw?**	Should you go to work today?
Huw: **Na, dydd Sadwrn yw hi, dw i'n gallu aros adre.**	No, it's Saturday, I can stay at home.
Mair: **Ddylet ti dorri'r lawnt pnawn 'ma felly?**	Should you cut the lawn this afternoon therefore?
Huw: **Dylwn, ond dw i'n mynd i siopa i gael llysiau.**	Yes, but I'm going shopping to get vegetables.
Mair: **Ddylen ni dyfu tomatos yr haf yma?**	Should we grow tomatoes this summer?
Huw: **Dylen, ond dyw hi ddim yn hawdd! Does dim llawer o le yn y conserfatri.**	Yes, but it's not easy! There's not a lot of room in the conservatory.
Mair: **Ddylen ni dyfu bresych felly?**	Should we grow cabbages therefore?
Huw: **Na, mae gormod o falwod yn yr ardd.**	No, there are too many snails in the garden.
Mair: **Ble dylwn i brynu hadau i gael blodau?**	Where should I grow seeds to have flowers?
Huw: **Dylet ti allu eu cael nhw yn y ganolfan arddio.**	You should be able to get them in the garden centre.
Mair: **Sut dylwn i ladd malwod yr ardd?**	How should I kill the garden snails?
Huw: **Tafla nhw i'r ardd drws nesa.**	Throw them to the garden next door.

Ask what should happen:

coginio to cook   **llysiau** vegetables   **cerdyn** card

Say you want to buy vegetables, and ask should you pay with money or card.

....

Say it's twelve o'clock, and ask should you start cooking the vegetables.

....

Say it's fine, and ask if you should have lunch in the garden.

....

Saying you shouldn't do something:

*Start with '**dd**' instead of '**d**' (soft mutation), but don't worry if you don't do this, it doesn't change the meaning:*

Test yourself:

Ddylwn i ddim aros gartre heddiw, yn gwneud dim.	I shouldn't stay at home today, doing nothing.
Ddylet ti ddim taflu plastig a phapur i'r bin.	You shouldn't throw plastic and paper into the bin.
Ddylai fe ddim torri'r lawnt yn y glaw.	He shouldn't cut the lawn in the rain.
Ddylen ni ddim gwastraffu papur.	We shouldn't waste paper.

Make up sentences:

Ddylwn i	ddim	gwastraffu amser	trwy'r dydd
Ddylet ti		gwneud dim	heddiw
Ddylen nhw		coginio llysiau	prynhawn 'ma

Ychydig mwy   *A little extra*

Say you should have done something:

We do something strange with this.
*We put '**fod**' after '**dylwn i**' and then put '**wed**i' for 'have':*

Dylwn i fod wedi gweithio. I should have worked
Dylwn i fod wedi ailgylchu. I should have recycled.

Test yourself:

Dylet ti fod wedi ailgylchu cyn mynd allan.	You should have recycled before going out.
Dylai hi fod wedi prynu car trydan.	She should have bought an electric car.
Dylen nhw fod wedi gadael ar ôl cinio.	They should have left after lunch.
Dylwn i fod wedi dechrau'r gwaith ddoe.	I should have started the work yesterday.

Make up sentences:

Dylwn i	fod wedi	bwyta	cyn mynd allan.
Dylet ti		talu	cyn gadael y gwesty.
Dylech chi			gwisgo

*To ask questions, just change the first '**d**' to '**dd**':*

Ddylwn i fod wedi aros trwy'r dydd?	Should I have stayed all day?
Ddylwn i fod wedi gorffen bore 'ma?	Should I have finished this morning?

Saying you shouldn't have done something:
*To say someone shouldn't have, put '**ddim**' in front of '**fod**':*

Ddylwn i ddim fod wedi mynd. I shouldn't have gone.
Ddylet ti ddim fod wedi talu. You shouldn't have paid.

SGWRS 80

Cael plant — *Having children*

rhy	too *(followed by soft mutation)*
rhy hwyr	too late

Huw:	**Dylen ni fod wedi prynu pram.**	We should have bought a pram.
Blodwen:	**Gallen ni fod wedi cynllunio'n well!**	We could have planned better!
Huw:	**Dylen ni fod wedi prynu cot!**	We should have bought a cot!
Blodwen:	**Dylen ni fod wedi paratoi'n well.**	We should have prepared better.
Huw:	**Allen ni ddim fod wedi paratoi popeth.**	We couldn't have prepared everything.
Blodwen:	**Na, ti'n iawn, sbo.**	No, you're right, I suppose.
Huw:	**Faint o blant hoffet ti gael, Blod?**	How many children would you like to have, Blod?
Blodwen:	**Hoffwn i gael dwsin!**	I'd like to have a dozen!
Huw:	**Dyw hi ddim yn rhy hwyr.**	It's not too late.
Blodwen:	**Ydy, dylen ni fod wedi cael plant sbel yn ôl.**	Yes, we should have had children a while ago.
Huw:	**Dim ots, gallwn ni gael lot o sbort gydag un plentyn.**	It doesn't matter, we can have a lot of fun with one child.
Blodwen:	**Ti'n iawn. Dylen ni gael jin a tonic nawr.**	You're right. We should have a gin and tonic now.

> **HOFFET TI YRRU CAR TRYDAN?**
> Would you like to drive an electric car?

hoffwn i	I would like
hoffet ti	you would like
hoffai fe	he would like
hoffai hi	she would like
hoffen ni	we would like
hoffech chi	you would like
hoffen nhw	they would like

Dialect forms:

Licwn i	I would like	(south Wales)
Liciwn i	I would like	(north Wales)

The first letter of the word following these can change (soft mutation):

Gwella	**Hoffwn i wella'r amgylchedd.**	I would like to improve the environment.
Gyrru	**Licwn i yrru car trydan.**	I would like to drive an electric car.
Tyfu	**Liciwn i dyfu llysiau yn yr ardd.**	I would like to grow vegetables in the garden.
Cael	**Hoffen ni gael paneli haul.**	We would like to have solar panels.

Make up sentences:

Hoffwn i	yrru car trydan	i wella'r amgylchedd
Liciwn i	dyfu llysiau	i fod yn fwy gwyrdd
	gael paneli haul	

Asking is just the same:

Test yourself:

Hoffet ti yrru car trydan?	Would you like to drive an electric car?
Licet ti dyfu tomatos yn yr ardd?	Would you like to grow tomatoes in the garden?
Hoffech chi gael paneli haul ar y to?	Would you like to have solar panels on the roof?
Licech chi brynu tŷ gwydr?	Would you like to buy a greenhouse?

Ask questions:

Hoffet ti	ddod gyda ni	i'r	ganolfan arddio	yn y dre	heno?
Licet ti	ddod gyda fi		garej	yn Llanalwen	nos yfory?
Liciech chi			siop gelfi		

Answer 'yes' and 'no':

Hoffwn	Yes *(I would like)*
Na	No

Test yourself:

Hoffet ti ddod gyda fi i brynu planhigion heno?	Would you like to come with me to buy plants tonight?
Hoffwn, yn fawr. I ble hoffet ti fynd?	Yes, very much. To where do you want to go?
Licet ti fynd am drip i'r ganolfan arddio yn y Bala?	Would like to go for a trip to the garden centre in Bala?
Ble hoffech chi fynd wedyn?	Where would you like to go afterwards?

To say you wouldn't like to do something:

Just add 'ddim':

Test yourself:

Hoffwn i ddim cadw car petrol.	I wouldn't like to keep a petrol car.
Licien ni ddim gwneud hynny heno.	We wouldn't like to do that tonight.
Hoffwn i ddim gwario arian ar gar newydd.	I wouldn't like to spend money on a new car.
Hoffen ni ddim byw heb gar.	We wouldn't like to live without a car.

Answer:

Hoffet ti gael paneli haul ar y tŷ?
Hoffet ti ddechrau tyfu llysiau yn yr ardd?
Liciech chi brynu car trydan?
Hoffet ti gael car hybrid neu gar trydan?
Hoffet ti gael tŷ gwydr yn yr ardd?

Saying that you could do something:

*We use the same endings with the verb '**gallu**':*

gallwn i	I could
gallet ti	you could
gallai fe	he could
gallai hi	she could
gallen ni	we could
gallech chi	you could
gallen nhw	they could

arbed   to save

Test yourself:

Gallwn i feddwl sut i arbed trydan.	I could think how to save electricity.
Gallet ti helpu i ddefnyddio llai o drydan.	You could help to use less electricity.
Gallen ni chwilio am drydan mwy gwyrdd.	We could look for greener electricity.
Gallwn i arbed arian trwy dyfu tomatos.	I could save money through growing tomatoes.

Make up sentences:

Gallwn i	arbed arian	trwy	dyfu tomatos
Gallen ni	gael hwyl		yrru car trydan
			gael paneli haul

Questions:
*the first '**g**' drops off (soft mutation):*

gallu	**Allech chi wneud ffafr i fi?**	Could you do me a favour?
	Allet ti helpu gyda'r ailgylchu?	Could you help with the recycling?

Ask questions:

galw   to call

Allet ti	ddod	gyda ni	i'r ganolfan ailgylchu	heno?
Allech chi	alw		i'r ganolfan arddio	nos yfory?

Gallwn Yes *(I could)*
Gallen Yes *(we could)*

No: Na
or *(more formal, and rarely used)* **Na allwn**

Say what these people could do:

Say that we could have new windows to save electricity.

....

Ask if he could have solar panels on the house.

....

Say you could sell the old car to buy a new electric car.

....

MWY   *Extra*

*Just as we put '**fod wedi**' after '**dylwn i**', we can put it after '**hoffwn i**', '**gallwn i**', etc.*

This is easier than in English, where the last verb has to change after 'have':

Hoffwn i fod wedi cael car newydd.	I would have liked to have had a new car.
Hoffwn i fod wedi cael paneli haul.	I would have liked to have had solar panels.

219

Gallwn i fod wedi cael y car y llynedd.	I could have had the car last year.
Gallai hi fod wedi ailgylchu popeth.	She could have recycled everything.

Make up sentences:

Licwn i	**fod wedi**	gwerthu'r hen gar
Liciwn i		cael amser i ailgylchu popeth
Hoffen ni		cael paneli haul ar y tŷ
Gallen ni		

SGWRS 81

Meddwl am brynu car   *Thinking about buying a car*

cyngor	advice
amgylchedd	environment

Ann: **Gallen ni fod wedi cael car y llynedd.**	We could have had a car last year.
Huw: **Gallen. Fe hoffwn brynu car trydan.**	Yes. I'd like to buy an electric car.
Ann: **Allen ni gael cyngor gan y garej?**	Could we have advice from the garage?
Huw: **Gallen, wrth gwrs. Hoffet ti fynd yno nawr?**	Yes, of course. Would you like to go there now?
Ann: **Syniad da. Mae Garej Llew yn cynnig bargen bob wythnos.**	Good idea. Llew's Garage offers a bargain every week.
Huw: **Da iawn! Dylwn i fod wedi cofio!**	Very good! I should have remembered!
Ann: **Ond mae car trydan yn ddrud.**	But an electric car is expensive.
Huw: **Wel, dylen ni wneud rhywbeth dros yr amgylchedd.**	Well, we should do something for the environment.

Gallwn i fod wedi cael ...

Say:

> *You could have had a bargain.*
> *You could have saved money.*
> *You could have had an old car.*
> *You could have had a new car.*
> *You could have had an electric car.*
> *You could have had advice.*

BASEN NI'N GALLU PRYNU MWY O OFFER.
We could buy more equipment.

baswn i	I would
baset ti	you would
basai fe	he would
basai hi	she would
base'r dynion	the men would
basen ni	we would
basech chi	you would
basen nhw	they would

In more formal Welsh, these forms are used:

byddwn i, byddet ti, byddai fe, byddai hi, byddai'r dynion, bydden ni, byddech chi, bydden nhw

sefyllfa	situation
ariannol	financial
offer	equipment
trafod	to discuss

Test yourself:

Baswn i'n hoffi trafod ein sefyllfa ariannol ni.	I would like to discuss our financial situation
Basen ni'n gallu prynu mwy o offer.	We could buy more equipment.
Baswn i'n credu bod angen trafod popeth.	I'd think that everything needs to be discussed.
(literally: that there is a need to discuss everything)	
Basen ni'n gallu trafod yn y cyfarfod nesa.	We could discuss in the next meeting.

Make up sentences:

Baswn i'n	hoffi	trafod	y sefyllfa ariannol	yn y cyfarfod
Basai fe'n	gallu		prynu mwy o offer	heddiw
Basen ni'n				popeth
Base'r staff yn				

Questions:

Change the first letter to 'f' (soft mutation):

adroddiad   report

Test yourself:

Fasech chi'n hoffi dod i'r cyfarfod?	Would you like to come to the meeting?
Faset ti'n darllen yr adroddiad i ni?	Would you read the report to us?
Fasen nhw'n gallu ein helpu ni?	Would they be able to help us?
Fasech chi'n prynu'r offer heddiw?	Would you buy the equipment today?

Yes

Baswn	–	Yes *(I would)*
Baset	–	Yes *(you would)*
Basai	–	Yes *(he, she, it would)*
Basen	–	Yes *(we would)*
Basech	–	Yes *(you would)*
Basen	–	Yes *(they would)*

No

Na

Or, less often, **na faswn, na faset, na fase, na fasen, na fasech, na fasen**

Make up questions:

dymuno	to wish
dyfodol	future
nes mlaen	further on

Fasech chi'n	hoffi	trafod	y sefyllfa ariannol	heno?
Faset ti'n	dymuno		y dyfodol	yn y cyfarfod?
Fasen nhw'n			prynu offer	nes mlaen?
Fase Siân yn				

Fasech chi'n hoffi gweithio mewn swyddfa? Pam?
Fasech chi eisiau bod yn athro/athrawes? Pam?
Ble basech chi'n hoffi gweithio?
Faset ti eisiau gweithio o'r tŷ?

Faswn i	ddim	yn hoffi	penderfynu	cyn cael y ffeithiau
Fase fe		yn gallu	trafod	heb y ffeithiau
Fasen ni				

Saying you would do something if ....
We can use 'pe' for 'if':

pe bai	if it were
pe bawn i	if I were (more literary)
pe baswn i	if I were

But more often these forms are used instead of 'pe bai' etc:

taswn i	if I were
taset ti	if you were
tase fe	if he were
tase hi	if she were
tase'r plant	if the children were
tasen ni	if we were
tasech chi	if you were
tasen nhw	if they were

Say you wouldn't do something:

Just add 'ddim'. The first letter can change from 'b' to 'f':

| **ffaith/ffeithiau** | fact/-s |
| **heb** | without |

Test yourself:

Faswn i ddim yn hoffi trafod popeth heno.	I wouldn't like to discuss everything tonight.
Faswn i ddim eisiau trafod heb gael y ffeithiau.	I wouldn't like to discuss without having the facts.
Fasech chi ddim yn gwybod am hyn cyn heno.	You would not know about this before tonight.
Fase fe ddim yn prynu'r offer heb weld popeth.	He wouldn't buy the equipment before seeing everything.

Saying if no or nothing or no-one:

| **tase dim** | if no / if nothing |
| **tase neb** | if no-one |

| **dewis** | choice, to choose |

Test yourself:

Fase fe ddim yn hapus tase dim arian yn y banc.	He wouldn't be happy if there was no money in the bank.
Fase hi ddim yn gwybod tase neb yn dweud.	She wouldn't know if no-one said.
Faswn i ddim yn prynu offer tase dim dewis yn y siop.	I would not buy equipment if there wasno choice in the shop.
Fasen ni ddim yn trafod tase neb arall yma.	We wouldn't discuss if no-one else was here.

Hide one side:

| **pensiwn** | pension |

Test yourself:

Baswn i'n hoffi prynu taswn i'n gwybod y pris.	I'd like to buy if I knew the price.
Baswn i'n penderfynu taswn i'n gwybod y ffeithiau.	I'd decide if I knew the facts.
Base hi'n hapus tase hi'n gwybod faint o arian sy yma.	She'd be happy if she knew how much money is here.
Basen nhw'n gorffen gweithio tase pensiwn gyda nhw.	They'd finish working if they had a pension.

Make up sentences:

penderfynu	to decide
cyn	before
heb	without

Make up sentences:

| **ar gael** | available |
| **caniatáu** | to allow |

Baswn i'n	prynu'r	offer	tase'r	pris yn iawn
Base fe'n	gwerthu'r	busnes		arian ar gael
Basen nhw'n		garej		banc yn caniatáu

Answer questions:

Beth basech chi'n prynu tasech chi'n ennill y loteri?
Ble basech chi'n byw tase llawer o arian 'da chi?
Ble basech chi'n gweithio tasech chi'n dechrau eto?
Fasech chi'n hoffi rhedeg busnes tase digon o arian gyda chi?

MWY *Extra*

*To say that you would have done something, use '**wedi**' instead of '**yn**':*

baswn i wedi	I would have
base hi wedi	she would have
basen ni wedi	we would have

taswn i wedi	if I had
tase hi wedi	if she had
tasen nhw wedi	if they had

*To say you wouldn't have done something, put '**ddim**' before '**wedi**':*

faswn i ddim wedi	I wouldn't have
fase hi ddim wedi	she wouldn't have
fasen ni ddim wedi	we wouldn't have

taswn i ddim wedi	if I hadn't
tasech chi ddim wedi	if you hadn't
tasen ni ddim wedi	if we hadn't
tase neb wedi	if no-one had
llwyddo	to succeed
ymddeol	to retire
elw	profit

Test yourself:

Baswn i wedi gorffen tase hi wedi helpu.	I'd have finished if she had helped.
Basech chi wedi gwybod tasech chi wedi aros.	You'd have known if you'd have stayed.
Base hi wedi llwyddo tase hi wedi gwrando.	She'd have succeeded if she'd have listened.
Faset ti ddim wedi cael y swydd taset ti ddim wedi gwneud cais.	You wouldn't have had the job if you hadn't applied.
Fasen ni ddim wedi ymddeol tasen ni ddim wedi gweithio.	We wouldn't have retired if we hadn't worked.

Make up sentences:

Baswn i	wedi	ymddeol	tasen ni	wedi	gwneud elw
Basen ni		llwyddo	tase'r busnes		llwyddo
Baset ti		prynu'r offer			

Faswn i			ymddeol	tasen ni		gwneud elw
Fasen ni	ddim wedi	llwyddo	tase'r busnes	ddim wedi	llwyddo
Faset ti		prynu'r offer			

Say what you would have liked to have done:

Baswn i wedi hoffi ...

... *retire*

... *have a new job*

... *work in a bank*

... *run a business*

... *be on television*

Now say you wouldn't have liked to have done these.

Baswn i ddim wedi hoffi ...

223

GWNA I'R GWELYAU NAWR.
I'll do the beds now.

*When we say something is happening now, we usually use '**dw i'n**' etc.:*

Dw i'n mynd nawr. I'm going now.

*When we say that something is going to happen, we usually use '**mynd i**':*

Dw i'n mynd i weithio yfory. I'm going to work tomorrow.

But there is another way of saying these. We vary the endings of the verb. The meaning is generally that something is about to happen.

gwneud	to do, to make
gwna(f) i	I'll do
gwnei di	you'll do
gwnaiff e	he'll do
gwnaiff hi	she'll do
gwnawn ni	we'll do
gwnewch chi	you'll do
gwnân nhw	they'll do

*To be more informal, we can put '**fe**' in front of '**gwna i**' etc. This causes soft mutation:*

Fe wna i'r gwaith nawr. I'll do the work now.

y cyfan everything, the whole lot

Test yourself:

Gwna i'r gwelyau nawr.	I'll do the beds now.
Gwnawn ni'r apwyntiadau ar ôl cinio.	We'll do the appointments after lunch.
Fe wnaiff e'r cyfan i ni.	He'll do everything for us.
Fe wnân nhw'r adroddiad, diolch byth.	They'll do the report, thank goodness.

When we put an object without 'the' in front of it, the first letter can change (soft mutation):

popeth	everything
Fe wna i bopeth bore 'ma.	I'll do everything this morning.
pawb	everyone
Fe wnawn ni bawb y prynhawn 'ma.	We'll do everyone this afternoon.

Make up sentences:

Gwna i'r	bwyd	heno.
Gwnawn ni'r	apwyntiadau	fory.
Fe wna i'r	adroddiad	yn y bore.
Fe wnawn ni'r		

*Ask questions by dropping off the first '**g**':*

profi	to test
pawb	everyone

Test yourself:

Wnei di'r coffi, plis?	Will you do the coffee, please?
Wnawn ni fe nes ymlaen?	Shall we do it later on?
Wnân nhw brofi pawb heddiw?	Will they test everyone today?
Wnân nhw siarad Cymraeg â'r plant?	Will they speak Welsh to the children?

*When followed by another verb, '**wnei di**' etc. simply means 'will':*

estyn	to pass
thermomedr	thermometer

Test yourself:

Wnei di fy helpu i?	Will you help me?
Wnei di estyn y thermomedr?	Will you pass the thermometer?
Wnewch chi fod yn dawel?	Will you be quiet?
Wnewch chi ofalu am y babi?	Will you look after the baby?

Ask questions:

stethosgôp	stethoscope
nodwydd	needle

Wnei di	gymryd	y thermomedr?
Wnawn ni	estyn	y stethosgôp?
Wnewch chi		nodwydd?

Answer 'Yes':

Gwnaf	*(I will)*
Gwnawn	*(we will)*
Gwnaiff	*(he/she will)*
Gwnân	*(they will)*

Or simply answer with:

wrth gwrs	of course
croeso	you're welcome

Useful 'fillers':

bob tro	every time
digon da	good enough
efallai	perhaps
yn eitha posib	quite possibly
mwy na thebyg	more than likely, probably
weithiau	sometimes

Imagine you're the doctor visiting a family.
Ask the following and give possible responses:

> *Will you pass the thermometer?*
> *Will you take the needle?*
> *Will you look after the baby?*
> *Will you make a cup of tea please?*
> *I'll give you a prescription.* (**presgripsiwn**)

*Say you're not doing something by using '**ddim**' when speaking about something in general:*

ymdrech	effort

Test yourself:

Wna i ddim gwaith heddiw.	I won't do any work today.
Wnawn ni ddim edrych arno fe.	We won't look at it.
Wnaiff hi ddim aros os bydd hi'n teimlo'n iawn.	She won't stay if she's feeling fine.
Wnewch chi ddim byd heb ymdrech.	You won't do anything without effort.

Make up sentences:

prysur	busy
os	if
prawf/profion	test/-s

Wnawn ni	ddim	llawdriniaeth	os bydd	hi'n brysur
Wna i		profion		y nyrs ddim yma
				y meddyg ddim yma

*When talking about someone or something in particular, use '**mo**':*

llawdriniaeth	operation
i gyd	all (*it is put after the noun*)

Wnawn ni mo'r gwaith heddiw.	We won't do the work today.
Wna i mo'r adroddiad heb wybod mwy.	I won't do the report without knowing more.
Wnaiff e mo'r llawdriniaeth, paid poeni.	He won't do the operation, don't worry.
Wnewch chi mo'r profion i gyd bore 'ma.	You won't do all the tests this morning.

Make up sentences:

Wna i	mo'r	llawdriniaeth	os bydd	y meddyg newydd yma
Wnawn ni		prawf		y nyrs ar wyliau
Wnaiff e				

SGWRS 82

Diwrnod y llawdriniaeth   *The day of the operation*

claf/cleifion	patient/-s
achos/-ion	case/-s
hynny	that
yn bendant	definitely
triniaeth	treatment
poeni	to worry
trwm	heavy
cysgu'n drwm	to sleep soundly

Marta:	**Faint o gleifion sy gyda ni heddiw?**	How many patients have we got today?
Zaha:	**Mae pum claf ond wnawn ni mo'r cyfan bore 'ma.**	There are five patients but we won't do them all this morning.
Marta:	**Wnewch chi ddau neu dri efallai?**	Will you do two or three perhaps?
Zaha:	**Gwnaf, dim problem. Wnewch chi helpu?**	Yes, no problem. Will you help?
Marta:	**Wrth gwrs. Beth yw'r achos cyntaf?**	Of course. What's the first case?
Zaha:	**Pen-lin. Wnewch chi edrych ar yr adroddiad?**	A knee. Will you look at the report?
Marta:	**Dyma fe – mae angen gwneud X-ray.**	Here it is – (we) need to do an X-ray.
Zaha:	**Beth am yr ail glaf?**	What about the second patient?
Marta:	**Clun newydd. Wnaethon ni mo'r X-ray y tro diwetha, chwaith.**	A new hip. We didn't do the X-ray last time, either.
Zaha:	**Wnawn ni ddim poeni am hynny.**	We won't worry about that.
Marta:	**Dw i'n gobeithio fydd y cleifion ddim yn poeni!**	I hope the patients won't worry!
Zaha:	**Wnân nhw ddim poeni – byddan nhw'n iawn.**	They won't worry – they'll be alright.
Marta:	**Fe wna i gysgu'n drwm heno!**	I'll sleep soundly tonight!

You're the surgeon. Ask a nurse:

> *Will you pass the thermometer?*
> *Will you pass the knife?*
> *Will you do the coffee?*
> *Will you be quiet?*
> *Will you speak Welsh with everyone?*

Repairing the car

When we want to say that you're about to do something, we can use the short forms of the verb:

Mynd	*to go*
af i / a' i	I'll go
ei di	you'll go
aiff e	he'll go
aiff hi	she'll go
awn ni	we'll go
ewch chi	you'll go
ân nhw	they'll go

*We can put '**fe**' or '**m**i' in front of these without changing the meaning.*

mynd â	to take
mynd ati	to go about (*doing something*)
garej	garage
teiar	tyre

Awn ni â'r car i'r garej heddiw.	We'll take the car to the garage today.
Fe a' i i'r garej yfory.	I'll go to the garage tomorrow.
A i atyn nhw pnawn 'ma.	I'll go to them this afternoon.
Mi af ati i drwsio'r teiar pnawn 'ma.	I'll set about repairing the tyre this afternoon.

*In more formal Welsh, you will see '**â**' used instead of '**aiff**':*

Â Huw i weld y car yn y modurdy.	Huw goes to see the car in the garage.

Make up sentences:

darganfod	to discover
beth sydd o le	what's wrong (*literally: what is out of place*)

Fe awn ni	â'r car	fory	i ofyn	beth sy'n bod
Fe af i	i'r garej	'ma	i weld	beth sydd o le
Ewch chi		nawr	i ddarganfod	

These are often used in questions

Beth sy'n bod	what's the matter
Beth sy'n bod ar	what's the matter with

Test yourself:

Ei di i'r garej nawr, plis?	Will you go to the garage now, please?
Awn ni gyda'n gilydd i ofyn beth sy'n bod?	Shall we go together to ask what's the matter?
Awn ni adre nawr a gadael y car?	Shall we go home now and leave the car?
Awn ni i weld beth sy'n bod ar y car?	Shall we go to see what's wrong with the car?

Ask questions:

i gael ei	to be

Awn ni	â'r car	fory	i gael ei	drwsio?
Af i	i'r garej	'ma		lanhau?
Ewch chi		nawr		
Ei di		heddiw		

Say or ask where these people will go:

torri lawr   to break down

Say that the car has broken down and you'll now go home on the bus.

....

symud   to move

Say your car is not moving, but you're going to the garage tomorrow to ask what's the matter.

....

crafu   to scratch

*Say you scratched the car, and you'll go to phone the Insurance (**yswiriant**).*

....

*To say you're not going, simply add '**ddim**':*

Test yourself:

Af i ddim yn y car – mae e wedi torri lawr.	I won't go in the car – it's broken down.
Awn ni ddim â'r car i'r garej pnawn 'ma.	We won't take the car to the garage this afternoon.
Ei di ddim adre ar y beic – mae'n rhy bell.	You won't go home on the bike – it's too far.
Ân nhw ddim gyda'r car yfory.	They won't go by car tomorrow.

Make up sentences:

Af i	ddim	â'r car	i siopa	heddiw.
Awn ni		yn y car	i'r garej	yfory.
Aiff hi				
Ei di				

Make up a conversation. You can include this:

> *Say that the car has broken down.*
> *Ask what's the matter.*
> *Say you'll go to the garage to ask.*
> *Say you'll go together.* (**gyda'n gilydd**)

SGWRS 83

Problem y car	*The car problem*
peiriant	engine
batri	battery
allwedd	key

Harri:	**Mae newyddion drwg 'da fi. Dyw'r car ddim yn symud.**	I've got bad news. The car isn't moving.
Olwen:	**Daro. Awn ni i'r garej i ofyn beth sy'n bod?**	Dear. Shall we go to the garage to ask what's the matter?
Harri:	**Af i wthio'r car nawr. Dyw'r garej ddim yn bell.**	I'll go to push the car now. The garage isn't far.
Olwen:	**Na! Ei di ddim – mae'n llawer rhy bell.**	No! You won't – it's much too far.
Harri:	**Af i ffonio'r garej felly.**	I'll go to phone the garage therefore.

Ar y ffôn: On the phone:

Harri:	**Wnewch chi ddod i weld y car?**	Will you come to see the car?
Donald:	**Beth sy'n bod arno fe?**	What's the matter with it?
Harri:	**Aiff e ddim o gwbl.**	It won't go at all.
Donald:	**Ewch i edrych dan y bonet.**	Go to look under the bonnet.
Harri:	**Dyw'r gêr ddim yn gweithio, a dyw'r peiriant ddim yn troi.**	The gear isn't working, and the engine isn't turning.
Donald:	**Ych chi wedi troi'r allwedd?**	Have you turned the key?
Harri:	**Ydw, wrth gwrs. Dyw'r batri ddim y fflat, diolch byth.**	Yes, of course. The battery isn't flat, thank goodness.
Donald:	**Aiff y car yma ddim yn bell iawn heddiw, 'te.**	This car won't go very far today, then.
Harri:	**Af i wthio'r car i'r garej nawr.**	I'll go to push the car to the garage now.
Donald:	**Mae un syniad bach 'da fi.**	I've got one small idea.
Harri:	**Diolch byth! Beth yw e?**	Thank goodness. What is it?
Donald:	**Oes petrol yn y tanc?**	Is there petrol in the tank?

> **PRYD DAW HI ADRE AR ÔL Y RAS?**
> When will she come home after the race?

Dod	*to come*
dof i	I'll come
doi di	you'll come
daw e	he'll come
daw hi	she'll come
down ni	we'll come
dewch chi	you'll come
dôn nhw	they'll come

'**Dw i'n mynd**' means 'I'm going'. '**Dof i**' also means 'I'm going' but with a future meaning.

We can put '**fe**' or '**mi**' in front of these without a change in meaning:

ras   race

Test yourself:

Dof i i'r ras yn gynnar.	I'll come to the race early.
Fe ddaw e aton ni pnawn 'ma.	He's coming to us this afternoon.
Fe ddown ni gyda chi i redeg yfory.	We'll come with you to run tomorrow.
Fe ddof i adre ar ôl rhedeg.	I'll come home after running.

Make up sentences:

Fe ddof i	i'r ras	pnawn 'ma.
Down ni	gyda chi	ar ôl cinio.
Mi ddaw e	aton ni	i redeg yfory.

To ask questions, we change the first letter to '**dd**', but you'll often hear just the sentence asked as a question:

ymarfer   to exercise

Test yourself:

Ddewch chi gyda fi i ymarfer?	Will you come with me to exercise?
Ddof i'n gyntaf pnawn 'ma?	Will I come first this afternoon?
Ddaw hi gyda ni i redeg yfory?	Will she come with us to run tomorrow?
Pryd daw hi adre ar ôl y ras?	When will she come home after the race?

Ask questions:

Ddewch chi	i redeg	gyda ni	yfory?
Ddaw e	i ymarfer	gyda fi	dydd Sadwrn?
Ddôn nhw	i'r ras		wythnos nesa?

Say what these people will do:

wedi blino   tired
Say you're tired, but that you're coming now to the café to have an ice cream.

....

ennill	to win
y flwyddyn nesa	next year
dod yn ôl	to come back

Say you've won, and you'll come back next year.

....

To answer 'no', just say '**na**'.

To answer 'yes', use the appropriate form of the verb:

Dof	yes (I will)
Daw	yes (he will, she will)
Dôn	yes (we will, they will)

To say that something won't be coming, add '**ddim**':

eleni	this year
Ddaw e ddim gyda ni i'r ras yfory.	He won't come with us to the race tomorrow.
Ddaw hi ddim y flwyddyn nesa ar ôl colli eleni.	She won't come next year after losing this year.
Ddown ni ddim yma eto, dw i ddim yn hoffi ras.	We won't come here again, I don't like a race.
Ddaw Hywel ddim i ymarfer heno.	Hywel won't come to exercise tonight.

Say these people won't come:

Say you've just (**newydd**) had a baby, so you're not coming on the marathon this year.

....

Say you've finished the race, you're tired, and you're not coming back next year.

....

Say you're not coming again – you came last (**yn olaf**).

....

SGWRS 84

Paratoi am y ras   *Preparing for the race*

Mari:	**Des i'n ola y llynedd. Ddoi di gyda fi eleni?**
Ahmed:	**Dof, wrth gwrs. Ddoi di i ymarfer gyda fi?**
Mari:	**Dof, pryd awn ni?**
Ahmed:	**Awn ni heno – fe wnawn ni bum k heno.**
Mari:	**Na, dim diolch. Fe ddof i heno os gwnawn ni un k.**
Ahmed:	**Ond mae un k yn fyr iawn! Beth am wneud dau k?**
Mari:	**Wel, fe awn ni i redeg un k, cael paned, a cherdded yn ôl.**
Ahmed:	**Iawn, down ni nôl yn araf!**
Mari:	**Pryd dof i'n ddigon da i ennill?**
Ahmed:	**Ddoi di byth yn ddigon da i ennill, os wnei di ddim ymarfer.**
Mari:	**Iawn, 'te, beth am wneud 5k heno?**
Ahmed:	**Na, ara deg, gan bwyll, a fesul cam!**

I came last last year. Will you come with me this year?
Yes, of course. Will you come to exercise with me?
Yes, when will we go?
We'll go tonight – we'll to 5k tonight.
No thanks. I'll come tonight if we do 1k.
But 1k is very short. What about doing 2k?
Well, we'll run 1k, have a cuppa, and walk back.
OK, we'll come back slowly!
When will I become good enough to win?
You'll never become good enough to win, if you won't exercise.
Fine, then, what about doing 5k tonight?
No, slowly, with patience, and step by step!

FE WELA I TI YN Y LOLFA HENO. I'll see you in the lounge tonight.

Here are the short forms of some other verbs to say you're about to do something or are willing to do something.

edrych		*to look*
edrycha i		I'll look
edrychi di		you'll look
edrychiff e		he'll look
edrychiff hi		she'll look
edrychwn ni		we'll look
edrychwch chi		you'll look
edrychan nhw		they'll look

You will also hear **edrychith e / edrychith hi**.

y we   the internet

Test yourself:

Edrychwn ni ar y gwesty yfory.	We'll look at the hotel tomorrow.
Edrycha i ar y gwesty ar y we.	I'll look at the hotel on the internet.
Edrycha i ar yr e-bost yfory.	I'll look at the email tomorrow.
Edrychwn ni ar y posibiliadau nes mlaen.	We'll look at the possibilities later on.

Notice that 'Edrychwch' is also used for the command:

Edrychwch! Look!

Similar endings can be added to most verbs:

gweld	>	**gwela i**	I'll look
cymryd	>	**cymra i**	I'll take, I'll accept
darllen	>	**darllena i**	I'll read

aros	>	**arhosa i**	I'll stay, I'll wait
cadw	>	**cadwa i**	I'll keep

*We often put '**fe**' (south Wales) or '**mi**' (north Wales) in front of these, without change of meaning, but the first letter can change:*

fe wela i	I see, I'll see
mi gymra i	I take, I'll take, I'll accept
mi ddarllena i	I'll read
mi arhosa i	I'll wait, I'll stay

*In more formal Welsh an '**f**' is put after the final '**a**', e.g.*

cadwa i   >   **cadwaf i**

Make up sentences:

gwefan	website
bwcio	to book

Fe wela i'r	gwesty	ar y we	heno
Mi fwcia i'r	stafell	ar y wefan	yfory
Mi edrycha i ar y			

The most commonly used short forms are those you use when speaking for yourself, or for yourselves (me, us) or for the person you're speaking to (you), in the future.

hysbyseb   advert

Test yourself:

Fe wela i ti yn y lolfa heno.	I'll see you in the lounge tonight.
Fe welwn ni chi nes mlaen yn y bar.	We'll see you later on in the bar.
Mi ddarllena i'r hysbyseb ar ôl te.	I'll read the advert after tea.
Fe edrychwn ni arno fe wedyn.	We'll look at it afterwards.
Fe welwch chi fe yn y papur.	You'll see in the paper.

Fe welwn ni chi eto cyn bo hir.

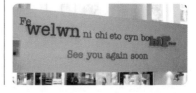

Fe **welwn** ni chi eto cyn bo hir.
See you again soon

We'll see you again soon.
*To ask questions, simply drop off the '**fe**':*

Test yourself:

Bwciwn ni'r stafell ddwbwl ar unwaith?	Shall we book the double room immediately?
Edrychwn ni ar y stafell sengl cyn bwcio?	Shall we look at the single room before booking?
Gymri di olwg ar y gwesty yma – mae'n dda?	Will you take a look at this hotel – it's good?
Sgrifenni di e-bost i'r gwesty heno?	Will you write an email to the hotel tonight?

(note: bwcio (to book) does not usually change its first letters)

*To answer, we use the verb '**gwneud**', e.g.*

Gwnaf	Yes, I shall
Gwnawn	Yes, we will

But it's much easier just to say:

Diolch!	Thanks!

Saying 'no' is always much easier:

Na	No

Make up questions:

cadw lle	to keep a place, to book
llety	accommodation
nesa	next

Gadwn ni le	yn y gwesty	heno?
Gadwa i le	yn y llety	haf nesa?
	yn y gwersyll	

Make up questions and answers when checking up on a hotel to see if it's suitable.

Say you'll look at the hotel now.
Say you'll see if the breakfast is good.
Ask if you can have a look at the restaurant.
Ask if you'll book a room in the hotel.
Ask if you'll book a room immediately.

Edrycha i ...
Fe wela i ...
Gymri di olwg ...
Wnawn ni ...
Fwciwn ni   ...

Saying you won't do something:

*Use '**mo**' or '**ddim**'.*

*When we use '**mo**' or '**ddim**', we can start the verb with soft mutation, or, if the first letter of verbs are **c**, **p**, **t**, they change to **ch**, **ph**, **th** (aspirate mutation). This change often does not occur when speaking.*

Chymra i mo'r llety nawr.	I won't take the accommodation now.

*We use '**mo**' when we talk about someone or something in particular.*

cyn	before
manylion	details
tŷ haf	holiday home (summer house)

Test yourself:

Bwcia i mo'r gwesty cyn gwybod y pris.	I won't book the hotel before knowing the price.
Bwciwn ni mo'r tŷ haf cyn cael y pris.	We won't book the holiday home before getting the price.
Welwn ni mo Huw yn y gwesty eleni.	We won't see Huw in the hotel this year.
Wela i mo'r manylion ar y wefan.	I don't see the details on the website.

Make up sentences:

astudio   to study

Bwcia i Bwciwn ni	mo'r	gwesty llety tŷ haf	cyn	gweld y lle cael y manylion astudio'r wefan

*We use '**ddim**' when we talk about something in general:*

Test yourself:

Wela i ddim byd sy'n gwerth ei gael.	I don't see anything worth having.
Edrycha i ddim arno fe nawr.	I won't look at it now.
Bwciwn ni ddim gwesty nes gwybod y pris.	We won't book a hotel until (we) know the price.
Arhoswn ni ddim mewn tŷ haf eleni.	We won't stay in a holiday home this year.

Common questions:

Gymrwch chi baned o de?	Will you take a cup of tea?
Gymrwch chi ddiodyn?	Will you take a drink?
Gymri di beint?	Will you take a pint?
Gymri di rywbeth arall?	Will you take something else?

Note: '**Gymri**' from '**cymri**' and other verbs are mutated because they are used after a question word '**a**', which introduces questions in literary Welsh. By now this '**a**' is largely dropped off, but the change of letter remains.

You're in the hotel restaurant for breakfast. Use '**Gymri...**,' to ask:

Ask if you'll take a cup of tea or coffee.
Ask if you'll take toast or bread.
Ask if you'll take jam or honey (**mêl**) on the toast.
Ask it you'll take milk in the tea.
(Remember: **gwnaf** or **gwnawn** = yes)

---

*A poem by Robat Gruffudd uses '**a gymri**' – will you accept?*

A Gymri di Gymru?	Will you accept Wales?
A gymri di'r byd	Will you accept the world
A'i holl ryfeddodau,	And all its wonders,
Yr haul a'r sêr,	The sun and the stars,
Y pysgod a'r blodau?	The fish and the flowers?
A gymri di'r gwledydd	Will you accept the countries
O bob lliw a llun?	Of every colour and shape?
A gymri di Gymru –	Will you accept Wales –
Dy wlad dy hun?	Your own country?

y byd	the world
rhyfeddodau	wonders
sêr	stars
o bob lliw a llun	of every colour and shape (**llun** picture, shape)

Some Welsh proverbs

Gwyn y gwêl y frân ei chyw.	The crow sees her chick white.
Teg edrych tuag adre.	It's lovely to look homewards.
Dyfal donc a dyrr y garreg.	A constant knock breaks the stone.
Nid aur yw popeth melyn.	Everything yellow is not gold.
Adar o'r unlliw hedant i'r unlle.	Birds of the same colour fly to the same place.
Y cyntaf i'r felin gaiff falu.	The first to the mill will be allowed to grind.
Diwedd y gân yw'r geiniog.	The penny is the end of the song.
A fo ben, bid bont.	Who wants to be a head, let him be a bridge.
Cenedl heb iaith, cenedl heb galon	A nation without a language , a nation without heart
Gwell dysg na golud.	Learning is better than wealth.
Heb ei fai, heb ei eni.	Without fault, without birth.

DW I'N HOFFI'R LLYFR.
I like the book.

Using a part of a sentence to add information.

We can simply add a part of a sentence after a noun:

Dw i'n hoffi'r llyfr. I like the book.

Dw i'n hoffi'r llyfr mae e wedi darllen. I like the book that he has read.

Hwn	this *(for masculine words)*
Hon	this *(for feminine words)*

Test yourself:

Dw i'n hoffi'r llyfr dw i'n darllen nawr.	I like the book which I'm reading now.
Wyt ti wedi prynu'r nofel dy'n ni'n darllen heddiw?	Have you bought the novel which we're reading today?
Hwn yw'r llyfr hanes mae e wedi darllen.	This is the history book which he's read.
Hon yw'r stori roedd e'n astudio yn y coleg.	This is the story he was studying in college.

*In more formal Welsh, we put '**ei**' (it) before the verb. This is followed by the appropriate mutation after '**ei**': soft mutation after '**ei**' (his), asprirate mutation after '**ei**' (her). Many don't bother about using '**ei**' when speaking:*

Test yourself:

Dw i'n hoffi'r llyfr dw i'n ei ddarllen nawr.	I like the book which I'm reading now.
Wyt ti wedi prynu'r nofel dy'n ni'n ei darllen heddiw?	Have you bought the novel which we're reading today?
Hwn yw'r llyfr hanes mae e wedi'i ddarllen.	This is the history book which he's read.
Hon yw'r stori roedd e'n ei hastudio yn y coleg.	This is the story he was studying in college.

Make up sentences:

trafod　　　　　to discuss

Dyn ni	wedi prynu'r	llyfr	dy'n ni'n	darllen	nos yfory.
Mae	'n hoffi'r	nofel	byddwn ni'n	trafod	heno.
Roedd hi					
Dych chi					

Adding where:

lle	where	**taro**	to strike

Test yourself:

Hon yw'r nofel lle mae Sherloc yn cael ei ladd.	This is the novel where Sherloc is killed.
Dw i'n hoffi'r bennod lle mae Idris yn taro'n ôl.	I like the chapter where Idris strikes back.
Wyt ti wedi darllen y rhan lle mae hi'n marw?	Have you read the part where she dies?
Dw i eisiau trafod y dechrau, lle roedd e'n hapus.	I want to discuss the start, where he was happy.

Make up sentences:

diwedd	end	**rhan**	part
pennod	chapter	**mynd i ffwrdd**	to go away
ei gilydd	each other		

Dw i'n	hoffi'r	diwedd	lle	mae e'n	priodi
Dych chi'n	licio'r	rhan		roedd hi'n	mynd i ffwrdd
		bennod		maen nhw'n	gweld ei gilydd

SGWRS 85

Trafod llyfr: Cymru Howard Marks   *Discussing a book: Cymru Howard Marks*

| **hunangofiant** | an autobiography |
| **cyffrous** | exciting |

Siw:	**Wyt ti wedi darllen y llyfr ryn ni'n trafod heno?**	Have you read the book we're discussing tonight?
Marc:	**Darllenes i fe ddoe pan oedd amser 'da fi.**	I read it yesterday when I had time.
Siw:	**Hwn yw'r hunangofiant cynta dw i wedi ei brynu.**	This is the first autobiography I've bought.
	Beth o't ti'n meddwl am hanes Howard Marks?	What did you think about Howard Marks's story?
Marc:	**Y rhan lle mae e'n sôn am y carchar?**	The part where he mentions the prison?
Siw:	**Ie, roedd y cyfan yn gyffrous.**	Yes, everything was exciting.
Marc:	**Roedd ei deulu e'n dod o Iwerddon, lle roedd hanes rhyfedd ganddyn nhw.**	His family came from Ireland, where they had a strange history.
Siw:	**Newidion nhw eu henw nhw o McCarthy i Marks.**	They changed their name from McCarthy to Marks.
Marc:	**Aeth Howard i Balliol, ond roedd e'n hoffi merched oedd ddim yn y coleg.**	Howard went to Balliol, but he liked girls who were not in the college.
Siw:	**Dechreuodd e gymryd cyffuriau yn y coleg, oedd ddim yn hapus iawn gydag e!**	He started taking drugs in the college, which was not very happy with him!
Marc:	**Ond roedden nhw'n rhy hwyr.**	But they were too late.
Siw:	**Roedd e wedi bod i Bangkok, Patagonia ac America, lle cafodd e ei garcharu.**	He had been to Bangkok, Patagonia and America, where he was imprisoned.
Marc:	**Roedd e'n rhedeg dau ddeg pump o gwmnïau oedd yn gwerthu cyffuriau.**	He ran 25 companies which sold drugs.
Siw:	**Ond roedd e'n hoff iawn o Gymru.**	But he was very fond of Wales.

Ychydig mwy *A little extra*

*To say 'whose' in the middle of a sentence we just put '**ei**' in front of the noun:*

benthyg   to loan

Dw i'n nabod y dyn roedd ei wraig e wedi sgrifennu'r llyfr.	I know the man whose wife had written the book.
Mae hi wedi prynu'r llyfr roedd ei awdur e yn y siop.	She's bought the book whose author was in the shop.
Dych chi'n nabod y ferch y mae ei gŵr hi'n dod i'r clwb?	Do you know the girl whose husband comes to the club?
Dw i'n hoffi'r llyfr y mae ei glawr e'n lliwgar.	I like the book whose cover is colourful.

*When we add a preposition (e.g. 'about') at the end of the sentence, in Welsh it refers back to what you're talking about, e.g. '**amdano**' with a masculine noun, and '**amdani**' with a feminine noun:*

Hwn yw'r llyfr roedd e'n siarad amdano fe.	This is the book he was talking about.
Hon yw'r nofel roedd e'n siarad amdani hi.	This is the novel he was talking about.
Dyma'r llyfrau roedd hi'n siarad amdanyn nhw.	These are the books she was talking about.
Hwn yw'r llyfr dw i'n ei fenthyg iddo fe.	This is the book I'm loaning him.

ADJECTIVAL CLAUSES

Make up sentences:

sôn   to mention

Dw i wedi	darllen	y nofel	roedd hi'n	sôn	amdani hi
Wyt ti wedi	gweld	y stori	mae e'n	siarad	
Roedd e'n					

Think of a book you have read.

   Say what it was about, give some details about its content and say if you enjoyed it.

Welsh is a colourful language, and has many idioms which you will ofter hear:

	literal translation	*meaning*
ar bigau'r drain	on the spikes of the thorns	on tenterhooks
ar goll	on a loss	lost
ben i waered	head to below	upside down
bod yn gefn i rywun	to be a back to someone	to support someone
fel cath i gythraul	like a cat to a devil	like a shot, like a bat out of hell
llyncu mul	to swallow a mule	to sulk
mynd o flaen gofid	to go ahead of worry	to expect the worst
o lygad y ffynnon	from the eye of the fountain	first-hand, from the horse's mouth
pawb at y peth y bo	everyone to the thing that may be	everyone has a different concern
rhoi'r ffidil yn y to	put the fiddle in the roof	to give up

Some useful expressions:

ar y cyfan	on the whole
cyn bo hir	before long
erbyn hyn	by now
fel arfer	usually
o bryd i'w gilydd	now and then
wedi'r cyfan	after all
wrth gwrs	of course
yn y pen draw	in the end, at the end of the day

ben i waered   upside down

Mae'r tŷ ben i waered.
The house is upside down.

> PRYNAIS I'R LLYFR Y SONIODD HI AMDANO FE.
> I bought the book she mentioned.

We can use parts of a sentence, using the short form of verbs, to describe words. In formal Welsh, 'a' is used for 'which' or 'that' or 'who' where there is no specific emphasis.

When speaking, 'a' is left out, but the soft mutation that follows it remains.

Two sentences can be linked:

Test yourself:

Hwn yw'r llyfr. Defnyddion ni fe yn y dosbarth.	This is the book. We used it in class.
Hwn yw'r llyfr ddefnyddion ni yn y dosbarth.	This is the book we used in class.
Siân yw'r athrawes. Dysgodd hi'r dosbarth y llynedd.	Siân is the teacher. She taught the class last year.
Siân yw'r athrawes ddysgodd y dosbarth y llynedd.	Siân is the teacher who taught the class last year.
Es i i'r dosbarth ddechreuodd ym mis Hydref.	I went to the class which started in October.
Prynais i'r llyfr ddefnyddion ni yn y dosbarth.	I bought the book we used in class.
Bydda i'n cwrdd â'r bobl ddaeth i'r wers.	I'll meet the people who came to the class.
Dw i'n dysgu yn y dosbarth drefnodd y coleg.	I'm learning in the class which the college arranged.

Make up sentences:

hydref	autumn
Hydref	October
cwrs	course

Es i	i'r dosbarth	ddechreuodd	ym mis Hydref
Aethon ni	i'r cwrs		yn yr hydref
Aeth hi			

We can say 'whose' by starting the second part of the sentence with 'y' (often left out) and then put 'ei' (etc.) before the noun.

Dw i'n nabod y fenyw. Dysgodd ei gŵr fi yn y dosbarth.	I know the woman. Her husband taught me in class.
Dw i'n nabod y fenyw y dysgodd ei gŵr fi yn y dosbarth.	I know the woman whose husband taught me in class.

awdur	author

Test yourself:

Hwn yw'r llyfr y gweles i ei awdur yn y siop.	This is the book whose author I saw in the shop.
Pwy yw'r dyn y dysgodd ei wraig Gymraeg i fi?	Who's the man whose wife taught Welsh to me?
Hi yw'r athrawes y daeth ei gŵr i'r dosbarth.	She's the teacher whose husband came to the class.
Fe yw'r ffrind y gwelon ni ei fab yn y cwrs.	He's the friend whose son we saw in the course.

SGWRS 86

Dysgu Cymraeg mewn blwyddyn   *Learning Welsh in a year*

acen y de   south Wales accent

Jake: Dw i wedi bod yn dysgu Cymraeg ers blwyddyn.	I've been learning Welsh for a year.
Jane: Gyda'r athrawes y gwelon ni ei gŵr yn y siop?	With the teacher whose husband we saw in the shop?
Jake: Ie, hi yw'r un roedd ei ffrind gyda ni yn y dosbarth.	Yes, she's the one whose friend was with us in the class.
Jane: Y ffrind y gwelson ni ei gariad yn y dre?	The friend whose sweetheart we saw in town?
Jake: Ie, nhw brynodd y tŷ beintiais i e eleni.	Yes, they bought the house which I painted this year.
Jane: Maen nhw'n dod o Bontypridd.	They come from Pontypridd.
Jake: Ydyn. Symudon nhw i Gricieth y llynedd.	Yes. They moved to Cricieth last year.
Jane: Ac rwyt ti, Jake, yn siarad ag acen y de!	And you, Jake, are speaking with a south Wales accent!
Jake: Dw i'n trio dysgu acen y gogledd hefyd.	I'm trying to learn the north Wales accent as well.
Jane: Mae'n dda bod ti ddim yn siarad fel dysgwr!	It's good that you don't speak like a learner!
Jake: Sut wyt ti, Jane yn siarad ag acen y gogledd?	How do you, Jane, speak with a north Wales accent?
Jane: Dysgais i gyda'r athrawes ddaeth o'r Bala.	I learnt with the teacher who came from Bala.

Say:

> for how long you've been learning Welsh.
> when you started learning.
> why you started learning Welsh.
> if you live in Wales, say where you can use Welsh.
> if you listen to Welsh radio or view Welsh TV.

Ychydig mwy   *A little more*

*When we add a preposition at the end, we can use '**y**' again to join two sentences:*

Hwn yw'r llyfr. Clywes i amdano fe yn y dosbarth.	This is the book. I heard about it in class.
Hwn yw'r llyfr y clywes i amdano fe yn y dosbarth.	This is the book which I heard about in class.

Test yourself:

Prynais i'r llyfr y soniodd hi amdano fe.	I bought the book she mentioned.
Aeth e i'r dosbarth y siaradais i amdano fe.	He went to the class I talked about.

Gwelon nhw'r athrawes y cwynodd e amdani hi.	They saw the teacher he complained about.
Dyma'r llyfrau yr edrychodd hi arnyn nhw.	These are the books she looked at.

Make up sentences:

cwrs   course

Prynais i'r	llyfr	y	soniodd e	amdano fe
Gwelais i'r	cwrs		sonion nhw	
Hoffais i'r			siaradodd hi	

238

0	dim	21	dau ddeg un	
1	un	22	ddau ddeg dau *etc.*	
2	dau (*m.*), dwy (*f.*)	30	tri deg	
3	tri (*m.*), tair (*f.*)	31	tri deg un *etc.*	
4	pedwar (*m.*), pedair (*f.*)	40	pedwar deg	
5	pump, pum (*before nouns*)	50	pum deg	
6	chwech, chwe (*before nouns*)	60	chwe deg *etc.*	
7	saith	100	cant	
8	wyth	101	cant ac un *etc.*	
9	naw	111	cant un deg un *etc.*	
10	deg	200	dau gant	
11	un deg un	300	tri chant	
12	un deg dau	400	pedwar cant *etc.*	
13	un deg tri *etc.*	1000	mil	
20	dau ddeg			

PENCE

1p	un geiniog
2p	dwy geiniog
3p	tair ceiniog
4p	pedair ceiniog
5p	pum ceiniog
6p	chwe cheiniog
7p	saith ceiniog
8p	wyth ceiniog
9p	naw ceiniog
10p	deg ceiniog
20p	ugain ceiniog
25p	pum ceiniog ar hugain
30p	tri deg ceiniog
40p	pedwar deg ceiniog

etc.

1st	**cyntaf**	**y tîm cyntaf**	the first team
		y ferch gyntaf	the first girl
2nd	**ail**	**yr ail dîm**	the second team
3rd	**trydydd**	**y trydydd tîm**	the third team
	trydedd	**y drydedd ferch**	the third girl
4th	**pedwerydd**	**y pedwerydd bachgen**	the fourth boy
	pedwaredd	**y bedwaredd ferch**	the fourth girl
5th	**pumed**	**y pumed bachgen**	the fifth boy
		y bumed ferch	the fifth girl
6th	**chweched**	**y chweched bachgen**	the sixth boy
		y chweched ferch	the sixth girl
7th	**seithfed**	**y seithfed bachgen**	the seventh boy
		y seithfed ferch	the seventh girl
8th	**wythfed**	**yr wythfed tîm**	the eighth team
9th	**nawfed**	**y nawfed plentyn**	the ninth child
10th	**degfed**	**y degfed tîm**	the tenth team
		y ddegfed gêm	the tenth game

(note letter changes with feminine nouns)

POUNDS

£1	un bunt
£2	dwy bunt
£3	tair punt
£4	pedair punt
£5	pum punt
£6	chwe phunt
£7	saith punt
£8	wyth punt
£9	naw punt
£10	deg punt
£12	deuddeg punt
£15	pymtheg punt
£18	deunaw punt
£20	ugain punt
£25	pum punt ar hugain
£30	tri deg punt
£40	pedwar deg punt

etc

Some of the most common mutation rules

SOFT MUTATION: Treiglad meddal

C	g	car > gar	ei gar e	his car
P	b	plentyn > blentyn	ei blentyn e	his child
T	d	tad > dad	ei dad e	his father
G	drops out	gwraig > wraig	ei wraig e	his wife
B	f	bwrdd > fwrdd	ei fwrdd e	his table
D	dd	darlun > ddarlun	ei ddarlun e	his picture
Ll	l	llun > lun	ei lun e	his picture
M	f	mam > fam	ei fam e	his mother
Rh	r	rhosyn > rosyn	ei rosyn e	his rose

1. *Singular feminine noun after '**y**' (the):*

mam	y fam
merch	y ferch
desg	y ddesg
dinas	y ddinas
pont	y bont

How do we know which nouns are feminine? We have to look it up in the dictionary.

2. *Any noun after '**dau**' and '**dwy**' (two):*

bachgen	dau fachgen
merch	dwy ferch
tŷ	dau dŷ
gwely	dau wely
tafarn	dwy dafarn

3. *Any noun after these prepositions:*

am	for, at
ar	on
at	at, towards
gan	by
heb	without
i	to, for
o	of, from
dan	under

dros / tros	over
drwy / trwy	through
wrth	by, near
hyd	until

deg	am ddeg	at ten
tân	ar dân	on fire
dau	bwrdd i ddau	a table for two
dim	heb ddim	without anything
pump	hyd bump o'r gloch	until five o'clock
pwyll	gan bwyll	careful, steady
tro	dros dro	temporary
twyll	trwy dwyll	through cheating
pen	ar ben	all over

4. *Adjectives after a feminine noun:*

merch + da	merch dda	a good girl
ffrog + glân	ffrog lân	a clean frock
desg + taclus	desg daclus	a tidy desk

5. *Adjectives after '**yn**':*

da	yn dda	good, well
drwg	yn ddrwg	bad, badly
cyflym	yn gyflym	quick, quickly
poeth	yn boeth	hot

6. *Nouns after adjectives:*

hen	hen ddyn	an old man
prif	prif gapel	main chapel

7. *After '**dy**' (your) and '**ei**' (his):*

gwely	dy wely di	your bed
bwyd	ei fwyd e	his food

8. *Object of the short form of the verb:*

ci	gwelodd e gi	he saw a dog
merch	gwelodd e ferch	he saw a girl

9. *'**dau**' and '**dwy**' after '**y**'*

y ddau fachgen	
y ddwy ferch	

NASAL MUTATION: Treiglad trwynol

C	ngh	car > nghar	fy nghar i	my car
P	mh	plentyn > mhlentyn	fy mhlentyn i	my child
T	nh	tad > nhad	fy nhad i	my father
G	ng	gŵr > ngŵr	fy ngŵr i	my husband
B	m	bwrdd > mwrdd	fy mwrdd i	my table
D	n	dant > nant	fy nant i	my tooth

1. *After '**fy**' (my)*

teulu	fy nheulu i	my family
gardd	fy ngardd i	my garden

2. *After '**yn**' (in)*

Tresaith	yn Nhresaith	in Tresaith
Penlan	ym Mhenlan	in Penlan

*Notice how '**yn**' changes as well:*

C	yn + Caerdydd	yng Nghaerdydd	in Cardiff
P	yn + Pontypridd	ym Mhontypridd	in Pontypridd
T	yn + Talybont	yn Nhalybont	in Talybont
G	yn + Garnswllt	yng Ngarnswllt	in Garnswllt
B	yn + Bangor	ym Mangor	in Bangor
D	yn + Dinbych	yn Ninbych	in Denbigh

ASPIRATE MUTATION: Treiglad llaes

C	ch	car > char	ei char hi	her car
P	ph	plentyn > phlentyn	ei phlentyn hi	her child
T	th	tad > thad	ei thad hi	her father

1. *After '**a**' (and), '**gyda**' (with), '**â**' (with)*

cath	ci a chath	a dog and a cat
car	mynd â char	going with a car
plant	mynd gyda phlant	going with children

2. *After '**tri**' (three) and '**chwe**' (six)*

ceiniog	chwe cheiniog	six pence
punt	chwe phunt	six pounds
papur	tri phapur	three papers

3. *After '**ei**' (her)*

pwrs	ei phwrs hi	her purse
tad	ei thad hi	her father

Grammar And Content Summary

242

DICTIONARY

You will have noticed in this book that some words in Welsh can sometimes change their first letter.

There are many rules on the changes, but the best practice is to use the words, and their changes as they occur. Don't fret about this. You'll be understood without these changes.

But to look up words in a dictionary, you need to know what the changes can be. These letters can change:

C	g	ng	ch
P	b	mh	ph
T	d	nh	th
G	-	ng	
B	f	m	
D	dd	n	
Ll	l		
M	f		
Rh	r		

So if you see a word beginning with 'm' or 'mh', that word in the dictionary could start with 'm', 'p' or 'b'.

Words are listed according to Welsh, rather than English, alphabetization. The entry headings:

A	DD	NG	L	P	T
B	E	H	LL	PH	TH
C	F	I	M	R	U
CH	FF	J	N	RH	W
D	G	K	O	S	Y

Within the entries, words are alphabetized according to the English alphabet. (In Welsh dictionaries, it is standard practice to use the Welsh alphabet to alphabetize the definitions within entries.)

With noun entries, the plural form is indicated in one of two ways, depending on how it is created. If the plural is created by altering the root spelling of the singular noun, as with the noun 'abaty' and its plural form 'abatai', it is indicated like this:

abaty/abatai

If, however, the plural is formed by adding a suffix to the original noun, as with the noun 'dyn' and its plural form 'dynion', it is indicated by following the singular noun with the suffix, like this:

dyn/-ion

SOME COMMON PLURALS

You will notice that there's more than one way of forming the plural of words in Welsh.
In English it's easy – just add 's' for most words. In Welsh, the most common way is to add 'au' to words:

afal	afalau	*apple/-s*
cwpan	cwpanau	*cup/-s*
desg	desgiau	*desk/-s*
llyfr	llyfrau	*book/-s*
oren	orenau	*orange/-s*
papur	papurau	*paper/-s*
plât	platiau	*plate/-s*
teisen	teisennau	*cake/-s*
tîm	timau	*team/-s*
wal	waliau	*wall/-s*

Some words just add an 's' as in English:
| beiro | beiros | |

Some words add 'i':
| tref | trefi | *towns* |
| pentref | pentrefi | *villages* |

244

There are some words which change a little when adding '-au':

blodyn	blodau	*flowers*
bwrdd	byrddau	*table/-s*
cadair	cadeiriau	*chair/-s*
drws	drysau	*door/-s*

But you'll also see many other ways of forming the plural:

baban	babanod	*baby/babies*
bachgen	bechgyn	*boy/-s*
car	ceir	*car/-s*
coeden	coed	*tree/-s*
dyn	dynion	*man/men*
gardd	gerddi	*garden/-s*
heol	heolydd	*road/s*
menyw	menywod	*woman/women*
merch	merched	*girl/-s*
plentyn	plant	*child/children*
troed	traed	*feet*
tŷ	tai	*house/-s*

There are other forms in north Wales:

hogan	genod	*girl/-s*
hogyn	hogiau	*boy/-s*

ABBREVIATIONS

adj.	adjective
adv.	adverb
art.	article
coll.	colloquial
conj.	conjunction
f.	feminine
inter.	interjection
interrog.	interrogative word
m.	masculine
nfm.	feminine and/or masculine noun
nmf.	masculine and/or feminine noun
n.	noun
neg.	negative word
nf.	feminine noun
nm.	masculine noun
npl.	plural noun
num.	numeral
ord.	ordinal
pl.	plural
poss.	possessive
prep.	preposition
pron.	pronoun
rel. pron.	relative pronoun
sing.	singular
v.	verb
vn.	verb-noun
+ S.M.	followed by soft mutation
+ N.M.	followed by nasal mutation
+ SP.M.	followed by aspirate mutation
S.W.	south Wales
N.W.	north Wales

A

a *conj.* + *SP.M.* and; *interrog.* + *S.M.*; *rel. pron.* + *S.M.* who, which, whom, that

â *conj.* + *SP.M.* with; *conj.* + *SP.M.* as

ab *nm.* son of

abaty/abatai *nm.* abbey

aber/-oedd *nm.* estuary

Abergwaun Fishguard

Abertawe Swansea

abl *adj.* able

absennol *adj.* absent

absenoldeb *nm.* absence

ac *conj.* and; **~ eithrio** *prep.* except, apart from

academaidd *adj.* academic

academi/academïau *nf.* academy

acen/-ion *nf.* accent

achlysur/-on *nm.* occasion

achos *conj.* because; *prep.* because of; /-ion *nm.* cause; **~ llys**/achosion llys *nm.* court case

achosi *v.* to cause

achub *v.* to save

achwyn *v.* to complain

act/-au *nf.* act

actio *v.* to act

actor/-ion *nm.* actor

actores/-au *nf.* actress

acw *adv.* yonder, there

adain/adenydd *nf.* wing

adalw *v.* to recall

adar *npl.* birds

ad-daliad/-au *nm.* repayment

addas *adj.* suitable

addasu *v.* to adjust

addewid/-ion *nmf.* promise

addo *v.* to promise; **~ rhywbeth i rywun** to promise someone something

addurn/-iadau *nm.* decoration

addurno *v.* to decorate

addurnol *adj.* decorative

addysgu *v.* to educate, to teach

adeg/-au *nf.* period, time

adeilad/-au *nm.* building

adeiladol *adj.* constructive

adeiladu *v.* to build

adeiladwr/adeiladwyr *nm.* builder

aderyn/adar *nm.* bird

adfail/adfeilion *nm.* ruin

adfer *v.* to restore

adio *v.* to add

adlais/adleisiau *nm.* echo

adloniant *nm.* entertainment

adnabod *v.* to know *(a person, a place)*

adnewyddu *v.* to renew

adnod/-au *nf.* verse *(Biblical)*

adnodd/-au *nm.* resource

adolygiad/-au *nm.* review

adolygu *v.* to revise, to review

adran/-nau *nf.* department, section

adre, adref *adv.* homewards

adrodd *v.* to recite, to report

adroddiad/-au *nm.* report, recitation

adwaith/adweithiau *nm.* reaction

adweithio *v.* to react

aeddfed *adj.* mature, ripe

aeddfedu *v.* to mature, to ripen

ael/-iau *nf.* brow

aelod/-au *nm.* member; **o'r Senedd** *nm.* Member of the Senedd

aer *nm.* air; /-ion *nm.* heir

aeron *npl.* berries

afal/-au *nm.* apple

Affrica *nf.* Africa

Affricanaidd *adj.* African

Affricanes/-au *nf.* African

Affricanwr/Affricanwyr *nm.* African

aflonyddu *v.* to disturb, to molest

afon/-ydd *nf.* river

afresymol *adj.* unreasonable

agor *v.* to open

agoriad/-au *nm.* key

agos *adj.* near; **~ i'r dref** near the town

agwedd/-au *nmf.* attitude, aspect

ai *inter.* used before nouns, verb-nouns, pronouns and adjectives

ail *adj.* second

ail-law *adj.* secondhand

ailadrodd *v.* to repeat

alcohol *nm.* alcohol

alergedd/-au *nm.* allergy

allan *adv.* out

allanfa/allanfeydd *nf.* exit

allanol *adj.* exterior, external

allfudo *v.* to emigrate

allwedd/-i *nf.* key

allweddell/-au *nf.* keyboard *(piano)*

Almaen, yr Almaen *nf.* Germany

Almaeneg *nf.* German *(language)*

Almaenes/-au *nf.* German

Almaenig *adj.* German

Almaenwr/Almaenwyr *nm.* German

am *prep.* + *S.M.* for

am byth *adv.* forever

amau *v.* to doubt, to suspect

ambell *adj.* occasional, few

ambiwlans/-ys *nm.* ambulance

amcangyfrif *v.* to estimate

amddiffyn *v.* to defend

amddiffynfa/amddiffynfeydd *nf.* defence *(physical)*

amddiffyniad/-au *nm.* defence

America *f.* America

Americanes/-au *nf.* American

Americanwr/Americanwyr *nm.* American

amgáu *v.* to enclose

amgueddfa/amgueddfeydd *nf.* museum; **~ Genedlaethol Cymru** Welsh National Museum; **~ Werin Cymru** National Museum of Welsh Life

amgylchedd/-au *nm.* environment

amgylchiad/-au *nm.* circumstance

amheuaeth/amheuon *nf.* doubt

amhosibl *adj.* impossible

aml *adv.* often

amlen/-ni *nf.* envelope

amlwg *adj.* obvious, clear, evident

amrwd *adj.* raw, rough

amryw *adj.* several, various

amrywiaeth/-au *nm.* variety

amrywiol *adj.* various

amser/-au *nm.* time; **~ llawn** *nm.* full time

amserlen/-ni *nf.* timetable

amsugno *v.* to absorb

amwys *adj.* ambiguous

anabl *adj.* disabled

anaddas *adj.* unsuitable

anadl/-au *nmf.* breath

anadlu *v.* to breathe

anaf/-iadau *nm.* injury

anafu *v.* to injure

analluog *adj.* unable

anarferol *adj.* unusual

anferth *adj.* huge

anfon *v.* to send; **~ ymlaen** *v.* to forward, to send on

anfwytadwy *adj.* inedible

angel/angylion *nm.* angel
angen/anghenion *nm.* need; ~ **rhywbeth ar rywun** someone needs something
angenrheidiol *adj.* essential, necessary
anghenfil/angenfilod *nm.* monster
anghofio *v.* to forget
anghredadwy *adj.* unbelievable
anghwrtais *adj.* discourteous
anghyfarwydd *adj.* unfamiliar
anghyfreithlon *adj.* illegal
anghysurus *adj.* uncomfortable
anghywir *adj.* wrong, incorrect
angladd/-au *nmf.* funeral
angor/-au,-ion *nmf* . anchor
anhapus *adj.* unhappy
anhysbys *adj.* unknown
anifail/anifeiliaid *nm.* animal; ~ **anwes** *nm.* pet
annhebyg *adj.* unlike, unlikely
annhebygol *adj.* improbable
annibynnol *adj.* independent
Annibynwyr *npl.* Independents (*religious denomination*)
annioddefol *adj.* unbearable
anniogel *adj.* unsafe
annog *v.* to urge
annwyl *adj.* dear
anodd *adj.* difficult, hard
anrheg/-ion *nf.* present, gift
anrhydedd/-au *nm.* honour
ansawdd/ansoddau *nmf.* quality, condition, texture
ansoddair/ansoddeiriau *nm.* adjective
antur/-iau *nm.* venture
anwastad *adj.* uneven
anwesu *v.* to caress
anwybyddu *v.* to disregard
anymwybodol *adj.* unconscious
apwyntiad/-au *nm.* appointment
ar *prep.* + *S.M.* on
ar agor open; ~ **ben** finished, over; ~ **draws** across; ~ **frys** in haste; ~ **gael** available; ~ **ganol** in the middle of; ~ **gau** closed; ~ **gof** in memory; ~ **goll** lost; ~ **hap** accidentally; **ar hyd** *prep.* along; ~ **ôl** *prep.* after; *adv.* left over; ~ **unwaith** at once; ~ **wahân** separate, apart; ~ **werth** for sale
Arab/-iaid *nm.* Arab
araf *adj.* slow
araith/areithiau *nf.* speech

arall *adj.* other
arbenigrwydd *nm.* specialty
arbennig *adj.* special
arch/eirch *nf.* coffin
archfarchnad/-oedd *nf.* supermarket
archwilio *v.* to inspect
archwiliwr/archwilwyr *nm.* inspector, auditor
ardal/-oedd *nf.* area, region
arddangos *v.* to display
arddangosfa/arddangosfeydd *nf.* exhibition
arddegwyr *npl.* teenagers
ardderchog *adj.* excellent
arddodiad/arddodiaid *nm.* preposition
arddwrn/arddyrnau *nm.* wrist
aren/-nau *nf.* kidney
arfer/-ion *nmf.* practice, habit
arferol *adj.* usual
arfordir/-oedd *nm.* coast
argyhoeddi *v.* to convince
argymell *v.* to recommend
argymhelliad/argymhelllon *nm.* recommendation
arholi *v.* to examine
arholiad/-au *nm.* examination
arian *nm.* money, silver; *adj.* silver; ~ **mân** *nm.* small change; ~ **parod** *nm.* cash
ariannol *adj.* financial
ariannwr/arianwyr *nm.* cashier
arlywydd/-ion *nm.* president
arnofio *v.* to float
arogl/-euon *nm.* smell, scent
arogli *v.* to smell
arolygu *v.* to survey, to supervise
arolygydd/arolygwyr *nm.* inspector, superintendent
aros *v.* to wait, to stay
artiffisial *adj.* artificial
artist/-iaid *nm.* artist
arwain *v.* to lead
arweiniad *nm.* lead
arweinydd/-ion *nm.* leader, conductor
arwydd/-ion *nmf.* sign
arwyddo *v.* to sign
asen/-nau *nf.* rib
asgwrn/esgyrn *nm.* bone
asgwrn cefn *nm.* backbone
Asia *nf.* Asia
Asiad/Asiaid *nm.* Asian
asiantaeth/-au *nf.* agency

astudiaeth/-au *nf.* study
astudio *v.* to study
at *prep.* + *S.M.* at, towards, to, as far as
atalnod/-au *nm.* punctuation mark
ateb/-ion *nm.* answer; *v.* to answer
atgoffa *v.* to remind
athletau *npl.* athletics
athletig *adj.* athletic
athletwr/athletwyr *nm.* athlete
athrawes/-au *nf.* teacher
athro/athrawon *nm.* teacher
aur *nm.* gold; *adj.* gold
awdur/-on *nm.* author
awdurdod/-au *nm.* authority
awdurdodi *v.* to authorize
awel/-on *nf.* breeze
Awst *nm.* August
awtomatig *adj.* automatic
awyr *nf.* sky; ~ **agored** *nf.* open air; ~ **iach** *nf.* fresh air
awyren/-nau *nf.* aeroplane
awyru *v.* to ventilate

B

baban/-od *nm.* baby
bach *adj.* small
bachgen/bechgyn *nm.* boy
bachu *v.* to hook
bachyn/bachau *nm.* hook
baco *nm.* tobacco
bacteria *nm.* bacteria
bad/-au *nm.* boat
bad achub *nm.* lifeboat
bae/-au *nm.* bay
bag/-iau *nm.* bag
bai/beiau *nm.* fault
balans/-au *nm.* balance
balch *adj.* proud, glad
bale *nm.* ballet
banc/-iau *nm.* bank
bancio *v.* to bank
banciwr/bancwyr *nm.* banker
band/-iau *nm.* band
band rwber *nm.* rubber band
baner/-i *nf.* flag
bannod *nf.* article (*grammar*)
bar/-iau *nm.* bar

bara *nm.* bread
barbwr/barbwyr *nm.* barber
barddoniaeth *nf.* poetry
bargen/bargeinion *nf.* bargain
bargyfreithiwr/bargyfreithwyr *nm.* barrister
barn/-au *nf.* opinion, judgement
barnu *v.* to judge
barnwr/barnwyr *nm.* judge
bas *adj.* shallow
basged/-i *nf.* basket
basn/-au *nm.* basin
bath/baddonau *nm.* bath
bathdy brenhinol *nm.* royal mint *(for making money, situated at Llantrisant, south Wales)*
batri/-s *nm.* battery
baw *nm.* dirt
bawd/bodiau *nmf.* thumb
bedd/-au *nm.* grave
bedydd *nm.* baptism
bedyddio *v.* to baptize
Bedyddiwr/Bedyddwyr *nm.* Baptist
Beibl/-au *nm.* Bible
beic/-iau *nm.* bicycle
beic modur *nm.* motor bike
beichiog *adj.* pregnant
beirniadaeth/-au *nf.* adjudication, criticism
beirniadu *v.* to criticize
beiro/-s *nm. f.* ballpoint pen
Belgiad/Belgiaid *nm.* Belgian
ben i waered *adv.* upside down
bendigedig *adj.* wonderful, blessed
bendithio *v.* to bless
benthyca *v.* to borrow, to lend
benthyciad/-au *nm.* loan
benthyg *v.* to borrow, to lend
benyw/-od *nf.* woman
benywaidd *adj.* feminine
berf/-au *nf.* verb
berwi *v.* to boil
beth *interrog.* what
betio *v.* to bet
biau *v.* to own
bil/-iau *nm.* bill
biliwn/biliynau *nmf.* billion
bin sbwriel *nm.* rubbish bin
blaen/-au *nm.* front
blaenorol *adj.* previous
blanced/-i *nf.* blanket
blas/-au *nm.* taste

blasu *v.* to taste
blasus *adj.* tasty
blawd *nm.* flour
blew'r llygad *npl.* eyelashes
blewyn/blew *nm.* body hair
blin *adj.* sorry, tiresome; **mae'n flin 'da fi** I'm sorry
blino *v.* to tire
bloc/-iau *nm.* block
blodyn/blodau *nm.* flower
blodyn haul *nm.* sunflower
bloedd/-iadau *nf.* shout, cry
bloeddio *v.* to shout
bowlio *v.* to bowl
blows/-ys *nf.* blouse
blwch/blychau *nm.* box; **~ llwch** *nm.* ashtray; **~ postio** *nm.* post box
blwyddyn/blynyddoedd *nf.* year; **~ naid** *nf.* leap year; **~ Newydd Dda!** Happy New Year!
blynyddol *adj.* annual
bob *adj. see* pob; **~ amser** always; **~ dydd** every day
boch/-au *nf.* cheek
bod *v.* to be; *pron.* that; **i fod i** supposed to
bodlon *adj.* contented, satisfied
bodloni *v.* to satisfy
bodolaeth *nf.* existence
bodoli *v.* to exist
bol/-iau *nm.* stomach, belly
bola/boliau *nm.* belly
bollt/byllt *nf.* bolt
bom/-iau *nm.* bomb
bonedd *nm.* aristocracy
bore/-au *nm.* morning; **~ da** good morning; **~ 'ma** this morning
bòs/bosys *nm.* boss
botwm/botymau *nm.* button; **~ bol** *nm.* belly button
braf *adj.* fine
braich/breichiau *nf.* arm
braster/-au *nm.* fat
bratiaith *nf.* patois
brawd/brodyr *nm.* brother
brawd yng nghyfraith *nm.* brother-in-law
brawddeg/-au *nf.* sentence
brecwast/-au *nm.* breakfast
bregus *adj.* frail
breichled/-au *nf.* bracelet
brenhines/breninesau *nf.* queen

brenhinol *adj.* royal
brenin/brenhinoedd *nm.* king
brest *nf.* breast, chest
brifo *v.* to hurt
brig/-au *nm.* top, summit
briwsion *npl.* crumbs
bro/-ydd *nf.* area, region
brodor/-ion *nm.* inhabitant, native
brodorol *adj.* native
broga/-od *nm.* frog
bron/-nau *nf.* breast; *adv.* almost
brown *adj.* brown
brwd *adj.* enthusiastic
brwdfrydedd *nm.* enthusiasm
brwsh/-ys *nm.* brush; **~ dannedd** tooth brush
brwsio *v.* to brush
bryn/-iau *nm.* hill
brys *nm.* haste
brysio *v.* to hurry
buan *adj.* soon
buarth/-au *nm.* yard
budd/-ion *nm.* benefit
bugail/bugeiliaid *nm.* shepherd
busnes/-au *nm.* business
busneslyd *adj.* nosy, meddlesome
buwch/buchod *nf.* cow
bwa/bwâu *nm.* bow
bwced/-i *nmf.* bucket
bwlch/bylchau *nm.* gap, pass *(mountain)*
bwled/-i *nf.* bullet
bwrdd/byrddau *nm.* table; **~ smwddio** *nm.* ironing table;
bwrw *v.* to hit; **~ cesair** *v.* to hail; **~ eira** *v.* to snow; **~ glaw** *v.* to rain
bws/bysus *nm.* bus
bwyd/-ydd *nm.* food
bwydlen/-ni *nf.* menu
bwydo *v.* to feed
bwyler/-i *nm.* boiler
bwytadwy *adj.* edible
bwyty/bwytai *nm.* restaurant
byd/-oedd *nm.* world
byddar *adj.* deaf
byddin/-oedd *nf.* army
byd-eang *adj.* world-wide
bydysawd *nm.* universe
bygwth *v.* to threaten
bygythiad/-au *nm.* threat
bylb/-iau *nm.* bulb

byr *adj.* short
byrbryd/-au *nm.* snack
byrhau *v.* to shorten
bys/-edd *nm.* finger
bys bawd *nm.* thumb
bys troed *nm.* toe
bysellfwrdd *nm.* keyboard *(computer)*
byth *adv.* ever, never
bythgofiadwy *adj.* unforgettable
byw *v.* to live; *adj.* alive
bywyd/-au *nm.* life

C

cabol *nm.* polish
caboli *v.* to polish
cacynen/cacwn *nf.* wasp
cadair/cadeiriau *nf.* chair
cadair freichiau *nf.* armchair
cadarn *adj.* strong, steady
cadarnhaol *adj.* positive
cadarnhau *v.* to confirm
cadw *v.* to keep; ~ **lle** *v.* to keep a place; ~ **sŵn** *v.* to make a noise
cadwyn/-au *nf.* chain
cae/-au *nm.* field
cael *v.* to have, to obtain, to get; ~ **gafael ar** *v.* to get hold of
Caerdydd Cardiff
caffe/-s *nm.* café
caffi/-s *nm.* café
cais/ceisiadau *nm.* application
cais/ceisiau *nmf.* try *(rugby)*
Calan *nm.* New Year's day
Calan Gaeaf *nm.* Halloween
Calan Mai *nm.* May day
caled *adj.* hard, difficult
calendr/-au *nm.* calendar
calon/-nau *nf.* heart
cam/-au *nm.* step; wrong
camddeall *v.* to misunderstand
camddealltwriaeth *nf.* misunderstanding
cam-drin *v.* to abuse, to misuse
camera/camerâu *nm.* camera
camera digidol *nm.* digital camera
camera fideo *nm.* video camera
camsyniad/-au *nm.* mistake
camu *v.* to step

cân/caneuon *nf.* song
Canada *nf.* Canada
Canades/-au *nf.* Canadian
Canadiad/Canadiaid *nm.* Canadian
canfod *v.* to find, to discover
caniatáu *v.* to allow
canlyniad/-au *nm.* result
cannwyll/canhwyllau *nf.* candle
canol/-au *nm.* middle
canol dydd *nm.* midday
canol nos *nm.* midnight
canol y dref *nm.* town centre
canolfan groeso *nf.* tourist information centre
canolog *adj.* central
canrif/-oedd *nf.* century
canser/-au *nm.* cancer
cant/cannoedd *nm.* hundred
canu *v.* to sing
canŵ/-au *nm.* canoe
canwr/cantorion *nm.* singer
cap/-iau *nm.* cap
capel/-i *nm.* chapel
capten/capteiniaid *nm.* captain
car/ceir *nm.* car
carchar/-au *nm.* prison
carco *v.* to baby-sit
cardfwrdd *nm.* cardboard
cardota *v.* to beg
cardotyn/cardotwyr *nm.* beggar
caredig *adj.* kind
caredigrwydd *nm.* kindness
cariad/-on *nm.* lover, love
cario *v.* to carry
carped/-i *nm.* carpet
carreg/cerrig *nf.* stone; ~ **fedd** *nf.* grave stone; ~ **filltir** *nf.* milestone
carthen/-ni *nf.* quilt
cartref/-i *nm.* home
caru *v.* to love
cas *adj.* nasty
casáu *v.* to hate
casgliad/-au *nm.* collection
casglu *v.* to collect
casineb *nm.* hate
castell/cestyll *nm.* castle
catalog/-au *nm.* catalogue
cath/-od *nf.* cat
Catholig *adj.* Catholic
Catholigwr/Catholigion *nm.* Catholic

Catholigwraig/Catholigwragedd *nf.* Catholic
cau *v.* to close
cawl/-iau *nm.* soup
cawod/-ydd *nf.* shower
caws *nm.* cheese
CD/-au *nm.* CD
CD-ROM *nm.* CD-ROM
cebl/-au *nm.* cable
ceffyl/-au *nm.* horse
cefn/-au *nm.* back
cefnder/cefndyr *nm.* cousin
cefnfor/-oedd *nm.* ocean
cegin/-au *nf.* kitchen
ceisio *v.* to try, to attempt
celficyn/celfi *nm.* furniture
celfyddyd *nf.* art
cell/-oedd *nf.* cell
Celt/-iaid *nm.* Celt
celwydd/-au *nm.* lie, untruth
celwyddgi/celwyddgwn *nm.* liar
cemegol *adj.* chemical
cenedl/cenhedloedd *nf.* nation
cenedlaethol *adj.* national
cenhinen/cennin *nf.* leek
cenhinen Bedr *nf.* daffodil
centimetr/-au *nm.* centimeter
cerdd/-i *nf.* poem, song
cerddor/-ion *nm.* musician
cerddorfa/cerddorfeydd *nf.* orchestra
cerddoriaeth *nf.* music
cerddwr/cerddwyr *nm.* walker
cerdyn/cardiau *nm.* card
cerdyn credyd *nm.* credit card
cerdyn post *nm.* postcard
cerflun/-iau *nm.* statue
cês/cesys *nm.* case
cesail/ceseiliau *nf.* armpit
cesair *nm.* hail
cicio *v.* to kick
cig/-oedd *nm.* meat
cigydd/-ion *nm.* butcher
cildwrn/cildyrnau *nm.* tip *(money)*
cilo/-s *nm.* kilo
cilometr/-au *nm.* kilometer
cinio/ciniawau *nmf.* dinner, lunch
cist/-iau *nf.* safe, box
cist car *nf.* car boot
claddu *v.* to bury
claear *adj.* lukewarm

clais/cleisiau *nf.* bruise
clasurol *adj.* classical
clefyd/-au *nm.* disease, illness; **~ gwenerol** venereal disease
cleient/-iaid *nf.* client
clinig/-au *nm.* clinic
clir *adj.* clear
clo/-eon *nm.* lock
cloc/-iau *nm.* clock; **~ larwm** alarm clock
cloch/clychau *nf.* bell
cloff *adj.* lame
cloffi *v.* to limp
clogwyn/-i *nm.* cliff
cloi *v.* to lock
clorian/-nau *nf.* scales *(for weighing)*
clun/-iau *nf.* hip
clustog/-au *nf.* cushion
clwb/clybiau *nm.* club; **~ dawnsio** dancing club
clwyd/-i *nf.* gate
clyfar *adj.* clever, smart
clymu *v.* to tie
clyw *nm.* hearing
clywed *v.* to hear
cneuen/cnau *nf.* nut
cnoc/-iau *nm.* knock
cnocio *v.* to knock
cnoi *v.* to bite
coch *adj.* red
cod/-au *nm.* code; **~ post** post code
codi *v.* to pick up, to rise, to get up; **~ arian** to raise money
codiad/-au *nm.* rise, erection; **~ cyflog** pay rise; **~ haul** sunrise
coeden/coed *nf.* tree
coes/-au *nf.* leg
cof/-ion *nm.* memory; **~ion gorau** best wishes
coffi *nm.* coffee
cofiadwy *adj.* memorable
cofio *v.* to remember; **cofiwch fi at Huw** give Huw my regards
cofnod/-ion *nm.* minute, record
cofnodi *v.* to record
cofrestr/-i/-au *nf.* register
cofrestru *v.* to register
cofrodd/-ion *nf.* souvenir
coginio *v.* to cook
cogydd/-ion *nm.* cook
cogyddes/-au *nf.* cook

coleg/-au *nm.* college; **~ addysg bellach** technical school; **i'r coleg** to college
colled/-ion *nf.* loss
colli *v.* to lose
colofn/-au *nf.* column
colur/-on *nm.* make-up
comisiwn/comisiynau *nm.* Commission
comisiynydd /comisiynwyr *nm.* commissioner, **Comisiynydd y Gymraeg** Welsh Language Commissioner
concrit *nm.* concrete
condemnio *v.* to condemn
condom/-au *nm.* condom
conswl/consylau *nm.* consul
copa/-on *nfm* . summit
copi/copïau *nm.* copy
copïo *v.* to copy
corcyn/cyrc *nm.* cork
corff/cyrff *nm.* body
corfforol *adj.* physical
corn/cyrn *nm.* horn
cornel/-i *nmf.* corner
cors/-ydd *nf.* bog, fen
cortyn/-nau *nm.* string
cosb/-au *nf.* punishment
cosbi *v.* to punish
cosi *v.* to tickle, to itch
cot/-iau *nf.* coat; **~ fawr** overcoat
cotwm *nm.* cotton
crac/-iau *nm.* crack; *adj.* angry
cracio *v.* to crack
crafu *v.* to scratch
cragen/cregyn *nf.* shell
crai *adj.* raw
craidd/creiddiau *nm.* core
craig/creigiau *nf.* rock
craith/creithiau *nf.* scar
crebachu *v.* to shrink
cred/-au *nf.* belief
credu *v.* to believe
crefft/-au *nf.* craft
crefftwr/crefftwyr *nm.* craftsman
crefydd/-au *nf.* religion
crefyddol *adj.* religious
creu *v.* to create
crib/-au *nf.* comb, ridge
cribo *v.* to comb
criced *nm.* cricket
crio *v.* to cry

Cristion/-ogion, Cristnogion *nm.* Christian
Cristnogol *adj.* Christian
criw/-iau *nm.* crew
crochenwaith *nm.* pottery
croen/crwyn *nm.* skin
croes/-au *nf.* cross; *adj.* cross
croesair/croeseiriau *nm.* crossword
croesi *v.* to cross
croeso *nm.* welcome
crogi *v.* to hang
cromlech/-i *nf.* cromlech, dolmen
cropian *v.* to crawl
crwn *adj.* round
crwt/cryts *nm.* boy, lad
cryf *adj.* strong
cryno *adj.* brief, concise
crynodeb/-au *nm.* summary
crys/-au *nm.* shirt
cuddio *v.* to hide
cul *adj.* narrow
cur pen *nm.* headache *(N.W.)*
curiad calon *nm.* heartbeat
curo *v.* to beat
cusan/-au *nf.* kiss
cusanu *v.* to kiss
cwch/cychod *nm.* boat; **~ gwenyn** beehive; **~ hwylio** sailing boat
cweryla *v.* to quarrel
cwestiwn/cwestiynau *nm.* question
cwlwm/clymau *nm.* knot
cwm/cymoedd *nm.* valley
cwmni/cwmnïau *nm.* company; **~ awyrennau** airline
cwmwl/cymylau *nm.* cloud
cwningen/cwningod *nf.* rabbit
cwpan/-au *nmf.* cup
cwpwrdd/cypyrddau *nm.* cupboard; **~ llyfrau** bookcase
cwrdd/cyrddau *nm.* meeting; *v.* to meet; **rwy'n falch o gwrdd â chi** I'm glad to meet you
cwrs/cyrsiau *nm.* course
cwrtais *adj.* courteous
cwrw *nm.* beer
cwsg *nm.* sleep
cwsmer/-iaid *nm.* customer
cwt/cytau *nfm* . queue
cwyn/-ion *nmf.* complaint
cwyno *v.* to complain
cybydd/-ion *nm.* miser

cybyddlyd *adj.* miserly
cychwyn *v.* to start
cychwynnol *adj.* initial
cydnabod *v.* to acknowledge
cydnabyddiaeth/-au *nf.* acknowledgement
cydraddoldeb *nm.* equality
cydymdeimlad *nm.* sympathy
cyfaddef *v.* to admit
cyfaddefiad/-au *nm.* admission
cyfaill/cyfeillion *nm.* friend
cyfan *adj.* whole
cyfandir/-oedd *nm.* continent
cyfansoddi *v.* to compose
cyfansoddwr/cyfansoddwyr *nm.* composer
cyfanswm/cyfansymiau *nm.* total
cyfarch *v.* to greet
cyfarfod/-ydd *nm.* meeting; *v.* to meet
cyfartal *adj.* equal
cyfartaledd/-au *nm.* average
cyfateb *v.* to correspond
cyfathrebu *v.* to communicate
cyfeillgar *adj.* friendly
cyfeiriad/-au *nm.* address, direction
cyfeirio *v.* to direct
cyfenw/-au *nm.* surname
cyfiawnder *nm.* justice
cyfieithu *v.* to translate
cyfieithydd/cyfieithwyr *nm.* translator
cyflawn *adj.* complete
cyflawni *v.* to accomplish
cyfleus *adj.* convenient
cyflog/-au *nmf.* pay, salary
cyflwr/cyflyrau *nm.* condition
cyflwyniad/-au *nm.* presentation, introduction
cyflwyno *v.* to present, to introduce
cyflym *adj.* fast, quick
cyflymder/-au *nm.* speed
cyflymu *v.* to accelerate
cyfnewid *v.* to exchange
cyfnither/-od *nf.* cousin
cyfnod/-au *nm.* period, era
cyfoes *adj.* contemporary
cyfoeth *nm.* wealth
cyfoethog *adj.* rich
cyfog *nm.* vomit
cyfoglyd *adj.* sickening
cyfradd/-au *nf.* rate; ~ **gyfnewid** exchange rate
cyfraith/cyfreithiau *nf.* law
cyfredol *adj.* current

cyfreithiwr/cyfreithwyr *nm.* solicitor
cyfres/-i *nf.* series
cyfrif/-on *nm.* account; *v.* to count
cyfrifiadur/-on *nm.* computer; ~ **pen-lin** laptop
cyfrifiannell/cyfrifianellau *nf.* calculator
cyfrifo *v.* to count, to calculate
cyfrifol *adj.* responsible
cyfrifoldeb/-au *nm.* responsibility
cyfrifydd/-ion *nm.* accountant
cyfrinach/-au *nf.* secret
cyfrinachol *adj.* secret
cyfun *adj.* comprehensive
cyfuniad/-au *nm.* combination
cyfweld *v.* to interview
cyfweliad /-au *nm.* interview
cyfyng *adj.* narrow, constricted
cyfyngu *v.* to restrict
cyffredin *adj.* common
cyffredinol *adj.* general
cyffro/-adau *nm.* excitement
cyffroi *v.* to excite
cyffrous *adj.* exciting
cyffur/-iau *nm.* drug
cyffwrdd *v.* to touch
cyhoeddi *v.* to publish
cyhoeddiad/-au *nm.* publication
cyhoeddus *adj.* public
cyhoeddwr/cyhoeddwyr *nm.* publisher
cyhuddo *v.* to accuse
cyhyr/-au *nm.* muscle
cyhyrog *adj.* muscular
cylch/-oedd *nm.* circle; ~ **chwarae** playgroup
cylchfan/-nau *nf.* roundabout
cylchgrawn/cylchgronau *nm.* magazine
cyllell/cyllyll *nf.* knife; ~ **boced** pocketknife; ~ **fara** bread knife
cyllideb/-au *nf.* budget
cymdeithas/-au *nf.* society; **Cymdeithas yr Iaith** Welsh Language Society
cymdogol *adj.* neighbourly
cymedrol *adj.* moderate
cymeradwyo *v.* to approve
cymeriad/-au *nm.* character
cymhariaeth/cymariaethau *nf.* comparison
cymharu *v.* to compare
cymhelliad/cymhellion *nm.* motive
cymorth/cymorthion *nm.* aid, help
cymryd *v.* to take
cymydog/cymdogion *nm.* neighbour

cymysg *adj.* mixed
cymysgu *v.* to mix
cyn *prep.* before
cynefino *v.* to familiarize
cyngerdd/cyngherddau *nmf.* concert
cynghrair/cynghreiriau *nmf.* league
cyngor/cynghorion *nm.* advice
cyngor/cynghorau *nm.* council
cynhadledd/cynadleddau *nf.* conference; ~ **fideo** video conference
cynhaeaf/cynaeafau *nm.* harvest
cynhwysydd/cynwysyddion *nm.* container
cynhyrchu *v.* to produce
cynllun/-iau *nm.* plan
cynnes *adj.* warm
cynnig/cynigion *nm.* offer; *v.* to offer
cynnwys *nm.* contents; *v.* to contain
cynnydd *nm.* increase
cynnyrch/cynhyrchion *nm.* produce
cynorthwyo *v.* to aid, to help
cynorthwywr/cynorthwywyr *nm.* helper
cynorthwywraig/cynorthwywragedd *nf.* helper
cynorthwy-ydd/cynorthwy-yddion *nm.* helper
cynrychioli *v.* to represent
cynrychiolydd/cynrychiolwyr *nm.* delegate, representative
cyntaf *adj.* first
cyntedd/-au *nm.* hallway
cyntun *nm.* nap
cynyddu *v.* to increase
cyplysnod/-au *nm.* hyphen
cyrliog *adj.* curly
cyrraedd *v.* to arrive
cysgod/-ion *nm.* shadow, shelter
cysgodi *v.* to shelter
cysgu *v.* to sleep
cyson *adj.* regular
cystadleuaeth/cystadlaethau *nf.* competition
cystadlu *v.* to compete
cysuro *v.* to comfort
cysurus *adj.* comfortable
cyswllt/cysylltau *nm.* connection
cysylltiad/-au *nm.* connection
cysylltu *v.* to connect
cytsain/cytseiniaid *nf.* consonant
cytundeb/-au *nm.* agreement
cytuno *v.* to agree
cyw/-ion *nm.* chicken; ~ **iâr** chicken

cywilydd *nm.* shame
cywilyddus *adj.* shameful, disgraceful
cywir *adj.* correct
cywiro *v.* to correct

CH

chi *pron.* you
chwaer/chwiorydd *nf.* sister
chwaer yng nghyfraith *nf.* sister-in-law
chwaethus *adj.* tasteful
chwalu *v.* to demolish, to shatter
chwant bwyd appetite; **mae ~ arna i** I'm hungry
chwarae *v.* to play; **~ teg** fair play
chwaraeon *npl.* games, sport
chwaraewr/chwaraewyr *nm.* player; **~ CD** CD player
chwarter/-i *nm.* quarter
chwe *num.* six *(used in front of nouns)*
chwech *num.* six
chwedl/-au *nf.* tale, legend
Chwefror *nm.* February
chwerthin *v.* to laugh
chwerw *adj.* bitter
chwilio *v.* to search, to look for; **~ am** to look for
chwistrell/-au *nf.* syringe, spray; **~ gwallt** *nf.* hair spray
chwistrellu *v.* to spray, to inject
chwith *adj.* left
chwyddo *v.* to swell
chwyddwydr/-au *nm.* magnifying glass
chwydu *v.* to vomit
chwyrnu *v.* to snore

D

da *adj.* good
dad *nm.* dad
dadl/-euon *nf.* debate
dadlaith *v.* to thaw
dadlwytho *v.* to unload
dadwisgo *v.* to undress
daear/-au *nf.* earth
daearyddiaeth *nf.* geography
dal *v.* to catch, to continue; **dal i weithio** to continue working

dalen/-nau *nf.* page
dall *adj.* blind
dallineb *nm.* blindness
damwain/damweiniau *nf.* accident; **ar ddamwain** accidentally
dan *prep. + S.M.* under; **~ do** indoors
dan ni *v. we are (coll.)*
danfon *v.* to send
dangos *v.* to show
dannodd *nf.* toothache
dant/dannedd *nm.* tooth
darbodus *adj.* economical
darlith/-iau/-oedd *nf.* lecture
darlithio *v.* to lecture
darlithydd/darlithwyr *nm.* lecturer
darllen *v.* to read
darllenydd/darllenwyr *nm.* reader
darlun/-iau *nm.* picture
darlunio *v.* to illustrate
darn/-au *nm.* piece; **~ arian** coin; **~ sbâr** spare part
darpariaeth/-au *nf.* provision
darparu *v.* to provide
datgan *v.* to declare
datganiad/-au *nm.* declaration
dathlu *v.* to celebrate
datod *v.* to untie
dau *num. m. + S.M.* two
dawnsio *v.* to dance
de *nm.* south; *adj.* right
deall *v.* to understand
deallus *adj.* intelligent, smart
deallusrwydd *nm.* intelligence
dechrau *v.* to start
dechreuad/-au *nm.* start, beginning
dechreuwr/dechreuwyr *nm.* learner
deffro *v.* to waken, to awake
defnydd/-iau *nm.* use, material
defnyddio *v.* to use
defnyddiol *adj.* useful
deg *num.* ten
degawd/-au *nmf.* decade
dehongli *v.* to interpret
deilen/dail *nf.* leaf
delfryd/-au *nf.* ideal
delfrydol *adj.* ideal
delio *v.* to deal
delwedd/-au *nf.* image
deniadol *adj.* attractive

denu *v.* to attract
derbyn *v.* to accept
derbyniad/-au *nm.* reception
derbynneb/derbynebau *nf.* receipt
derbynnydd/derbynyddion *nm.* receptionist
dethol *v.* to select; *adj.* select
detholiad/-au *nm.* selection
deunydd/-iau *nm.* material
dewin/-iaid *nm.* magician
dewis/-iadau *nm.* choice; *v.* to choose
dianc *v.* to escape
diangen *adj.* unnecessary
dibynadwy *adj.* dependable
dibynnu *v.* to depend
dicter *nm.* rage, anger
diddanu *v.* to entertain
diddiwedd *adj.* endless
diddordeb/-au *nm.* interest
diddorol *adj.* interesting
diderfyn *adj.* endless
difetha *v.* to destroy
diffodd *v.* to extinguish
diffoddwr/diffoddwyr *nm.* extinguisher
diffyg/-ion *nm.* lack, defect, fault; **~ cwsg** lack of sleep; **~ traul** indigestion
difrifol *adj.* serious
dig *adj.* angry
digon *nm.* enough; **~ o fwyd** enough food
digwydd *v.* to happen
digwyddiad/-au *nm.* happening, event
dihareb/diarhebion *nf.* proverb
di-hid *adj.* indifferent
dileu *v.* to delete
dillad *npl.* clothes; **~ gwely** bedclothes; **~ isaf** underwear
dilledyn/dillad *nm.* garment
dilyn *v.* to follow
dilys *adj.* genuine
dilysu *v.* to verify
dim *nm.* nothing; **~ byd** nothing; **~ ond** only
dinas/-oedd *nf.* city
dinesydd/dinasyddion *nm.* citizen
diniwed *adj.* innocent
diod/-ydd *nf.* drink
dioddef *v.* to suffer
diog *adj.* lazy
diogel *adj.* safe
diogelwch *nm.* safety
diogyn *nm.* lazybones

diolch/-iadau *nm.* thanks; **~ yn fawr** thank you very much
diolchgar *adj.* thankful
diosg *v.* to undress, to take off
dirwy/-on *nf.* fine (*punishment*)
di-rym *adj.* powerless
disglair *adj.* bright
disgleirio *v.* to shine
disgownt/-iau *nm.* discount
disgwyl *v.* to expect
disgwyliad/-au *nm.* expectation
disodli *v.* to replace
distrywio *v.* to destroy
diwedd/-au *nm.* end
diweddar *adj.* recent
di-werth *adj.* valueless
diwethaf *adj.* last
diwrnod/-au *nm.* day
diwydiannol *adj.* industrial
diwydiant/diwydiannau *nm.* industry
diwylliannol *adj.* cultural
diwylliant/diwylliannau *nm.* culture
do *adv.* yes
dod *v.* to come; **~ â** to bring; **~ yn** to become
dodwy *v.* to lay (*egg*)
dolur/-iau *nm.* pain
do'n ni ddim *v.* we weren't
doniol *adj.* funny
dosbarth/-iadau *nm.* class; **~ meithrin** kindergarten
drama/dramâu *nf.* drama
dre *nf.* town; *see* tref
drewi *v.* to stink
dringo *v.* to climb
dros *prep.* + *S.M.* over; **~ dro** temporary
drud *adj.* expensive
drwg *adj.* bad, naughty; **mae'n ddrwg gen i** I'm sorry
drwgdybio *v.* to suspect
drych/-au *nm.* mirror
dryll/-au *nm.* gun
du *adj.* black
dull/-iau *nm.* method
dur *nm.* steel
duw/-iau *nm.* god
dw i'n *v.* I'm
dw i wedi *v.* I have
dweud *v.* to say; **~ wrth** + *S.M.* to tell someone
dwfn *adj.* deep

dŵr *nm.* water; **~ tap** tap water
dwrn/dyrnau *nm.* fist
dwy *num. f.* + *S.M.* two
dwyieithog *adj.* bilingual
dwyn *v.* to steal
dwyrain *nm.* east
dy *pron.* + *S.M.* your
dychmygu *v.* to imagine
dychwelyd *v.* to return
dychymyg/dychmygion *nm.* imagination
dydd/-iau *nm.* day; **~ Calan** New Year's Day; **~ Llun** Monday; **~ gwaith** weekday
dyddiad/-au *nm.* date
dyddiol *adj.* daily
dyfais/dyfeisiau *nf.* device
dyfalu *v.* to guess
dyfarniad/-au *nm.* adjudication
dyfarnwr/dyfarnwyr *nm.* referee
dyfeisio *v.* to devise
dyffryn/-noedd *nm.* vale
dyfnder/-au *nm.* depth
dyfodol *nm.* future
dyfyniad/-au *nm.* quotation
dyled/-ion *nf.* debt
dylwn i *v.* I should
dymuno *v.* to wish
dy'n ni'n *v.* we are
dy'n ni wedi *v.* we have
dyn/-ion *nm.* man; **~ tân** fireman
dynesu *v.* to approach
dynol *adj.* Human
dysglaid *nf.* cuppa (*S.W.*)
dysgu *v.* to learn, to teach
dyweddïad/-au *nm.* engagement
dyweddïo *v.* to become engaged

DD

dde *adj.* right
ddoe *adv.* yesterday

E

e *pron.* he, him
eang *adj.* broad
eangfrydig *adj.* broadminded
ebol/-ion *nm.* foal

e-bost/e-byst *nm.* email
e-bostio *v.* to email
Ebrill *nm.* April
echdoe *adv.* day before yesterday
edifarhau *v.* to regret
edmygu *v.* to admire
edrych *v.* to look; **~ ar ôl** to look after
ef *pron.* he
efallai *adv.* perhaps
efelychiad/-au *nm.* imitation
efelychu *v.* to imitate
effeithio *v.* to effect
eglwys/-i *nf.* church; **~ gadeiriol** cathedral; **yr Eglwys yng Nghymru** the Church in Wales
egni/egnïon *nm.* energy
egnïol *adj.* energetic
egwyddor/-ion *nf.* principle
ei *pron.* his + *S.M.*, her + *SP.M.*
eich *pron.* your
Eidaleg *nf.* Italian (*language*)
Eidales/-au *nf.* Italian
Eidalwr/Eidalwyr *nm.* Italian
eiddigedd *nm.* jealousy
eiddigeddus *adj.* jealous
eiddo *nm.* property
eillio *v.* to shave
eilliwr/eillwyr *nm.* razor
ein *pron.* our
eira *nm.* snow; **bwrw ~** to snow
eisiau *nm.* want; **mae ~ te arna i** I want tea
eisoes *adv.* already
eistedd *v.* to sit
eisteddfod/-au *nf.* Welsh cultural competitive festival; **Eisteddfod Genedlaethol Cymru** Welsh National Eisteddfod
eitem/-au *nf.* item
eithaf/-ion *nm.* extremity; *adv.* quite
eithafol *adj.* extreme
eithriad/-au *nm.* exception
elw *nm.* profit
enaid/eneidiau *nm.* soul
enfawr *adj.* huge
enfys/-au *nf.* rainbow
enghraifft/enghreifftiau *nf.* example
ennill *v.* to win
ennyd *nf.* moment
ensyclopedia *nm.* encyclopaedia
enw/-au *nm.* name; **~ da** reputation; **~ blaen** first name; **~ morwynol** maiden name

enwog *adj.* famous
enwogrwydd *nm.* fame
er *prep.* although
eraill *adj.* other; *npl.* others
erchyll *adj.* horrible
ergyd/-ion *nf.* shot
erioed *adv.* ever, never
ers *pron.* since
erthygl/-au *nf.* article
erthyliad/-au *nm.* abortion
esboniad/-au *nm.* explanation
esbonio *v.* to explain
esgid/-iau *nf.* shoe; **esgidiau glaw** wellingtons;
   esgidiau sglefrio skates
esgus/-odion *nm.* excuse
esgusodi *v.* to excuse
esgyn *v.* to rise, to ascend
esiampl/-au *nf.* example
estron *adj.* foreign
estronwr/estroniaid *nm.* stranger
eto *adv.* yet, again
eu *pron.* their
euog *adj.* guilty
euogrwydd *nm.* guilt
ewro/-s *nm.* euro
Ewrop *nf.* Europe
Ewropead/Ewropeaid *nm.* European
Ewropeaidd *adj.* European
ewythr/-edd *nm.* uncle

F

fan/-iau *nf.* van
fan yma *adv.* here
fanila *nm.* vanilla
fe *pron.* he, him
fel *conj.* like; **~ arfer** usually, as usual
felly *adv.* so
fi *pron.* me
fi'n *v.* I am
fi 'di *v.* I have
fin nos *adv.* at nightfall
fisa/-s *nm.* visa
fitamin/-au *nm.* vitamin
fod *v.* to be; *pron.* that
foltedd/-au *nm.* voltage
fy *pron.* + *N.M.* my

FF

ffa *npl.* beans; **~ dringo** runner beans
ffafr/-au *nf.* favour
ffefryn/-nau *nm.* favourite
ffeil/-iau *nf.* file
ffeindio *v.* to find
ffenest/-ri *nf.* window
ffenestr/-i *nf.* window
ffens/-ys *nf.* fence
fferi/-s *nf.* ferry
fferyllydd/fferyllwyr *nm.* pharmacist
ffi/-oedd *nf.* fee
ffibr/-au *nm.* fibre
ffilm/-iau *nf.* film
ffin/-iau *nf.* border, frontier
ffit *adj.* fit
ffitio *v.* to fit
ffiws/-ys *nm.* fuse
fflach/-iadau *nm.* flash
fflachlamp/-au *nf.* torch
fflam/-au *nf.* flame
fflat/-iau *nf.* flat; *adj.* flat
ffliw *nm.* flu
ffôl *adj.* foolish
ffon/ffyn *nf.* stick
ffôn/ffonau *nm.* telephone; **~ bach** mobile
   phone; **~ symudol** mobile phone
ffonio *v.* to telephone
fforc/ffyrc *nf.* fork
ffordd/ffyrdd *nf.* way
fforddio *v.* to afford
fforest/-ydd *nf.* forest
fformiwla/fformiwlâu *nf.* formula
ffotograff/-au *nm.* photograph
Ffrainc *nf.* France
ffrâm/fframiau *nf.* frame
Ffrances/-au *nf.* Frenchwoman
Ffrancwr/Ffrancwyr *nm.* Frenchman
Ffrangeg *f.* French *(language)*
Ffrengig *ad.* French
ffres *adj.* fresh
ffrind/-iau *nm.* friend
ffrio *v.* to fry
ffrwd/ffrydiau *nf.* stream
ffrwydrad/-au *nm.* explosion
ffrwydro *v.* to explode
ffrwyth/-au *nm.* fruit

ffurf/-iau *nf.* form
ffurfio *v.* to form
ffurfiol *adj.* formal
ffŵl/ffyliaid *nm.* fool
ffwng *nm.* fungus
ffwr *nm.* fur
ffwrn/ffyrnau *nf.* oven
ffynnon/ffynhonnau *nf.* fountain

G

gadael *v.* to leave
gaeaf/-au *nm.* winter
gafael *v.* to grasp; *nf.* grasp
gafr/geifr *nf.* goat
gair/geiriau *nm.* word
galar *nm.* mourning
gallu *nm.* ability; *v.* to be able; **~ gweld** to be
   able to see
galluog *adj.* able
galw/-adau *nm.* call; *v.* to call
galwyn/-i *nm.* gallon
gamblo *v.* to gamble
gan *prep.* + *S.M.* by, with
gardd/gerddi *nf.* garden
garddio *v.* to garden
garddwr/garddwyr *nm.* gardener
garej/-ys *nm.* garage
garllegen/garlleg *nf* . garlic
gartref *adv.* at home
gât/gatiau *nf.* gate
gefell/gefeilliaid *nm.* twins
geirfa/geirfâu *nf.* vocabulary
geiriadur/-on *nm.* dictionary
gelyn/-ion *nm.* enemy
gem/-au *nm.* gem
gêm/gemau *nf.* game; **~ ryngwladol**
   international game
gemwaith *nm.* jewellery
gemydd/-ion *nm.* jeweller
gen *prep.* have; **mae car ~ i** I have a car
gên/genau *nf.* chin
geneth/-od *nf.* girl
geni *v.* to be born; **ces i fy ngeni yn...** I was
   born in
ger *prep.* near, by
gerllaw *adv.* nearby
germ/-au *nm.* germ

glan/-nau *nf.* bank (*of river*)
glân *adj.* clean
glas *adj.* blue
glaswellt *npl.* grass
glaw *nm.* rain; **bwrw ~** to rain
glendid *nm.* cleanliness
gliniadur/-on *nm.* laptop computer
glud/-ion *nm.* glue
glynu *v.* to stick
gobaith/gobeithion *nm.* hope
gobeithio *v.* to hope
godineb *nm.* adultery
godre/-on *nm.* bottom; **~'r mynydd** the foot of the mountain
gofal/-on *nm.* care; **~ dydd** day care
gofalu *v.* to care; **~ am** to look after
gofalus *adj.* careful
gofalwr/gofalwyr *nm.* caretaker
gofidio *v.* to worry
gofod/-au *nm.* space
gofyn *v.* to ask
gogledd *nm.* north
gohebiaeth *nf.* correspondence
gohebydd/-ion *nm.* correspondent
gôl/goliau *nf.* goal
golau/goleuadau *nm.* light
golchi *v.* to wash
goleuo *v.* to light
gollwng *v.* to drop
golwg/golygon *nf.* appearance
golygfa/golygfeydd *nf.* scene
golygu *v.* to mean
golygus *adj.* handsome
gorau *adj.* best
gorchudd/-ion *nm.* cover
gorchuddio *v.* to cover
gorffen *v.* to finish
Gorffennaf *nm.* July
gorffennol *nm.* past
gorffwys *v.* to rest
gorfodol *adj.* compulsory
gorliwio *v.* to exaggerate
gorllewin *nm.* west
gormod *adv., nm.* too much; **~ o fwyd** too much food
goroesi *v.* to survive
gorsaf/-oedd *nf.* station; **~ heddlu** police station
gorwedd *v.* to lie down

gosod *v.* to put
gostwng *v.* to lower
gostyngiad/-au *nm.* reduction
gradd/-au *nf.* degree, grade
graddfa/graddfeydd *nf.* scale
graddio *v.* to graduate
gram/-au *nm.* gram
gramadeg/-au *nm.* grammar
grant/-iau *nm.* grant
grawnwin *npl.* grapes
Grawys *nm.* Lent
gril/-iau *nm.* grill
grilio *v.* to grill
gris/-iau *nm.* step, stair
groser/-iaid *nm.* grocer
grŵp/grwpiau *nm.* group
grym/-oedd *nm.* force
gwacáu *v.* to empty
gwadu *v.* to deny
gwaed *nm.* blood
gwaedu *v.* to bleed
gwael *adj.* bad
gwaeth *adj.* worse
gwag *adj.* empty
gwahanu *v.* to separate
gwahardd *v.* to prohibit
gwahodd *v.* to invite
gwahoddiad/-au *nm.* invitation
gwair/gweiriau *nm.* grass, hay
gwaith *nm.* work; **~ cartref** homework; **~ tŷ** housework
gwaith/gweithfeydd *nm.* work (*plant*)
gwall/-au *nm.* error
gwallgo *adj.* mad
gwallt *npl.* hair; **~ melyn** blond hair
gwan *adj.* weak
gwanwyn *nm.* spring
gwarant/-au *nm.* guarantee
gwarantu *v.* to guarantee
gwarchod *v.* to protect
gwaredu *v.* to rid
gwareiddiad/-au *nm.* civilization
gwario *v.* to spend (*money*)
gwartheg *npl.* cattle
gwarthus *adj.* disgraceful
gwas/gweision *nm.* servant
gwasanaeth/-au *nm.* service
gwasg/gweisg *nf.* publisher, printing press
gwasgu *v.* to press

gwastad *adj.* flat
gwau *v.* to knit
gwawr *nf.* dawn
gwddf/gyddfau *nm.* neck
gweddïo *v.* to pray
gweddol *adj.* fair, alright
gweddw *adj.* widowed
gwefan/-nau *nf.* website
gwefus/-au *nf.* lip
gweiddi *v.* to shout
gweinidog/-ion *nm.* minister
gweinydd/-ion *nm.* waiter
gweinyddes/-au *nf.* waitress
gweinyddiaeth/-au *nf.* administration
gweithgar *adj.* active
gweithgaredd/-au *nm.* activity
gweithred/-oedd *nf.* deed
gweld *v.* to see
gwell *adj.* better; **mae'n well gen i** I prefer
gwella *v.* to get better
gwellt *npl.* straw, hay
gwelltyn/gwellt *nm.* straw
gwelw *adj.* pale
gwely/-au *nm.* bed
gwendid *nm.* weakness
Gwener, dydd Gwener *nm.* Friday
gwenith *npl.* wheat
gwennol/gwenoliaid *nf.* swallow
gwenu *v.* to smile
gwenwyn *nm.* poison
gwenwynig *adj.* poisonous
gwenynen/gwenyn *nf.* bee
gwerin/-oedd *nf.* folk
gweriniaeth/-au *nf.* republic
gwers/-i *nf.* lesson
gwersyll/-oedd *nm.* camp
gwersylla *v.* to camp
gwerth/-oedd *nm.* value
gwerthu *v.* to sell
gwerthuso *v.* to evaluate
gwerthwr/gwerthwyr *nm.* seller
gwestai/gwesteion *nm.* host, guest
gwglo *v.* to google
gwibdaith/gwibdeithiau *nf.* trip
gwin/-oedd *nm.* wine; **~ coch** red wine; **~ gwyn** white wine
gwinllan/-nau *nf.* vineyard
gwir *adj.* true; *nm.* truth
gwirfoddolwr/gwirfoddolwyr *nm.* volunteer

gwirio *v.* to check
gwirionedd *nm.* truth
gwirioneddol *adj.* real
gwirod/-ydd *nm.* spirit (alcoholic)
gwisg/-oedd *nf.* dress; **~ nofio** swimming costume; **~ ysgol** school uniform
gwisgo *v.* to wear
gwlad/gwledydd *nf.* country
Gwlad Belg *nf.* Belgium
gwladaidd *adj.* rustic
gwladwriaeth/-au *nf.* state
gwlân *nm.* wool
gwledd/-oedd *nf.* feast
gwleidydd/-ion *nm.* politician
gwleidyddol *adj.* political
gwlyb *adj.* wet
gwlychu *v.* to wet, to get wet
gwm *nm.* gum
gwn/gynnau *nm.* gun
gŵn/gynau *nm.* gown; **~ nos** night gown
gwneud *v.* to do, to make; **~ cais** to make an application; **~ cawl** to make a mess
gwnïo *v.* to sew
gwobr/-au *nf.* prize
gŵr/gwŷr *nm.* husband, man
gwraig/gwragedd *nf.* wife
gwrando *v.* to listen
gwregys/-au *nm.* belt
gwres *nm.* heat
gwresogydd *nm.* heater
gwrthdaro *v.* to conflict
gwrthdrawiad/-au *nm.* collision
gwrthod *v.* to refuse
gwrthrych/-au *nm.* object
gwrthwynebiad/-au *nm.* opposition
gwrthwynebu *v.* to object
gwrthwynebydd/gwrthwynebwyr *nm.* opponent
gwryw *adj.* male; *nm.* male
gwrywaidd *adj.* male
gwter/-i *nmf.* gutter
gwthio *v.* to push
gwybedyn/gwybed *nm.* fly, gnat
gwybod *v.* to know
gwybodaeth *nf.* knowledge
gwych *adj.* great, excellent
gwyddbwyll *nm.* chess
gwyddoniaeth *nf.* science
gwyddonol *adj.* scientific

gwyddonydd/gwyddonwyr *nm.* scientist
gwyddor/-au *nf.* science, alphabet
gwydn *adj.* tough
gwydr/-au *nm.* glass
gwydraid *nm.* glassful
gŵyl/gwyliau *nf.* festival
gwyliau *npl.* holidays
gwylio *v.* to watch
gwyliwr/gwylwyr *nm.* spectator
gwyllt *adj.* wild
gwymon *npl.* seaweed
gwyn *adj.* white
gwynt/-oedd *nm.* wind
gwyrdd *adj.* green
gwythïen/gwythiennau *nf.* vein
gyda *prep.* + *SP.M.* with; **~ 'i gilydd** together

H

haearn *nm.* iron
haen/-au *nf.* strata, layer
haerllug *adj.* cheeky
haf/-au *nm.* summer
haint/heintiau *nm.* disease
halen *nm.* salt
hallt *adj.* salty
ham *nm.* ham
hambwrdd/hambyrddau *nm.* tray
hamdden *nm.* leisure
hanes *nm.* history
hanesydd/haneswyr *nm.* historian
hanesyddol *adj.* historic
hanfodol *adj.* essential
hanner/haneri *nm.* half
hapchwarae *v.* to gamble
hapus *adj.* happy
hapusrwydd *nm.* happiness
harbwr *nm.* harbour
hardd *adj.* beautiful, handsome
haul/heuliau *nm.* sun
heb *prep.* + *S.M.* without; **~ awdurdod** without authority
heblaw *prep.* apart from
Hebraeg *nf.* Hebrew
hebrwng *v.* to accompany
heddi *adv.* today
heddiw *adv.* today
heddlu/-oedd *nm.* police

heddwas/heddweision *nm.* policeman
heddwch *nm.* peace
hedfan *v.* to fly
hediad/-au *nm.* flight
hefyd *adv.* also
heini *adj.* sprightly, fit
heintio *v.* to infect
heintus *adj.* infectious
hela *v.* to hunt
helmed/-au *nf.* helmet
helô *inter.* hello
help *nm.* help
helpu *v.* to help
helpwr/helpwyr *nm.* helper
hen *adj.* old; **~ dad-cu** *nm.* great grandfather; **~ fam-gu** *nf.* great grandmother; **~ ferch** *nf.* spinster; **~ fyd** *nm.* antiquity; **~ lanc** *nm.* bachelor; **~ ffasiwn** *adj.* old fashioned
heno *adv.* tonight
henoed *npl.* elderly people
heol/-ydd *nf.* road
het/-iau *nf.* hat
heulog *adj.* sunny
hi *pron.* she
hil/-iau *nf.* race (people)
hiliaeth *nf.* racism
hinsawdd/hinsoddau *nf.* climate
hiraeth *nm.* longing
hiwmor *nm.* humour
hoci *nm.* hockey; **~ iâ** ice hockey
hoelen/hoelion *nf.* nail
hoelio *v.* to nail
hoff *adj.* favourite
hofrennydd/hofrenyddion *nm.* helicopter
holi *v.* to ask
holl *adj.* all; **yr ~ wlad** all the country
hon *pron./adj.* this one, this
hongian *v.* to hang
hosan/-au *nf.* sock
hostel/-i *nf.* hostel; **~ ieuenctid** youth hostel
hoyw *adj.* gay
hud *nm./adj.* magic
hufen *nm.* cream; **~ eillio** shaving cream; **~ haul** sun cream; **~ iâ** ice cream
hunan *pron.* self
hunaniaeth *nf.* identity
hunanladdiad/-au *nm.* suicide
hunanwasanaeth *nm.* self-service
hunllef/-au *nm.* nightmare

hurio *v.* to hire
hwn *pron./adj. m.* this one, this
hwy *pron.* they
hwy *adj.* longer
hwyl/-iau *nf.* fun, mood, sail; **mewn hwyliau da**
  in a good mood; **~ fawr** good-bye
hwylio *v.* to sail
hwyr *adj.* late
hwyraf *adj.* latest
hyd/-oedd *nm.* length; *prep. + S.M.* along; **~ yn**
  oed even
hyder *nm.* confidence
Hydref *nm.* October
hydref *nm.* autumn
hyfryd *adj.* lovely, pleasant
hyfforddiant *nm.* training
hylendid *nm.* cleanliness, hygiene
hylif/-au *nm.* fluid
hyn *pron./adj. pl.* this, these
hynafiaid *npl.* ancestors
hynafol *adj.* ancient
hysbyseb/-ion *nf.* advertisement
hysbysebu *v.* to advertise
hysbysrwydd *nm.* publicity
hysbysu *v.* to inform

I

i *prep. + S.M.* to; **~ ffwrdd** away; **~ fyny** up; **~**
  fyny'r grisiau up the stairs; **~ gyd** all; **~**
  mewn i into; **~ 'r chwith** to the left; **~ 'r dde**
  to the right
iâ *nm.* ice
iach *adj.* healthy
iaith/ieithoedd *nf.* language
Iau, dydd Iau *nm.* Thursday
iawn *adj.* real; *adv.* very
iawndal/-iadau *nm.* compensation
Iddew/-on *nm.* Jew
Iddewes/-au *nf.* Jewess
Iddewig *adj.* Jewish
ie *adv.* yes
iechyd *nm.* health; **~ da!** good health! cheers!
ieithyddol *adj.* linguistic
ieuenctid *nm.* youth
ifanc *adj.* young
ildio *v.* to yield
inc/-iau *nm.* ink

incwm/incymau *nm.* income
Ionawr *nm.* January
isaf *adj.* lowest, bottom
is-deitl/-au *nm.* sub-title
isel *adj.* low
isod *adv.* below
Israel *nf.* Israel

J

jam/-iau *nm.* jam
jar/-iau *nm.* jar
jawl *nm. (coll.)* devil
jîns *npl.* jeans
jiw jiw *(coll.)* dear me
jôc/-s *nf.* joke

L

label/-i *nf.* label
labordy/labordai *nm.* laboratory
lafant *nm.* lavender
lager *nm.* lager
lamp/-iau *nf.* lamp
lan *adv.* up; **~ llofft** upstairs
landlord/-iaid *nm.* landlord
lapio *v.* to wrap
larwm/larymau *nm.* alarm
lawnt/-iau *nf.* lawn
lawrlwytho *v.* to download
lemwn/-au *nm.* lemon
lens/-ys *nf.* lens
les *nf.* lease
licer *nm.* liquor
lifft/-iau *nm.* lift
litr/-au *nm.* litre
lolfa/lolfeydd *nf.* lounge
lôn/lonydd *nf.* lane
loncian *v.* to jog
londri *nm.* laundry
lorri/lorïau *nf.* lorry
losin *npl.* sweets
lwc *nf.* luck; **pob ~** good luck

LL

llac *adj.* slack
llacio *v.* to slacken
lladd *v.* to kill
lladrad/-au *nm.* theft
llaeth *nm.* milk *(S.W.)*
llaethdy *nm.* dairy
llafar *adj.* oral
llafariad/llafariaid *nf.* vowel
llafn/-au *nmf.* blade
llafur *nm.* labour
llai *adj.* less
llaid *nm.* mud
llais/lleisiau *nm.* voice
llaith *adj.* damp
llanast *nm.* mess
llanw *nm.* tide; *v.* to fill
llaw/dwylo *nf.* hand; **ail-law** secondhand
llawdriniaeth/-au *nf.* operation
llawen *adj.* happy; **Nadolig ~** Merry Christmas
llawenydd *nm.* joy
llawer *nm.* a lot, many
llawes/llewys *nf.* sleeve
llawfeddyg/-on *nm.* surgeon
llawlyfr/-au *nm.* handbook, brochure
llawn *adj.* full
llawr/lloriau *nm.* floor
lle/-oedd *nm.* place; **~ gwag** empty space; **~ tân**
  fireplace
lledr *nm.* leather
llefain *v.* to cry
llefaru *v.* to recite
llefrith *nm.* milk *(N.W.)*
lleiafrif/-oedd *nm.* minority
lleiafswm *nm.* minimum
lleidr/lladron *nm.* thief
lleihau *v.* to lessen, to diminish
lleithder *nm.* dampness
llen/-ni *nf.* curtain
llencyndod *nm.* adolescence
llenyddiaeth/-au *nf.* literature
lleol *adj.* local
lleoli *v.* to locate
lles *nm.* benefit, welfare
llethr/-au *nmf.* slope
llety/-au *nm.* lodging
lleuad/-au *nf.* moon

llewygu *v.* to faint
lliain/llieiniau *nm.* cloth; **~ bwrdd** tablecloth
llid *nm.* anger
llifo *v.* to flow
llifogydd *npl.* flood
llinell/-au *nf.* line
llinyn/-nau *nm.* string
llithren/-nau *nf.* slide
llithro *v.* to slip
lliw/-iau *nm.* colour; **~ haul** suntan
lloches/-au *nf.* shelter
Lloegr *nf.* England
llofnod/-ion *nm.* autograph, signature
llofrudd/-ion *nm.* murderer
llofruddiaeth/-au *nf.* murder
llofruddio *v.* to murder
llogi *v.* to rent, to hire
llon *adj.* happy
llond *adv.* full; **~ llaw** handful
llong/-au *nf.* ship
llongyfarch *v.* to congratulate
llongyfarchiadau *npl.* congratulations
llosgi *v.* to burn
lludw *nm.* ash, ashes
llun/-iau *nm.* picture
Llun *nm.* Monday
llungopïo *v.* to photocopy
lluniaeth *nmf.* refreshment, food
lluosi *v.* to multiply
lluosog *nm.* plural
llwch *nm.* dust
llwgu *v.* to starve
llwnc *nm.* throat
llwy/-au *nf.* spoon; **~ de** teaspoon; **~ fwrdd** tablespoon
llwybr/-au *nm.* path; **~ cyhoeddus** public footpath
llwyd *adj.* grey
llwyddiant/llwyddiannau *nm.* success
llwyddo *v.* to succeed
llwyfan/-nau *nmf.* stage
llwyth/-au *nm.* tribe; /-i *nm.* load
llydan *adj.* wide
llyffant/-od *nm.* frog, toad
llyfr/-au *nm.* book; **~ ffôn** phone book; **~ gosod** textbook; **~ nodiadau** notebook
llyfrgell/-oedd *nf.* library; **Llyfrgell Genedlaethol Cymru** Welsh National Library
llyfrgellydd/llyfrgellwyr *nm.* librarian

llygad/llygaid *nmf.* eye
llygoden/llygod *nf.* mouse; **~ fawr** rat
llygru *v.* to corrupt
llymeitian *v.* to sip
llyn/-noedd *nm.* lake
llyncu *v.* to swallow
llynges/-au *nf.* navy
llys/-oedd *nm.* court
llysenw/-au *nm.* nickname
llysfam/llysfamau *nf.* stepmother
llysfwytäwr/llysfwytawyr *nm.* vegetarian
llysiau *npl.* vegetables
llystad/-au *nm.* stepfather
llythyr/-au *nm.* letter (*post*)
llythyren/llythrennau *nf.* letter (*of a word*)
llywio *v.* to guide, to steer
llywodraeth/-au *nf.* government; **~ leol** local government
llywydd/-ion *nm.* president

M

mab/meibion *nm.* son
mab yng nghyfraith *nm.* son-in-law
mabwysiadu *v.* to adopt
machlud/-oedd *nm.* sunset
madarchen/madarch *nf.* mushroom
maddau *v.* to forgive
mae *v.* is, are
maen nhw'n *v.* they are
maen nhw wedi *v.* they have
maes/meysydd *nm.* field; **~ awyr** airport; **~ parcio** car park
maestref/-i *nf.* suburb
maethlon *adj.* nutritious
Mai *nm.* May
mainc/meinciau *nf.* bench
maint/meintiau *nm.* size
malwen/malwod *nf.* Snail
malu *v.* to destroy, to grind; **~ awyr** to talk nonsense
mam/-au *nf.* mother
mam yng nghyfraith *nf.* mother-in-law
mam-gu/mamau cu *nf.* grandmother (*S.W.*)
mamol *adj.* motherly
mamwlad/mamwledydd *nf.* mother country
man/-nau *nmf.* place; **~ gwyliau** holiday resort
maneg/menig *nf.* glove

mantais/manteision *nf.* advantage
map/-iau *nm.* map
marc/-iau *nm.* mark
marchnad/-oedd *nf.* market
marcio *v.* to mark
marw *v.* to die; **buodd e farw** he died
marwol *adj.* deadly
marwolaeth/-au *nf.* death
masg/-iau *nm.* mask
masnach *nf.* trade
masnachu *v.* to trade
masnachwr/masnachwyr *nm.* trader
mat/-iau *nm.* mat
mater/-ion *nm.* matter
math/-au *nm.* type; **pa fath o?** what kind of?
matras/matresi *nm.* mattress
mawr *adj.* big
Mawrth, dydd Mawrth *nm.* Tuesday
Mawrth *nm.* March
mecanig *nm.* mechanic
mecanyddol *adj.* mechanical
meddal *adj.* soft
meddiannu *v.* to possess, to occupy
meddiant/meddiannau *nm.* possession
meddw *adj.* drunk; **mae e'n feddw** he's drunk
meddwl *v.* to think
meddyg/-on *nm.* doctor
meddygol *adj.* medical
Medi *nm.* September
Mehefin *nm.* June
meirioli *v.* to thaw
meistr/-i *nm.* master
meistroli *v.* to master
meithrinfa/meithrinfeydd *nf.* playgroup, nursery
mêl *nm.* honey
melin/-au *nf.* mill
mellten/mellt *nf.* lightning
melyn *adj.* yellow
melys *adj.* sweet
mentro *v.* to venture
menyw/-od *nf.* woman
merch/-ed *nf.* girl, daughter
merch yng nghyfraith *nf.* daughter-in-law
Mercher, dydd Mercher *nm.* Wednesday
mesur *v.* to measure
metalig *adj.* metallic
metel/-au *nm.* metal
methiant/methiannau *nm.* failure

Methodistiaid *npl.* Methodists
methu *v.* to fail; **~ â gweld** to fail to see
metr/-au *nm.* meter
mewn *prep.* in
mewnforio *v.* to import
mewnfudo *v.* to immigrate
mewnfudwr/mewnfudwyr *nm.* immigrant
mewnol *adj.* inner, inside
migwrn/migyrnau *nm.* ankle
mil/-oedd *nf.* thousand
miliwn/miliynau *nf.* million
milltir/-oedd *nf.* mile
milwr/milwyr *nm.* soldier
milwrol *adj.* military
min *nm.* edge
miniog *adj.* sharp
minlliw *nm.* lipstick
mintys *npl.* mint
minws *prep.* minus
mis/-oedd *nm.* month
misol *adj.* monthly
modd/-ion *nm.* means
moddion *npl.* medicine
model/-au *nm.* model
modem *nm.* modem
modern *adj.* modern
modfedd/-i *nf.* inch
modrwy/-on *nf.* ring (*finger*); **~ briodas** wedding ring
modryb/-edd *nf.* aunt
modur/-on *nm.* motor, car
moel *adj.* bald
moeth/-au *nm.* luxury
moethus *adj.* luxurious
moment/-au *nf.* moment
môr/moroedd *nm.* sea
mordaith/mordeithiau *nf.* voyage
morddwyd/-ydd *nf.* hip
morgais/morgeisi *nm.* mortgage
moron *npl.* carrots
morwr/morwyr *nm.* sailor
morwyn/morynion *nf.* maid
moyn *v.* to want
mud *adj.* mute, dumb
mudiad/-au *nm.* movement; **Mudiad Ysgolion Meithrin** Welsh Playgroup Movement
munud/-au *nmf.* minute
mur/-iau *nm.* wall
mwclis *npl.* necklace

mwd *nm.* mud
mwg *nm.* smoke
mwnci/mwncïod *nm.* monkey
mwstard *nm.* mustard
mwstás *nm.* moustache
mwy *adj./nm.* more; **~ na thebyg** probably
mwyaf *adj.* most, greatest
mwyafrif/-oedd *nm.* majority
mwyafswm *nm.* most, maximum
mwydyn/mwydod *nm.* worm
mwyhau *v.* to enlarge
mwynhau *v.* to enjoy
myfyriwr/myfyrwyr *nm.* student
mynach/-od *nm.* monk
mynachdy/mynachdai *nm.* monastery
mynachlog/-ydd *nf.* monastery
mynd *v.* to go; **~ â** + *SP.M.* to take; **~ am dro** to go for a walk; **~ i mewn** to go in; **~ yn** to become
mynedfa/mynedfeydd *nf.* entrance (*door*)
mynediad/-au *nm.* entrance
mynegai/mynegeion *nm.* index
mynegfys/-edd *nm.* index finger
mynegi *v.* to express
mynnu *v.* to insist
mynwent/-ydd *nf.* cemetery

N

na *adv.* no; *prep.* + *SP.M.* than; *pron.* + *S.M./* + *SP.M. before 'c', 'p', t'* that not
naddo *adv.* no
Nadolig *nm.* Christmas; **~ Llawen** Merry Christmas
nai/neiaint *nm.* nephew
naill ai *conj.* either; **~ ... neu** either ... or
nain/neiniau *nf.* grandmother (*N.W.*)
nam/-au *nm.* fault
nant/nentydd *nf.* stream
natur *nf.* nature
naturiol *adj.* natural
naw *num.* nine
nawdd *nm.* sponsorship
nawr *adv.* now
neb *pron.* no-one
nef *nf.* heaven
nefoedd *nf.* heaven
neges/-au/-euon *nf.* message

negesydd/negeswyr *nm.* messenger
negyddol *adj.* negative
neidio *v.* to jump
neidr/nadredd *nf.* snake
neis *adj.* nice
nen *nf.* heaven, sky
nenfwd/nenfydau *nm.* ceiling
nerf/-au *nm.* nerve
nerfus *adj.* nervous
nerth/-oedd *nm.* strength
nesaf *adj.* next
neu *conj.* or
neuadd/-au *nf.* hall; **~ breswyl** hostel
newid *v.* to change
newydd *adj.* new
newyddion *npl.* news
newyn *nm.* hunger
nhw *pron.* they, them
ni *pron.* we, us
ni'n *v.* we are
ni 'di *v.* we have
nid *neg.* not
nifer/-oedd *nmf.* number
niferus *adj.* numerous
nionod *npl.* onions
nith/-oedd *nf.* niece
niwed/niweidiau *nm.* damage
niweidio *v.* to damage
niwl/-oedd *nm.* mist, fog
niwtral *adj.* neutral
nodi *v.* to note
nodweddiadol *adj.* typical
nodwydd/-au *nf.* needle
nodyn/nodiadau *nm.* note
noeth *adj.* naked
nofel/-au *nf.* novel
nofelydd/nofelwyr *nm.* novelist
nofio *v.* to swim
normal *adj.* normal
nos/-au *nf.* night; **~ Galan** new year's eve; **~ yfory** tomorrow night
noswaith/nosweithiau *nf.* evening; **~ dda** good evening
nwy/-on *nm.* gas
nwyddau *npl.* goods
nyrs/-ys *nmf.* nurse
nyth/-od *nmf.* nest

O

o *prep.* + *S.M.* of, from; **~ dan** + *S.M.* under; **~ fewn** within; **~ flaen** in front of; **~ gwmpas** around; **~ hyd** still, always; **~ leiaf** at least
ochr/-au *nf.* side
ocsigen *nm.* oxygen
ocsiwn/ocsiynau *nm.* auction
od *adj.* odd, strange
oed *nm.* age
oedi *v.* to delay
oedolyn/oedolion *nm.* adult
oedran/-nau *nm.* age
oedrannus *adj.* elderly
oer *adj.* cold
oergell/-oedd *nf.* refrigerator
oes *v.* is there?, are there?, yes
offeiriad/-on *nm.* priest
offer *npl.* equipment
offeryn/offer *nm.* Instrument; **~ cerdd** musical instrument
ofn/-au *nm.* fear
ofnadwy *adj.* awful
ofnus *adj.* afraid, fearful
ogof/-âu *nf.* cave
oherwydd *prep.* because
ôl/olion *nm.* remain, trace
olaf *adj.* last
olew/-on *nm.* oil
oll *adj.* all
olwyn/-ion *nf.* wheel; **~ sbâr** spare wheel
o'n i *v.* I was
ond *conj.* but
ongl/-au *nf.* angle
oni bai *conj.* but for, except that
optegydd/optegwyr *nm.* optician
oren/-au *nmf.* orange
organ/-au *nmf.* organ
oriawr/oriorau *nm.* watch
oriel/-au *nf.* gallery
os *conj.* if; **~ gwelwch yn dda** please
osgoi *v.* to avoid
owns/-ys *nm.* ounce

P

pa *interrog.* + *S.M.* which, what; **~ fath o** what kind of

pab/-au *nm.* pope
pabell/pebyll *nf.* tent
Pabydd/-ion *nm.* Catholic, papist
Pabyddes/-au *nf.* Catholic, papist
pabyddol *adj.* Catholic
pacio *v.* to pack
padell/-i *nf.* pan; **~ ffrio** frying pan
paent *nm.* paint
paffio *v.* to box
pafin *nm.* sidewalk
pam *interrog.* why
pan *conj.* when
paned *nf.* cuppa
pannas *npl.* parsnips
pans *nm.* briefs
papur/-au *nm.* paper; **~ meddyg** prescription; **~ newydd** newspaper; **~ tŷ bach** toilet paper
pâr/parau *nm.* pair
paratoi *v.* to prepare
parc/-iau *nm.* park
parhad *nm.* continuation
parhau *v.* to continue
parlysu *v.* to paralyze
parod *adj.* ready
parti/partïon *nm.* party
partner/-iaid *nm.* partner
pasbort/-au *nm.* passport
pasio *v.* to pass
past dannedd *nm.* toothpaste
pawen/-nau *nf.* paw
pe *conj.* if
pedair *num. f.* four
pedal/-au *nm.* pedal
pedwar *num. m.* four
pegwn/pegynau *nm.* pole
pei/-s *nf.* pie
peilot/-iaid *nm.* pilot
peintio *v.* to paint
peintiwr/peintwyr *nm.* painter
peiriannwr/peirianwyr *nm.* engineer
peiriant/peiriannau *nm.* engine; **~ golchi** washing machine
pêl/peli *nf.* ball; **~ bluen** badminton; **~ -droed** football, soccer; **~ fasged** basketball
pelydr/-au *nm.* ray; **~ X** X-ray
pen/-nau *nm.* head; **~ blwydd** birthday; **~ blwydd hapus!** happy birthday; **~ mawr** hangover; **~ tost** headache
pencadlys/-oedd *nm.* headquarters

pencampwriaeth/-au *nf.* championship
penderfyniad/-au *nm.* decision
penderfynu *v.* to decide
pendics *nm.* appendix (*body*)
pendro *nm.* dizziness
pen-lin/-iau *nm.* knee
pennaeth/penaethiaid *nm.* head, chief, school principal
pennawd/penawdau *nm.* heading
pennod/penodau *nf.* chapter
pensaer/penseiri *nm.* architect
pensaernïaeth *nf.* architecture
pensil/-iau *nm.* pencil
pensiynwr/pensiynwyr *nm.* pensioner, retiree
pentref/-i *nm.* village
pentwr/pentyrrau *nm.* heap, pile
penwisg/-oedd *nf.* wig
penwythnos/-au *nm.* weekend
perchen *v.* to own
perchennog/perchenogion *nm.* owner
perffaith *adj.* perfect
peri *v.* to cause
perl/-au *nm.* pearl
perlysieuyn/perlysiau *nm.* herb
persawr/-au *nm.* scent
person/-au *nm.* person; /-iaid *nm.* parson
perthyn *v.* to belong
perthynas/perthnasau *nf.* relation
perygl/-on *nm.* danger
peryglus *adj.* dangerous
peswch/pesychiadau *nm.* cough; **mae ~ arna i** I have a cough
pesychu *v.* to cough
peth/-au *nm.* thing
petruso *v.* to hesitate
pib/-au *nf.* pipe
piben/pibau *nf.* pipe; **~ ddŵr** water pipe; **~ wacáu** exhaust pipe
picnic/-au *nm.* picnic
pigiad/-au *nm.* sting
pigo *v.* to sting
pilsen/pils *nf.* pill
pin/-nau *nm.* pin; **~ cau** safety pin
pinsio *v.* to pinch
pinswrn/pinsyrnau *nm.* pincers
piws *adj.* purple
plaen *adj.* plain
plaid/pleidiau *nf.* party (*political*) **Plaid Cymru** The Party of Wales; **y Blaid Geidwadol** the

Conservative Party; **y Blaid Lafur** the Labour Party

planed/-au *nf.* planet

planhigyn/planhigion *nm.* plant

plastig/-au *nm.* plastic

plât/platiau *nm.* plate

pleidlais/pleidleisiau *nf.* vote

pleidleisio *v.* to vote; **~ dros** to vote for

plentyn/plant *nm.* child

plentyndod *nm.* childhood

pleser/-au *nm.* pleasure

plesio *v.* to please

plismon/plismyn *nm.* policeman

plismones/-au *nf.* policewoman

pluen/plu *nf.* feather; **~ eira** snowflake

plwg/plygiau *nm.* plug

plws *prep.* plus

plygu *v.* to bend, to fold

plymer/-iaid *nm.* plumber

pob *adj.* every; all; **~ hwyl** good-bye

pob *adj.* baked

pobl/-oedd *nf.* people

poblogaeth/-au *nf.* population

pobydd/-ion *nm.* baker

poced/-i *nm.* pocket

poen/-au *nmf.* pain

poeni *v.* to hurt, to worry

poenus *adj.* painful

poer *nm.* spit

polisi/polisïau *nm.* policy

polyn/polion *nm.* pole; **~ pabell** tent pole

pont/-ydd *nf.* bridge

porc *nm.* pork

porcyn *adj.* nude

porfa/porfeydd *nf.* grass

porffor *adj.* purple

portread/-au *nm.* portrait

porthladd/-oedd *nm.* harbour

posibl *adj.* possible

post *nm.* post; **~ awyr** air mail

postio *v.* to post

pot/-iau *nm.* pot

potel/-i *nf.* bottle

pothell/-au *nf.* blister

powdr/-au *nm.* powder

powlen/-ni *nf.* bowl

prawf/profion *nm.* ytest

preifat *adj.* private

preifatrwydd *nm.* privacy

prentis/-iaid *nm.* apprentice

prentisiaeth *nf.* apprenticeship

presennol *adj.* present; *nm.* present

preswyl *adj.* residential

preswylio *v.* to live, to reside

pridd/-oedd *nm.* soil, earth

prif *adj.* main; **~ weinidog** prime minister

prifathro/prifathrawon *nm.* headteacher

prifddinas/-oedd *nf.* capital city

Priffordd/priffyrdd *nf.* main road

prifysgol/-ion *nf.* university

prin *adj.* rare

priodas/-au *nf.* marriage

priodfab *nm.* groom

priodferch *nf.* bride

priodi *v.* to marry, to get married

priodol *adj.* appropriate

pris/-iau *nm.* price

prisio *v.* to price

problem/-au *nf.* problem

proffesiwn/proffesiynau *nm.* profession

proffil/-iau *nm.* profile

profi *v.* to prove, to test

profiad/-au *nm.* experience

promenâd/promenadau *nm.* promenade

prosiect/-au *nm.* project

Protestant/Protestaniaid *nm.* Protestant

protestio *v.* to protest

pryd/-au *nm.* meal; *interrog.* when

Prydain *nf.* Britain

pryder/-on *nm.* worry

prydferth *adj.* beautiful

pryf/-ed *nm.* insect; **~ copyn** spider

pryfyn/pryfed *nm.* insect

prynhawn/-au *nm.* afternoon; **~ 'ma** this afternoon; **~ heddiw** this afternoon

prynu *v.* to buy

prysur *adj.* busy

pump *num.* five

punt/punnoedd *nf.* pound (£)

pupur *nm.* pepper

pur *adj.* pure

pwdin/-au *nm.* pudding

pwdr *adj.* rotten

pwll/pyllau *nm.* mine, pool; **~ glo** coal mine; **~ nofio** swimming pool

pwmp/pympiau *nm.* pump

pwmpio *v.* to pump

pwnc/pynciau *nm.* subject

pwrpas/-au *nm.* purpose

pwrs/pyrsiau *nm.* purse

pwy *interrog.* who

pwyllgor/-au *nm.* committee

pwynt/-iau *nm.* point

pwyntio *v.* to point

pwys/-au *nm.* weight; /-i *nm.* pound (*lb*)

pwysig *adj.* important

pwysigrwydd *nm.* importance

pwyso *v.* to weigh

pwyth/-au *nm.* stitch

pwytho *v.* to stitch

pyjamas *nm.* pajamas

pyls *nm.* pulse

pysgodyn/pysgod *nm.* fish; **pysgod cragen** shellfish

pysgota *v.* to fish

pysgotwr/pysgotwyr *nm.* fisherman

R

'r *art.* The

raced/-i *nf.* racket

radio *nm.* radio

RAM *nm.* RAM (Random Access Memory)

ramp/-iau *nm.* ramp

ras/-ys *nf.* race

real *adj.* real

record/-iau *nmf.* record

reid/-iau *nf.* ride

reis *nm.* rice

restio *v.* to arrest

risg/-iau *nm.* risk

roeddwn i *v.* I was

ro'n i *v.* I was

rôl/rolau *nf.* role

rygbi *nm.* rugby

rysáit/ryseitiau *nm.* recipe

RH

rhad *adj.* cheap

rhaff/-au *nf.* rope

rhag *prep.* from, lest; **RHAG** Parents for Welsh Education

rhagenw/-au *nm.* pronoun

Rhagfyr *nm.* December

rhaglen/-ni *nf.* programme
rhagolwg/rhagolygon *nm.* forecast;
 rhagolygon y tywydd weather forecast
rhagor *nm.* more
rhagori *v.* to excel
rhai *pron.* some
rhaid *nm.* necessity; **mae ~ i fi** I must
rhain *pron.* these
rhamant/-au *nf.* romance
rhan/-nau *nf.* part
rhan-amser *adj.* part-time
rhanbarth/-au *nm.* district
rhedeg *v.* to run
rhegi *v.* to swear
rheilffordd/rheilffyrdd *nf.* railway
rheiny *pron.* those
rhent/-i *nmf.* rent
rheol/-au *nf.* rule
rheolaeth/-au *nf.* control
rheolaidd *adj.* regular
rheoli *v.* to rule, to control
rheolwr/rheolwyr *nm.* manager
rhes/-i *nf.* row
rhestr/-i *nf.* list
rhestru *v.* to list
rheswm/rhesymau *nm.* reason
rhesymu *v.* to reason
rhewgell/-oedd *nf.* freezer
rhewllyd *adj.* icy
rhiant/rhieni *nm.* parent; **rhieni cu**
 grandparents
rhif/-au *nm.* number
rhiw/-iau *nmf.* hill
rhodd/-ion *nf.* gift
rhoddi *v.* to give
rhoi *v.* to give; **~ gwybod** to inform
rholio *v.* to roll
rholyn/rholiau *nm.* roll
rhuban/-au *nm.* ribbon
rhugl *adj.* fluent
rhuthro *v.* to rush
rhwd *nm.* rust
rhwng *prep.* between
rhwyd/-i *nf.* net
rhwydwaith/rhwydweithiau *nm.* network
rhwym *adj.* bound, constipated
rhwymyn/rhwymau *nm.* bandage
rhwystr/-au *nm.* impediment, hindrance
rhybudd/-ion *nm.* warning

rhybuddio *v.* to warn
rhyddhad *nm.* relief
rhyddid *nm.* freedom
rhydu *v.* to rust
rhyfedd *adj.* strange
rhyfeddu *v.* to wonder
rhyfel/-oedd *nm.* war
rhyngrwyd *nf.* internet
rhyngwladol *adj.* international
rhythm/-au *nm.* rhythm
rhyw/-iau *nf.* sex, gender; *nmf.* sort; *adj.* some
rhywbeth *nm.* something
rhywiol *adj.* sexy
rhywle *adv.* somewhere
rhywrai *pron.* some people
rhywun *nm.* someone

S

Sabath *nm.* Sabbath
sach/-au *nf.* sack; **~ gefn** backpack; **~ gysgu**
 sleeping bag
Sadwrn, dydd Sadwrn *nm.* Saturday
saer/seiri *nm.* carpenter
Saesneg *nf.* English (*language*)
Saesnes/-au *nf.* Englishwoman
saeth/-au *nf.* arrow
saethu *v.* to shoot
safle/-oedd *nm.* position
safon/-au *nf.* standard
sai'n *v.* I'm not
sail/seiliau *nm.* foundation
sain/seiniau *nm.* sound
Sais/Saeson *nm.* Englishman
saith *num.* seven
sâl *adj.* ill
salad/-au *nm.* salad
salw *adj.* ugly
salwch *nm.* illness; **~ môr** seasickness
sampl/-au *nm.* sample
sanctaidd *adj.* holy
sandal/-au *nm.* sandal
sarhad *nm.* insult
sarhau *v.* to insult
sawdl/sodlau *nmf.* heel
sawl *adj.* several; *interrog.* how many
Sbaen *nf.* Spain
Sbaeneg *nf.* Spanish (*language*)

Sbaenes/-au *nf.* Spanish woman
Sbaenwr/Sbaenwyr *nm.* Spaniard
sbardun/-au *nm.* accelerator
sbectol/-au *nf.* spectacles; **~ haul** sun glasses
sbwng *nm.* sponge
sbwriel *nm.* trash
sbwylio *v.* to spoil
sebon/-au *nm.* soap
sedd/-au/-i *nf.* seat
sefydliad/-au *nm.* institution
sefydlu *v.* to establish
Seisnig *adj.* English
sêl/-s *nf.* sale
seler/-ydd *nf.* cellar
Senedd Cymru *f.* Welsh Parliament
seremoni/seremonïau *nf.* ceremony
seren/sêr *nf.* star
set/-iau *nf.* set; **~ deledu** television set
setlo *v.* to settle
sgarff/-iau *nf.* scarf
sgert/-iau *nf.* skirt
sgi/-s *nm.* ski
sgio *v.* to ski; **~ dŵr** to water ski
sglefrio *v.* to skate; **~ iâ** to ice skate
sgôr *nmf.* score
sgorio *v.* to score
sgrifennu *v.* to write
sgrin/-au *nf.* screen; **~ haul** sun screen
sgwâr/sgwarau *nm.* square
sgwrs/sgyrsiau *nf.* conversation, chat
sgwrsio *v.* to chat, to converse
shwmae *inter.* hello, how are you
siaced/-i *nf.* jacket; **~ achub** life jacket
siampŵ/-s *nm.* shampoo
siarad *v.* to talk; **~ â** to talk to
siarc/-od *nm.* shark
siawns/-au *nf.* chance
sicrwydd *nm.* certainty
sidan/-au *nm.* silk
sidanaidd *adj.* silky
siec/-iau *nf.* cheque; **~ deithio** traveller's cheque
sigâr/sigarau *nf.* cigar
sigarét/-s/-au *nf.* cigarette
silff/-oedd *nf.* shelf; **~ lyfrau** bookshelf
sillafu *v.* to spell
sinc *nm.* sink
sinema/sinemâu *nf.* cinema
sioc/-iau *nm.* shock
sioe/-au *nf.* show

siom/-au *nmf.* disappointment
siomi *v.* to disappoint
Siôn Corn *nm.* Santa Claus
siop/-au *nf.* shop; **~ bapur** newsagent; **~ ddillad** clothes shop; **~ goffi** coffee shop; **~ lyfrau** bookstore
siopa *v.* to shop
siswrn/sisyrnau *nm.* scissors
siwgr/-au *nm.* sugar
siwmper/-i *nf.* jumper, pullover
siŵr *adj.* sure
siwrnai/siwrneiau *nf.* journey
siwt/-iau *nf.* suit; **~ nofio** swimsuit
smalio *v.* to joke, to pretend
smo *v.* **Smo fi'n** I'm not
smwddio *v.* to iron
soffa *nf.* sofa
solet *adj.* solid
sôn *v.* to mention
sosban/-nau *nf.* saucepan
stadiwm/stadiymau *nm.* stadium
staen/-iau *nm.* stain
staer *npl.* stairs
stafell/-oedd *nf.* room; **~ wely** bedroom; **~ ymolchi** bathroom
stamp/-iau *nm.* stamp
stecen/stêcs *nf.* steak
stôl/stolion *nf.* stool
stopio *v.* to stop
stordy/stordai *nm.* warehouse, storeroom
stori/storïau *nf.* story
storio *v.* to store
storm/-ydd *nf.* storm
straen *nm.* strain
stryd/-oedd *nf.* street
stumog/-au *nf.* stomach
sudd/-oedd *nm.* Juice; **~ lemwn** lemon juice; **~ oren** orange juice
suddo *v.* to sink
sugno *v.* to suck
sugnydd llwch *nm.* vacuum cleaner
Sul, dydd Sul *nm.* Sunday
Sulgwyn *nm.* Whitsun
sur *adj.* sour
sut *interrog.* how
sw/sŵau *nm.* zoo
swigen/swigod *nf.* bubble
Swisiad/Swisiaid *nm.* Swiss person
swits/-ys *nm.* switch

swm/symiau *nm.* sum
sŵn/synau *nm.* sound, noise
swnllyd *adj.* noisy
swper/-au *nmf.* supper
swydd/-i *nf.* job, post; **~ wag** vacancy
swyddfa/swyddfeydd *nf.* office; **~ dwristiaid** tourist office; **~ post** post office
swyddog/-ion *nm.* officer
swyn/-ion *nm.* charm
sych *adj.* dry
syched *nm.* thirst; **mae ~ arna i** I'm thirsty
sychedig *adj.* thirsty
sychu *v.* to dry
sylw/-adau *nm.* observation
sylweddol *adj.* substantial
sylweddoli *v.* to realize
sylwi *v.* to notice
syml *adj.* simple
symptom/-au *nm.* symptom
symud *v.* to move
symudiad/-au *nm.* movement
synagog/-au *nm.* synagogue
syniad/-au *nm.* idea
synnu *v.* to surprise
syr *nm.* sir
syrcas/-au *nm.* circus
syth *adj.* straight
sythu *v.* to shiver

T

tabl/-au *nm.* table (*figures*)
Tachwedd *nm.* November
tacsi/-s *nm.* taxi
tad/-au *nm.* father
tad bedydd *nm.* godfather
tad yng nghyfraith *nm.* father-in-law
tad-cu/tadau cu *nm.* grandfather (*S.W.*)
tafarn/-au *nmf.* public house
tafell/-au *nf.* slice
taflen/-ni *nf.* leaflet
taflu *v.* to throw
tafodiaith/tafodieithoedd *nf.* dialect
tagu *v.* to choke, to strangle
taid/teidiau *nm.* grandfather (*N.W.*)
tair *num. f.* three
taith/teithiau *nf.* journey; **~ gerdded** hike
tâl/taliadau *nm.* pay

talcen/-ni *nm.* forehead
taldra *nm.* height
tan *prep.* + *S.M.* until
tân/tanau *nm.* fire; **~ gwyllt** fireworks
tanddaear *adj.* underground
tanio *v.* to fire, to start (*engine*)
taniwr/tanwyr *nm.* lighter, starter
tanwydd/-au *nm.* fuel
tap/-iau *nm.* tap
taran/-au *nf.* thunder
tarfu *v.* to disturb
targed/-au *nm.* target
taro *v.* to hit, to strike
tarten/-ni *nf.* tart
tatŵ/-s *nm.* tattoo
tawel *adj.* quiet, silent
tawelwch *nm.* silence
te *nm.* tea
tebot/-au *nm.* teapot
tebyg *adj.* alike
teg *adj.* fair
tegan/-au *nm.* toy
tegell/-au *nm.* kettle
tei/-s *nm.* tie
teiar/-s *nm.* tyre
teiliwr/teilwriaid *nm.* tailor
teimlad/-au *nm.* feeling
teimlo *v.* to feel
teipio *v.* to type
teisen/-nau *nf.* cake
teithio *v.* to travel
teithiwr/teithwyr *nm.* traveller
teleffôn/teleffonau *nm.* telephone
teitl/-au *nm.* title
teledu *nm.* television; **set deledu** *nf.* television set
telyn/-au *nf.* harp
teml/-au *nf.* temple
tenau *adj.* thin
tennis *nm.* tennis
teras/-au *nm.* terrace
terfyn/-au *nm.* limit, boundary
terfynol *adj.* final
terfysg/-oedd *nm.* riot
testun/-au *nm.* text, subject
teulu/-oedd *nm.* family
tew *adj.* fat
teyrnged/-au *nf.* tribute
ti *pron.* you

tîm/timau *nm.* team
tir/-oedd *nm.* land
tirfeddiannwr/tirfeddianwyr *nm.* landowner
tirlun/-iau *nm.* landscape
tisian *v.* to sneeze
tlawd *adj.* poor
to/toeon *nm.* roof
tocyn/-nau *nm.* ticket
toes *nm.* dough
toiled/-au *nm.* toilet
toll/-au *nf.* toll, tax
torf/-eydd *nf.* crowd
toriad/-au *nm.* break, cut; **~ gwallt** haircut
torri *v.* to break, to cut; **~ lawr** to break down
torrwr/torwyr *nm.* cutter;
torth/-au *nf.* loaf
tra *adv.* + SP.M. quite, very; *conj.* while
traddodiad/-au *nm.* tradition
traddodiadol *adj.* traditional
traeth/-au *nm.* beach
trafferth/-ion *nmf.* difficulty
traffig *nm.* traffic
trafnidiaeth *nf.* traffic; **~ gyhoeddus** public transport
tragwyddol *adj.* everlasting, eternal
trais *nm.* violence, rape
tramor *adj.* foreign
tramorwr/tramorwyr *nm.* foreigner
traul/treuliau *nf.* expense
tref/-i *nf.* town; **i'r dref** to town
trefn/-au *nf.* order
trefnu *v.* to order, to sort, to arrange
trefol *adj.* urban
treisgar *adj.* violent
treisio *v.* to violate, to rape
trên/trenau *nm.* train
treth/-i *nf.* tax
trethu *v.* to tax
treulio *v.* to spend (*time*)
tri *num. m.* three
triniaeth/-au *nf.* treatment
trinydd gwallt *nm.* hairdresser
trist *adj.* Sad
tro/-eon *nm.* turn, walk; **mynd am dro** to go for a walk
troed/traed *nf.* foot
troednoeth *adj.* barefoot
troi *v.* to turn
trosedd/-au *nmf.* crime

trosglwyddo *v.* to transfer
trosi *v.* to transfer, to translate, to convert
trowsus *nm.* trousers
truan *nm.* wretch
trwm *adj.* heavy
trwsio *v.* to mend, to repair
trwy *prep.* + S.M. through
trwydded/-au *nf.* licence
trwyddedu *v.* to license
trwyn/-au *nm.* nose
trydan *nm.* electricity
trydar *v.* twitter , tweet
trymaidd *adj.* heavy, close (*weather*)
trysor/-au *nm.* treasure
tsieni *nm.* china
tua *prep.* + SP.M. around, about
tuag at *prep.* + S.M. towards
tudalen/-nau *nf.* page
tuedd/-au/-iadau *nf.* tendency
tueddu *v.* to tend
tun/-iau *nm.* tin
tusw/-au *nm.* posy
twf *nm.* growth; **Twf** Organisation for promoting use of Welsh in the home
twll/tyllau *nm.* hole; **~ y clo** keyhole
twnnel/twnelau *nm.* tunnel
twpsyn/twpsod *nm.* fool
tŵr/tyrau *nm.* tower
twrist/-iaid *nm.* tourist
twristiaeth *nf.* tourism
twyllo *v.* to cheat
twym *adj.* warm
twymyn *nmf.* fever; **~ y gwair** hay fever
tŷ/tai *nm.* house; **~ bach** toilet; **~ tafarn** public house
tybio *v.* to suppose
tyfu *v.* to grow
tymer *nf.* temper
tymheredd *nm.* temperature
tymor/tymhorau *nm.* term, season
tyn *adj.* tight
tynnu *v.* to pull; **~ i ffwrdd** to take away, to take off
tyrfa/-oedd *nf.* crowd
tyrnsgriw/-iau *nm.* screwdriver
tyst/-ion *nm.* witness
tystiolaeth/-au *nf.* evidence
tywel/-ion *nm.* towel; **~ mislif** sanitary towel
tywod *nm.* sand

tywydd *nm.* weather
tywyll *adj.* dark
tywyllwch *nm.* darkness
tywys *v.* to guide, to lead
tywysydd/tywyswyr *nm.* guide

TH

theatr/-au *nf.* theatre
thermomedr/-au *nm.* thermometer

U

uchaf *adj.* highest
uchder *nm.* height
uchel *adj.* high
uchelgais *nmf.* ambition
uchelseinydd/-ion *nm.* loudspeaker
uffern *nf.* hell
un *num.* one
undeb/-au *nm.* union; **Undeb Ewropeaidd** European Union
Undodiaid *npl.* Unitarians
uned/-au *nf.* unit
unieithog *adj.* monolingual
unig *adj.* only, lonely
unigrwydd *nm.* loneliness
unigryw *adj.* unique
union *adj.* straight; **yn ~** immediately
uno *v.* to join, to unite
Unol Daleithiau America *npl.* United States of America
unrhyw *adj.* any; **~ un** anyone; **~ beth** anything
unwaith *adv.* once
Urdd Gobaith Cymru, yr Urdd *nf.* Welsh League of Youth
uwchben *prep.* above

W

wal/-iau *nf.* wall
waled/-i *nf.* wallet
wats/-ys *nf.* watch
wedi *prep.* after; *verbal* have; **~ blino** tired; **wedi ei eni** born; **~ 'i ferwi** boiled; **~ 'i ffrio** fried
wedyn *adv.* then, afterwards

weithiau *adv.* sometimes
wi'n *v.* I am
wincio *v.* to wink
wlser/-au *nm.* ulcer
wrth *prep.* + *S.M.* by, near; **~ gwrs** of course; **~ ochr** by the side of
wyneb/-au *nm.* face
wynwynen/wynwyn *nf.* onion
wynwns *npl.* onions
ŵyr/wyrion *nm.* grandson
wyres/-au *nf.* granddaughter
wythnos/-au *nf.* week; **~ nesaf** next week

Y

y *art.* the; **y cant** percent; **y ddau** *m.* both; **y ddwy** *f.* both; **y llynedd** last year; **y Môr Canoldir** the Mediterranean Sea; **y Pasg** Easter; **y Swistir** Switzerland; **y tu allan** outside; **y tu hwnt i** beyond; **y tu mewn** inside
ychwanegol *adj.* extra, additional
ychwanegu *v.* to add
ychydig *nm.* a little, a few
ydy *v.* yes
ydy'r *v.* is the?, are the?
yfory *adv.* tomorrow
yma *adv.* here, *adj.* this
ymadrodd/-ion *nm.* phrase
ymarfer *v.* to practise
ymarferol *adj.* practical
ymatal *v.* to refrain, to abstain
ymateb/-ion *nm.* response; *v.* to respond
ymbarél/ymbarelau *nmf.* umbrella
ymchwil *nf.* research
ymchwilio *v.* to research
ymddangos *v.* to appear
ymddeol *v.* to retire
ymddiheuro *v.* to apologize
ymddiriedaeth *nf.* trust
Ymddiriedolaeth Genedlaethol *nf.* National Trust
ymddwyn *v.* to behave
ymddygiad *nm.* behaviour
ymdrochi *v.* to bathe
ymgais/ymgeisiadau *nm.* attempt
ymwelydd/ymwelwyr *nm.* visitor
ymgynnull *v.* to assemble

ymhlith *prep.* Among
ymlacio *v.* to relax
ymladd *v.* to fight; **~ â** + *SP.M.* to fight with
ymlâdd *v.* **wedi ~** exhausted
ymlaen *adv.* forward
ymolchi *v.* to wash
ymosodol *adj.* offensive, aggressive
ymsefydlu *v.* to establish
ymuno *v.* to join
ymweld *v.* to visit; **~ â** + *SP.M.* to visit
ymweliad/-au *nm.* visit
ymwelydd/ymwelwyr *nm.* visitor
ymwybodol *adj.* conscious
ymyl/-on *nf.* edge; **yn ~** near
yn *prep.* + *N.M.* in; **yn agos at** near; **yn erbyn** against; **yn lle** instead of; **yn ôl** back
yn *introduces verb or noun; changes adjective to adverb;* **yn aml** often; **yn barod** ready; **yn enwedig** especially; **yn gywir** yours sincerely; **yn ôl** according to; **yn syth** straight away, immediately; **yn unig** only, lonely
yna *adv.* then
yng nghanol *adv.* in the middle of
ynghanol *adv.* in the middle of
ynghwsg *adv.* asleep
ynghyd *adv.* together
yno *adv.* there
ynys/-oedd *nf.* island
ynysu *v.* to isolate
yr *art.* the; **yr Almaen** Germany; **yr Eidal** Italy; **yr un** each; **yr unig** the only; **yr Urdd** the Welsh League of Youth
ysbryd/-ion *nm.* spirit
ysbyty/ysbytai *nm.* hospital
ysgol/-ion *nf.* school, ladder; **~ feithrin** nursery school; **~ fonedd** private school; **~ gyfun** comprehensive school; **~ gynradd** primary school; **~ uwchradd** secondary school; **i'r ysgol** to school
ysgoloriaeth/-au *nf.* scholarship
ysgrifbin/-nau *nm.* pen
ysgrifennu *v.* to write
ysgrifennwr/ysgrifenwyr *nm.* writer
ysgrifennydd/ysgrifenyddion *nm.* secretary
ysgrifenyddes/-au *nf.* secretary
ysgubo *v.* to sweep
ysgubor/-iau *nf.* barn
ysgwyd *v.* to shake; **~ llaw** to shake hands

ysgwydd/-au *nf.* shoulder
ysgyfaint *npl.* lungs
ystad/-au *nf.* estate
ystafell/-oedd *nf.* room; **~ aros** waiting room; **~ fyw** living room
ystum/-iau *nm.* gesture
ystyr/-on *nmf.* meaning
ystyried *v.* to consider
yswiriant *nm.* insurance
yswirio *v.* to insure

A

a *art.* no Welsh equivalent
abbey *n.* abaty *m.*; mynachlog *f.*
ability *n.* gallu *m.*
able *adj.* galluog
    to be able to gallu *v.*
abolish *v.* dileu (*delete*); gwahardd (*ban*)
about *prep.* am + *S.M.* (*about, at*+ *time*); tua +
    SP.M. (*about* + *time*); o gwmpas (*around*)
above *prep.* + *adv.* uwchben
abroad *adv.* dramor; *adj.* tramor
absent *adj.* absennol
absurd *adj.* ffôl (*foolish*); afresymol
    (*unreasonable*)
abuse *v.* camddefnyddio; camddefnydd *nm.*
academy *n.* academi *f.*
accelerate *v.* cyflymu
accelerator *n.* sbardun *m.*
accent *n.* acen *f.*
accept *v.* derbyn
accident *n.* damwain *f.*
accommodation *n.* llety *m.*
accompany *v.* hebrwng (*across road*); cyfeilio
    (*on piano*)
accomplish *v.* cyflawni
according to *prep.* yn ôl
account *n.* cyfrif *m.*
accountant *n.* cyfrifydd *m.*
accurate *adj.* cywir
accusation *n.* cyhuddiad *m.*
accuse *v.* cyhuddo
accustomed *adj.* cyfarwydd
ace *n.* as *m.*
ache *n.* poen *mf.; v.* poeni, brifo
achieve *v.* cyflawni
achievement *n.* cyflawniad *m.*
acknowledge *v.* cydnabod
acknowledgement *n.* cydnabyddiaeth *f.*
acquaintance *n.* cyfaill *m.* (*friend*); cydnabod
    m.
acquire *v.* cael (*receive*); ennill (*gain*)
across *prep.* ar draws
act *n.* act/-au *f.; v.* actio
action *n.* gweithred *f.* (*deed*); hwyl *f.* (*fun*)
active *adj.* bywiog (*lively*); gweithgar
    (*working*)

activity *n.* gweithgaredd *m.*
actor *n.* actor *m.*
actress *n.* actores *f.*
adapt *v.* addasu
add *v.* adio, ychwanegu
address *n.* cyfeiriad *m.* (*house*); araith *f.*
    (*speech*)
adjective *n.* ansoddair *m.*
administration *n.* gweinyddiaeth *f.*
admire *v.* edmygu
adolescence *n.* glasoed *m.*
adopt *v.* mabwysiadu
adult *n.* oedolyn *m.*
adultery *n.* godineb *m.*
advance *v.* mynd ymlaen
advantage *n.* mantais *f.*
adventure *n.* antur *m.*
advertise *v.* hysbysebu
advertisement *n.* hysbyseb *f.*
advice *n.* cyngor *m.*
aerolane *n.* awyren *f.*
affect *v.* effeithio
afford *v.* fforddio
afraid *adj.* ofnus; **I'm afraid** Mae ofn arna i
Africa *n.* Affrica *f.*
African *n.* Affricanwr *m.* Affricanes *f.; adj.*
    Affricanaidd.
after *prep.* ar ôl, wedi
afternoon *n.* prynhawn *m.*
again *adv.* eto
against *prep.* yn erbyn
age *n.* oed *m.*
agency *n.* asiantaeth *f.*
agent *n.* asiant *m.*
aggressive *adj.* ymosodol
ago *adv.* yn ôl
agree *v.* cytuno
agreement *n.* cytundeb *m.*
ahead *adv.* ymlaen, ar y blaen
air *n.* awyr *f.;* **fresh ~** awyr iach
airline *n.* cwmni awyrennau *m.*
airmail *n.* post awyr *m.*
airport *n.* maes awyr *m.*
alarm *n.* larwm *m.*
alarm clock *n.* cloc larwm *m.*
alcohol *n.* alcohol *m.*
alien *adj.* dieithr
alike *adj.* tebyg

alive *adj.* byw
all *pron.* pawb
allergic *adj.* alergaidd
allergy *n.* alergedd *m.*
allow *v.* caniatáu
almost *adv.* bron
alone *adv.* ar ei ben ei hun *m.*; ar ei pen ei
    hun *f.*
aloud *adv.* yn uchel
alphabet *n.* gwyddor *f.*
already *adv.* yn barod, eisoes
alright *adj.* gweddol, iawn
also *adv.* hefyd
always *adv.* bob amser
am *v.* **I am** wi'n, dw i'n, rydw i'n, rwyf i'n,
    rwy'n
amaze *v.* rhyfeddu
ambassador *n.* llysgennad *m.*
ambiguous *adj.* amwys
ambition *n.* uchelgais *m.*
ambulance *n.* ambiwlans *m.*
America *n.* America *f.*
American *n.* Americanwr *m.*; Americanes *f.;*
    adj. Americanaidd
among *prep.* ymhlith
amount *n.* swm *m.*
an *art.* no Welsh equivalent
ancestor *n.* hynafiad *m.*
anchor *n.* angor *mf.*
ancient *adj.* hynafol
and *conj.* A + *SP.M.*, ac
angel *n.* angel *m.*
anger *n.* dicter *m.*
angle *n.* ongl *f.*
angry *adj.* dig
animal *n.* anifail *m.*
ankle *n.* migwrn *m.*
anniversary *n.* blwyddiant *m.*
announcement *n.* cyhoeddiad *m.*
annual *adj.* blynyddol
another *adj.* arall
answer *n.* ateb *m.*
anxiety *n.* pryder *m.*
anxious *adj.* pryderus
any *adj.* unrhyw
anybody *n.* unrhyw un *mf.*
apart *prep.* ar wahân
apartment *n.* fflat *f.*

apologize *v.* ymddiheuro
appearance *n.* golwg *mf.*
appendicitis *n.* pendics *m.*
appetite *n.* archwaeth *m.*
applaud *v.* cymeradwyo
applause *n.* cymeradwyaeth *f.*
apple *n.* afal *m.*
appliance *n.* teclyn *m.*
application *n.* cais *m.*
apply *v.* ymgeisio, gwneud cais
appointment *n.* apwyntiad *m.*
apprentice *n.* prentis *m.*
apprenticeship *n.* prentisiaeth *f.*
approach *v.* nesáu
appropriate *adj.* addas, priodol
approve *v.* cymeradwyo
April *n.* Ebrill *m.*
Arab *n.* Arab *m.; adj.* Arabaidd
arch *n.* bwa *m.*
architecture *n.* pensaernïaeth *f.*
archive *n.* archif *mf.*
are *v.* maen; **they are** maen nhw, maent hwy
area *n.* arwynebedd *m.*, ardal *f. (region)*
argument *n.* dadl *f.*
arm *n.* braich *f.*
armchair *n.* cadair freichiau *f.*
armpit *n.* cesail *f.*
army *n.* byddin *f.*
around *prep.* o gwmpas
arrest *v.* restio
arrival *n.* dyfodiad *m.*
arrive *v.* cyrraedd
arrow *n.* saeth *f.*
art *n.* celfyddyd *f.*; celf *f.*
article *n.* erthygl *f.*
artificial *adj.* artiffisial
artist *n.* artist *m.*
as *conj.* fel
ash *n.* lludw *m.*, llwch *m.*
ashtray *n.* blwch llwch *m.*
Asia *n.* Asia *f.*
Asian *n.* Asiad *m.; adj.* Asiaidd
ask *v.* gofyn
asleep *adv.* ynghwsg
assist *v.* cynorthwyo
assistant *n.* cynorthwywr *m.*, cynorthwywraig *f.*
association *n.* cymdeithas *f.*

assure *v.* sicrhau
at *prep.* ger, wrth + *S.M.*, yn *(in)* + *N.M.*
athlete *n.* athletwr *m.*
ATM *n.* peiriant arian *m.*
attempt *v.* ceisio; *n.* ymdrech *f.*
attention *n.* sylw *m.*
attitude *n.* agwedd *f.*
attorney *n.* cyfreithiwr *m.*
attract *v.* denu
attractive *adj.* deniadol
auction *n.* ocsiwn *f.*
August *n.* Awst *m.*
aunt *n.* modryb *f.*
Australia *n.* Awstralia *f* .
Austria *n.* Awstria *f.*
authentic *adj.* dilys
author *n.* awdur *m.*, awdures *f.*
authority *n.* awdurdod
authorize *v.* awdurdodi
automatic *adj.* awtomatig
available *adj.* ar gael
avenue *n.* rhodfa *f.*
average *n.* cyfartaledd *m.*
avoid *v.* osgoi
aware *adj.* ymwybodol
away *adv.* i ffwrdd
awful *adj.* ofnadwy

B

baby *n.* baban *m.*
baby-sit *v.* gwarchod, carco *(S.W.)*
baby-sitter *n.* gofalwr *m.*, gofalwraig *f.*
bachelor *n.* hen lanc *m.*
back *adv.* yn ôl; *n.* cefn *m.*
backbone *n.* asgwrn cefn *m.*
backpack *n.* sach gefn *f.*
backwards *adv.* tuag yn ôl
bacteria *n.* bacteria *mpl.*
bad *adj.* gwael, drwg
bag *n.* bag *m.*
baggage *n.* bagiau *mpl.*
bake *v.* pobi
baker *n.* pobydd *m.*
balance *v.* cydbwyso; *n.* balans *m. (bank)*
balcony *n.* balconi *m.*, balcon *m.*
bald *adj.* moel

ball *n.* pêl *f.*
ballet *n.* bale *m.*
ballpoint pen *n.* beiro *mf.*
ban *v.* gwahardd; *n.* gwaharddiad *m.*
band *n.* band *m.*
bandage *n.* rhwymyn *m.*
bank *n.* banc *m.*
banker *n.* banciwr *m.*
banquet *n.* gwledd *f.*
baptism *n.* bedydd *m.*
baptize *v.* bedyddio
bar *n.* bar *m.*
barber *n.* barbwr *m.*, torrwr gwallt *m.*
bard *n.* bardd *m.*
bare *adj.* noeth
barefoot *adj.* troednoeth
bargain *n.* bargen *f.*
barn *n.* ysgubor *f.*
basement *n.* llawr gwaelod *m.*
basin *n.* basn *m.*
basis *n.* sail *f.*
basket *n.* basged *f.*
bath *n.* bath *m.*
bathe *v.* ymdrochi
bathroom *n.* stafell ymolchi *f.*
bathtub *n.* bath *m.*
battery *n.* batri *m.*
bay *n.* bae *m.*
be *v.* bod
beach *n.* traeth *m.*
beard *n.* barf *f.*
beat *v.* curo; *n.* curiad *m.*
beautiful *adj.* prydferth
beauty *n.* prydferthwch *m.*
because *conj.* achos, oherwydd
become *v.* dod yn
bed *n.* gwely *m.*
bedding *n.* dillad gwely *mpl.*
bedroom *n.* stafell wely *f.*
bee *n.* gwenynen *f.*
beer *n.* cwrw *m.*
before *prep.* cyn
beg *v.* cardota
begin *v.* dechrau
beginner *n.* dechreuwr *m.*
beginning *n.* dechreuad *m.*
behave *v.* ymddwyn
behind *prep.* y tu ôl i

Belgian n. Belgiad m.; adj. Belgaidd
Belgium n. Gwlad Belg f.
belief n. cred f.
believe v. credu
bell n. cloch f.
belly n. bola m.
belong v. perthyn
belongings n. eiddo m.
below prep. dan + S.M.; adv. isod
belt n. gwregys m.
bench n. mainc f.
benefit n. lles m.
beside prep. ger, wrth
best adj. gorau
bet v. betio
better adj. gwell
between prep. rhwng
beverage n. diod f.
beware inter. gofal
beyond prep. y tu hwnt i
bib n. bib m.
Bible n. Beibl m.
bicycle n. beic m.
big adj. mawr
bikini n. bicini m.
bilingual adj. dwyieithog
bill n. bil m.
billion num. biliwn fm.
bird n. aderyn m.
birth n. genedigaeth f.
birth control pill n. pilsen gwrthgenhedlu f.
birthday n. pen blwydd m.
bit n. darn m.; **a bit** adv. ychydig
bitter adj. chwerw
black adj. du
blade n. llafn mf.
blanket n. blanced f.
bleed v. gwaedu
blend v. cymysgu
bless v. bendithio
blind adj. dall
blindness n. dallineb m.
blister n. pothell f.
block n. bloc m.
blond adj. golau
blood n. gwaed m.
blouse n. blows f.
blow v. chwythu

blue adj. glas
board n. bwrdd m.
boarding school n. ysgol breswyl f.
boat n. cwch m., bad m.
body n. corff m.
boil v. berwi
bolt n. bollt f.
bomb n. bom m.
bone n. asgwrn m.
book n. llyfr m.; v. archebu, cadw lle (keep a room/seat)
bookcase n. cwpwrdd llyfrau m.
bookstore n. siop lyfrau f.
boot n. cist f.
border n. ffin f.
born v. geni
boss n. bòs m.
both adv., pron. y ddau
bother v. poeni
bottle n. potel f.
bow n. bwa m.
bowl n. powlen f.
bowl v. bowlio
box n. blwch m.
bracelet n. breichled f.
bread n. bara m.
break v. torri
break down v. torri lawr
breakfast n. brecwast m.; **for ~** i frecwast
breast n. bron f.
breath n. anadl f.
breathe v. anadlu
breeze n. awel f.
bride n. priodferch f.
bridge n. pont f.
brief adj. byr, cryno
briefs n. pans m.
bright adj. disglair
bring v. dod â + SP.M.
brother n. brawd m.
brother-in-law n. brawd yng nghyfraith m.
brown adj. brown
bruise n. clais m.
brush n. brwsh m.
bubble n. swigen f.
bucket n. bwced mf.
budget n. cyllideb f.
build v. adeiladu

building n. adeilad m.
bulb n. bwlb m.
bullet n. bwled f.
bunch n. tusw m.
burglar n. lleidr m.
burn v. llosgi
burst v. torri
bury v. claddu
bus n. bws m.
business n. busnes m.
busy adj. prysur
but conj. ond
butcher n. cigydd m.
button n. botwm m.
buy v. prynu
by prep. wrth + S.M.
bye-bye inter. hwyl fawr, pob hwyl

C

cab n. tacsi m.
cable n. cebl m.
café n. caffe m.
cage n. cawell m.
cake n. teisen f., cacen f.
calculate v. cyfrifo
calculator n. cyfrifiannell f.
calendar n. calendr m.
call v. galw; n. galwad f.
calling card n. cerdyn galw m.
camera n. camera m.
camp n. gwersyll m.
can v. gallu; n. tun m.
Canada n. Canada f.
Canadian n. Canadiad m.; adj. Canadaidd
cancel v. dileu, canslo
cancer n. canser m.
candle n. cannwyll f.
candy n. losin pl.
canoe n. canŵ m.
cap n. cap m.
capable adj. galluog
capital n. prifddinas f.
captain n. capten m.
car n. car m.
card n. cerdyn m.
cardboard n. cardfwrdd m.

Cardiff Caerdydd
care *n.* gofal *m.; v.* gofalu
careful *adj.* gofalus
carpet *n.* carped *m.*
carrots *pl.* moron
carry *v.* cario
carton *n.* carton *m.*
case *n.* cês *m.* (*bag*); achos *m.* (*law*)
cash *n.* arian *m.*
cashier *n.* ariannwr *m.*
casino *n.* casino *m.*
castle *n.* castell *m.*
casual *adj.* hamddenol (*leisurely*), achlysurol (*now and again*)
cat *n.* cath *f.*
catalogue *n.* catalog *m.*
catch *v.* dal
cathedral *n.* eglwys gadeiriol *f.*
Catholic *adj.* Catholig
Catholicism *n.* Catholigaeth *f.*
caution *n.* gofal *m.*
cautious *adj.* gofalus
cave *n.* ogof *f.*
CD *n.* CD *m.*
CD player *n.* chwaraewr CD *m.*
CD-ROM *n.* CD-ROM *m.*
ceiling *n.* nenfwd *m.*
celebrate *v.* dathlu
cell *n.* cell *f.*
cellar *n.* seler *f.*
cemetery *n.* mynwent *f.*
centre *n.* canol *m.*
centimeter *n.* centimetr *m.*
central *adj.* canolog
century *n.* canrif *f.*
ceremony *n.* seremoni *f.*
chain *n.* cadwyn *f.*
chair *n.* cadair *f.*
chance *n.* siawns *f.*
change *v.* newid; *n.* newid *m.*
chapter *n.* pennod *f.*
character *n.* cymeriad *m.*
charge *v.* codi tâl
charges *n.* taliadau *mpl.*
chat *v.* sgwrsio; *n.* sgwrs *f.*
cheap *adj.* rhad
cheat *v.* twyllo
check *v.* gwirio, edrych (*look*)

cheque *n.* siec *f.*
cheek *n.* boch *f.*
Cheers! *inter.* lechyd da!
cheese *n.* caws *m.*
chemical *adj.* cemegol
chess *n.* gwyddbwyll *m.*
chest *n.* brest *f.*
chew *v.* cnoi
child *n.* plentyn *m.*
childhood *n.* plentyndod *m.*
chin *n.* gên *f.*
china *n.* tsieni *m.*
choice *n.* dewis *m.*
choke *v.* tagu
choose *v.* dewis
Christian *n.* Cristion *m.; adj.* Cristnogol
Christianity *n.* Cristnogaeth *f.*
Christmas *n.* Nadolig *m.;* **Merry ~** Nadolig Llawen
church *n.* eglwys *f.*
cigar *n.* sigâr *f.*
cigarette *n.* sigarét *f.*
circle *n.* cylch *m.*
circumstance *n.* amgylchiad *m.*
circus *n.* syrcas *m.*
citizen *n.* dinesydd *m.*
city *n.* dinas *f.*
civil *adj.* sifil
civilian *n.* dinesydd *m.*
civilization *n.* gwareiddiad *m.*
classic *adj.* clasurol
clean *adj.* glân
clear *adj.* clir
clever *adj.* clyfar
client *n.* cleient *m.*
cliff *n.* clogwyn *m.*
climate *n.* hinsawdd *f.*
climb *v.* dringo
clinic *n.* clinig *m.*
clock *n.* cloc *m.*
close *v.* cau
closed *adv.* ar gau
cloth *n.* lliain *m.*
clothe *v.* dilladu, gwisgo
clothes *n.* dillad *pl.*
cloud *n.* cwmwl *m.*
coast *n.* arfordir *m.*
coat *n.* cot *f.*

cobbler *n.* crydd *m.*
code *n.* cod *m.*
coffee *n.* coffi *m.*
coffee shop *n.* siop goffi *f.*
coffin *n.* arch *f.*
coin *n.* darn arian *m.*
cold *adj.* oer
collect *v.* casglu
collection *n.* casgliad *m.*
college *n.* coleg *m.*
collide *v.* gwrthdaro
collision *n.* gwrthdrawiad *m.*
colour *n.* lliw *m.*
column *n.* colofn *f.*
comb *n.* crib *f.*
combination *n.* cyfuniad *m.*
come *v.* dod; **has come** wedi dod
comfort *n.* cysur *m.*
comfortable *adj.* cysurus
comma *n.* atalnod *m.*, coma *m.*
comment *n.* sylw *m.*
commission *n.* comisiwn *m.*
committee *n.* pwyllgor *m.*
common. *adj.* cyffredin
communicate *v.* cyfathrebu
company *n.* cwmni *m.*
compare *v.* cymharu
comparison *n.* cymhariaeth *f.*
compartment *n.* adran *f.*
compass *n.* cwmpawd *m.*
compensate *v.* gwneud iawn
competition *n.* cystadleuaeth *f.*
complain *v.* cwyno
complaint *n.* cwyn *mf.*
complete *v.* cwblhau; *adj.* cyflawn
compliment *n.* canmoliaeth *f.*
compose *v.* cyfansoddi
composer *n.* cyfansoddwr *m.*
composition *n.* cyfansoddiad *m.*
comprehensive *adj.* cyfun, cyflawn
computer *n.* cyfrifiadur *m.*
concern *n.* pryder *m.*, gofal *m.*
concert *n.* cyngerdd *mf.*
concrete *n.* concrit *m.; adj.* pendant
condemn *v.* condemnio
condition *n.* cyflwr *m.*, amod *mf.* (*term*)
condolences *n.* cydymdeimlad *m.*
condom *n.* condom *m.*

conductor *n.* arweinydd *m.*, tocynnwr *m.* (*bus*)
confess *v.* cyfaddef
confession *n.* cyffes *f.*
confidence *n.* hyder *m.*
confirm *v.* cadarnhau
conflict *v.* gwrthdaro
confuse *v.* cymysgu
congratulate *v.* llongyfarch
congratulations *inter.* llongyfarchiadau
connect *v.* cysylltu
connection *n.* cysylltiad *m.*
conscious *adj.* ymwybodol
consequence *n.* canlyniad *m.*
conserve *v.* gwarchod, cadw
consider *v.* ystyried
consonant *n.* cytsain *f.*
constipation *n.* rhwymedd *m.*
consul *n.* conswl *m.*
consulate *n.* llysgenhadaeth *f.*
contact *v.* cysylltu
contact lenses *n.* lensys cyswllt *fpl.*
contagious *adj.* heintus
contain *v.* cynnwys
container *n.* cynhwysydd *m.*
contaminate *v.* llygru
contempt *n.* dirmyg *m.*
content *adj.* bodlon
continent *n.* cyfandir *m.*
continue *v.* parhau
contraceptive *n.* gwrthgenhedlydd *m* .
contract *n.* cytundeb *m.*, contract *m.*
control *v.* rheoli
convent *n.* cwfaint *m.*
conversation *n.* sgwrs *f.*
convert *v.* trosi
convince *v.* argyhoeddi
cook *v.* coginio; *n.* cogydd *m.*, cogyddes *f.*
cool *adj.* oer, oerllyd
copy *v.* copïo; *n.* copi *m.*
Cordially *inter.* Yn gywir
core *n.* craidd *m.*
cork *n.* corc *m.*
corner *n.* cornel *mf.*
corpse *n.* corff *m.*
correct *adj.* cywir; *v.* cywiro
correction *n.* cywiriad *m.*
correspondence *n.* gohebiaeth *f.* (*letters*); cyfatebiaeth *f.* (*similarity*)

cost *n.* cost *f.*; *v.* costio
cot *n.* cot *f.*
cotton *n.* cotwm *m.*
couch *n.* soffa *f.*
cough *v.* pesychu; *n.* peswch *m.*
count *v.* cyfrif
counter *n.* cownter *m.*
country *n.* gwlad *f.*
couple *n.* pâr *m.*
course *n.* cwrs *m.*
court *n.* llys *m.*
courtyard *n.* buarth *m.*
cousin *n.* cefnder *m.*, cyfnither *f.*
cover *n.* clawr *m.*; *v.* gorchuddio
cow *n.* buwch *f.*
cradle *n.* crud *m.*
craft *n.* crefft *f.*
craftsman *n.* crefftwr *m.*
crash *n.* gwrthdrawiad *m.*; *v.* crasio
crawl *v.* cropian
crazy *adj.* gwallgof, gwallgo
cream *n.* hufen *m.*
create *v.* creu
credit *n.* credyd *m.*; **~ card** *n.* cerdyn credyd *m.*
crew *n.* criw *m.*
crime *n.* trosedd *mf.*
criticism *n.* beirniadaeth *f.*
criticize *v.* beirniadu
cross *n.* croes *f.*; *v.* croesi; *adj.* dig
cruise *v.* mordeithio; *n.* mordaith *f.*
crumb *n.* briwsionyn *m.*
crumble *v.* chwalu
cry *v.* crio, llefain, wylo
culture *n.* diwylliant *m.*
cup *n.* cwpan *mf.*
cuppa *n.* paned *f.*, dysglaid *f.*
cupboard *n.* cwpwrdd *m.*
cure *n.* gwellhad *m.*
curious *adj.* chwilfrydig
curl *n.* cyrl *m.*
currency *n.* arian *m.*
current *adj.* cyfredol, presennol
curtain *n.* llen *f.*
curve *n.* tro *m.*
cushion *n.* clustog *f.*
custom *n.* arfer *mf.*
customer *n.* cwsmer *m.*

customs *n.* tollau *fpl.*; arferion *mpl.* (*habits*)
cut *v.* torri; *n.* cwt *m.*, toriad *m.*

D

dad *n.* dad *m.*
daily *adj.* dyddiol
dairy *n.* llaethdy *m.*
damage *n.* niwed *m.*
damp *adj.* llaith
dance *n.* dawns *f.*; *v.* dawnsio; **~ club** clwb dawnsio
danger *n.* perygl *m.*
dangerous *adj.* peryglus
dare *v.* mentro
dark *adj.* tywyll
darkness *n.* tywyllwch *m.*
date *n.* dyddiad *m.*, oed *m.* (*appointment*)
daughter *n.* merch *f.*
daughter-in-law *n.* merch yng nghyfraith *f.*
dawn *n.* gwawr *f.*
day *n.* dydd *m.*, diwrnod *m.*
daycare *n.* gofal dydd *m.*
dead *adj.* marw
deadly *adj.* marwol, angheuol
deaf *adj.* byddar
deafness *n.* byddardod *m.*
deal *v.* delio; *n.* bargen *f.*
dealer *n.* deliwr *m.*
dear *adj.* annwyl
death *n.* marwolaeth *f.*
debt *n.* dyled *f.*
decade *n.* degawd *mf.*
decaffeinated *adj.* digaffîn
deceive *v.* twyllo
December *n.* Rhagfyr *m.*
decide *v.* penderfynu
decision *n.* penderfyniad *m.*
declare *v.* cyhoeddi
decorate *v.* addurno
decoration *n.* addurn *m.*
decrease *v.* lleihau
deep *adj.* dwfn
defect *n.* nam *m.*
defend *v.* amddiffyn
defence *n.* amddiffyniad *m.*
define *v.* diffinio

definition *n.* diffiniad *m.*
degree *n.* gradd *f.*
delay *v.* oedi
delete *v.* dileu
delicious *adj.* blasus
deliver *v.* dosbarthu
demand *v.* hawlio
democracy *n.* democratiaeth *f.*
demonstration *n.* gwrthdystiad *m.*
dentist *n.* deintydd *m*
deny *v.* gwadu.
departure *n.* ymadawiad *m.*
depend *v.* dibynnu
deposit *n.* ernes *m.*
depression *n.* iselder *m.*
depth *n.* dyfnder *m.*
descend *v.* disgyn
describe *v.* disgrifio
desert *n.* anialwch *m.*
deserve *v.* haeddu
desire *n.* dymuniad *m.; v.* dymuno
desk *n.* desg *f.*
dessert *n.* pwdin *m.*
destroy *v.* distrywio, dinistrio
detach *v.* datod
detail *n.* manylyn *m.*
detective *n.* ditectif *m.*
develop *v.* datblygu
devil *n.* diawl *m.*, diafol *m.*
dew *n.* gwlith *m.*
diabetes *n.* clefyd siwgr *m.*
dial *v.* deialu; *n.* deial *m.*
dialect *n.* tafodiaith *f.*
dialogue *n.* sgwrs *f.*, deialog *f.*
diamond *n.* diemwnt *mf.*
diaper *n.* cewyn *m.*
diary *n.* dyddiadur *m.*
dictionary *n.* geiriadur *m.*
die *v.* marw
diet *n.* deiet, diet *m.*
difference *n.* gwahaniaeth *m.*
different *adj.* gwahanol
difficult *adj.* anodd, caled
difficulty *n.* anhawster *m.*
digest *v.* treulio
digestion *n.* treuliad *m.*
digital *adj.* digidol; *n.* ~ **camera** camera digidol *m.*

dimension *n.* dimensiwn *m.*
dine *v.* bwyta, ciniawa
dining room *n.* stafell fwyta *f.*
dinner *n.* cinio *mf.*
diplomacy *n.* diplomyddiaeth *f.*
direct *adj.* uniongyrchol, syth
direction *n.* cyfeiriad *m.*
director *n.* cyfarwyddwr *m.*
dirt *n.* baw *m.*
dirty *adj.* brwnt, budr
disagree *v.* anghytuno
disagreement *n.* anghytundeb *m.*
disappear *v.* diflannu
disappointment *n.* siom *mf.*
disaster *n.* trychineb *f.*
discipline *n.* disgyblaeth *f.; v.* disgyblu
discount *n.* disgownt *m.*
discover *v.* darganfod
discuss *v.* trafod
discussion *n.* trafodaeth *f.*
disease *n.* haint *m.*, clefyd *m.*
disgusting *adj.* ffiaidd
dish *n.* dysgl *f.*
disk *n.* disg *m.*
dislike *v.* ddim yn hoffi
disobey *v.* anufuddhau
disposable *adj.* tafladwy
distance *n.* pellter *m.*
distinct *adj.* pendant, arbennig
distinguish *v.* gwahaniaethu
distribute *v.* dosbarthu
distribution *n.* dosbarthiad *m.*
disturb *v.* torri ar draws, aflonyddu
ditch *n.* ffos *f.*
dive *v.* plymio
diver *n.* plymiwr *m.*
divide *v.* rhannu
divorce *n.* ysgariad *m.; v.* ysgaru
do *v.* gwneud
doctor *n.* doctor *m.*, meddyg *m.*
dog *n.* ci *m.*
doll *n.* dol *f.*
dollar *n.* doler *m.*
donkey *n.* asyn *m.*
door *n.* drws *m.*
dose *n.* dos *f.*
dot *n.* dot *m.*
double *v.* dyblu

doubt *n.* amheuaeth *f.*
dough *n.* toes *m.*
down *adv.* lawr
dozen *n.* dwsin *m.*
drama *n.* drama *f.*
draught *n.* drafft *m* .
draw *v.* tynnu
drawing *n.* darlun *m.*
dream *n.* breuddwyd *m.*
dress *n.* gwisg *f.; v.* gwisgo
drink *n.* diod *f.; v.* yfed
drive *v.* gyrru
driver *n.* gyrrwr *m.*
driver's licence *n.* trwydded yrru *f.*
drop *v.* gollwng
drown *v.* boddi
drug *n.* cyffur *m.*
drunk *adj.* meddw, wedi meddwi
dry *v.* sychu
dryer *n.* sychwr *m.*
due *adj.* dyledus
dumb *adj.* mud *(unable to speak)*, twp *(stupid)*
during *prep.* yn ystod
dusk *n.* cyfnos *m.*
dust *n.* llwch *m.*
duty *n.* dyletswydd *m.*
DVD *n.* DVD *m.*
dye *v.* lliwio

E

each *adj.* pob
ear *n.* clust *f.*
early *adj.* cynnar
earn *v.* ennill
earnings *n.* enillion *pl*
earring *n.* clustdlws *m.*
earth *n.* daear *f.*
easily *adv.* yn hawdd
east *n.* dwyrain *m.*
Easter *n.* Y Pasg *m.*
easy *adj.* hawdd
eat *v.* bwyta
economy *n.* economi *mf.*
edge *n.* ymyl *f.*
education *n.* addysg *f.*
effect *n.* effaith *f.*

effort *n.* ymdrech *f.*
egg *n.* wy *m.*; **boiled ~** wy wedi'i ferwi; **fried ~** wy wedi'i ffrio
eight *num.* wyth
elastic *n.* elastig *m.*
elbow *n.* penelin *mf.*
electric *adj.* trydanol
electrician *n.* trydanwr *m.*
electricity *n.* trydan *m.*
elegant *adj.* gosgeiddig
elevator *n.* lifft *m.*
eleven *num.* un deg un, un ar ddeg
else *adj.* arall
email *n.* e-bost *m.*; *v.* e-bostio
embarrass *v.* codi gwrid
embassy *n.* llysgenhadaeth *f.*
emergency *n.* argyfwng *m.*
emigrate *v.* allfudo
employee *n.* gweithiwr *m.*
employer *n.* cyflogwr *m.*
employment *n.* cyflogaeth *f.*; gwaith *m.*
empty *adj.* gwag
enclose *v.* amgáu
encounter *v.* cyfarfod
encyclopedia *n.* ensyclopedia *m.*
end *v.* gorffen; *n.* diwedd *m.*
endless *adj.* diddiwedd
enemy *n.* gelyn *m.*
energetic *adj.* egnïol
energy *n.* egni *m.*, ynni *m.*
engage *v.* dyweddïo
engagement *n.* dyweddïad *m.*
engine *n.* peiriant *m.*
engineer *n.* peiriannydd *m.*
England *n.* Lloegr *f.*
English *n.* Saesneg *f.* (*language*); *adj.* Seisnig
Englishman *n.* Sais *m.*
Englishwoman *n.* Saesnes *f.*
enjoy *v.* mwynhau
enjoyment *n.* mwynhad *m.*
enlarge *v.* mwyhau, helaethu
enormous *adj.* enfawr
enough *adj.* digon; **~ food** digon o fwyd
enter *v.* mynd i mewn
entertain *v.* diddanu
enthusiasm *n.* brwdfrydedd *m.*
entire *adj.* cyfan
entrance *n.* mynedfa *f.* (*door*); mynediad *m.*

envelope *n.* amlen *f.*
environment *n.* amgylchedd *m.*
epidemic *n.* haint *m.*, pla *m.*
equal *adj.* cyfartal
equality *n.* cydraddoldeb *m.*
equipment *n.* offer *mpl.*
era *n.* cyfnod *m.*
erase *v.* dileu
eraser *n.* rhwber *m.*
error *n.* camsyniad *m.*
escalator *n.* lifft *m.*
escape *v.* ffoi, dianc
especially *adv.* yn enwedig
essential *adj.* angenrheidiol
establish *v.* sefydlu
estate *n.* ystad *f.*
estimate *v.* amcangyfrif
eternal *adj.* tragwyddol
euro *n.* ewro *m.*
Europe *n.* Ewrop *f.*
European *adj.* Ewropeaidd; *n.* Ewropead *m.*
European Union *n.* Yr Undeb Ewropeaidd
evacuate *v.* gwacáu
evaluate *v.* gwerthuso
even *adj.* gwastad; *adv.* hyd yn oed
evening *n.* noswaith *f.*
event *n.* digwyddiad *m.*
ever *adv.* erioed
every *adj.* pob
everybody *n./pron.* pawb
everyday *adj.* cyffredin, pob dydd
evidence *n.* tystiolaeth *f.*
exact *adj.* union
exaggerate *v.* gorliwio
examination *n.* arholiad *m.*
examine *v.* arholi
example *n.* enghraifft *f.*
excellent *adj.* ardderchog
except *prep.* ac eithrio, heblaw
exception *n.* eithriad *m.*
exchange *v.* cyfnewid
exchange rate *n.* cyfradd gyfnewid *f.*
excite *v.* cyffroi
excitement *n.* cyffro *m.*
exclude *v.* cau allan
excursion *n.* gwibdaith *f.*
excuse *n.* esgus *m.*; *v.* esgusodi
execute *v.* gwneud (*do*); dienyddio (*kill*)

exercise *n.* ymarfer *m.*; *v.* ymarfer
exhaust *n.* piben wacáu *f.*
exhibit *v.* arddangos
exhibition *n.* arddangosfa *f.*
exist *v.* bodoli
existence *n.* bodolaeth *f.*
exit *n.* allanfa *f.*
expect *v.* disgwyl
expectation *n.* disgwyliad *m.*
expel *v.* taflu allan
expense *n.* traul *f.*
expensive *adj.* drud
experience *n.* profiad *m.*
expert *n.* arbenigwr *m.*
expire *v.* dod i ben
explain *v.* esbonio
explanation *n.* esboniad *m.*
explosion *n.* ffrwydrad *m.*
express *v.* mynegi
external *adj.* allanol
extinguish *v.* diffodd
extinguisher *n.* diffoddwr *m.*
extra *adj.* ychwanegol
extract *v.* tynnu allan; *n.* darn *m.*
extraordinary *adj.* arbennig
extreme *adj.* eithafol
eye *n.* llygad *mf.*
eyebrow *n.* ael *f.*

F

fabric *n.* defnydd *m.*
face *n.* wyneb *m.*
fail *v.* methu
failure *n.* methiant *m.*
faint *v.* llewygu
fair *adj.* teg; **~ play** chwarae teg; gweddol (*alright*)
faith *n.* ffydd *f.*
faithful *adj.* ffyddlon
fall *v.* syrthio, cwympo
false *adj.* ffug
family *n.* teulu *m.*
famous *adj.* enwog
fan *n.* cefnogwr *m.* (*supporter*), gwyntyll *m.* (*air*)
far *adj.* pell

farm *n.* fferm *f.*
farmer *n.* ffermwr *m.*
fashion *n.* ffasiwn *m.*
fast *adj.* cyflym
fasten *v.* clymu *(tie)*
fat *adj.* tew
father *n.* tad *m.*
father-in-law *n.* tad yng nghyfraith *m.*
fault *n.* bai *m.*
favour *n.* ffafr *f.*
favourite *adj.* hoff
fear *n.* ofn *m.*
feather *n.* pluen *f.*
February *n.* Chwefror *m.*
fee *n.* ffi *f.*
feed *v.* bwydo
feel *v.* teimlo
feeling *n.* teimlad *m.*
female *adj.* benywaidd; *n.* benyw *f.*
feminine *adj.* benywaidd
fence *n.* ffens *f.*
ferry *n.* fferi *m*
festival *n.* gŵyl *f.*
fever *n.* twymyn *mf.*
few *pron.* ychydig
field *n.* cae *m.*
fight *v.* ymladd
fill *v.* llenwi, llanw
film *n.* ffilm *f.*; *v.* ffilmio
filter *n.* hidlydd *m.*
filthy *adj.* brwnt
final *adj.* terfynol
financial *adj.* ariannol
find *v.* canfod, ffeindio
fine *adj.* braf
finger *n.* bys *m.*
fingerprint *n.* ôl bys *m.*
finish *v.* gorffen
fire *n.* tân *m.*
fireman *n.* dyn tân *m.*
fireplace *n.* lle tân *m.*
fireworks *n.* tân gwyllt *m.*
firm *adj.* cadarn
first *adj.* cyntaf
fish *n.* pysgodyn *m.*
fisherman *n.* pysgotwr *m.*
Fishguard Abergwaun
fist *n.* dwrn *m.*

fit *v.* ffitio
five *num.* pump
fix *v.* glynu
flag *n.* baner *f.*
flame *n.* fflam *f.*
flash *v.* fflachio
flashlight *n.* fflachlamp *f.*
flat *adj.* gwastad
flavour *n.* blas *m.*
flea *n.* lleuen *f.*
flight *n.* hediad *m.*
float *v.* arnofio
flood *n.* llifogydd *pl.*
floor *n.* llawr *m.*
florist *n.* gwerthwr blodau *m.*
flour *n.* blawd *m.*
flow *v.* llifo
flower *n.* blodyn *m.*
flu *n.* ffliw *m.*
fluently *adv.* yn rhugl
fly *v.* hedfan
fog *n.* niwl *m.*
fold *v.* plygu
folk *n.* gwerin *f.*
follow *v.* dilyn
food *n.* bwyd *m.*
fool *n.* ffŵl *m.*
foot *n.* troed *f.*
football *n.* pêl-droed *f.*
for *prep.* am, i
forbid *v.* gwahardd
force *n.* grym *m.*
forefinger *n.* mynegfys *m.*
forehead *n.* talcen *m.*
foreign *adj.* estron, tramor
foreigner *n.* estronwr *m.*; tramorwr *m.*
forest *n.* fforest *f.*, coedwig *f.*
forever *adv.* am byth
forget *v.* anghofio
forgive *v.* maddau
fork *n.* fforc *f.*
form *n.* ffurf *f.*; *v.* ffurfio
formal *adj.* ffurfiol
former *adj.* cyn-
forward *n.* blaenwr *m.*; *adv.* ymlaen
foundation *n.* sail *f.*
four *num.* pedwar *m.*; pedair *f.*
fragile *adj.* bregus

frame *n.* ffrâm *f.*
France *n.* Ffrainc *f.*
free *adj.* rhydd
freedom *n.* rhyddid *m.*
freeze *v.* rhewi
freezer *n.* rhewgell *f.*
French *adj.* Ffrengig; *n.* Ffrangeg *f.*
Frenchman *n.* Ffrancwr *m.*
frequent *adv.* aml
fresh *adj.* ffres
Friday *n.* dydd Gwener *m.*
friend *n.* ffrind *m.*, cyfaill *m.*, cyfeilles *f.*
friendly *adj.* cyfeillgar
friendship *n.* cyfeillgarwch *m.*
frog *n.* broga *m.*
from *prep.* o + *S.M.*, oddi wrth + *S.M. (letter)*
front *n.* blaen *m.*
fruit *n.* ffrwyth *m.*
fry *v.* ffrio
frying pan *n.* padell ffrio *f.*
fuel *n.* tanwydd *m.*
full *adj.* llawn; ~ **time** amser llawn
fun *n.* hwyl *f.*
funeral *n.* angladd *mf.*
funny *adj.* doniol
fur *n.* ffwr *m.*
furniture *n.* celfi *mpl.*
fuse *n.* ffiws *mf.*
future *n.* dyfodol *m.*

G

gallery *n.* oriel *f.*
gallon *n.* galwyn *m.*
gamble *v.* gamblo, hapchwarae
game *n.* gêm *f.*
gap *n.* bwlch *m.*
garage *n.* garej *m.*, modurdy *m.*
garbage *n.* sbwriel *m.*
garden *n.* gardd *f.*, *v.* garddio
gardener *n.* garddwr *m.*
garlic *n.* garllegen *f.*
gas *n.* nwy *m.*
gate *n.* gât *f.*, clwyd *f.*
gather *v.* casglu
gay *adj.* hapus, hoyw
geography *n.* daearyddiaeth *f.*

germ *n.* germ *m.*
German *n.* Almaeneg *f.*; *adj.* Almaenig
Germany *n.* Yr Almaen *f.*
get *v.* cael
gift *n.* anrheg *f.*, rhodd *f.*
girl *n.* merch *f.*
give *v.* rhoi, rhoddi
glad *adj.* balch
glass *n.* gwydryn *m.*
glasses *n.* sbectol *f.*
glove *n.* maneg *f.*
glue *n.* glud *m.*
go *v.* mynd; **has gone** wedi mynd
goal *n.* gôl *f.*
goat *n.* gafr *f.*
God *n.* Duw *m.*
godfather *n.* tad bedydd *m.*
godmother *n.* mam fedydd *f.*
gold *n.* aur *m.*
good *adj.* da
good-bye *inter.* hwyl fawr
goods *n.* nwyddau *pl.*
government *n.* llywodraeth *f.*
gown *n.* gŵn *m.*
grab *v.* gafael
graduate *v.* graddio
gram *n.* gram *m.*
grammar *n.* gramadeg *m.*
grandchild *n.* ŵyr *m.*
granddaughter *n.* wyres *f.*
grandfather *n.* tad-cu *m.* (S.W.), taid *m.* (N.W.)
grandmother *n.* mam-gu *f.* (S.W.), nain *f.* (N.W.)
grandson *n.* ŵyr *m.*
grant *n.* grant *m.*; *v.* rhoi
grape *n.* grawnwin *pl.*
grass *n.* glaswellt *pl.*, porfa *f.*
grave *n.* bedd *m.*
gravestone *n.* carreg fedd *f.*
graveyard *n.* mynwent *f.*
great *adj.* mawr
Great Britain *n.* Prydain *f.*, Prydain Fawr *f.*
great-grandfather *n.* hen dad-cu *m.* (S.W.), hen daid *m.* (N.W.)
great-grandmother *n.* hen fam-gu *f.* (S.W.), hen nain *f.* (N.W.)
green *adj.* gwyrdd
greet *v.* cyfarch

grey *adj.* llwyd
grief *n.* galar *m.*
grill *v.* grilio
grind *v.* malu
grocer *n.* groser *m.*
grocery store *n.* siop groser *f.*
ground *n.* tir *m.*
group *n.* grŵp *m.*
grow *v.* tyfu
grown-up *n.* oedolyn *m.*
growth *n.* twf *m.*
guarantee *n.* gwarant *m.*; *v.* gwarantu
guard *n.* gwarchod
guess *v.* dyfalu
guide *v.* tywys; *n.* tywysydd *m.*
guilt *n.* euogrwydd *m.*
guilty *adj.* euog
gum *n.* gwm *m.*
gun *n.* dryll *m.*
gutter *n.* gwter *mf.*

H

hail *n.* cesair *pl.*; *v.* bwrw cesair
hair *n.* gwallt *pl.*
haircut *n.* toriad gwallt *m.*
hairdresser *n.* trinydd gwallt *m.*
hairspray *n.* chwistrell gwallt *f.*
half *n.* hanner *m.*
hall *n.* neuadd *f.*
Halloween *n.* Calan Gaeaf *m.*
ham *n.* ham *m.*
hammer *n.* morthwyl *m.*
hand *n.* llaw *f.*
handful *n.* llond llaw *m.*
handicap *n.* anfantais *f.*
handle *v.* trin; *n.* dolen *f.*
handy *adj.* hwylus
hang *v.* hongian
hangover *n.* pen mawr *m.*
happen *v.* digwydd
happiness *n.* hapusrwydd *m.*
happy *adj.* hapus
harass *v.* poeni
harbour *n.* harbwr *m.*; porthladd *m.*
hard *adj.* caled, anodd *(difficult)*
harm *v.* niweidio; *n.* niwed *m.*

harp *n.* telyn *f.*
harvest *n.* cynhaeaf *m.*
has *v.* wedi; **he has come** mae e wedi dod
hat *n.* het *f.*
hate *n.* casineb *m.*
have *v.* cael *(obtain)*,
    mae … gan *(possess)* **I have a car** mae car gen i
    mae ... gyda *(S.W.)* **I have a car** mae car gyda fi; mae car 'da fi; **they have come** maen nhw wedi dod
hay *n.* gwellt *pl.*
hay fever *n.* twymyn y gwair *mf.*
hazard *n.* perygl *m.*
he *pron.* fe, ef
head *n.* pen *m.*
headache *n.* pen tost *m.* (S.W.), cur pen *m.* (N.W.)
headlight *n.* prif olau *m.*
headline *n.* pennawd *m.*
headquarters *n.* pencadlys *m.*
heal *v.* gwella
health *n.* iechyd *m.*
healthy *adj.* iach
hear *v.* clywed
hearing *n.* clyw *m.*
heart *n.* calon *f.*
heat *n.* gwres *m.*
heater *n.* gwresogydd *m.*
heaven *n.* nefoedd *f.*, nef *f.*
heavy *adj.* trwm
heel *n.* sawdl *mf.*
height *n.* uchder *m.*; taldra *m. (of person)*
helicopter *n.* hofrennydd *m.*
hell *n.* uffern *f.*
Hello! *inter.* Helô, Shwmae
help *n.* help *m.*, cymorth *m.*; *v.* helpu
her *pron.* hi; *poss. pron.* ei ... hi **her coat** ei chot hi.
herb *n.* perlysieuyn *m.*
here *adv.* yma
hesitate *v.* petruso
Hi! *inter.* Shwmae!
hide *v.* cuddio
high *adj.* uchel; *n.* **~ school** ysgol uwchradd *f.*
highway *n.* priffordd *f.*
hike *v.* heicio
hill *n.* bryn *m.*

him *pron.* fe, ef
hip *n.* clun *f.*
hire *v.* llogi, hurio
his *pron.* ei ... e; **his coat** ei got e
historic *adj.* hanesyddol
history *n.* hanes *m.*
hit *v.* taro
hold *v.* dal
hole *n.* twll *m.*
holiday *n.* gwyliau *pl.*
holy *adj.* sanctaidd
home *n.* cartref *m.*; *adv.* adref; **at ~** gartref
homeland *n.* mamwlad *f.*
homesickness *n.* hiraeth *m.*
homework *n.* gwaith cartref *m.*
honey *n.* mêl *m.*
hook *n.* bachyn *m.*; *v.* bachu
hope *n.* gobaith *m.*; *v.* gobeithio
horn *n.* corn *m.*
hornet *n.* cacynen *f.*
horse *n.* ceffyl *m.*
hose *n.* pibell *f.*
hospital *n.* ysbyty *m.*
host *n.* gwestai *m.*; gwestywr *m.*
hostess *n.* gwestywraig *f.*
hot *adj.* poeth
hotel *n.* gwesty *m.*
hour *n.* awr *f.*
house *n.* tŷ *m.*
how *interrog.* sut
hug *v.* cofleidio
human *adj.* dynol
humid *adj.* trymaidd
hundred *num.* cant
hunger *n.* newyn *m.*
hungry *adj.* chwant bwyd *m.*; **I'm ~** mae chwant bwyd arna i
hunt *v.* hela; *n.* helfa *f.*
hunter *n.* heliwr *m.*
hurricane *n.* corwynt *m.*
hurry *v.* brysio
hurt *v.* brifo
husband *n.* gŵr *m.*
hygiene *n.* glendid *m.*, hylendid *m.*
hygienic *adj.* hylan
hyphen *n.* cyplysnod *m.*

I

I *pron.* fi, i, mi
ice *n.* iâ *m.*; **~ cream** hufen iâ *m.*; **~ cube** iâ *m.*; **~ hockey** hoci iâ *m.*
icy *adj.* rhewllyd
idea *n.* syniad *m.*
ideal *adj.* delfrydol
identify *v.* adnabod
identity *n.* hunaniaeth *f.*; **~ card** cerdyn adnabod
idiot *n.* ffŵl *m.*
if *conj.* os
ignore *v.* anwybyddu
ill *adj.* sâl
illegal *adj.* anghyfreithlon
illness *n.* salwch *m.*
illustration *n.* darlun *m.*
image *n.* delwedd *f.*
imagination *n.* dychymyg *m.*
imagine *v.* dychmygu
imitate *v.* efelychu
immediately *adv.* ar unwaith
import *v.* mewnforio
importance *n.* pwysigrwydd *m.*
important *adj.* pwysig
impossible *adj.* amhosibl
in *prep.* yn + *N.M.* (+ *definite noun*), mewn (+ *indefinite noun*)
inappropriate *adj.* anaddas
inch *n.* modfedd *f.*
incline *v.* tueddu; *n.* rhiw *f.*
include *v.* cynnwys
income *n.* incwm *m.*
increase *v.* cynyddu; *n.* cynnydd *m.*
index *n.* mynegai *m.*
indicate *v.* nodi
indifferent *adj.* di-hid
indigestion *n.* diffyg traul *m.*
industry *n.* diwydiant *m.*
inedible *adj.* anfwytadwy
infect *v.* heintio
infection *n.* haint *m.*
inform *v.* rhoi gwybod
information *n.* gwybodaeth *f.*
inhabitant *n.* trigolyn *m.*
initial *adj.* cychwynnol

inject *v.* chwistrellu
injection *n.* chwistrelliad *m.*
injure *v.* niweidio
injury *n.* niwed *m.*, anaf *m.*
ink *n.* inc *m.*
inn *n.* tafarn *mf.*
innocent *adj.* diniwed
inquire *v.* holi
insect *n.* trychfilyn *m.*
inside *prep.* y tu mewn i + *S.M.*; *adv.* y tu mewn
insist *v.* mynnu
inspect *v.* archwilio
inspector *n.* arolygydd *m.*
install *v.* gosod i mewn
instead of *prep.* yn lle
instrument *n.* offeryn *m.*
insulate *v.* ynysu
insulation *n.* ynysiad *m.*
insult *v.* sarhau; *n.* sarhad *m.*
insurance *n.* yswiriant *m.*
insure *v.* yswirio
intelligence *n.* deallusrwydd *m.*
interest *n.* diddordeb *m.*; llog *m.* *(finance)*
interesting *adj.* diddorol
interior *n.* y tu mewn *m.*; *adj.* mewnol
international *adj.* rhyngwladol
internet *n.* rhyngrwyd *f.*
interpret *v.* dehongli
intervene *v.* ymyrryd
interview *v.* cyfweld; *n.* cyfweliad *m.*
intestine *n.* coluddyn *m.*
into *prep.* i mewn i + *S.M.*
intoxicated *adj.* meddw
introduce *v.* cyflwyno
introduction *n.* cyflwyniad *m.*
invent *v.* dyfeisio
invention *n.* dyfais *f.*
investigate *v.* ymchwilio, archwilio
invitation *n.* gwahoddiad *m.*
invite *v.* gwahodd
iron *n.* haearn
ironing board *n.* bwrdd smwddio *m.*
is *v.* ydy, yw, ydyw
Islam *n.* Islam *m.*
island *n.* ynys *f.*
isolate *v.* ynysu
issue *v.* rhoi, cyhoeddi *(publish)*

it *pron.* ef *m.*, hi *f.*
Italy *n.* Yr Eidal *f.*
Italian *adj.* Eidalaidd; *n.* Eidalwr *m.*, Eidales *f.*, Eidaleg *f. (language)*
itch *v.* cosi
item *n.* eitem *f.*

J

jacket *n.* siaced *f.*
jail *n.* carchar *m.*
jam *n.* jam *m.*
January *n.* Ionawr *m.*
jar *n.* jar *m.*
jealous *adj.* eiddigeddus
jealousy *n.* eiddigedd *m.*
jeans *n.* jîns *pl.*
jelly *n.* jeli *m.*; **~ fish** slefren fôr *f.*
jet *n.* jet *m.*
Jew *n.* Iddew *m.*, Iddewes *f.*
jewel *n.* gem *f.*
jeweller *n.* gemydd *m.*
jewellery *n.* gemwaith *m.*
Jewish *adj.* Iddewig
job *n.* swydd *f. (employment)*, tasg *f. (task)*
jog *v.* loncian
join *v.* ymuno
joint *n.* cymal *m.*; *adj.* cyd-
joke *n.* jôc *f.*; *v.* smalio
journal *n.* cylchgrawn *m.*
journalist *n.* gohebydd *m.*
journey *n.* taith *f.*
joy *n.* llawenydd *m.*
judge *n.* barnwr *m.*; *v.* barnu
judgment *n.* barn *f.*
juice *n.* sudd *m.*
July *n.* Gorffennaf *m.*
jump *v.* neidio; *n.* naid *f.*
June *n.* Mehefin *m.*
just *adv.* dim ond
justice *n.* cyfiawnder *m.*
juvenile *n.* glaslanc *m.*

K

keep *v.* cadw

kettle *n.* tegell *m.*
key *n.* allwedd *f. (S.W.)*, agoriad *m. (N.W.)*
keyboard *n.* allweddell *f. (piano)*, bysellfwrdd *m. (computer)*
keyhole *n.* twll clo *m.*
kick *v.* cicio
kid *n.* plentyn *m.*
kidney *n.* aren *f.*
kill *v.* lladd
killer *n.* llofrudd *m.*
kilo *n.* cilo *m.*
kilometer *n.* cilometr *m.*
kind *adj.* caredig; *n.* math *m.*
kindergarten *n.* cylch chwarae *m.*
kindness *n.* caredigrwydd *m.*
king *n.* brenin *m.*
kingdom *n.* teyrnas *f.*
kiss *v.* cusanu; *n.* cusan *f.*
kitchen *n.* cegin *f.*
knee *n.* pen-lin *m.*
knife *n.* cyllell *f.*
knit *v.* gwau
knock *v.* curo
knot *n.* cwlwm *m.*; *v.* clymu
know *v.* gwybod *(fact)*, adnabod *(person, place)*
knowledge *n.* gwybodaeth *f.*

L

label *n.* label *f.*
labour *n.* llafur *m.*
laboratory *n.* labordy *m.*
lack *n.* diffyg *m.*
ladder *n.* ysgol *f.*
lady *n.* boneddiges *f.*
lake *n.* llyn *m.*
lamp *n.* lamp *f.*
land *n.* tir *m.*
landlord *n.* landlord *m.*
landscape *n.* tirlun *m.*
lane *n.* lôn *f.*
language *n.* iaith *f.*
laptop computer *n.* gliniadur *m.*
large *adj.* mawr
last *adj.* olaf; *v.* parhau
late *adj.* hwyr, diweddar
later *adj.* hwyrach

laugh *v.* chwerthin; *n.* chwarddiad *m.*
laundry *n.* londri *m.*
lavender *n.* lafant *m.*
law *n.* cyfraith *f.*
lawful *adj.* cyfreithlon
lawn *n.* lawnt *f.*
lawsuit *n.* achos llys *m.*
lawyer *n.* cyfreithiwr *m.*
lay *v.* gosod, dodwy *(egg)*
lazy *adj.* diog
lead *v.* arwain
leader *n.* arweinydd *m.*
leaf *n.* deilen *f.*
league *n.* cynghrair *mf.*
leak *v.* gollwng
lean *v.* pwyso; *adj.* tenau
leap *v.* neidio; **~ year** blwyddyn naid
learn *v.* dysgu
lease *v.* llogi; *n.* les *m.*
least *adj.* lleiaf; **at ~** o leiaf
leather *n.* lledr *m.*
leave *v.* gadael
lecture *n.* darlith *f.*
leek *n.* cenhinen *f.*
left *adj.* chwith
leg *n.* coes *f.*
legal *adj.* cyfreithiol
legend *n.* chwedl *f.*
legitimate *adj.* cyfreithlon
leisure *n.* hamdden *mf.*
lemon *n.* lemwn *m.*
lend *v.* benthyg
length *n.* hyd *m.*
lens *n.* lens *m.*
Lent *n.* Y Grawys *m.*
less *adj.* llai
lesson *n.* gwers *f.*
let *v.* gadael *(allow)*, llogi *(hire)*, rhentu *(rent)*
letter *n.* llythyr *m.*, llythyren *f. (alphabet)*
liar *n.* celwyddgi *m.*
liberty *n.* rhyddid *m.*
librarian *n.* llyfrgellydd *m.*
library *n.* llyfrgell *f.*
license *n.* trwydded *f.*
lie *n.* celwydd *m.*; *v.* celwydda *(untruth)*, gorwedd *(rest)*
life *n.* bywyd *m.*; **~ jacket** siaced achub
lift *v.* codi; *n.* lifft *m.*

light n. golau m.
lighter n. taniwr m.
lightning n. mellten f.
like v. hoffi
limit n. ffin f.; v. cyfyngu
limp v. cloffi; adj. llipa
line n. llinell f.
linen n. lliain m.
link n. cyswllt m.; v. cysylltu
lip n. gwefus f.
lipstick n. minlliw m.
liquid n. hylif m.
liquor n. licer m.
list n. rhestr f.
listen v. gwrando
litre n. litr m.
literature n. llenyddiaeth f.
litter n. sbwriel m.
little adj. bach
live v. byw
liver n. afu m.
living room n. stafell fyw f.
loaf n. torth f.
loan n. benthyciad m.; v. benthyca, benthyg
lobby n. cyntedd m.
local adj. lleol
lock v. cloi; n. clo m.
log n. boncyff m. (tree), log m. (record); v. logio (computer)
loneliness n. unigrwydd m.
lonely adj. unig
long adj. hir
look v. edrych; **to look at something** edrych ar rywbeth
lose v. colli
loss n. colled f.
lost adj. ar goll
loud adj. uchel
loudspeaker n. uchelseinydd m.
lounge n. lolfa f.
love v. caru; n. cariad m.
low adj. isel
luck n. lwc f.; **good ~** pob lwc
luggage n. bagiau pl.
lunch n. cinio mf.
lung n. ysgyfaint pl.
luxurious adj. moethus
luxury n. moeth m.

M

machine n. peiriant m.
mad adj. gwallgo
madam n. madam f.
magic n./adj. hud m.
magician n. dewin m.
magnet n. magned m.
magnifying glass n. chwyddwydr m.
maid n. morwyn f.
maiden name n. enw morwynol m.
mail n. post m.
mailbox n. blwch post m.
main adj. prif
majority n. mwyafrif m.
make v. gwneud
make -up n. colur m.
male adj. gwrywaidd; n. gwryw m.
mall n. canolfan siopa f.
mail v. postio
man n. dyn m.
manager n. rheolwr m.
manner n. dull m.
many n. llawer m.
map n. map m.
March n. Mawrth m.
margin n. ymyl f.
marine adj. morol
mark v. marcio
market n. marchnad f.; v. marchnata
marriage n. priodas f.
marry v. priodi
masculine adj. gwrywaidd
mask n. masg m.
mason n. saer maen m.
mass n. torf f. (crowd)
master adj. prif; n. meistr m.
match v. cyfateb; n. gêm f.
material n. deunydd m.
maternity n. mamolaeth f.
matter n. mater m.
mattress n. matras m.
mature adj. aeddfed
maturity n. aeddfedrwydd m.
maximum n. mwyafswm m.
May n. Mai m.
maybe adv. efallai

meal n. pryd m.
mean v. golygu; adj. cas
meaning n. ystyr mf.
means n. modd m.
measure v. mesur; n. mesuriad m.
meat n. cig m.
mechanic n. mecanig m.
mechanical adj. mecanyddol
medal n. medal mf.
medical adj. meddygol
medication n. moddion pl.
Mediterranean Sea n. Y Môr Canoldir m.
meet v. cyfarfod, cwrdd; **to meet someone** cwrdd â rhywun
meeting n. cyfarfod m.
melt v. toddi, dadlaith, dadmer
member n. aelod m., **Member of the Senedd** Aelod o'r Senedd
memorize v. cofio
memory n. cof m.
mention v. sôn, crybwyll
menu n. bwydlen f. (food), dewislen f. (computer)
merchandise n. nwyddau pl.
Merry Christmas! inter. Nadolig Llawen!
mess n. llanast m.
message n. neges f.
messenger n. negesydd m.
metal n. metel m.
meter n. metr m.
middle n. canol m.
midnight n. canol nos m.
mild adj. tyner (gentle), gwan (weak)
mile n. milltir f.
milestone n. carreg filltir f.
military adj. milwrol
milk n. llaeth m. (S.W.), llefrith m. (N.W.)
mill n. melin f.
million n. miliwn f.
mind n. meddwl m.
minimum m. minimwm m., lleiafswm m.
minister n. gweinidog m.
minor adj. lleiaf
minority n. lleiafrif m.
mint n. mintys m.
minus n. minws m.
minute n. munud mf.
mirror n. drych m.

miscellaneous *adj.* amrywiol
miss *v.* colli
mistake *n.* camsyniad *m.*
mister *n.* meistr *m.*
misunderstanding *n.* camddealltwriaeth *f.*
mix *v.* cymysgu
mobile phone *n.* ffôn bach, ffôn symudol *m.*
model *n.* model *m.*
modem *n.* modem *m.*
moderate *adj.* cymedrol
modern *adj.* modern
modify *v.* addasu
moist *adj.* llaith
moisture *n.* lleithder *m.*
mold *n.* ffwng *m.*
moment *n.* moment *f.*, eiliad *f.*
monastery *n.* mynachlog *f.*
Monday *n.* dydd Llun *m.*
money *n.* arian *m.*
monk *n.* mynach *m.*
monkey *n.* mwnci *m.*
monster *n.* anghenfil *m.*
month *n.* mis *m.*
monument *n.* cofadail *m.*
mood *n.* tymer *f.*
moon *n.* lleuad *f.*
more *adj.* mwy
morning *n.* bore *m.*
mortgage *n.* morgais *m.*
mosque *n.* mosg *m.*
mosquito *n.* mosgito *m.*
most *adj.* mwyaf
mother *n.* mam *f.*
mother-in-law *n.* mam yng nghyfraith *f.*
motion *n.* symudiad *m.* (*movement*), cynnig *m.* (*conference*)
motivation *n.* ysgogiad *m.*
motive *n.* cymhelliad *m.*
motorbike *n.* beic modur *m.*
mountain *n.* mynydd *m.*
mouse *n.* llygoden *f.*
moustache *n.* mwstás *m.*
mouth *n.* ceg *f.*
move *v.* symud
movie *n.* ffilm *f.*
mud *n.* llaid *m.*, mwd *m.*
multiply *v.* lluosi
murder *v.* llofruddio

murderer *n.* llofrudd *m.*
muscle *n.* cyhyr *m.*
museum *n.* amgueddfa *f.*
mushroom *n.* madarchen *f.*
music *n.*cerddoriaeth *f.*
musician *n.* cerddor *m.*
must *n.* rhaid *m.*; **I ~** mae rhaid i fi
mustard *n.* mwstard *m.*
mute *adj.* mud
my *pron.* fy ... i; **my coat** fy nghot i

N

nail *n.* hoelen *f.* (*metal*), ewin *m.* (*finger*)
naked *adj.* noeth
name *n.* enw *m.*
nap *n.* cyntun *m.*
napkin *n.* clwt *m.*
narrow *adj.* cul
nation *n.* cenedl. *f.*
nationality *n.* cenedligrwydd *m.*
native *adj.* brodorol
natural *adj.* naturiol
nature *n.* natur *f.*
nausea *n.* cyfog *m.*
navel *n.* botwm bol *m.*
navigate *v.* mordeithio
navy *n.* llynges *f.*
near *prep.* yn ymyl, ger
nearly *adv.* bron
neat *adj.* taclus
necessary *adj.* angenrheidiol
necessity *n.* anghenraid *m.*
neck *n.* gwddf *m.*
necklace *n.* mwclis *pl.*
need *n.* angen *m.*; **I ~** mae angen ... arna i
needle *n.* nodwydd *f.*
negative *adj.* negyddol
neighbour *n.* cymydog *m.*
neighbourhood *n.* cymdogaeth *f.*
neither *adv.* na chwaith
nephew *n.* nai *m.*
nerve *n.* nerf *m.*
nervous *adj.* nerfus
nest *n.* nyth *f.*
net *n.* rhwyd *f.*
network *n.* rhwydwaith *m.*

neutral *adj.* niwtral
never *adv.* byth
new *adj.* newydd; **Happy ~ Year** Blwyddyn Newydd Dda
news *n.* newyddion *pl.*
newspaper *n.* papur newydd *m.*
next *adj.* nesaf
nice *adj.* neis
nickname *n.* llysenw *m.*
niece *n.* nith *f.*
night *n.* nos *f.*
nightmare *n.* hunllef *f.*
nine *num.* naw
no *adv.* na
nobility *n.* bonedd *m.*
nobody *pron.* neb
noise *n.* sŵn *m.*
none *n.* dim *m.*
noon *n.* canol dydd *m.*
normal *adj.* normal
north *n.* gogledd *m.*
nose *n.* trwyn *m.*
nosy *adj.* busneslyd
not *adv.* ddim
note *n.* nodyn *m.*
notebook *n.* llyfr nodiadau *m.*
nothing *n.* dim *m.*
notice *n.* hysbysiad *m.*; *v.* sylwi
notify *v.* rhoi gwybod, hysbysu
noun *n.* enw *m.*
nourishing *adj.* maethlon
novel *n.* nofel *f.*
November *n.* Tachwedd *m.*
now *adv.* yn awr, nawr
nowadays *adv.* heddiw
nowhere *adv.* ddim yn unman
nude *adj.* noeth
number *n.* rhif *m.*
numerous *adj.* niferus
nun *n.* lleian *f.*
nurse *n.* nyrs *mf.*
nut *n.* cneuen *f.*

O

obese *adj.* gordew
object *n.* gwrthrych *m.*

objection *n.* gwrthwynebiad *m.*
obscene *adj.* anllad
obscure *adj.* aneglur
observation *n.* sylw *m.*
observe *v.* sylwi
obstacle *n.* rhwystr *m.*
obtain *v.* cael
obvious *adj.* amlwg
occasion *n.* achlysur *m.*
occasional *adj.* achlysurol
occasionally *adv.* weithiau
occupation *n.* galwedigaeth *f.*
occupy *v.* meddiannu
occur *v.* digwydd
ocean *n.* cefnfor *m.*
October *n.* Hydref *m.*
odd *adj.* rhyfedd
odour *n.* arogl *m.*
of *prep.* o + *S.M.*
of course wrth gwrs
offend *v.* tramgwyddo
offer *v.* cynnig; *n.* cynnig *m.*
office *n.* swyddfa *f.*
official *adj.* swyddogol; *n.* swyddog *m.*
often *adv.* yn aml
oil *n.* olew *m.*
oily *adj.* olewllyd, seimllyd
old *adj.* hen
old-fashioned *adj.* hen ffasiwn
on *prep.* ar + *S.M.*
once *adv.* unwaith
one *num.* un
onion *n.* wynwynen *f.* wynwns *pl.* (S.W.), nionod *pl.* (N.W.)
only *adv.* yn unig
open *adj.* agored; *adv.* ar agor
open-minded *adj.* meddwl agored *m.*
operate *v.* gweithredu
operation *n.* llawdriniaeth *f.* (hospital)
operator *n.* gweithredwr *m.*
opinion *n.* barn *f.*
opponent *n.* gwrthwynebydd *m.*
oppose *v.* gwrthwynebu
opposite *prep.* gyferbyn â + *SP.M.*
optician *n.* optegydd *m.*
option *n.* dewis *m.*
or *conj.* neu + *S.M.*
oral *adj.* llafar

orange *n.* oren *m.*
orchestra *n.* cerddorfa *f.*
order *n.* archeb *f.*, gorchymyn *m.* (command); *v.* archebu, gorchymyn (command)
ordinary *adj.* cyffredin
organ *n.* organ *mf.*
organization *n.* corff *m.*
organize *v.* trefnu
other *adj.* arall
ounce *n.* owns *m.*
out *adv.* allan
outdoor *adv.* awyr agored
outside *adv.* y tu allan
oven *n.* ffwrn *f.*
over *prep.* dros + *S.M.*
overcoat *n.* cot *f.*, cot fawr *f.*
overtime *n.* goramser *m.*
owe *v.* ar + *S.M.*; **I ~ you ten pounds** mae arna i ddeg punt i chi
own *v.* perchenogi; gan + *S.M.* **I ~ a car** mae car gen i; biau
owner *n.* perchennog *m.*
oxygen *n.* ocsigen *m.*

P

pace *n.* cyflymder *m.*
pack *v.* pacio
page *n.* tudalen *mf.*
pain *n.* poen *mf.*
painful *adj.* poenus
paint *n.* paent *m.*
painting *n.* peintiad *m.*, darlun *m.*
pair *n.* pâr *m.*
pajamas *n.* pyjamas *m.*
pale *adj.* gwelw
pan *n.* padell *f.*
pants *n.* pans *m.*, trôns *m.*
paper *n.* papur *m.*
paralyze *v.* parlysu
parents *n.* rhieni *mpl.*
park *n.* parc *m.*; *v.* parcio.
parking lot *n.* lle parcio *m.*
Parliament *n.* Senedd *f.*, **Welsh Parliament** Senedd Cymru
parsnips *pl.* pannas *pl.*
part *n.* rhan *f.*

part-time *adj.* rhan-amser
partner *n.* partner *m.*
party *n.* parti *m.*
pass *v.* pasio; *n.* bwlch *m.* (mountain), pàs *m.* (ticket)
passenger *n.* teithiwr *m.*
passport *n.* pasbort *m.*
past *n.* gorffennol *m.*
pastry *n.* toes *m.*
path *n.* llwybr *m.*
patient *n.* claf *m.*; *adj.* amyneddgar
paw *n.* pawen *f.*
pay *v.* talu; *n.* tâl *m.*
payment *n.* tâl *m.*
peace *n.* heddwch *m.*
peak *n.* copa *m.*
pearl *n.* perl *m.*
pebble *n.* carreg *f.*
pedal *n.* pedal *m.*
pedestrian *n.* cerddwr *m.*
pen *n.* ysgrifbin *m.*
pencil *n.* pensil *m.*
people *n.* pobl *f.*
pepper *n.* pupur *m.*
percent *adv.* y cant
perfect *adj.* perffaith
perfume *n.* persawr *m.*
perhaps *adv.* efallai
period *n.* cyfnod *m.*
permit *v.* caniatáu
person *n.* person *m.*
personal *adj.* personol
pet *n.* anifail anwes *m.*
petite *adj.* bychan
pharmacy *n.* fferyllfa *f.*
phone *n.* ffôn *m.*
phonebook *n.* llyfr ffôn *m.*
photo *n.* ffotograff *m.*
photocopy *n.* llungopi *m.*
photograph *n.* ffotograff *m.*
phrase *n.* ymadrodd *m.*
physical *adj.* corfforol
physician *n.* meddyg *m.*
picnic *n.* picnic *m.*
picture *n.* darlun *m.*
pie *n.* pei *f.*
piece *n.* darn *m.*
pile *n.* pentwr *m.*

pill *n.* pilsen *f.*
pillow *n.* clustog *f.*
pillowcase *n.* gorchudd clustog *m.*
pilot *n.* peilot *m.*
pin *n.* pin *m.*
pinch *v.* pinsio
pine *n.* pîn *m.*
pink *adj.* pinc
pint *n.* peint *m.*
pipe *n.* piben *f.*
place *n.* lle *m.*
plain *adj.* plaen
plan *n.* cynllun *m.*
plane *n.* awyren *f.*
planet *n.* planed *f.*
plant *n.* planhigyn *m.*
plastic *adj.* plastig
plate *n.* plât *m.*
play *v.* chwarae
please *adv.* os gwelwch yn dda
pleasure *n.* pleser *m.*
plug *n.* plwg *m.*
plumber *n.* plymer *m.*
plural *adj.* lluosog
plus *prep.* plws
pocket *n.* poced *f.*
pocketknife *n.* cyllell boced *f.*
poetry *n.* barddoniaeth *f.*
point *n.* pwynt *m.*
poison *n.* gwenwyn *m.*
poisonous *adj.* gwenwynig
pole *n.* polyn *m.*
police *n.* heddlu *m.*
police officer *n.* heddwas *m.*
police station *n.* gorsaf heddlu *f.*
policy *n.* polisi *m.*
polite *adj.* cwrtais
political *adj.* gwleidyddol
politics *n.* gwleidyddiaeth *f.*
pond *n.* pwll *m.*
pony *n.* merlyn *m.*
pool *n.* pwll *m.*; **swimming ~** pwll nofio
poor *adj.* tlawd
pope *n.* pab *m.*
population *n.* poblogaeth *f.*
pork *n.* porc *m.*
portrait *n.* portread *m.*
position *n.* safle *m.*

positive *adj.* cadarnhaol
possible *adj.* posibl
post *n.* post *m.*; **~ office** swyddfa bost; **~ code** cod post *m.*; postio *v.*
postcard *n.* cerdyn post *m.*
pot *n.* pot *m.*
pottery *n.* crochenwaith *m.*
poultry *n.* ieir *pl.*
pound *n.* punt *f.* (£), pwys *m.* (*lb*)
our *pron.* ein
powder *n.* powdr *m.*
power *n.* pŵer *m.*
practical *adj.* ymarferol
pray *v.* gweddïo
prayer *n.* gweddi *f.*
prefer *v.* gwell; **I ~** mae'n well gen i
pregnant *adj.* beichiog
prepaid *adj.* wedi'i dalu o flaen llaw
prepare *v.* paratoi
prescription *n.* papur meddyg *m.*
present *adj.* presennol; *v.* cyflwyno
president *n.* llywydd *m.*
press *n.* gwasg *f.*; *v.* gwasgu
pressure *n.* gwasgedd *m.*
pretty *adj.* pert
prevent *v.* rhwystro, atal
previous *adj.* blaenorol
price *n.* pris *m.*
pride *n.* balchder *m.*
priest *n.* offeiriad *m.*
prime minister *n.* prif weinidog *m.*
principal *adj.* prif; *n.* pennaeth *m.*, prifathro *m.*
principle *n.* egwyddor *f.*
prison *n.* carchar *m.*
prisoner *n.* carcharor *m.*
privacy *n.* preifatrwydd *m.*
private *adj.* preifat
privilege *n.* braint *f.*
probably *adv.* yn ôl pob tebyg
problem *n.* problem *f.*
produce *v.* cynhyrchu; *n.* cynnyrch *m.*
product *n.* cynnyrch *m.*
profession *n.* proffesiwn *m.*
professor *n.* athro *m.*
profile *n.* proffil *m.*
profit *n.* elw *m.*
programme *n.* rhaglen *f.*

progress *n.* cynnydd *m.*
prohibit *v.* gwahardd
project *n.* prosiect *m.*
promenade *n.* promenâd *m.*
promise *v.* addo
proof *n.* prawf *m.*
property *n.* eiddo *m.*
proposal *n.* cynnig *m.*
propose *v.* cynnig
protect *v.* amddiffyn
protection *n.* amddiffyniad *m.*
protest *n.* protest *f.*; *v.* protestio
Protestant *n.* Protestant *m.*
proud *adj.* balch
prove *v.* profi
proverb *n.* dihareb *f.*
provide *v.* darparu
province *n.* talaith *f.*
prudent *adj.* call
pub *n.* tafarn *mf.*
public *n.* cyhoedd *m.*; *adj.* cyhoeddus; **~ transport** cludiant cyhoeddus
publicity *n.* cyhoeddusrwydd *m.*
publish *v.* cyhoeddi
publisher *n.* cyhoeddwr *m.*
pull *v.* tynnu
pulse *n.* pyls *m.*, curiad calon *m.*
pump *n.* pwmp *m.*
purchase *v.* prynu
pure *adj.* pur
purple *adj.* porffor
purpose *n.* pwrpas *m.*
purse *n.* pwrs *m.*
push *v.* gwthio
put *v.* rhoi

Q

quality *n.* ansawdd *mf.*
quantity *n.* swm. *m.*
quarter *n.* chwarter *m.*
queen *n.* brenhines *f.*
question *n.* cwestiwn *m.*
queue *n.* cwt *mf.*
quick *adj.* cyflym
quiet *adj.* tawel
quilt *n.* carthen *f.*

quite *adv.* eitha
quote *v.* dyfynnu; *n.* dyfyniad *m.*

R

rabbi *n.* rabi *m.*
rabbit *n.* cwningen *f.*
race *n.* ras *f.*
racism *n.* hiliaeth *f.*
racket *n.* raced *f.*
radio *n.* radio *m.*
rage *n.* dicter *m.*
railroad *n.* rheilffordd *f.*
rain *n.* glaw *m.*; *v.* bwrw glaw
rainbow *n.* enfys *f.*
raincoat *n.* cot law *f.*
rainy *adj.* glawiog
raise *v.* codi
RAM (Random Access Memory) *n.* RAM
random *adj.* ar hap
range *n.* amrediad *m.*
rape *n.* trais *m.*; *v.* treisio
rare *adj.* prin
rash *n.* brech *f.*; *adj.* byrbwyll
rat *n.* llygoden fawr *f.*
rate *n.* cyfradd *f.*
raw *adj.* amrwd
razor *n.* eilliwr *m.*
razor blade *n.* llafn eillio *mf.*
react *v.* adweithio
reaction *n.* adwaith *m.*
read *v.* darllen
reader *n.* darllenydd *m.*
ready *adj.* parod
real *adj.* gwirioneddol, real
reality *n.* gwirionedd *m.*
realize *v.* sylweddoli
rear *n.* cefn *m.*
reason *n.* rheswm *m.*
recall *v.* cofio
receipt *n.* derbynneb *f.*
receive *v.* derbyn
receiver *n.* derbynnydd *m.*
recent *adj.* diweddar
reception *n.* derbynfa *f.*
recipe *n.* rysáit *m.*
reorganize *v.* aildrefnu

recommend *v.* argymell
record *n.* record *f.*, cofnod *m. (note)*
recover *v.* adfer
red *adj.* coch
reduce *v.* lleihau
reduction *n.* lleihad *m.*
refer *v.* cyfeirio
referee *n.* dyfarnwr *m.*
refreshment *n.* lluniaeth *mf.*
refrigerator *n.* oergell *f.*
refund *v.* ad-dalu
regard *v.* ystyried
Regards! *inter.* Cofion!
regarding *prep.* ynglŷn â + *SP.M.*
region *n.* ardal *f.*
register *n.* cofrestr *f.*; *v.* cofrestru
regret *v.* edifarhau
regular *adj.* cyson
regulation *n.* rheoliad *m.*
relationship *n.* perthynas *f.*
relative *n.* perthynas *f.*; *adj.* perthnasol
relax *v.* ymlacio
reliable *adj.* dibynadwy
relief *n.* rhyddhad *m.*
relieve *v.* rhyddhau
religion *n.* crefydd *f.*
religious *adj.* crefyddol
rely *v.* dibynnu
remain *v.* aros
remark *n.* sylw *m.*
remember *v.* cofio
remind *v.* atgoffa
remote control *n.* cliciwr *m.*
remove *v.* symud
renew *v.* adnewyddu
renovate *v.* adnewyddu
renown *n.* enwogrwydd *m.*
rent *n.* rhent *mf.*; *v.* rhentu
repair *v.* trwsio
repeat *v.* ailadrodd
replace *v.* disodli
reply *v.* ateb; *n.* ateb *m.*
report *v.* adrodd; *n.* adroddiad *m.*
represent *v.* cynrychioli
representative *n.* cynrychiolydd *m.*
republic *n.* gweriniaeth *f.*
reputation *n.* enw da *m.*
request *v.* gwneud cais; *n.* cais *m.*

require *v.* angen *m.*; **I ~** mae angen ... arna i
rescue *v.* achub
research *n.* ymchwil *f.*
reserve *v.* cadw lle *(to book)*
residence *n.* cartref *m. (home)*
resist *v.* ymwrthod
resort *n.* man gwyliau *mf.*
respect *n.* parch *m.*; *v.* parchu
respond *v.* ymateb
response *n.* ymateb *m.*
responsibility *n.* cyfrifoldeb *m.*
responsible *adj.* cyfrifol
rest *v.* gorffwys; *n.* **~ room** ystafell orffwys *f.*
restaurant *n.* bwyty *m.*
restore *v.* adfer
restrict *v.* cyfyngu
result *n.* canlyniad *m.*
retire *v.* ymddeol
return *v.* dychwelyd
reverse *v.* cefnu
review *v.* adolygu; *n.* adolygiad *m.*
reward *v.* gwobrwyo
rhythm *n.* rhythm *m.*
rib *n.* asen *f.*
ribbon *n.* rhuban *m.*
rice *n.* reis *m.*
rich *adj.* cyfoethog
ride *v.* marchogaeth
right *adj.* iawn *(correct)*, de *(side)*
ring *n.* cylch *m. (circle)*, modrwy *f. (finger)*
rinse *v.* golchi
riot *n.* terfysg *m.*
ripe *adj.* aeddfed
rise *v.* codi
risk *n.* risg *m.*
river *n.* afon *f.*
road *n.* heol *f.*
rob *v.* lladrata
robbery *n.* lladrad *m.*
robe *n.* gŵn *m.*
rock *n.* craig *f.*
rod *n.* rhoden *f.*
role *n.* rôl *f.*
roll *v.* rholio
romance *n.* rhamant *f.*
roof *n.* to *m.*
room *n.* stafell *f.*, ystafell *f.*
rope *n.* rhaff *f.*

rotten *adj.* pwdr
round *adj.* crwn
route *n.* ffordd *f.*
row *n.* rhes *f.*
royal *adj.* brenhinol
rubber band *n.* band rwber *m.*
rude *adj.* anfoesgar
ruin *n.* adfail *m.*; *v.* difetha
rule *n.* rheol *f.*; *v.* rheoli
run *v.* rhedeg
rush *v.* rhuthro
rust *n.* rhwd *m.*

S

Sabbath *n.* Sabath *m.*
sad *adj.* trist
saddle *n.* cyfrwy *m.*
safe *adj.* diogel, saff; *n.* sêff *f.*
safety *n.* diogelwch *m.*
safety pin *n.* pin cau *m.*
sail *v.* hwylio
sailing boat *n.* cwch hwylio *m.*
sailor *n.* morwr *m.*
salad *n.* salad *m.*
salary *n.* cyflog *mf.*
sale *n.* gwerthiant *m.*; sêl *f.*
saliva *n.* poer *m.*
salt *n.* halen *m.*
same *adj.* tebyg, yr un
sample *n.* sampl *m.*
sand *n.* tywod *m.*
sandal *n.* sandal *mf.*
sanitary pad *n.* tywel mislif *m.*
Santa Claus *n.* Siôn Corn *m.*
satisfy *v.* bodloni
Saturday *n.* dydd Sadwrn *m.*
saucepan *n.* sosban *f.*
savoury *adj.* sawrus
say *v.* dweud
scale *n.* graddfa *f.*
scar *n.* craith *f.*
scarf *n.* sgarff *f.*
scenery *n.* golygfa *f.*
scent *n.* persawr *m.*
schedule *n.* amserlen *f. (timetable)*; trefnlen *f. (order)*

scholarship *n.* ysgoloriaeth *f.*
school *n.* ysgol *f.*
science *n.* gwyddoniaeth *f.*
scientific *adj.* gwyddonol
scissors *n.* siswrn *m.*
score *n.* sgôr *mf.*; *v.* sgorio
scratch *v.* crafu
scream *v.* gweiddi, sgrechian; *n.* sgrech *f.*
screen *n.* sgrin *f.*
screw *n.* sgriw *f.*
screwdriver *n.* tyrnsgriw *m.*
sculpture *n.* cerflun *m.*
sea *n.* môr *m.*
search *v.* chwilio
seasickness *n.* salwch môr *m.*
season *n.* tymor *m.*
seat *n.* sedd *f.*
seat belt *n.* gwregys diogelwch *m.*
seaweed *n.* gwymon *m.*
second *n.* eiliad *f.*; *adj.* ail
secret *n.* cyfrinach *f.*
secretary *n.* ysgrifennydd *m.*, ysgrifenyddes *f.*
security *n.* diogelwch *m.*
see *v.* gweld
seed *n.* hedyn *m.*
seem *v.* ymddangos
seize *v.* gafael
select *v.* dethol
selection *n.* detholiad *m.*
self *pron.* hunan
self-service *n.* hunanwasanaeth *m.*
sell *v.* gwerthu
send *v.* anfon
sender *n.* anfonwr *m.*
senior citizen *n.* pensiynwr *m.*
sentence *n.* brawddeg *f.*; dedfryd *f. (law)*
separate *v.* gwahanu; *adj.* ar wahân
separation *n.* gwahaniad *m.*
September *n.* Medi *m.*
series *n.* cyfres *f.*
serious *adj.* difrifol
service *n.* gwasanaeth *m.*
set *n.* set *f.*; *v.* gosod
settle *v.* ymsefydlu, setlo
seven *num.* saith
several *pron.* sawl
sew *v.* gwnïo
shade *n.* cysgod *m.*; *v.* cysgodi

shake *v.* ysgwyd; **~ hands** ysgwyd llaw
shallow *adj.* bas
shame *n.* cywilydd *m.*
shampoo *n.* siampŵ *m.*
shape *n.* siâp *m.*
share *v.* rhannu
shark *n.* siarc *m.*
sharp *adj.* miniog
shave *v.* eillio
shaving cream *n.* hufen eillio *m.*
she *pron.* hi
sheet *n.* dalen *f.*; cynfas *m. (bed)*
shelf *n.* silff *f.*
shell *n.* cragen *f.*
shellfish *n.* pysgod cragen *mpl.*
shelter *n.* cysgod *m.*; *v.* cysgodi
shine *v.* disgleirio
ship *n.* llong *f.*
shirt *n.* crys *m.*
shock *n.* sioc *m.*
shoe *n.* esgid *f.*
shoelace *n.* carrai esgid *f.*
shoe polish *n.* cabol esgidiau *m.*
shoot *v.* saethu
shop *n.* siop *f.*
shore *n.* glan *f.*
short *adj.* byr
shorten *v.* byrhau
shot *n.* ergyd *f.*
should *v.* **I ~** dylwn i
shoulder *n.* ysgwydd *f.*
shout *v.* gweiddi
show *v.* dangos; *n.* sioe *f.*
shower *n.* cawod *f.*
shrink *v.* cwtogi
shut *v.* cau
shutter *n.* caead *m.*
shuttle *n.* gwennol *f.*
sick *adj.* sâl; *n.* cyfog *m.*
side *n.* ochr *f.*
sidewalk *n.* pafin *m.*
sight *n.* golwg *mf.*
sign *n.* arwydd *mf.*; *v.* llofnodi
signal *n.* arwydd *mf.*, signal *m.*
signature *n.* llofnod *m.*
silence *n.* tawelwch *m.*
silent *adj.* tawel
silk *n.* sidan *m.*

silly *adj.* ffôl, twp
silver *n.* arian *m.*
similar *adj.* tebyg
simple *adj.* syml
since *prep.* er, ers
sincerely *adv.* yn gywir
sing *v.* canu
singer *n.* canwr *m.*, cantor *m.*, cantores *f.*
single *adj.* sengl
sink *n.* sinc *m.*
sip *v.* llymeitian
sir *n.* syr *m.*
sister *n.* chwaer *f.*
sister-in-law *n.* chwaer yng nghyfraith *f.*
sit *v.* eistedd
site *n.* safle *m.*
six *num.* chwech, chwe
size *n.* maint *m.*
skate *v.* sglefrio
ski *v.* sgio
skin *n.* croen *m.*
skirt *n.* sgert *f.*
sky *n.* awyr *f.*
slang *n.* slang *m.*
sleep *v.* cysgu
sleeping bag *n.* sach gysgu *f.*
sleeping pill *n.* pilsen gysgu *f.*
sleeve *n.* llawes *f.*
slice *n.* tafell *f.*
slide *v.* llithro
slipper *n.* llopan *f.*
slope *n.* llethr *mf.*
slow *adj.* araf
small *adj.* bach
smart *adj.* golygus *(handsome)*; clyfar, deallus *(intelligent)*
smell *v.* arogli; *n.* arogl *m.*
smile *v.* gwenu
smoke *n.* mwg *m.*
snack *n.* byrbryd *m.*
snail *n.* malwen
snake *n.* neidr *f.*
sneeze *v.* tisian
snore *v.* chwyrnu
snow *n.* eira *m.*; *v.* bwrw eira
snowboard *v.* eirfyrddio
snowflake *n.* pluen eira *f.*
so *adv.* felly

soak *v.* gwlychu
soap *n.* sebon *m.*
soccer *n.* pêl-droed *f.*
sock *n.* hosan *f.*
sofa *n.* soffa *f.*; **~ bed** *n.* gwely soffa *m.*
soft *adj.* meddal
soil *n.* pridd *m.*; *v.* trochi
solid *adj.* solet
some *pron.* rhai
somebody *pron.* rhywun
something *pron.* rhywbeth
sometimes *adv.* weithiau
son *n.* mab *m.*
song *n.* cân *f.*
son-in-law *n.* mab yng nghyfraith *m.*
soon *adv.* yn fuan
sore *adj.* dolurus
sorrow *n.* galar *m.*
sorry *adj.* blin; **I'm ~** mae'n flin gen i
sound *n.* sain *f.*; *adj.* cadarn
soup *n.* cawl *m.*
sour *adj.* sur
south *n.* de *m.*
souvenir *n.* cofrodd *f.*
space *n.* gofod *m.*
Spain *n.* Sbaen *f.*
Spaniard *n.* Sbaenwr *m.*; Sbaenes *f.*
Spanish *n.* Sbaeneg *f. (language)*; *adj.* Sbaenaidd
spare part *n.* darn sbâr *m.*
speak *v.* siarad
special *adj.* arbennig
specialty *n.* arbenigrwydd *m.*
spectator *n.* gwyliwr *m.*
speech *n.* araith *f.*
speed *n.* cyflymder *m.*
spell *v.* sillafu
spend *v.* gwario *(money)*, treulio *(time)*
spider *n.* pryf cop *m.*
spine *n.* asgwrn cefn *m.*
spit *v.* poeri
spoil *v.* sbwylio, difetha
sponge *n.* sbwng *m.*
spoon *n.* llwy *f.*; **tea ~** llwy de; **table ~** llwy fwrdd
sport *n.* chwaraeon *pl.*
spring *n.* sbring *m.*
square *n.* sgwâr *m.*

stadium *n.* stadiwm *m.*
stage *n.* llwyfan *mf.*
stain *n.* staen *m.*
stairs *n.* grisiau *pl.*
stamp *n.* stamp *m.*
star *n.* seren *f.*
start *v.* dechrau, cychwyn
starve *v.* llwgu
state *n.* cyflwr *m. (condition)*, gwladwriaeth *f. (country)*
station *n.* gorsaf *f.*
statue *n.* cerflun *m.*
stay *v.* aros
steady *adj.* cyson *(regular)*, cadarn *(strong)*
steak *n.* stecen *f.*
steal *v.* dwyn, lladrata
steam *n.* ager *m.*
step *n.* gris *m.*; *v.* camu
stepfather *n.* llystad *m.*
stepmother *n.* llysfam *f.*
still *adv.* o hyd; *adj.* llonydd
sting *v.* pigo
stink *v.* drewi
stitch *n.* pwyth *m.*
stocking *n.* hosan *f.*
stomach *n.* stumog *f.*
stone *n.* carreg *f.*
stool *n.* stôl *f.*
stop *v.* aros, stopio
store *n.* siop *f.*
storm *n.* storm *f.*
story *n.* stori *f.*
stove *n.* ffwrn *f.*
straight *adj.* syth
strange *adj.* rhyfedd
stranger *n.* dieithryn *m.*
straw *n.* gwelltyn *m.*
stream *n.* nant *f.*
street *n.* stryd *f.*
strength *n.* cryfder *m.*
stress *n.* straen *m.*
string *n.* llinyn *m.*
stroke *n.* ergyd *f. (shot)*, cur calon *m. (heart)*
strong *adj.* cryf
student *n.* myfyriwr *m.*
study *v.* astudio; *n.* astudiaeth *f.*
stuff *n.* defnydd *m.*; *v.* stwffio
stupid *adj.* ffôl

stylish *adj.* coeth
subject *n.* pwnc *m.*
subtitle *n.* is-deitl *m.*
subtract *v.* tynnu
suburb *n.* maestref *f.*
subway *n.* isffordd *f.*
success *n.* llwyddiant *m.*
such *adj.* o'r math
suck *v.* sugno
suffer *v.* dioddef
sugar *n.* siwgr. *m.*
suicide *n.* hunanladdiad *m.*
suit *n.* siwt *f.*; *v.* siwtio
suitcase *n.* cês *m.*
sum *n.* swm *m.*
summary *n.* crynodeb *m.*
summer *n.* haf *m.*
summit *n.* copa *fm.*
sun *n.* haul *m.*
Sunday *n.* dydd Sul *m.*
sunflower *n.* blodyn haul *m.*
sunglasses *n.* sbectol haul *f.*
sunny *adj.* heulog
sunrise *n.* codiad haul *m.*
sunscreen *n.* sgrin haul *f.*
sunset *n.* machlud *m.*
sunstroke *n.* trawiad haul *m.*
supermarket *n.* archfarchnad *f.*
supper *n.* swper *m.*
suppose *v.* tybio
supposed to *v.* i fod i
sure *adj.* siŵr
surgeon *n.* llawfeddyg *m.*
surgery *n.* meddygfa *f.*
surroundings *n.* cynefin *m.*
survive *v.* goroesi
suspect *v.* drwgdybio, amau
swallow *v.* llyncu
swamp *n.* cors *f.*
Swansea Abertawe
swear *v.* rhegi, tyngu *(oath)*
sweat *n.* chwys *m.*; *v.* chwysu
sweater *n.* siwmper *f.*
sweep *v.* ysgubo
sweet *adj.* melys
swell *v.* chwyddo; *adj.* swanc
swim *v.* nofio
swimming pool *n.* pwll nofio

swimsuit *n.* siwt nofio *f.*
swing *n.* siglen *f.*; *v.* siglo
Swiss *n.* Swisiad *m.* *(person)*
switch *v.* newid; *n.* swits *f.*
Switzerland *n.* Y Swistir *f.*
symptom *n.* symptom *m.*
synagogue *n.* synagog *m.*
syringe *n.* chwistrell *m.*

T

table *n.* bwrdd *m.*, tabl *m.* *(figures)*
tablecloth *n.* lliain bwrdd *m.*
tablespoon *n.* llwy fwrdd *f.*
tailor *n.* teiliwr *m.*
take *v.* cymryd, mynd â + *S.M.*; **~ care** cymerwch ofal; **take off** diosg *(clothes)*, codi *(aeroplane)*
talk *v.* siarad; **to talk to someone** siarad â rhywun
tall *adj.* tal
tampon *n.* tywel mislif
tan *n.* lliw haul *m.*
tap *n.* tap *m.*; **~ water** dŵr tap *m.*
target *n.* targed *m.*
taste *n.* blas *m.*; *v.* blasu
tasteful *adj.* chwaethus
tasty *adj.* blasus
tattoo *n.* tatŵ *m.*
tax *n.* treth *f.*; *v.* trethu
taxi *n.* tacsi *m.*
tea *n.* te *m.*
teach *v.* dysgu
teacher *n.* athro *m.*, athrawes *f.*
team *n.* tîm *m.*
teapot *n.* tebot *m.*
tear *n.* deigryn *m.*
tear *v.* rhwygo
tease *v.* poeni
teaspoon *n.* llwy de *f.*
teenager *n.* arddegwr *m.*
teleconference *v.* telegynadledda
telephone *n.* teleffôn *m.*; ffôn *m.*; **~ book** llyfr ffôn; **~ number** rhif ffôn; *v.* ffonio
television *n.* teledu *m.*
tell *v.* dweud; **to ~ someone** dweud wrth rywun

temper *n.* tymer *f.*
temperature *n.* tymheredd *m.*, gwres *m.* *(fever)*
temple *n.* teml *f.*
temporary *adj.* dros dro
ten *num.* deg
tenant *n.* tenant *m.*
tennis *n.* tennis *m.*
tent *n.* pabell *f.*; **~ pole** polyn pabell *m.*
tepid *adj.* claear
terrace *n.* teras *m.*
terrible *adj.* ofnadwy
text *n.* testun *m.*
textbook *n.* llyfr gosod *m.*
textile *n.* tecstil *m.*
than *conj.* na + *SP.M.*
thank *v.* diolch; **~ you!** Diolch i chi! **~ you very much!** Diolch yn fawr!
thankful *n.* diolchgar
that *rel. pron.* bod *(with long forms of verbs)*, a + *S.M.* *(with short forms of verbs)*; *adj.* hwnnw *m.*, honno *f.*
thaw *v.* meirioli, toddi, dadlaith
the *art.* y, yr, 'r
theatre *n.* theatr *f.*
theft *n.* lladrad *m.*
their *poss. pron.* eu ... nhw; **their coat** eu cot nhw
them *pron.* nhw
then *adv.* yna, wedyn
there *adv.* yno
thermometer *n.* thermomedr *m.*
they *pron.* nhw
thick *adj.* trwchus
thickness *n.* trwch *m.*
thief *n.* lleidr *m.*
thigh *n.* clun *f.*
thin *adj.* tenau
thing *n.* peth *m.*
think *v.* meddwl
third *num.* trydydd *m.*; trydedd *f.*
thirst *n.* syched *m.*
thirsty *adj.* sychedig
this *pron./adj.* hwn *m.*, hon *f.*
thought *n.* syniad *m.*
thousand *num.* mil *f.*
threat *n.* bygythiad *m.*
threaten *v.* bygwth

three *num.* tri *m.* tair *f.*
throat *n.* llwnc *m.*
through *prep.* trwy + *S.M.*
throw *v.* taflu
thumb *n.* bawd *mf.*
thunder *n.* taran *f.*
thunderstorm *n.* storm mellt a tharanau *f.*
Thursday *n.* dydd Iau *m.*
ticket *n.* tocyn *m.*
tickle *v.* cosi
tide *n.* llanw *m.*
tie *v.* clymu
time *n.* amser *m.*
tire *v.* blino
tired *adj.* wedi blino
title *n.* teitl *m.*
to *prep.* i + *S.M.*
tobacco *n.* baco *m.*
today *adv.* heddiw
toe *n.* bys troed *m.*
together *adv.* gyda'i gilydd
toilet *n.* tŷ bach *m.*, toiled *m.*; ~ **paper** papur tŷ bach
toll *n.* toll *f.*
tomb *n.* bedd *m.*
tombstone *n.* carreg fedd *f.*
tomorrow *adv.* yfory
tongue *n.* tafod *m.*
tonight *adv.* heno
tonsil *n.* tonsil *m.*
too *adv.* hefyd
tool *n.* offeryn *m.*
tooth *n.* dant *m.*
toothache *n.* dannodd *f.*
toothbrush *n.* brwsh dannedd *m.*
toothpaste *n.* past dannedd *m.*
top *adj.* prif *(chief)*; *n.* pen *m.*
toss *v.* taflu
total *n.* cyfanswm *m.*
touch *v.* cyffwrdd
tough *adj.* gwydn
tour *n.* taith *f.*
tourism *n.* twristiaeth *f.*
tourist *n.* twrist *m.*
tourist office *n.* swyddfa dwristiaid *f.*, swyddfa groeso *f.*
tournament *n.* pencampwriaeth *f.*
tow *v.* tynnu

toward *prep.* tuag at + *S.M.*
towel *n.* tywel *m.*
tower *n.* twˆr *m.*
town *n.* tref *f.*
toy *n.* tegan *m.*
track *n.* llwybr *m.*
trade *n.* masnach *f.*; *v.* masnachu
tradition *n.* traddodiad *m.*
traffic *n.* traffig *m.*; trafnidiaeth *f.*
trail *n.* llwybr *m.*
trailer *n.* carafán *f.*
train *n.* trên *m.*
transfer *v.* trosglwyddo
translate *v.* cyfieithu
translation *n.* cyfieithiad *m.*
translator *n.* cyfieithydd *m.*
transport *n.* cludiant *m.*
trash *n.* sbwriel *m.*
trash can *n.* bin sbwriel *m.*
travel *v.* teithio
traveller *n.* teithiwr *m.*
traveller's cheque *n.* siec deithio *f.*
tray *n.* hambwrdd *m.*
treasure *n.* trysor *m.*
tree *n.* coeden *f.*
trial *n.* achos *m. (law)*, arbrawf *m. (experiment)*
tribe *n.* llwyth *m.*
tribute *n.* teyrnged *f.*
trouble *n.* trafferth *mf.*
trousers *n.* trowsus *m.*
truck *n.* lorri *f.*
true *adj.* gwir
trunk *n.* cist *f.*
trust *n.* ymddiriedaeth *f.*, ymddiriedolaeth *f. (organization)*
truth *n.* gwirionedd *m.*
try *v.* ceisio; *n.* cais *mf. (rugby)*
Tuesday *n.* dydd Mawrth *m.*
tuition *n.* hyfforddiant *m.*
tunnel *n.* twnnel *m.*
turn *n.* tro *m.*; *v.* troi
twice *adv.* dwywaith
twin *n.* gefell *m.*
twitter *v.* trydar
two *num.* dau *m.*, dwy *f.*
type *v.* to type
typical *adj.* nodweddiadol

U

ugly *adj.* salw
ulcer *n.* wlser *m.*
umbrella *n.* ymbarél *mf.*
unable *adj.* analluog
unauthorized *adj.* heb awdurdod
unaware *adj.* heb wybod
unbearable *adj.* annioddefol
unbelievable *adj.* anghredadwy
uncle *n.* ewythr *m.*
uncomfortable *adj.* anghysurus
unconscious *adj.* anymwybodol
under *prep.* dan + *S.M.*
underground *adj.* tanddaearol
understand *v.* deall
underwear *n.* dillad isaf *pl.*
undo *v.* datod
undress *v.* dadwisgo
uneasy *adj.* pryderus
uneven *adj.* anwastad
unfamiliar *adj.* anghyfarwydd
unforgettable *adj.* bythgofiadwy
unhappy *adj.* anhapus
unhealthy *adj.* afiach
uniform *n.* ffurfwisg *f.*
union *n.* undeb *m.*
unique *adj.* unigryw
unit *n.* uned *f.*
United States *n.* Unol Daleithiau America *f.*
universal *adj.* cyffredinol
universe *n.* bydysawd *m.*
university *n.* prifysgol *f.*
unknown *adj.* anhysbys
unless *conj.* oni bai
unlike *adj.* annhebyg
unlikely *adv.* yn annhebyg
unlimited *adj.* diderfyn
unload *v.* dadlwytho
unpack *v.* dadbacio
unsafe *adj.* anniogel
until *prep.* tan + *S.M.*
unusual *adj.* anarferol
up *adv.* i fyny
upper *adj.* uwch, uchaf
upset *v.* tarfu; *adj.* wedi cyffroi
upside-down *adv.* ben-i-waered

upstairs *adv.* lan llofft, i fyny'r grisiau
up-to-date *adj.* cyfoes
urban *adj.* trefol
urge *v.* annog
urgent *adj.* brys
use *v.* defnyddio
used *adj.* wedi'i ddefnyddio, ail-law
usual *adj.* arferol
usually *adv.* fel arfer
utensil *n.* offeryn *m.*
U-turn *n.* tro pedol   *m.*

V

vacancy *n.* swydd wag *f.*
vacant *adj.* gwag
vacation *n.* gwyliau *pl.*
vaccinate *v.* brechu
vacuum cleaner *n.* sugnydd llwch *m.*
valid *adj.* dilys
validity *n.* dilysrwydd *m.*
validate *v.* dilysu
valley *n.* cwm *m.*
valuables *n.* pethau gwerthfawr *pl.*
value *n.* gwerth *m.*
van *n.* fan *f.*
vanilla *n.* fanila *m.*
various *adj.* amrywiol
vegetable *n.* llysieuyn *m.*
vegetarian *n.* llysfwytäwr *m.*
vein *n.* gwythïen *f.*
velvet *n.* melfed *m.*
venereal disease *n.* clefyd gwenerol *m.*
verb *n.* berf *f.*
verdict *n.* dyfarniad *m.*
verify *v.* gwireddu
versus *prep.* yn erbyn
very *adv.* iawn
veterinarian *n.* milfeddyg *m.*
victim *n.* dioddefwr *m.*
video camera *n.* camera fideo *m.*
view *n.* golygfa *f.; v.* gwylio
villa *n.* fila *m.*
village *n.* pentref *m.*
vine *n.* gwinwydden *f.*
vinegar *n.* finegr *m.*
vineyard *n.* gwinllan *f.*

violent *adj.* treisgar
virgin *n.* morwyn *f.*
visa *n.* fisa *m.*
visible *adj.* gweladwy
visit *v.* ymweld; *n.* ymweliad *m.*
visitor *n.* ymwelydd *m.*
vitamin *n.* fitamin *m.*
vocabulary *n.* geirfa *f.*
voice *n.* llais *m.*
void *adj.* di-rym
voltage *n.* foltedd *m.*
volunteer *n.* gwirfoddolwr *m.*
vomit *v.* cyfogi; *n.* cyfog *m.*
vote *v.* pleidleisio; *n.* pleidlais *f.*
vow *v.* addo; *n.* addewid *mf.*
vowel *n.* llafariad *f.*

W

wage *n.* cyflog *mf.*
waist *n.* gwasg *m.*
wait *v.* aros
waiter *n.* gweinydd *m.*
waitress *n.* gweinyddes *f.*
waiting room *n.* ystafell aros *f.*
wake (up) *v.* deffro, dihuno
Wales *n.* Cymru
walk *v.* cerdded
wall *n.* wal *f.,* mur *m.*
wallet *n.* waled *f.*
want *v.* eisiau *m.;* **I ~** mae eisiau … arna i, rydw i eisiau; moyn
war *n.* rhyfel *m.*
warm *adj.* cynnes, twym
warn *v.* rhybuddio
warranty *n.* gwarant *m.*
was *v.* oedd, oeddwn; **I was** ro'n i, roeddwn i; **he was** roedd e
wash *v.* golchi, ymolchi (~ *oneself*)
washing machine *n.* peiriant golchi *m.*
wasp *n.* cacynen *f.*
watch *v.* gwylio; *n.* oriawr *f.,* wats *f.*
water *n.* dŵr *m.*
waterproof *adj.* diddos
waterskiing *v.* sgio dŵr
wave *n.* ton *f.; v.* chwifio
wax *n.* gwêr *m.,* cwyr *m.*

way *n.* ffordd *f.*
we *pron.* ni
weak *adj.* gwan.
weakness *n.* gwendid *m.*
weapon *n.* arf *f.*
wear *v.* gwisgo
weather *n.* tywydd *m.*
weather forecast *n.* rhagolygon y tywydd *mpl.*
website *n.* gwefan *f.*
wedding *n.* priodas *f.*
wedding ring *n.* modrwy briodas *f.*
Wednesday *n.* dydd Mercher *m.*
week *n.* wythnos *f.*
weekday *n.* dydd gwaith *m.*
weekend *n.* penwythnos *m.*
weigh *v.* pwyso
weight *n.* pwysau *pl.*
weird *adj.* rhyfedd
welcome *v.* croesawu; *inter.* croeso
well *n.* ffynnon *f.*
well *adv.* yn dda
Welsh *n.* Cymraeg, *adj.* Cymreig, **Welsh Parliament** Senedd Cymru
were *v.* ro'n, roedden; **we were** ro'n ni, roedden ni; **they were** ro'n nhw, roedden nhw
west *n.* gorllewin *m.*
wet *adj.* gwlyb
what *interrog.* beth
wheat *n.* gwenith *pl.*
wheel *n.* olwyn *f.*
when *conj.* pryd
when *interrog.* pryd
where *interrog.* ble
whether *rel. pron.* a + *S.M.*
which *interrog.* pa + *S.M.*
while *conj.* tra
white *adj.* gwyn
who *interrog.* pwy; **Who is coming?** Pwy sy'n dod?
whole *adj.* cyfan
why *interrog.* pam
wise *adj.* doeth
widow *n.* gwraig weddw *f.*
widower *n.* gŵr gweddw *m.*
wife *n.* gwraig *f.*
wig *n.* penwisg *f.*

wild *adj.* gwyllt
win *v.* ennill
wind *n.* gwynt *m.*
window *n.* ffenest *f.,* ffenestr *f.*
windshield *n.* sgrin wynt *f.*
wine *n.* gwin *m.*
wing *n.* adain *f.*
winner *n.* enillydd *m.*
winter *n.* gaeaf *m.*
wipe *v.* sychu
wish *v.* dymuno; *n.* dymuniad *m.*
with *prep.* gyda + *SP.M.*
without *prep.* heb + *S.M.*
witness *n.* tyst *m.*
woman *n.* menyw *f.,* dynes *f.*
wonderful *adj.* bendigedig, godidog, arbennig
wood *n.* pren *m.*
wool *n.* gwlân *m.*
word *n.* gair *m.*
work *n.* gwaith *m.;* *v.* gweithio
world *n.* byd *m.*
worldwide *adj.* byd-eang
worry *v.* pryderu
worse *adj.* gwaeth
wound *n.* clwyf *m.*
wrap *v.* lapio
wreck *n.* llongddrylliad *m.;* *v.* llongddryllio
wrinkle *n.* crych *m.*
wrist *n.* arddwrn *m.*
write *v.* ysgrifennu
writer *n.* ysgrifennwr *m.;* awdur *m.*
wrong *adj.* anghywir

X

X-ray *n.* pelydr X *m.*

Y

yacht *n.* cwch hwylio *m.*
yard *n.* buarth *m.*
yawn *v.* agor pen
year *n.* blwyddyn *f.*
yell *v.* bloeddio, gweiddi
yellow *adj.* melyn

yes *adv.* ie; do (*for past tense*), oes (*to answer question with* 'oes'), ydy (*to answer question with* 'ydy'), ydw (*to answer question with* 'ydych'), oedd, roedd (*to answer question with* 'oedd'), o'n, oeddwn (*to answer question with* 'oeddech')
yesterday *adv.* ddoe
yield *v.* ildio
you *pron.* ti, chi
your *poss. pron.* dy ... di (*for someone you know well*); eich ... chi; **your coat** dy got di, eich cot chi
young *adj.* ifanc
youth *n.* ieuenctid *m.*
youth hostel *n.* hostel ieuenctid *f.*

Also by Heini Gruffudd:

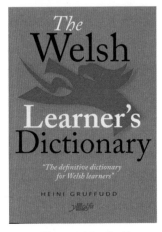

Welsh Rules
A full, standard Welsh grammar specially designed for learners
ISBN: 9780862436568
£16.99

The Welsh Learner's Dictionary
The essential dictionary for Welsh learners
ISBN: 9780862433635
£6.95
Mini version also available

For a full list of books for Welsh learners currently available, go to our website:
www.ylolfa.com/learners
www.ylolfa.com/dysgwyr